난독증 아동 청소년을 위한

난독증의
이해와
교육방법

HOW TO REACH AND TEACH CHILDREN AND TEENS WITH
DYSLEXIA

난독증 아동 청소년을 위한

난독증의 이해와 교육방법

HOW TO REACH AND TEACH CHILDREN AND TEENS WITH
DYSLEXIA

Cynthia M. Stowe 지음

박재혁·이종윤·홍정표 옮김

조미아 감수

글로벌콘텐츠

난독증(dyslexia)은 듣고 말하는 것에는 아무런 문제가 없음에도 글자를 읽고 쓰는 데 어려움을 겪는 증상을 말한다. 난독증이라는 용어는 독일의 안과 의사였던 루돌프 베를린이 1887년 처음으로 사용한 것으로 알려져 있다. 그동안 의사와 교육심리학자들의 연구를 통해 난독증의 원인이 신경생물학적 이상에 의한 것임이 밝혀졌고, PET나 MRI와 같은 과학 기술의 발달에 따라 더욱 정교한 진단이 가능지면서 난독증의 원인은 이제 명확히 밝혀졌다.

서구에서는 그동안 난독증에 대한 많은 연구가 진행되어 왔고, 그 원인과 개선을 위한 다양한 교육방법이 제시되어 교육현장에서 널리 활용되고 있다. 국내에서도 난독증에 대한 연구들을 일부 진행해 왔지만, 난독증을 가진 학생들을 위한 공공 교육 현장에서의 프로그램은 전무한 실정이다. 따라서 국내에서 난독증을 가지고 있는 사람들은 사설 클리닉 등에서 개별적으로 해결을 하거나 방치되는 경우가 대부분이다. 특히 소리글자인 한글의 특성에 맞는 교수 방법과 자료들의 개발은 더욱 절실한 상황이다.

이 책의 저자 Cynthia M. Stowe 박사는 교사이자 심리상담사로서 학교와 개인 교습소를 통해 난독증을 가진 많은 성인과 학생을 지도해 왔다. 이 책은 저자가 난독증 학생들을 위해 교육 현장에서 진행했던 교육 과정에 대한 설명과 함께 실제 학생들에게 제시되는 교수자료들을 자세히 소개하고 있다.

물론 이 책에 소개되는 내용들은 미국과의 문화적 차이뿐만 아니라 교육 관련 제도와 환경이 우리나라 교육 행정의 현실과는 많은 차이가 있다는 점에서 우리 교육 현장에 그대로 적용되기에는 한계가 있을 것이다. 그러나 이 책에서 제시하는 교육 방법과 절차, 교수 자료들은 난독증을 가진 성인과 학생 그리고 교육현장에 있는 교사와 학부모 모두에게 매우 중요한 자료로 활용될 수 있을 것이라 기대한다.

　이 책의 번역이 마무리되기까지 많은 어려움이 있었다. 이 책을 번역하기로 의기투합했고, 평생을 난독증 치료와 교육에 많은 노력을 기울였던 정신과 전문의 박형배 박사가 아쉽게도 이 책의 출간을 보지 못하고 먼저 우리 곁을 떠났다. 늦어졌지만 다시 한 번 감사의 뜻을 전한다.

　번역 과정을 분담하여 진행하다 보니 용어 통일 작업과 교정을 거치기는 했지만 작업 과정에서 부족한 부분이 있을 수 있음을 미리 밝히며 독자 제현의 양해를 구한다. 이 책이 나오기까지 애써주신 글로벌콘텐츠 편집부 직원들 그리고 기꺼이 감수를 맡아주신 조미아 교수님과 시작부터 마무리까지 많은 도움을 주신 조현양 교수님께도 특별히 감사의 말씀을 드린다.

2020년 7월 역자 일동

장소: 작은 시골 학교 4학년 교실

시간: 30여 년 전

주인공 1: 소년은 급우들보다 최소 30cm 정도는 더 컸다. 유전적인 원인도 있겠지만 이미 2번
이나 유급했기 때문에 또래 아이들보다 키가 큰 것이다. 그는 수학은 잘하는 편이지만
쓰기, 읽기, 맞춤법에 어려움이 있다. 그의 지능이 매우 높다는 것은 말할 필요도 없다.
그가 말할 때 화제가 매우 다양하기 때문이다. 그는 특히 농구에 관심이 많아 지역 대
학팀 경기를 열심히 본다.

주인공 2: 또 다른 주인공인 이 학생의 선생님. 그녀는 이 소년이 머리가 좋은 것은 알고 있지만,
그 작은 학교에서 왜 이 소년이 공부를 안 하는지 선생님에게 알려 주는 사람은 아무
도 없었다. 그녀는 그저 전형적인 아이들을 교육하는 방법만 배웠다. 그녀는 이 소년
을 돕고 싶었지만, 그는 4학년 반에서 그렇게 많은 것을 배우지는 못한다. 그녀는 이
아이와 농구에 관한 이야기를 많이 나눈다. 그녀는 그가 학교에서 비교적 밝은 모습으
로 지내는 것만 해도 고마워한다.

　　이 소년은 실재 인물로, 이 책의 저자가 그의 교사였다. 그녀는 이 아이가 왜 학습
이 안 되는지에 대해 자신이 너무 아는 것이 없어서 여러 방면으로 정보를 구했다.
그러한 궁금증에 대한 탐색이 결과적으로 그녀를 학교 심리상담사가 되고 특수교
육 교사가 되도록 한 것이었다. 결국 그녀는 그가 난독증이 있다는 결론을 내렸다.

난독증이 있는 학생들은 강점과 약점을 동시에 가지고 있기 때문에 학습 스타일에 적절한 치료가 필요하다. 효과적인 교육을 제공하면 난독증 학생은 학습을 잘한다. 이들은 이미 강점을 가지고 있기 때문에 자신의 진로에서 크게 성공할 수 있으며, 우리 사회에도 상당한 공헌을 할 수 있다.

그러나 선생님은 난독증이 무엇인지를 이해해야 할 뿐만 아니라 그들에게 적절한 학습 방법을 제공할 수 있어야 한다. 이 책은 여러분에게 난독증과 관련된 필요한 정보들을 제공할 것이다. 이 책은 난독증이 있는 학생의 학습 스타일의 특징과 정확한 난독증의 진단방법을 상세히 설명할 뿐만 아니라 난독증 학생을 가르치는 데 사용할 수 있는 기법에 대해 설명할 것이다. ADD와 ADHD, 정서적 및 사회적 문제 그리고 중요한 변화 시점 등과 같은 상호 연관된 이슈를 각 장에서 다룰 것이다.

이 책에서 설명하는 난독증에 대한 기본적인 신념은 다음과 같다.

- 난독증이 있는 학생은 평균 혹은 그 이상의 지능을 갖고 있다.
- 난독증은 여자보다 남자한테 더 많다는 생각은 근거 없는 이야기이다. 최근 연구에 의하면 남녀가 거의 유사한 비율로 나타난다.
- 난독증은 선천성이다. 후천적으로 발생된 것이 아니다.
- 난독증은 성장하면서 없어지는 증상이 아니다. 읽기, 쓰기, 맞춤법, 수학 및 기타 교과목을 성공적으로 이수하기 위해서는 난독증 학생들에게 적합한 학습지도를 제공해야 한다.
- 난독증이 있다고 해서 두뇌에 이상이 있는 것은 아니다. 단지 읽기나 철자를 다른 방법으로 배울 뿐이다.
- 난독증은 전염성이 아니다. 이는 가족력에 관계되는 유전적인 증상이라는 것이 최근의 일반적인 주장이다.
- 난독증은 단순히 글자나 숫자를 바꾸어 이해하는 현상이 아니다. 이는 주로 음소(音

素) 인식과 언어 정보처리에 영향을 주는 언어 문제이다. 이것은 주어진 동작을 수행하기 위해 비교적 작은 근육을 사용하여 수행하는 운동인 소근운동기능(fine motor functioning)과 같은 다른 기능에도 영향을 준다.

- 난독증이 있는 사람은 학습 스타일을 어느 정도 바꿔주는 것이 좋다.
- 난독증은 사람에 따라 다르게 영향을 준다. 대부분의 경우 읽을 때 단어를 해독(decoding)하는 것을 어려워하지만 그렇지 않은 경우도 있다.
- 공통적인 약점이 있다. 예를 들면 맞춤법이 늘 힘들다. 그러나 설명만 잘해주면 난독증이 있는 사람들도 맞춤법을 잘 쓸 수 있으며 특히 컴퓨터의 맞춤법 점검 프로그램을 이용하면 맞춤법 걱정을 하지 않아도 된다.
- 외국어를 배우는 것이 힘들 수 있다. 학교에 따라 난독증이 있는 학생들에게 필수과목인 언어를 면제해주는 곳도 있다.
- 시험을 치는 상황과 같이 시간제한을 두는 경우가 어렵다.
- 난독증을 가진 사람이 주요한 강점을 가진 경우도 종종 있다. 훌륭한 창의적인 사고력, 막대한 양의 정보 속에서 패턴을 발견하는 능력, 도전적이고 흥미로운 과제에 집중하는 능력 그리고 예술적이거나 음악적인 재능 등이 여기에 포함된다.
- 에디슨이나 아인슈타인과 같은 많은 유명한 인물이 이 부류에 속한다.
- 난독증이 있는 학생도 대학에 갈 수 있다. 약간의 도움이나 특별한 배려가 필요하긴 하지만 고등 교육의 기회를 가질 수 있다. 사실, 일단 입학만 하면 상당히 공부를 잘한다. 대학에서는 자신이 흥미를 갖고 있는 강점 분야를 선택할 수 있기 때문이다.
- 가장 중요한 점은 난독증이 있는 학생은 바보가 아니다. 이들은 잘못된 교수법 때문에 실패하는 것이다. 적절한 교수법만 선택하면 이들도 학업에서 성공할 수 있다.

난독증 학생을 가르치는 일은 쉽지는 않지만 매우 가치 있는 일이다. 이들은 우리 사회에 상당한 것을 제공할 수 있고 또한 제공하는 놀라운 사람들이다.

이 책의 내용은 다음과 같다.

- 제1장. '난독증이란?'에서는 난독증의 정의에 대해 소개한다. 난독증이 있는 사람들의 학습 스타일의 특징을 묘사하며, 이와 관련된 여러 가지 중요한 이슈에 대해 설명한다. 그리고 그들이 종종 갖고 있는 강점에 초점을 두고 있다. 난독증 학생을 가르칠 때는 약점을 고려하는 것만큼 강점도 중요하기 때문이다.

- 제2장. '평가와 진단'에서는 테스트와 관련된 중요한 주제를 다루고 있다. 이 분야는 약간 혼란스럽기는 하다. 왜냐하면 난독증 학생은 증상의 경중에 따라 학습 스타일이 각각 다르기 때문이다. 이들은 특성의 배열이 다를 수 있다. 그리고 난독증의 진단 증상에는 중요한 사항들이 있기 때문에 적절한 프로그램을 개발할 때에는 숙련된 진단전문가(diagnostician)가 필요하다.

- 제3장. '특수교육에 관하여'에서는 추천 과정(referral process)과 팀 회의(team meetings)와 IEP를 포함한 특수교육에 대한 기초적인 정보를 제공하고 있다. 마지막 부분에서는 교사와 부모 그리고 학생에게 적절한 도움을 주는 방법을 설명하고 있다.

- 제4장. '개입'에서는 학생이 어느 정도의 특수교육이 필요한지를 결정하는 방법과 교육 장소(정규 학급, 개인 교사, 공부방, 비전통적인 학습지도를 필요로 하는 학생들에게 필요 시설이 완비된 교실 혹은 특수학교)에 대해 논의한다.

- 제5장. '지도 방법의 10대 원칙'에서는 난독증 학생에게 읽기를 가르칠 때 알아야 할 10가지 중요한 기초사항을 설명하고 있다. 예를 들면 다중감각 응용 교수법(multisensory teaching methods), 자료를 순차적으로 제공하는 방법, 자료를 작은 분량으로 제공하는 방법 등이 있다. 이러한 원칙은 지침의 전 분야에 적용된다.

- 제6장. '읽기 가르치기'에서는 난독증 학생에게 읽기를 가르치는 방법을 심도 있게 다루고 있다. 여기에서는 낱글자의 이름과 소리를 모르는 학생부터 해독(decode)은 잘하지만 독해력에 도움이 필요한 학생에 이르기까지 모든 수준의 학생이 포함된다. 발음 중

심 어학 교수법(Phonics)을 사용할지 혹은 전체 언어 학습지도를 사용할지에 대한 이슈가 발생할 때는 두 가지 모두를 통합해 사용해야 한다는 결론을 내리고 있다. 난독증 학생에게 영어 문장 구조를 가르칠 때는 이들이 읽고 있는 내용에 대해 생각하는 연습도 충분히 고려하여야 한다.

- 제7장. '필기 교육 방법'에서는 학습지도의 기본 원칙을 설명하고 있다. 쓰기장애가 있는 아이와 같은 아주 희소한 경우는 내버려두고 문제삼지 않더라도, 흔히 볼 수 있는 난독증 학생들에게 있어서도 이 분야에 특화된 학습지도가 필요하다. 이들은 팔에 있는 큰 근육으로 하여금 손가락에 있는 작은 근육으로 정보를 제공하는 연습을 한다. 이는 간단한 언어적 실마리와 글자 형성을 연계시키거나, 첫 번째 획이 유사한 글자들을 그룹으로 배우는 데에 도움이 된다.

- 제8장. '철자법 교습 방법'에서는 학업 기술로서 아주 중요한 부분을 설명하고 있다. 난독증이 있는 대부분의 학생은 철자에 문제가 많다. 파닉스와 전체 언어적 개념을 통합하는 교수 접근법을 추천하고 있다. 그래서 학생들이 수많은 단어의 철자를 모두 외우는 대신에 영어 언어의 패턴을 활용하게 하는 것이다. 이렇게 배우다 보면 이들은 언어의 역사를 배우게 되고 또한 철자 패턴 배우기를 즐기게 된다.

- 제9장. '작문 지도 방법'에서는 난독증 학생들이 어려워하는 필수적인 기술인 작문에 구조적으로 접근하는 방법을 설명하고 있다. 단어, 문장, 문단에 대한 기초적인 사항을 설명한 다음, 에세이나 리포트 쓰는 기술과 같은 고등 과정을 가르친다. 독자적으로 글을 쓰고 이를 즐기는 데에 그 초점을 두고 있다.

- 제10장. '수학 교습 방법'에서는 다중 감각 실습 방법을 제공하고 있다. 많은 학생이 덧셈, 뺄셈, 곱셈 및 나눗셈 계산에 어려움이 있기 때문에 산술을 강조하고 있다. 학생들이 이와 같은 기초 부문에 능숙해지면 고등 수학 개념도 잘 해낸다.

- 제11장. '연관된 과목 가르치기'에서는 제5장에서 언급한 지도 방법의 10대 원칙이 사회, 과학, 미술, 음악 및 체육을 가르치는 것과 어떻게 연관되는지를 설명하고 있다. 숙제

와 테스트에 대한 주요 사항도 언급하고 있다.

- 제12장. '일상적 기술의 교습 방법'에서는 시간, 돈, 전화번호와 같이 세부적이고 중요한 것을 기억하는 방법, 취업 지원서에 활자체로 기입하기 및 소유물 명세 작성 등과 같은 일상에서 필요한 내용을 다루고 있다. 이러한 기술이 중요한 이유는 우리가 거의 매일 이러한 일을 해야 하기 때문이다. 난독증이 있는 학생들이 이러한 부분에 자신이 없으면 일상생활에서 곤혹스러울 때가 많을 것이다.

- 제13장. '난독증에 관련된 이슈들'에서는 난독증이 있는 사람들이 어려워하는 3가지 영역, 즉 스피치와 언어 기술, 대근 운동 기술(gross motor skills) 및 소근 운동 기술(fine motor skills)에 대해 설명하고 있다. 발생 가능한 문제의 종류와 이를 치료해줄 수 있는 전문가들에 대한 상세사항을 기술하고 있다. 교사가 도울 수 있는 방법도 제시하고 있다.

- 제14장. 'ADD 및 ADHD'에서는 난독증 학생들의 상당수가 ADD나 ADHD에서 나타나는 유사한 증상을 갖고 있기 때문에 이에 대한 설명을 하고 있다. ADD나 ADHD의 특징을 설명하고 교사가 도울 수 있는 방법도 제시하고 있다. 약물 치료와 약물 치료 대안에 대해서도 논의하고 있다.

- 제15장. '행동과 사회적 기술'에서는 행동 문제가 있는 학생의 세 가지 유형, 즉 충동적이고 행동화(act out)하는 행위를 보이는 학생, 수줍어하고 고립적이며 수동적으로 반항적 행동을 하는 학생 그리고 적절치 못한 행위를 하는 학생 등을 가상적으로 소개하고 있다.

- 제16장. '자아 존중감과 기타 정서적 요구'에서는 난독증이 있는 사람들이 자신에 대해 어떻게 느끼는지를 설명하고 있다. 이들은 대부분 전통적인 교과과정으로 학업을 시작하기 때문에 상당한 실패를 경험한다. 그래서 이들은 자기 또래들보다 지능이 떨어진다고 믿는다. 이들은 또한 놀라운 강점과 약점을 동시에 갖고 있다. 이런 이유로 사람들이 난독증을 가진 사람을 이해하기가 어렵다. 이 장에서는 교사가 도울 수 있는 방법을 제시하고 있다.

- 제17장. '전환기'에서는 초등학교에서 중학교, 중학교에서 고등학교, 고등학교에서 전문학교나 대학교 그리고 직업 세계로 들어가는 전환기에 대해 설명하고 있다. 치료 방법과 조절 방법과 관련된 주요 이슈들을 검토한다. 교사가 도울 수 있는 방법을 제시하고 있다.

- 제18장. '부모가 할 수 있는 일에는 어떤 것이 있나?'에서는 교사가 부모나 보호자를 돕는 방법을 제시하고 있다. 관찰하는 방법을 배우기, 자료에 대한 정보를 제공하기, 집에서 공부에 발전을 보일 때 칭찬하는 방법, 숙제나 사회적 및 정서적 이슈와 같은 문제 분야에 대한 제안 등 4가지 주요 부분을 설명하고 있다. 부모와 교사는 한 팀이다. 이 장에서는 부모와 교사가 하나가 되어 효과적으로 교육할 수 있는 방법을 제시하고 있다.

- 제19장. '재능'에서는 강점과 같이 아주 주요한 부분을 다루고 있다. 학생이 자신의 재능을 발견하도록 돕고, 교실 상황에서 자신의 재능을 활용하는 방법에 대한 정보를 제공하고 있다. 학생과 더불어 사회 전체가 이러한 능력을 갖추어야 한다.

- 제20장. '난독증이 있는 성인들'에서는 인터뷰로 시작한다. 왜냐하면 난독증이 있는 어른들은 자신들이 경험한 학교 시절에 대해 말하고 싶어 한다. 대부분은 욕구불만이나 좌절에 관한 이야기이다. 이 장에서는 난독증이 있는 어른들의 상호관계를 들여다본다. 그리고 이들을 가르치는 방법을 제공하고, 대학에 관한 이야기로 끝낸다.

모든 장에는 요약한 인터뷰 내용이 있다. 전문가를 포함한 모든 이들은 익명을 사용하였다. 인터뷰한 이 사람들은 난독증에 대한 상당한 경험을 했으며, 이들 대부분은 놀라운 학습 스타일을 갖고 있다. 이들은 자신의 이야기를 거침없이 그리고 용기 있게 잘해주었다. 이들의 이야기를 경청함으로써 이들의 지혜로부터 많은 것을 배우길 바란다.

목차

난독증이란?

제1장

난독증이란?

난독증이란 적절한 개입을 필요로 하는 강점과 약점을 가진 학습 스타일이다. 적절한 학습지도를 하면 학생은 정상적으로 배울 수 있다. 몇 가지 중요한 원칙은 아래와 같다.

- 난독증이 있는 사람들도 학습이 가능하며, 학교 공부나 일상생활을 아주 잘 영위할 수 있다.
- 적절한 지도는 언제 시작해도 늦지 않다.
- 이러한 학습 스타일에는 많은 강점과 재능이 동시에 존재하는 경우가 많다. 이는 약점만큼 중요한 사안이다.

난독증은 구두 언어 및 문자 언어와 같은 언어를 다루는 능력에 영향을 미친다. 난독증이 있는 사람은 구두 상징을 이해하고, 기억하고, 정리하고 또한 이를 사용하는 데에 어려움이 있을 수 있다. 이러한 이유로 읽기, 쓰기, 철자, 필기, 산술과 같은 많은 기본적인 기술이 영향을 받는다. 더구나 다른 이슈들이 난독증과 동시에 나타날 수 있다.

:: 정의

난독증은 수 백 가지로 정의할 수 있다. 그 중에 가장 정확한 정의는 난독증이 있는 사람들을 돕기 위해 설립된 기관인 Orton Dyslexia Society(현재의 The International Dyslexia Association)가 1994년에 채택한 것으로 다음과 같다.

난독증은 언어의 습득과 언어적 정보처리를 방해하는 장애로서 신경학적인 기반과 종종 언어의 습득과 처리에 장애가 있는 가족력(家族歷)을 갖고 있다. 심각성의 정도는 다양하지만 이는 읽기, 쓰기, 철자, 필기 및 때로는 산술에서 음운론적(phonological) 정보처리를 포함하는 수용적 언어 혹은 표현적 언어에서 어려움으로 나타난다. 난독증은 학구열의 부족이나 감각기관의 손상이나 부적절한 지도 방법이나 환경적 기회 혹은 어떠한 제한적 조건의 결과는 아니지만 이러한 상태와 동시에 발생한다. 비록 난독증이 평생 지속할지라도 적시에 적절한 치료방법을 이용하면 성공적으로 개선되는 경우를 많이 볼 수 있다.

이 정의는 간략하면서도 본 저자가 공감하는 난독증에 대한 정보와 신념을 상당히 많이 포함하고 있다. 다시 말해 난독증은 정신적 혹은 환경적 요소가 아니라 많은 가정에서 볼 수 있는 신경학적인 증상이다. 심각성의 정도에는 개인차가 심하다. 이는 일반적으로 언어 능력에 영향을 주며, 그로 인해 읽기와 쓰기를 포함하는 언어적 활동을 필요로 하는 분야에서 많은 어려움을 준다. 때로는 수학에도 영향을 준다. 불충분한 교습 방법이 난독증의 원인은 아니지만, 적절한 학습지도를 통해 상당한 개선은 이룰 수 있다. 난독증은 ADD나 ADHD 등과 같은 증상을 동반하며 완치되지는 않는다. 정의는 이와 같이 복잡한 증상을 이해하는 데에 도움이 되지만 이러한 증상이 있는 사람을 상상하면 더 생동감 있는 정의를 얻을 수 있다. 초등학교 1학년 학생인 어린 소년을 상상해 보자. 그리고 이 아이를 Harry라고 부르

자. 영아일 때에는 영리하고 정상적이었다. 조금 활동적이었지만 체계와 한계에 잘 반응하였다. 그의 부모인 Sonia와 Michael은 아이가 당분 섭취를 많이 하는 날에는 과잉행동하게 되는 것을 알고 패스트푸드 같은 음식을 먹이지 않는 등 그의 다이어트에 신경을 썼다. Harry는 걷기나 말하기 등은 제때에 시작했으며 다른 아이들과도 잘 어울렸다. 그는 나이에 비해 조금 어린 편이고, 생일이 여름철이기도 하여 Sonia와 Michael은 아이의 취학을 1년을 늦췄다.

Harry가 유치원에 들어갔을 때 교사들은 그를 굉장히 귀여워해 주었으며 그도 재미있게 지냈다. 그런데 그는 글자나 숫자를 배우는 것이 어려워 초등학교 1학년으로 진학하는 것을 꺼려했다. 그해 동안 줄곧 Sonia와 Michael은 Harry와 같이 글자가 있는 플래시 카드로 연습을 했다. 밤마다 그는 전등 아래에서 단어 철자 연습을 하였으나, 선이 꾸불꾸불하고 글자의 순서를 바꾸는 등 모양이 제대로 나오지 않았다.

Harry의 교사들은 그가 학교에서 열심히 노력하는 것은 인정했다. 프로젝트를 마치도록 시간을 더 주거나 심지어는 쉬는 시간에 다른 아이들을 따라잡기 위해 그와 함께 공부하기도 했다. 그러나 그들은 그와 함께 하는 시간을 너무 자주 갖지 않으려고 했다. 그는 게임에 능숙하여 다른 아이들이 그와 놀기를 원했기 때문이었다. 그는 쉬는 시간이 필요하기도 했지만 도움도 필요했다. 그렇지만 누구도 Harry를 위해 무엇을 해야 할지 알지 못했다. 1학년 말에 그의 선생님은 그가 무엇이 필요한 아이인지를 알아내기 위해 테스트를 받도록 추천했다. 선생님은 추천서에 "Harry는 아주 총명한 소년임을 저는 압니다. 그러나 어쩐 일인지 자신의 잠재능력을 발휘하지 못하는 것 같습니다."라고 썼다.

우리 주변에는 Harry와 같은 아이들이 많이 있으며, 그중 일부를 이 책에서 소개할 것이다. 그리고 이들을 가르치는 방법에 관한 최신의 정보도 제공하려고 한다.

:: 난독증의 특징

난독증의 형태가 너무나 다양하여 사람들은 쉽게 혼동한다. '난독증'이란 프로파일은 하나로 특징지을 수 없을 뿐만 아니라 표준화될 수도 없다. 발음에 문제가 있거나 말을 더듬는 학생들이 있는가 하면 말을 유창하게 하는 학생들도 있다. 또 어떤 아이들은 눈-손 협응이 성숙하지 못한가 하면 어떤 아이들은 정교한 퍼즐이나 디자인 조합을 능숙하게 해낸다. 어떤 학생들은 공상에 빠지는가 하면 어떤 아이들은 집중해서 경청하며 사회적 암시를 잘 알아챈다. 어떤 아이들은 아주 간단한 단어를 해독하지 못하는 반면에 다른 아이들은 뭐든지 읽어내지만 읽은 내용을 이해하는 것이 잘 안 된다. 어떤 아이들은 글자의 순서를 바꿔 쓰는가 하면, 다른 아이들은 그러한 문제가 전혀 없다.

난독증의 학습 스타일의 강도도 개인에 따라 다양하게 나타난다. 어떤 사람들은 정상적인 학습자로 보인다. 이들은 읽기를 배우는 능력이나 철자와 문법에 약간의 어려움을 보일 수 있다. 그 외에는 또래들과 아주 비슷한 기능을 보인다. 다른 학생들은 많은 분야에서 상당한 차이를 보이기도 하며, 신체적으로 왜소하고 발육이 지연되는 경우도 있다. 예를 들면 유치(幼稚)를 나이가 들 때까지 갖고 있는 경우이다. 이들은 대부분의 과목에서 어려움을 겪으며 사회적 환경을 다루는 데에 문제를 드러내기도 한다.

난독증의 다양한 유형과 수준으로 교사들은 교육 프로그램을 짤 때에 혼돈을 겪기도 한다. 이와 같은 학습 스타일을 가진 사람 모두를 위한 한 가지 표준 교과 과정은 있을 수 없기 때문에 그 효과를 극대화하기 위해서는 학생들을 모두 개별적으로 평가하여 맞춤형 프로그램을 개발하는 것이 중요하다. 진단 테스트도 초기에 도움이 되겠지만, 교사들은 학생과 함께 진행하면서 어떤 기법이 가장 적합한지를 찾아내야 한다.

난독증이 있는 학생들이 필요로 하는 개별적인 치료 방법 영역은 다음과 같다.

- 읽기. 학습자들은 단어 해독(word decoding), 왼쪽에서 오른쪽으로 유창하게 읽기나 독해력에 문제가 있을 수 있다.
- 철자. 단어 철자를 단기적으로 암기할 수 있다 하더라도 이러한 단어의 형상이 쉽게 시야에서 사라지는 것이 문제이다. 동음이의어(homonyms)와 불규칙 단어들이 특히 문제가 많다.
- 음소 인식(Phonemic Awareness). 난독증 학생들은 소리를 식별하는 데 그리고 몇 개의 소리가 있는지를 인식하는 능력 및 단어에 있는 소리를 순차적으로 인식하는 능력에 어려움이 있을 수 있다. 가장 작은 소리인 음소(phonemes)에 대한 이러한 약점은 단어의 읽기, 철자 및 발음에 영향을 줄 수 있다.
- 청각적 변별력(Auditory Discrimination). 소리의 아주 작은 차이(특히 모음의 경우)를 쉽게 들을 수 있는 능력이 부족한 경우 언어 기술 습득에 상당한 영향을 줄 수 있다.
- 필기(Handwriting). 눈과 손의 협응이 잘 발달되지 않거나 이와 유사한 문제는 연필 잡기나 사용을 편하고 쉽게 하는 데에 어려움을 줄 수 있다.
- 논리적(Expository) 작문 및 창작. 두려움과 좌절감을 주는 부분이다. 필기와 철자에 문제가 있으면 작문 자체가 꺼려진다. 생각을 표준 영어로 정리하는 것도 어렵다.
- 수학. 문제를 계산할 때 숫자의 위치를 파악하는 것이 어렵다. 구구단과 같은 기계적인 암기도 큰 도전이 될 수 있다.
- 시각 운동 지각(Visual Motor Perception). 이는 두 분야에 영향을 줄 수 있다. 첫째, 물건의 모양이 회전하여 읽기와 쓰기에서 글자나 숫자의 순서를 바뀌게 하는 축이며, 둘째, 눈-손 협응 과제를 실행하는 속도와 관련된 것이다.
- 대근 운동 협응(Gross Motor Coordination). 균형이 관심사이다. 자신의 몸이 공간적으로 어디에 있는지를 인식하지 못한다. 개인 공간을 인지하지 못하기 때문에 사교성의 문

제를 일으킬 수 있다.

- **발육상의 주요 사건들(Developmental Milestones).** 난독증이 있는 사람들은 일반인들보다 신체적인 발육이 지연되는 경향이 있다. 지적 관심사와 사회적 기능 방법이 2~3세 아래의 아이들 수준과 비슷하다.

- **ADD 및 ADHD(주의력 결핍 장애 및 주의력 결핍 과잉행동 장애: Attention Deficit Disorder and Attention Deficit Hyperactivity Disorder).** 학교 수업과 같은 외적 자극에 대한 주의력이 부족한 현상인 ADD를 난독증이 있는 사람들에게서 흔히 볼 수 있다. ADHD에서 일어나는 신체적 과잉행동도 난독증의 또 다른 일반적인 특징이 될 수 있다.

- **스피치 및 언어.** 발음 형성이나 문법적으로 정확한 영어로 유창하게 의사표시를 하는 것에 문제가 있다.

- **정리(Organization).** 공간과 시간적으로 정리하는 것이 어렵다. 소지품을 잃어버리는 일이 종종 일어나기도 한다. 많은 양의 공부를 나누어 할 수 있는 분량으로 정리하는 것이 잘 안 될 수 있다.

- **기계적 암기 과제(Rote Memory Tasks).** 요일이나 전화번호와 같이 크게 중요하지 않은 단어를 암기하는 것이 특히 어렵다.

- **사회적 및 행동적 문제.** 이러한 어려움은 여러 가지 요소의 결과일 수 있다. 신체적 발육이 나이보다 떨어지는 난독증 아이는 나이가 같은 또래들과 어울리는 것이 불편하다. 이러한 학생을 적절하게 가르치지 못하고, 오히려 또래들 앞에서 무안하게 만들 경우 사회성에서 상당한 부정적인 상황을 만든다. 난독증이 있는 사람들에게는 중요한 사회적 암시를 인식하고 이에 적절하게 반응하는 방법을 보여 줄 필요가 있다.

- **정서적(Emotional) 문제.** 난독증이 있는 사람들은 대부분 정서적인 어려움이 있다. 왜냐하면 학교나 집에서는 잘 보살펴 주더라도 이들은 일반적인 교과과정과 이로 인한 실패감에 노출되어 있기 때문이다.

Eileen Simpson은 그의 저서 'Reversals'의 머리말에서 이에 대해 다음과 같이 말하고 있다.

내 두뇌에 뭔가 잘못된 것이 있었다. 내 의식과 무의식의 경계선에서 아롱거리던 의문이 내가 아홉 살이 되어 4학년으로 올라갔을 때 확실해졌다. 나는 다른 아이들과 같아 보였지만 그들과 같지 않았다. 나는 읽기와 철자를 배우는 것이 안 되었다.

:: 난독증의 원인

일반적인 오류

난독증이 많다보니 가장 흔히 나타나는 오류는 난독증이 있으면 숫자나 글자의 순서가 바뀐다는 것과 이 시각적 문제가 학업에 있어 어려움의 근본이 된다는 것이다. 이렇게 바뀌는 현상은 누구에게도 일어나는 현상으로 난독증이 있다고 해서 더 많이 일어나는 것이 아니라는 사실이 이제는 밝혀졌다. 사실 전형적인 학습 방법으로 공부하고 있는 아이들도 일곱 살 될 때까지 이와 같이 바뀌는 현상을 보이고 있다. 이러한 현상으로 인하여 문자 언어를 혼란스럽게 만드는 것은 사실이지만 이제는 이것이 난독증의 원인 요소나 진단 징후도 아님이 잘 알려져 있다.

두 번째 오류는 난독증이 있으면 지능도 손상되어 있다는 생각이다. 과거에는 대체로 언어를 바탕으로 하는 IQ 테스트를 사용했기 때문에 이런 현상이 일어났다. 이런 이유로 테스트 결과가 좋지 않았던 것은 놀라운 일이 아니다.

난독증이 있는 사람을 평가할 때에는 그의 학습 스타일이 테스트 결과에 어떠한 영향을 미치는지에 대한 지식을 가진 진단자를 찾는 것이 절대로 중요하다. 이제는 난독증이 있는 사람도 평균 내지 그 이상의 지능이 있다는 사실이 잘 알려져 있다.

세 번째 오류는 난독증이 있는 사람들은 ADD나 ADHD가 있다는 생각이다. 있는 사람도 있겠지만 모두가 그런 것은 아니다.

네 번째 오류는 성별이 한 요소라는 것인데 남자한테 난독증이 더 많이 발생한다는 생각이다. 이러한 인식은 너무 보편적으로 받아들여지고 있어 편견에 가까울 정도다. 그러나 최근의 분석결과에 의하면 이러한 편견은 도움이 필요하다고 추천된 아이들을 대상으로 실시한 연구에 근거를 두었기 때문이다. 최근 여러 학군에 걸쳐 많은 수의 어린이를 대상으로 실시한 연구 결과에서는 성별에 관계없이 그 비율이 같게 나왔다. 이제는 많은 교육자가 먼저 연구에서는 행동문제로 치료 의뢰를 받은 아이들 중에는 남자 아이들이 더 많을 가능성이 있기 때문에 그러한 오류가 나왔다고 믿고 있다. 그리고 아직도 여자 아이들보다 남자아이들에 대한 기대가 더 높기 때문에 그러한 소신이 생겼을 수도 있다.

그러므로 난독증의 원인을 생각할 때에 많은 요소를 배제할 수 있다. 시각적인 이슈나 지능 문제, 주의력이나 행동 문제 그리고 성별 문제도 아니다. 교육자로서 우리는 머리가 좋은 학생들도 다양한 증상을 보이는 경우를 많이 본다. 그렇다면 무엇이 문제의 원인이 되는 것인가?

최근 연구결과

교육자들과 연구원들은 음소인식(phonemic awareness)이라고도 부르는 음운정보 처리(phonological processing) 이슈를 연구해왔다. 음소 인식은 문자언어와 연계된 소리에 관한 지식이며, 이들을 조작하여 단어와 문장을 만들어내는 능력을 의미한다. 이는 난독증이 있는 사람들이 어려워하는 부분으로 보인다. 이들은 글자에 해당하는 소리를 기억하는 것을 어려워한다. 이들은 주어진 단어의 글자와 소리는 알지만 올바른 순서로 배열하는 것이 잘 안 된다. 소리를 섞는 것에 어려움을 겪는 것이다. 그러니 읽기와 언어에 관련된 과제들이 힘든 것은 당연하지 않겠는가?

현재로서는 음소 인식에 대한 어려움이 읽기, 쓰기 및 철자에 대한 어려움의 근본이라고 일반적으로 믿고 있다. 난독증 어린이들은 단어 음율과 같은 기초적인 언어 과제들(전형적인 학습 스타일을 가진 다른 어린이들에게는 자연스러운)에 집중하는 것에 문제가 있다는 사실을 자주 관찰하게 된다. 난독증 학생들이 글자와 소리를 쉽게 연계할 수 있게 하려면 세심하게 구조화되어 있는 다중감각 학습지도가 필요할 것 같다.

음소 인식의 결핍이 모두가 염려하는 부분이라는 것은 자명한 사실이지만 그러면 이와 같이 소리를 분리하고 식별하고 조작하는 데 어려움을 겪는 원인은 어디에 있는가? MRI(Magnetic Resonance Imaging)와 같은 새로운 기술의 발달은 난독증의 근본적 원인을 연구할 수 있는 새로운 도구를 많이 제공하고 있다. 그리고 이를 통해 이러한 딜레마의 원인은 두뇌 조직과 구조의 생리학적 차이에 있다는 사실을 알게 되었다. 두뇌가 언어 정보를 처리하는 방법에 뭔가 다른 것이 있으며, 그것이 무엇인지 알아내려고 열심히 노력하고 있다.

예일대 의과대학(the Yale School of Medicine)의 소아과의사이자 연구원인 Dr. Sally E. Shaywitz의 지휘하에 아주 흥미로운 연구가 진행되고 있다. 그녀의 연구팀은 기능적 MRI로 활동상태의 두뇌를 관찰하고 있다. 즉, 사람이 실제로 생각하고 읽는 것을 관찰하는 것이다. 두뇌에서 상대적으로 활동적인 부분은 색깔이 밝게 보인다. 왜냐하면 피가 그 부분으로 더 많은 산소를 운반해주기 때문이다. 이제는 단어를 소리내어 읽거나 활자를 이해하는 것과 같은 읽기 공정이 일어나는 위치를 알기 때문에 사람이 읽고 있는 동안에 뇌에서 일어나는 것을 지도로 나타낼 수 있다.

Robert A. Frahm과 Rick Green이 1998년 3월 1일 자《Hartford Courant》신문에 올린 기사에 의하면 Shaywitz팀이 일반적인 사람과 난독증이 있는 사람을 대상으로 읽는 활동을 연구하였다고 한다. 피실험자들의 두뇌 이미지를 컴퓨터 화면으로 보는 가운데 이들로 하여금 난센스 단어(nonsense words) 한 쌍을 속으로 읽게 한 다음, 단어들의 운율이 맞는지에 따라 '예' 혹은 '아니오' 버튼을 누르게 한 것이다. 연구원들은 난독증 환자들의 두뇌가 음소 인식 부위에서 보다 적은 활동을 보인다는 사실을 발견하였다.

스탠포드 대학 연구원들은 두뇌의 시각적인 부위에서의 두뇌 활동은 상당한 의미가 있는 것으로 결론을 내렸다. 1997년 12월 9일자 《Hartford Courant》 신문에 Michelle Guido가 올린 기사에 의하면 일반적인 학습 스타일을 가진 학생보다 난독증 학생들의 두뇌에서 활동량이 낮은 것으로 나타났다고 보도하였다. 스탠포드 연구팀의 수석이자 심리학 및 신경과학 조교수인 David Heeger는 난독증을 두뇌의 언어 센터에 대한 이슈로만 생각하는 것은 해답의 전체를 반영하지 않는다고 경계하였다. 우리가 알지 못하는 다른 요소들도 있을 것이기 때문이다.

그렇다면 지금까지 난독증의 근본적인 원인에 대한 연구들은 우리에게 무엇을 보여주는가? 이제 난독증 증상에 생리학적 근원이 있다는 사실만큼은 대부분 동의하는 것 같다. 두뇌의 언어 센터가 개입된다는 것은 예측가능하지만 또다른 중요한 생리학적 요소가 있는 것 같다. 근본 원인을 찾아내는 것은 교육학적 방법론에 큰 의미가 있기 때문에 중요하다.

:: 학습 스타일과 다중 지능은 난독증과 어떤 관계가 있는가?

사람들이 다양한 방법으로 학습한다는 것과 우리가 정보를 획득하고 이를 처리하는 데에 있어서 상대적인 강점과 약점을 모두 갖고 있다는 것은 최근에 잘 알려진 사실이다. 우리가 학습하는 방법은 다음과 같다.

- **청각.** 지식을 청각을 통해 얻고 기억한다.
- **시각.** 지식을 시각을 통해 얻고 기억한다.

- **촉각-운동**. 지식을 촉각과 신체 동작을 통해 얻고 기억한다.
- **분석적 혹은 좌뇌형**. 개별적 사안들을 질서 있게 순차적으로 제공할 때 지식을 쉽게 습득하고 이해한다.
- **전체적 혹은 우뇌형**. 어떤 사안을 이해함에 있어서 일반적인 원리를 제공할 때 지식을 쉽게 습득한다.

정보를 습득하는 방법은 개인별로 차이가 있다. 다시 말하면 앞에 언급한 유형을 하나만 사용하여 학습하는 경우는 아주 드물다. 모든 사람은 자기 고유의 패턴으로 정보를 습득하고 이를 처리하는데, 이것을 그 사람의 학습 스타일이라고 부른다. 개인별 학습스타일 패턴을 고려하여 과목을 계획하고 가르칠 때 가장 쉽고 빠르게 학습할 수 있다.

Howard Gardner는 그의 저서 Frames of Mind, the Theory of Multiple Intelligences(Basic Books, 1993)에서 지능을 7가지 유형으로 식별하는 다중 지능 이론을 제안하고 있다. 그리고 각각의 지능 유형들은 명확하게 정의된 학습 유형과 관련이 있다.

- **언어형(Linguistic)**. 이 유형의 학습자는 언어능력이 뛰어나고 전형적인 교과과정에서 읽기와 쓰기를 쉽게 배운다.
- **논리형-수학적(Logical-Mathematical)**. 이 유형의 학습자는 많은 양의 데이터로부터 패턴을 찾거나 사물을 떠올리는 것을 즐긴다.
- **공간형(Spatial)**. 이 유형의 학습자는 사물을 바라보기를 좋아하고 공간 구성능력이 뛰어나며 예술가 기질이 있다.
- **운동형-신체활동적(Bodily-Kinesthetic)**. 이 유형에 속하는 사람들은 운동을 좋아하고 뛰어난 능력도 보인다. 직접 시도해보는 활동에 노출되었을 때 가장 큰 학습효과를 보인다.

- 음악형(Musical). 이 유형에 속하는 사람들은 리듬이나 음향에 잘 반응하고 이해한다. 음악은 이 유형의 사람들이 아이디어나 사실을 기억하는 데 도움을 준다.
- 대인관계형(Interpersonal). 이 유형의 학습자는 사회성과 상황에 대한 이해가 뛰어나다.
- 자아성찰형(Intrapersonal). 이 유형의 지능이 높은 사람은 자신과 자신의 욕구를 매우 잘 이해한다.

다양한 정보 습득 및 처리 방법과 마찬가지로 지능도 상호 배타적이 아니다. 그러나 사람들은 자신만의 고유 패턴을 갖고 있으며, 다른 사람들과 다른 패턴을 사용하는 경향이 있다. 난독증 학생들은 언어적 지능이 다소 떨어지며, 이것이 전통적인 교육과정에서 실패하는 원인이 되는 경우를 자주 보게 된다. 그러나 이들도 다른 유형의 지능에서는 많은 강점을 갖고 있으며, 교육 프로그램을 준비할 때 이러한 점이 고려되어야 한다.

:: 난독증과 연관된 강점

이러한 학습 스타일을 갖고 있는 학생들을 가르치는 대부분의 교사는 이와 같이 놀라운 재능을 가진 학생들과 함께 하는 것이 축복임을 바로 깨닫는다. 예를 들어 이들은 기계류의 물건을 수리하는 데에 아주 훌륭한 능력이 있는 경우도 있다. 작은 사립학교에서 한 학생이 물건을 찾아내는 데에 뛰어난 능력이 있는 것으로 알려져 있었다. 누가 물건을 잃어버리면 아이들이 제일 먼저 하는 말이 "Pedro한테 물어봐. 그 애가 어디에 있는지 알 거야."이다. 그리고 그는 대부분 찾아낸다. 자주 보는 구체적인 특성을 아래에 모아 보았다.

- 궁금증이 많다.

- 서슴치 않고 질문하는 경향이 있다.

- 사물을 다르게 보는 능력, 즉 창조적인 사고라고도 불리는 능력이 있다.

- 유머 감각이 뛰어나다.

- 에너지가 넘친다.

- 추진력이 있고 야망이 크다.

- 열심히 일하려는 의지력이 있다.

- 기계에 대한 능력이 뛰어나다.

- 공간적 능력이 뛰어나다.

- 예술적 능력이 뛰어나다.

- 음악적 능력이 뛰어나다.

- 자신이 흥미를 느끼는 과제에 오랫동안 집중하는 능력이 있다.

- 서로 관계가 없는 것처럼 보이는 데이터에서 패턴을 인식하는 능력이 있다.

- 개념을 이해하는 능력이 있다.

　　Gardner의 다중 지능 개념을 생각해보면 소위 말하는 난독증 학생의 학습 스타일이란 개념은 상당히 설득력이 있다. 이러한 학생들은 언어적 지능의 어떤 분야에서 상대적 약점을 보이지만, 연구원들은 이것이 주로 음소 인식 분야라고 믿게 되었다. 이러한 약점이 발생하는 원인이 무엇이든 이는 지능의 다른 분야에서는 강점이 될 수도 있다. 예를 들면 공간적 지능이 좋은 학생이 물건을 고치는 데에 아주 뛰어난 경우를 많이 본다. 또한 논리적-수학적 지능이 우수한 학생들에게는 패턴이 쉽게 보인다.

　　좌뇌-우뇌 개념이 최근에 와서 많이 논의되는데 이런 방향으로 생각해보는 것도 흥미롭다. 이러한 모델로 볼 때 난독증 학생들은 분석적인 사고를 하는 좌뇌보다 전체적인 사고를 하는 우뇌에 많이 의존한다는 사실을 알 수 있다. 난독증이 있는 사람들의 두뇌를 연구하는 신경해부학 연구원 Albert Galaburda는 전형적인 사람들은 좌뇌가 우뇌보다 더 큰 반면에 난독증이 있는 사람들의 두뇌는 양쪽이 대칭적이라는 사실을 알아냈다. 또한 대칭적인 두뇌의 양쪽이 비대칭 두뇌와 다른 방식으로 의사소통을 한다. 이는 난독증 학습 스타일과 관련되는 약점과 강점의 원인을 설명하는 것 같다.

Thomas G. West의 저서인 In the Mind's Eyes: Visual Thinkers, Gifted People with Dyslexia and Other Learning Difficulties, Computer Images and the Ironies of Creativity(Prometheus Books, 1997)는 매우 흥미로운 책이다. West에 의하면 난독증의 원인은 신경학적인 것이며, 두뇌 기능의 차이점들은 다양한 특성을 낳는다고 말한다. 이와 같이 다양한 특성은 그 자체가 아주 중요한 패턴이다. 그는 "결국은 그러한 패턴의 가장 중요하고 두드러진 특성은 사람마다 일반적인 수준과 상당히 다르며 또한 창의력이 있는 다른 사람들과도 다르다."라고 말한다.

또한 West는 특정 학습 스타일은 문화적인 것과 관련이 있다고 주장한다. 한 문화권에서 이점이 있는 학습 스타일이 다른 문화권에서는 그렇지 않을 수 있다. 예를 들면 수렵 위주의 문화권에서는 방향감각이 좋아야 하며 자연 세계에서의 변화에 민감해야 한다. 닥쳐올지 모르는 위험에 면밀한 대비를 하고 있어야 한다. 읽기와 쓰기는 생존에 그렇게 중요한 것이 아니다.

얼마 전에 나는 대학 캠퍼스로부터 먼 곳에 사무실이 있는 제넷이라는 사람을 찾아 나섰다. 내가 길을 잃어 그녀가 나를 데리러 왔어야 했다. 제넷은 "작가들은 내 사무실을 찾다가 길을 잃는 경향이 있어요. 작가들은 방향을 생각하지 않고 그냥 돌아다니는 것 같아요. 이상해요."라고 말했었다. 언어적인 재능은 있지만 방향감각이 없다? 물론 모든 작가가 그런 것은 아니지만 제넷은 이런 현상을 하나의 공통적인 특성으로 본 것이다.

요약하면 West는 난독증 학습 스타일을 갖고 있는 사람들은 수렵 문화권에서는 유리할 수 있지만 우리와 같은 언어 중심의 문화권에서 적응하기 위해 고통받고 있다고 믿고 있다. 더 나아가 West는 우리 사회가 바뀌고 있다고 말한다. 컴퓨터의 출현으로 우리는 과잉 정보 속에 묻혀버렸으며, 사업이나 기타 분야에 있는 사람들이 이러한 정보를 처리하기 위해 고군분투하고 있다. 지금 필요한 것은 얼핏 보기에는 서로 관련이 없는 것 같은 데이터 속에서 패턴을 볼 수 있는 능력, 창의적인 접근법, 문제를 풀 수 있을 때까지 충분히 오랫동안 과제에 집중할 수 있는 에너지와 추진력이다. West에 의하면 미래 사회에서 크게 기여할 사람들은 난독증이 있는 사람들인 것이다.

우리는 난독증 학생들을 잘 가르치고 그들의 능력을 존중해야 한다. 그들이 미래 사회에서 우리의 리더가 될지도 모르기 때문이다.

:: 난독증이 있었던 유명한 인물들

난독증이 있는 사람들 중에는 우리 사회에 크게 기여한 사람들이 많다. 알베르트 아인슈타인(Albert Einstein), 윈스턴 처칠(Winston Churchill), 찰스 다윈(Charles Darwin), 갈릴레오(Galileo), 레오나르도 다빈치(Leonardo da Vinci) 등이다. 물론 이들 대부분은 난독증으로 분류되지 않았다. 왜냐하면 1800년대 후반까지는 그러한 용어가 없었기 때문이다. 이러한 학습 스타일을 식별 가능하게 하는 용어를 사용하기 시작한 것도 최근의 일이다. 앞에서 언급한 유명한 사람들은 그들에 관한 기록을 보고 그들이 세상을 특별한 방법으로 볼 수 있는 능력을 가진 축복 받은 사람들로 추정한 것이다.

In the Mind's Eye에 나오는 정보로 우리는 아인슈타인에 대해 더 깊이 공부할 것이다. Thomas West가 아인슈타인의 어린 시절에 관한 감동적인 이야기를 해준 것에 감사한다.

아인슈타인은 어린 시절에 발육이 늦은 편이었다. 특히 언어가 문제였다. 그의 여동생이 쓴 글을 보면 그 당시 가족 모두는 그가 말하기를 배우는 것이 불가능할 것 같아 몹시 염려하였다고 한다. 아인슈타인은 한 편지에서 자신의 어린 시절 학습경험에 대해 다음과 같이 말했다고 한다. "나는 학생으로서 그렇게 뛰어나지도 않았고 그렇게 못하지도 않았다. 나의 주요 약점은 기억력이 좋지 않다는 것이며, 특히 단어와 글 내용에 대한 기억력이 좋지 않았다는 것이다. 단지, 수학이나 물리에서는 자습을 통해 교과 과정보다 훨씬 앞서 있었다. 그리고 철학도 앞서 있었다." 그의 선생님 중의 한 분인 그리스어 선생님은 "넌 절대로 아무것도 이룰 수 없을 거야."라고까지 말했다고 한다.

아인슈타인은 음악적인 재능도 상당히 있었으나 체계적이지 못했다. 그는 철자에 어려움이 있었고 사실을 배우는 것에는 흥미가 없었다. 그리고 수학은? 분명히 그는 수학 계산에도 문제가 많았다. 그가 7살 때 구구단을 외우지 못해 늘 야단맞았다. 문제는 잘 풀었지만 세부적인 부분에서 실수를 많이 했다.

아인슈타인의 가족은 그가 15세에 독일에서 이탈리아로 이사했다. 원래 계획은 독일 학교에서 공부를 마치고 이사하는 것이었는데 그의 말에 의하면 "나는 담임 선생님한테 꾸지람을 들었는데 그는 내가 자퇴하기를 바란다고 말했다. 내가 잘못한 것이 없다고 하자 그는 내가 있는 것만으로도 반에 수치가 된다는 것이었다. 나도 학교를 떠나 부모님을 따라 이탈리아로 가고 싶었다. 내가 싫어했던 것은 재미없고 기계적인 교습 방법이었다. 나는 단어에 대한 기억력이 좋지 않았으며, 이러한 것은 극복할 가치가 없다고 생각했다. 그래서 나는 기계적으로 외우는 공부를 하느니 차라리 온갖 벌을 받는 것을 선호했다."

아인슈타인은 그 당시 학교에서 뛰어난 학생은 아니었다. 그는 대학에 진학하여 수학 대신 물리학을 전공했다. 그 이유를 물으면 그는 자신이 물리학에 대한 직관이 강했다고 대답했다. 그는 산만하게 많은 팩트 중에서 중요한 패턴을 잘 찾아내는 능력이 있었다.

그러나 졸업 당시 그는 교사직을 구할 수가 없었다. 불행히도 그의 교수 대부분은 그가 지적으로 오만하다고 생각하여 교사직에 추천해주지 않은 것이다. 아인슈타인은 당시의 절망감을 이렇게 표현하였다. "결국 나는 가족에게 부담만 주는 존재일 뿐이었다. 정말 나는 이 세상에서 없어지는 것이 낫겠다고 생각했다. 나의 미약한 힘으로 할 수 있는 일은 한다는 생각뿐, 세월이 흘러가도 나 자신에게는 작은 즐거움도 허락되지 않았다. 이는 내가 공부로부터 얻는 기쁨을 방해하기 때문이었다. 공부는 나를 버티게 해주었으며 절망에서 구해주었다."

아인슈타인이 그렇게 끈기 있게 공부했다는 것이 인류에게 얼마나 다행한 일이었는가. 그리고 1902년에 그의 친구가 특허국에 일자리를 구해준 것 또한 얼마나 다행한 일이었는가. 여기서 일하면서 그는 틈틈이 논문을 작성했고 3년 후에 발표하였다. 세계가 그의 논문을 보자 그는 천재로 인식되었다.

In the Mind's Eye에는 Michael Farraday, George Patton, Lewis Carroll 등과 같은 많은 유명 인사의 이야기가 소개되어 있다. 이 책은 난독증을 가진 유명인들에 대한 최고의 정보원으로 추천되고 있다.

:: 역사적 관점

난독증이라는 용어는 1880년대 후반에 사용되기 시작했으나, 이는 대체로 의학 용어로 사용되었으며, 교육자들은 '학습 장애'라는 용어를 선호했다. 그러나 요즈음에는 교육계에서도 '난독증'이라는 용어를 사용하고 있다. 대부분의 사람은 이를 학습 장애의 하위개념으로 이해하고 있다.

이 분야의 주요 개척자는 스코틀랜드 안과 의사인 Dr. James Hinshelwood이다. 1896년, 그는 읽지 못하는 아이들에 대한 임상 연구를 시작한 의사 중 하나였다. 그는 자신이 '선천성 단어 인식 불능(congenital word blindness)'이라고 명명한 이 장애가 두뇌 결함이나 두뇌 손상에 기인한다고 믿었다.

미국 신경학자인 Dr. Samuel Orton은 이 분야에서 중요한 공로자이다. 1919년에 연구를 시작한 그는 총명한 어린이들이 갖고 있는 읽기 문제의 원인이 신경학적 요소에 있다고 믿었다. 그는 아이들 뇌의 양쪽 반구들이 동등하게 지배적이라고 주장하였으며, 이로 인해 이러한 아이들은 사물을 이중으로 보거나 좌우 대칭 상(mirror image)으로 본다는 것이다. 그는 언어적 요소도 포함되었다고 추측하였다.

난독증에 대한 Dr. Orton의 견해는 그 당시 잘 수용되지 않았다. 그 때에는 정신분석학적 이론이 인기였으며, 교육자들은 총명해 보이는 사람들이 학업적으로 문제가 있는 것은 정서적인 문제라고 믿었다.

Dr. Orton은 심리학자이자 연구 동료인 Anna Gillingham과 팀이 되어 난독증이 있는 사람들을 위한 다중감각 학습 프로그램을 개발했으나 이러한 접근법은 세상에 알려지지 않았고, 대체로 사립학교와 개인 교사들이 이 방법을 사용하였다. 그런데 1960년대에 이르러 난독증이 사회적 이슈가 되면서 주요 신문에도 기사화되었다. 그 당시 교육자들은 다양한 견해를 갖고 있었다. 난독증이 실제로는 존재하지 않는 상상적인 증상이라고 주장하는 사람도 있었다.

다행히도 이렇게 골치 아픈 증상에 대한 연구는 계속되었다. 우리는 이러한 학습 스타일의 특성에 대하여 문서화를 계속했던 사람들과 원인을 찾으려는 노력을 중단하지 않았던 사람들에게 감사해야 한다. 이들은 지금 새로운 기술의 도움을 받으면서 자신들의 능력을 상당히 확장하고 있다.

우리는 또한 이러한 증상이 존재한다고 믿었던 교육자, 부모, 난독증이 있는 사람들에게도 감사를 드린다. 이들은 도움이 필요했다. 이들은 이러한 학습 스타일이 많은 사람의 주의를 끌도록 노력했다. 이들의 노력이 이 분야에 대한 지식의 발전을 위한 사회적 분위기를 조성한 것이다.

Helen과의 인터뷰

Helen은 70대의 나이로 6명의 자녀와 여러 명의 손자가 있다. 그녀는 농촌 지역의 아름다운 농가에 살고 있었다. 식물에 관심이 많은 그녀는 활발하게 활동하는 정원사이다.

▶▶▶ 언제부터 난독증에 대해 알게 되었습니까?

나는 할머니가 엄마 친구의 아들을 개인 교습 했을 때, 비록 동일한 용어는 아니었지만 난독증에 대하여 들은 바가 있다. 엄마 친구는 학습 장애에 관한 책을 읽었으며, 그녀의 아들에게 무엇인가를 쓰도록 시켰다. 그런데 그 아들은 엄마가 읽은 내용을 거꾸로 쓰는 것이었다.

할머니의 교수법은 "그래. 처음부터 다시 시작해보자."와 유사하였기 때문에 매우 도움이 되었다. 이것이 계기가 되어 나는 처음으로 학습 장애가 무엇인지를 알게 되었고, 아마도 그때 내 나이는 13세였던 것 같다. 그 당시 누구도 내가 학습 장애를 가지고 있다고 알려주지 않았다.

대학시절 나는 다른 학생들과 비교하여 읽기에 문제가 있다는 것을 알게 되었다. 나는 영원히 철자를 모르고 쓰는 것을 배울 수 없을 것처럼 보였다. 내가 읽기를 배우기 시작했을 때 아버지께서 "크(k)/, /크(k)/, /크(k)/, 캣(cat)"이라고 하면서 나에게 매우 화를 내셨던 것을 기억한다. 그리고 나는 그것을 't'로 시작했다.

내가 읽기를 어느 정도 배우고나서, 뉴욕에 있는 혁신학교(progressive school)에 입학하게 되었다. 그 당시 아마도 나는 단어를 소리내지 않고 시각적으로 인식하는 방법을 배웠기 때문에 내게 '크(k)'라고 말하는 것은 아무런 의미가 없었다.

▶▶▶ 당신이 난독증을 가지고 있다고 처음으로 생각하게 된 것은 언제입니까?

내 아들 피터가 난독증 진단을 받았을 때 나는 처음으로 난독증이라는 것을 접하게 되었다. 그때 내 나이는 40대였다. 나는 보스턴에 있는 스미스박사를 찾아 갔고, 그는 피터가 난독증을 가지고 있다고 말했다.

그리고 그가 난독증에 대해 설명했을 때, "오, 나도 그런 증상을 가지고 있어요."라고 대답했다.

닥터 스미스는 "아들의 난독증은 의심의 여지없이 당신으로부터 유전된 것입니다."라고 말했고, 나는 내 문제의 원인을 알게 된 것에 안도의 한숨을 쉬었다.

왜냐하면 내가 초등학교 1학년 때 스펠링 시험 시간에 단어 스펠링이 적힌 리스트를 가져갔다가 선생님께 들켰던 기억이 떠올랐기 때문이다. 그때 선생님은 나머지 학생들은 밖에 나가 놀게 하고 나만 교실에 남겨두셨다. 눈물범벅이 된 나에게 선생님은 "앞으로 다시는 그러면 안 된다."라고 말씀하셨고, 나는 "앞으로 절대 그러지 않을게요."라고 말했다. 그렇지만 사실 속으로는 "난 거짓말쟁이야."라고 느꼈다.

그리고 몇 년 후 나는 갑자기 한 워크숍에서, 나에게 언어와는 무관한 기억력과 관련하여 확실히 문제가 있다고 생각하게 되었다. 나는 그 해결책을 나 자신에게 거짓말쟁이라는 라벨을 붙여버리면 되지 않을까 하고 생각했고 나름 합리적이라고 생각했다. 하지만 난독증 치료를 받는 아이를 키우는 과정을 통해서 나 자신도 난독증을 가지고 있다는 것을 알게 되었다.

▶▶▶ 난독증 때문에 어려움을 겪었나요?

스펠링을 제대로 쓸 수 없다는 것에서 오는 애로사항은 말로 다할 수 없다. 대학에서 시험을 볼 때, 나는 어떤 단어의 철자를 한참 동안을 생각하지만 결국 실패하고, 대체할 수 있는 단어를 생각하곤 했다. 결국 시간에 쫓길 수밖에 없었고, 나는 지금도 여전히 이러한 일 때문에 어려움을 겪고 있다.

나는 편지 쓰기를 싫어하며, 실제로 편지를 쓰지도 않는다. 하루는 나도 다 큰 어른이니까 이 문제를 극복할 수 있다고 생각했고, 앉아서 편지를 쓰기 시작했다. 하지만 한 문장도 제대로 쓰지 못했고, 반도 쓰기 전에 다시 한 번 나는 스펠링을 제대로 쓸 수 없다는 걸 깨달았다. 나는 철자를 틀리게 쓰고 싶지 않다. 내 아이들이나 가족에게는 철자가 틀리는 모습을 보여도 상관없지만 다른 사람에게는 아직 그런 부분이 불편하게 느껴진다.

난독증을 가진 내 아들은 나만큼이나 글 읽기를 배울 때 매우 힘든 시간을 보냈다. 그 아이는 몇 년 동안이나 매일 매일 과외를 받았다. 그리고 이제 읽는 것에는 큰 문제가 없다. 책에서 무엇인가를 찾고자 하면 찾을 수도 있다. 그렇지만 그 아이가 무엇인가 고쳐야 한다면, 먼저 자신의 방법으로 시도한다. 그는 매뉴얼을 읽지도 않고 매우 잘 고친다. 정말 필요한 상황에는 매뉴얼을 찾아보기도 하지만 마치 퍼즐을 맞추는 것처럼 자신만의 방법으로 이것저것 잘 고친다. 나는 물건을 잘 고치지 못하는데 아마도 내가 시도해 본 적이 없어서 그런 것 같다.

나와 내 아들의 난독증에 관련된 재미있는 이야기가 있다. 하루는 TV에 나오는 재판을 보고 나와 피터는 굉장히 몰입하게 되었다. 다른 가족 구성원도 오가며 계속해서 그 재판에 대한 이야기를 나누었는데, 대화의 끝 무렵 나와 피터는 TV의 재판 속 등장인물의 이름을 하나도 기억하지 못했다. 신기하게도 우리를 제외한 나머지 식구들은 등장인물의 이름을 모두 알고 있었다. 나와 피터는 재판에 관련된 모든 이야기와 개념은 기억했지만 단 한사람의 이름도 기억하지 못했다는 것을 보고 한참을 웃었다.

▶▶▶ 이름은 기억을 못했지만 재판에 훨씬 흥미를 가진 것은 당신이었네요.

그렇다. 피터가 고등학생 때 나에게 이런 말을 한 적이 있다. "아니, 저의 형인 윌리엄은 책을 정말 빨리 읽어요. 그런데 우리가 같이 읽은 것들 중 어떤 것들은 내가 훨씬 기억을 더 잘 하거든요." 아무래도 피터는 그 차이를 가지고 자신을 위로하려고 했던 것 같다. 아무래도 글을 빨리 읽는 사람이 주변에 있으면 자신감을 갖기가 어려운 것 같다.

▶▶▶ **어렸을 적에 난독증이 당신을 괴롭혔던 또 다른 기억은 없나요?**

어렸을 때 'Mother Goose'를 읽을 때 'tra-la-la-la'를 제대로 읽지 못해 아버지에게 엉덩이를 맞은 기억이 난다. 지금까지도 'Mother Goose' 안에 있던 그 시를 찾을 수가 있다. 그 'tra-la-la'인지 뭔지 하는 그 단어를 외워버릴 수도 있었지만, 난 도저히 'tra'와 'la'의 차이를 이해할 수가 없었다. 내가 아는 단어 중에 't'따로 'l'따로 소리가 나는 것이 없었기 때문에 그 단어를 이해하는 것이 나에게는 불가능에 가까웠다. 아버지는 나를 체벌한 것에 미안해 하셨지만 나는 괜찮았다. 이러한 일이 일어날 것을 미리 알고 있었기 때문이다. 아버지는 나 때문에 화가 많이 나셨지만, 나는 예상했던 일이 결국 일어난 것이었기에 그리 놀라지 않았고, 사실 아버지의 체벌이 많이 아프지도 않았다.

그러나 몇 년이 지나지 않아 나는 단순히 아버지를 화나게 한 것이 문제가 아니라 나 자신에게 문제가 있다는 생각을 하게 되었고, 그게 아버지를 더 실망시켰다. 아버지는 그런 나를 이해하지 못하셨다.

▶▶▶ **아버지가 당신을 도울 수 없었겠네요.**

그렇다. 아버지는 "/t/,/t/,/t/."라고 말씀하셨고, 분명 화가 나신 것 같았다. 그래서 나도 대충 넘어가려고 했다. 그러니 그건 딱히 아동 학대는 아니었다. 그냥 모든 사람에게 일어날 수 있는 그런 일이었다.

제2장

평가와
진단

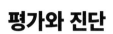

평가와 진단

이 장에는 특수 용어와 사실적 데이터가 많이 나오기 때문에 테스트와 진단 과정이 상당히 부담스러울 수 있다. 이와 같이 혼란스러운 상황에서 학생의 주요 이슈와 필요성 그리고 강점들이 불분명해질 수 있다. 이 장에서는 좋은 평가를 위해 주요한 특징들을 명확히 하기 위해 혼선을 제거하는 데에 초점을 둘 것이다.

:: 평가서 내용

표준 테스트에서는 한 가지 유형의 평가서를 제공한다. 철저한 관찰, 교과과정에 기초한 평가 그리고 비공식 측정치는, 가치있는 정보를 도출해낸다. 다음에 나오는 내용은 학생의 학습 능력을 저해하는 요소를 찾아야 할 주요 분야이다.

- 의학적 분야(Medical). 먼저 해야 할 것은 학생이 신체적인 장애가 있는지를 확인하는 것이다. 우선 청각이나 시각 테스트를 실시하고 간질이나 다른 질환에 대한 검사도 실시한다.
- 지능 분야(Intellectual). 이 분야에서는 학생의 인식력을 검사한다.
- 교육 분야(Educational). 현재 학생이 읽기, 철자, 수학 등에서 어느 분야의 공부를 주로

하는지를 확인한다.

- **정서 분야(Emotional).** 투영 검사법(projective tests)을 통하여 학생의 심리학적 구성 (psychological makeup)을 확인한다.

- **사회적 분야(Social).** 때로는 인터뷰를 통해 학생의 행동적 전략을 평가한다.

- **스피치 및 언어 분야(Speech and Language).** 단어 검색 및 어휘와 같은 언어적 기능의 특정 분야를 검토한다.

- **대근 운동 및 소근 운동 기술 분야(Gross Motor and Fine Motor Skills).** 학생의 신체적 기능을 검사한다. 균형 감각이나 눈-손 협응 등을 검사한다.

- **신경학적 분야(Neurological).** 이러한 검사는 주로 다른 분야에 대한 검사를 한 다음에 실시한다. 여기서는 학생의 두뇌를 포함한 중추신경계를 검사한다.

- **가정환경 분야(Home Study).** 넓은 의미에서 학생의 문화적 배경이 학업에 어떤 영향을 주는지 인터뷰를 통해 확인한다. 예를 들면 학생의 학업에 대해 부모나 양육자가 어떻게 생각하는지 알아내는 것은 매우 중요하다. 그리고 언어적 요소가 영향을 주는지, 집에서나 그 지역사회에서 영어 이외의 언어를 사용하는지 등을 알아낸다.

:: 평가자

의사가 학생의 신체적 구조와 기능을 검사하고 학교 간호사는 이에 협조한다. 그러나 시력과 같은 특정 분야에 문제가 있어 보이면 전문가의 의견을 듣는 것이 중요하다. 일반적인 테스트인 시력 테스트는 양호하게 나타나지만 안구를 좌우 및 상하로 편안하게 움직이는 능력인 안구 추적에는 문제가 있을 수 있다. 그리고 한 사람이 장시간 활자에 초점을 맞추는 데에도 문제가 있을 수 있다.

기억해야 할 중요한 사항은 이상이 있는지 철저히 검사해야 한다는 점이다. 의사생각에 약간 이상한 점이 있다면 반드시 학생으로 하여금 그 분야의 전문가를 찾아보도록 권고해야 한다.

대부분의 주(State)에서 학교 심리상담사는 지능 테스트를 실행하도록 되어 있다. 일반적으로 이러한 전문가에 의한 전반적인 평가를 심리 테스트라고 부른다. 여기에는 정서적, 행동적, 소근 운동 등과 같은 다양한 분야의 기능에 대한 테스트가 포함된다. 어떤 주에서는 교육 진단사가 지능 테스트 및 교육 테스트 모두를 실행한다.

일반적으로 특수교육 교사들이 교육 테스트를 실행한다. 학생의 학업 기능을 검사할 때 경우에 따라 표준화된 그룹 테스트를 추천한다. 또한, 아주 중요한 정보를 교실에서 학생이 공부하는 것을 직접 관찰하거나 학생의 숙제 내용을 검토함으로써 얻을 수 있다. 이런 경우에는 담임선생님이 중추적인 역할을 한다.

학교 심리상담사들은 학생의 정서적 요구와 행동 전략에 대한 평가 책임을 맡을 경우가 종종 있다. 경우에 따라 사회 복지사와 정신과 의사도 개입할 수 있으며, 개인 사무실을 운영하는 독립 치료사들이 부모의 허락 하에 정보를 입력할 수 있다.

스피치와 언어 치료사들은 스피치 및 언어 테스트를 실시한다. 직업/신체 치료사들은 보통 학생의 소근 운동 및 대근 운동 기술을 평가한다. 신경과 의사들은 경우에 따라 전문 병원에서 학생의 신경학적 상태를 점검한다. 사회복지사나 학교 심리상담사들은 가정환경 조사를 실시한다.

:: 주요 테스트

대규모의 집단일 경우에는 테스트가 모두 표준화되어 있어 전형적인 반응 패턴이나 기준이 이미 정해져 있다. 이러한 경우를 표준 혹은 일반 수준이라고 부른다. 학생들의 개별적 반응 패턴을 평균수준과 비교한다. 다음에 나오는 테스트들은 학생의 학습 스타일에 관한 정보를 얻을 때 흔히 사용된다.

Wechsler Intelligence Scale for Children - III(WISC-III)

이 테스트는 지능 평가에 가장 많이 사용하는 진단 방법으로, 6~16세 아이들에게 적합하다. 6세 전에는 the Wechsler Preschool and Primary Scale of Intelligence-R(WPPSI-R)을 사용하고, 십대 후반의 청소년이나 성인은 Wechsler Adult Intelligence Scale-Revised(WAIS-R)을 사용한다. 두 테스트 모두가 WISC와 같은 개념으로 만든 것인데 발육단계별 문제를 고려해 고안된 것들이다.

WISC는 12가지 하위 테스트로 구성되어 있으며, 각각의 테스트는 특정 능력을 검사한다. 예를 들면 추상적 사고는 하위 테스트 Similarities에서 평가하며, 여기서는 램프와 태양과 같은 한 쌍의 단어에서 공통점을 찾도록 한다. 하위 테스트 Coding에서는 눈-손 협응을 측정한다. 여기서는 미리 준비된 양식에 나온 숫자들과 연관된 기호를 빨리 적도록 한다. 표준 점수는 각 하위 테스트마다 계산된다. 표준 점수는 0~20이며, 평균 점수는 9~11이다.

WISC 하위 테스트는 두 가지로 구분된다. 하나는 구두능력(Verbal) 테스트이고, 또 다른 하나는 실행능력(Performance) 테스트이다. 전자는 언어적 기술에 관한 것이고, 후자는 시각적-운동 능력을 주로 다룬다. 양쪽에 대한 학생의 능력을 분석함으로써 학생의 상대적 약점과 강점에 대한 밑그림을 얻을 수 있다.

The WISC에서는 세 가지 지능지수(IQ)를 얻을 수 있다.

Verbal IQ와 Performance IQ와 여기서 나온 Full-Scale IQ이다. 이론적인 IQ 범위는 0에서 200까지이다. 평균은 80~120이다.

난독증 학생의 경우는 IQ 테스트가 혼선을 일으킬 수 있다. 우선 이들은 언어적 이슈를 안고 있다. 그러므로 이들은 언어를 기초로 하는 하위 테스트에서는 실행능력이 떨어지는 경우가 많다. 학생으로 하여금 일련의 숫자를 반복하게 하는 Digit Span과 같은 의미 없는 테스트에서는 더욱 그렇다. 이러한 하위 테스트는 기계적이고 단기적인 청각적 암기를 기초로 하여 만들어졌는데 이는 난독증 학생들에게는 약점에 해당하는 부분이다. 또한 난독증이 있는 사람들 중에는 시각적 운동 기술에 약점이 있는 경우가 있기 때문에 난독증은 낮은 Verbal IQ 점수와 높은 Performance IQ 점수의 차이로 진단할 수 있다고 생각할 수도 있지만 이것은 지나친 단순화이다. 어떤 학생의 경우에는 Verbal IQ와 Performance IQ 점수가 모두 낮다.

일반적으로 난독증이 있는 사람들은 아래에 나오는 WISC의 하위 테스트에서 약점을 보인다.

- 정보(Information): 세상에 대한 사실적인 정보를 기억해내고 이를 다시 언급하도록 한다.
- 연산(Arithmetic): 응용문제를 풀고 암산하게 한다.
- 숫자외우기(Digit Span): 일련의 숫자를 반복하게 한다.
- 코딩(Coding): Code format에 기하학적 모양을 재빨리 재현하게 한다.

이와 같은 하위 테스트에서 겪게 되는 어려움은 인위적으로 IQ 점수가 낮게 나온다는 점이다. 그러므로 난독증이 있는 대부분의 사람들은 WISC의 Full-Scale IQ로 측정한 것보다 더 높은 지적 잠재력을 갖고 있다. 또한 난독증이 있는 사람들의 학습 스타일의 주요 패턴이 다양하다는 사실을 기억하는 것도 중요하다. 사람들은 테스트 실행능력에 영향을 줄 수 있는 약점과 강점을 다양하게 갖고 있다. 그러므로 학생에게 난독증이 있다고 의심될 때, 테스트를 실시하고 평가하는 학교 심리상담사가 학습 스타일에 대한 지식이 있는지가 절대적으로 중요한 요소가 된다.

일반적으로 테스트에서 나타나는 것은 교실에서도 나타난다. 즉, 난독증 학생은 놀라운 강점도 많고 놀라운 약점도 많다. 이와 같이 폭이 넓은 특성의 분포와 큰 편차는 가장 중요한 진단 증상이 된다.

Woodcock-Johnson Psycho-Educational Battery-Revised-Cognitive Scale

지적 잠재력과 학습 능력을 평가하는 두 번째로 중요한 테스트는 Woodcock-Johnson Psycho-Educational Battery-Revised-Cognitive Scale(WJR)이다. 이 테스트는 난독증 학생들을 자주 테스트하는 심리상담사들에게 인기가 높다. 매사추세츠(Massachusetts)주 Northfield에서 개업의로 활약하고 있는 Dr. Peter B. Martin은 WISC보다 이 테스트를 선호한다. WJR에 대한 그의 코멘트는 "이는 Horn-Cattell 모델로 만든 두 가지 테스트 중에 하나이며(다른 하나는 Kaufman Adolescent and Adult Intelligence Test임), Horn-Cattell 모델은 우리가 사용할 수 있는 경험을 바탕으로 한 유일한 모델이다. 이는 개별적 지능을 중요시한 이론을 갖춘 Gardner 모델과 같다. 예를 들면 운동 지능(kinesthetic intelligence)은 몇 개의 Horn-Cattell 지능으로 구성되어 있다."이다.

Woodcock-Johnson은 상대적 강점과 약점으로 능력에 대한 프로파일을 구성한다. 학력검사(achievement tests, The Woodcock-Johnson Psycho-Educational Battery)는 점수의 직접적인 비교가 가능한 인지적 측정요소(cognitive measures)로 구성하고 동시에 표준을 정한다. 그리고 학생 개인별로 인지 능력에 대한 종합 프로파일 뿐만 아니라 학업 성취도(academic achievement)에 대한 종합 프로파일도 얻을 수 있다.

한 묶음의 데이터를 통하여 학업 능력을 예측할 수 있는 인지 능력의 패턴이 어디에 있는 지를 파악해 볼 수 있다. 예를 들어 읽기를 잘하려면 청각 정보처리 능력, 정보처리 속도, 어휘능력 및 단기 기억력이 좋아야 한다. 이 네 가지 능력은 전반적인 IQ 테스트 모두를 합친 것보다 읽기 능력을 더 정확히 예측할 수 있게 해준다. 그러므로 이는 적성 및 학습능력 편차(학습 장애)를 파악하는 데 가장 효과적인 방법이다.

Woodcock-Johnson Psycho-Educational Battery-Revised: Tests of Achievement

학력 검사(achievement tests)는 교육 평가 분야에 속하며, 학생의 능력이 학업 분야에서 또래들과 비교했을 때 현재 어떤 수준에 있는지를 측정한다. Woodcock-Johnson Psycho-Educational Battery-Revised: Tests of Achievement는 가장 자주 사용하는 테스트이다. 이 테스트는 개별적으로 실행하며 여기에는 읽기, 수학, 문자 언어 및 지식의 일반 분야에 속하는 하위 테스트가 있다. 하위 테스트 중의 두 가지 보기는 Writing Sample과 Writing Fluency이다. 전자는 학생으로 하여금 그림이나 직접적인 지침에 대하여 아주 구체적인 단어와 문장을 쓰게 한다. 후자에서는 시간적 요소가 첨가된다. 즉, 주어진 그림을 보고 주어진 시간 동안 최대한 많은 문장을 쓰게 한다.

Wide Range Achievement Test

다음으로 자주 실행하는 학력검사는 Wide Range Achievement Test(WRAT) 이다. 여기에는 철자(Spelling), 읽기(Reading) 그리고 산술(Arithmetic)의 3가지 하위 테스트가 있다. 다른 테스트와 마찬가지로 테스트 점수가 무엇을 의미하는지를 제대로 알기 위해서는 학생들이 무엇을 질문 받았는지 아는 것이 중요하다. WRAT Spelling에서는 단순히 불러주는 단어를 받아쓰는 것이다. Arithmetic에서는 학생은 수학적 계산 문제를 완성하고, Reading을 위해 제시한 단어를 해독한다. 독해력 문제는 포함되지 않았다.

Additional Achievement Tests

그 외에 자주 사용하는 테스트는 Peabody Individual Achievement Test-Revised와 Key Math 테스트이다. Lindamood Auditory Conceptualization

Test(LAC)에는 청각적 변별력이 포함되기 때문에 음소 인식 이슈(phonological awareness issues)를 진단하는 데에 사용되는 중요한 테스트이다.

Peabody Picture Vocabulary Test는 흥미로운 평가 도구인데 난독증 학생들에게 특히 많이 사용된다. 이 테스트에서는 한 페이지에 4가지 그림이 나온다. 여기서 학생에게 단어를 읽어주고, 학생으로 하여금 이 단어를 가장 잘 묘사하는 그림을 가리키게 한다. 이 테스트는 약간의 언어 문제가 있으나 어휘 실력이 좋은 난독증 학생의 경우에 놀라울 정도로 좋은 결과를 내는 유용한 테스트이다. Peabody Picture Vocabulary Test에서 IQ 점수를 얻을 수 있기 때문에, 이 검사에서 좋은 IQ 점수를 받으면 이는 다른 IQ 테스트에서 낮은 점수가 나온 것이 그 테스트가 학생의 지적 잠재력을 제대로 검증하지 못했다는 또 다른 증거가 된다.

학교 심리상담사들은 Bender-Gestalt를 사용한다. 여기서 학생들은 기하학적 및 기타 모양을 종이에 베껴 그리도록 한다. 시각-운동 이슈와 정서적 문제가 이 테스트로 드러난다.

정서적 삶을 관찰하기 위해 흔히 사용하는 테스트는 Thematic Appreciation Test이다. 여기서 심리상담사는 여러 그림을 1개씩 학생에게 보여준다. 그리고 그 학생은 이를 바탕으로 이야기를 꾸민다. 심리상담사는 그 이야기를 기록해 두었다가 나중에 평가하여 학생의 정서적 요구사항과 강점에 대한 실마리를 찾는다.

:: 테스트 용어의 의미

- 스크리닝 테스트(Screening Tests). 주어진 분야에서 한 사람의 능력을 쉽게 볼 수 있다. 때로는 어떤 분야에 확대 테스트가 필요한지를 결정할 때 사용한다.
- 진단 테스트(Diagnostic Tests). 일반적으로 개별적으로 사용하며, 좀 더 심도 있는 그림을 제공한다. 이러한 테스트를 통해 개인의 학습 스타일의 내면을 알 수 있다.

- 규준 참조 테스트(Norm-referenced Tests). 대부분의 진단 테스트는 규준을 참조한다. 우선 많은 사람이 이 테스트를 마친 후 이들의 실행 결과를 기록해둔다. 특정 연령이나 학년의 전형적인 반응을 나타내는 통계자료를 개발한다. 그런 후 개별 학생이 이 테스트를 받을 때 그의 실행능력을 이러한 통계자료와 비교하여 평가한다.

- 준거 참조 테스트(Criterion-referenced Tests). 이 테스트는 비교적 덜 사용된다. 이는 학생이 구구단을 얼마나 외우고 있는지와 같은 실행 능력을 구체적인 표준치에 대비해 보는 테스트이다.

- 테스트 원점수(Raw Score on a Test). 이는 테스트에서 받은 점수이다. 일반적으로 그 자체로는 별 의미가 없으며, 이는 테스트에 대한 통계 개념으로 이해해야 한다.

- 연령 레벨 테스트 점수(Age Level Test Score). 이 점수는 해당 연령 레벨에 준하는 테스트에서의 실행 결과를 의미한다.

- 학년 레벨 테스트 점수(Grade Level Test Score). 이 점수는 해당 학년 레벨에 준하는 테스트에서의 실행 결과를 의미한다.

- 백분위수 테스트 점수(Percentile Test Scores). 이 점수는 같은 연령 혹은 같은 학년 학생들과 비교했을 때의 상대적 실행 능력을 의미한다. 예를 들면, 학생의 백분위 수가 83이라면 이는 자신의 학년 혹은 연령의 학생 100명 중에 83등 혹은 그 이상의 실행능력을 보였다는 의미이다.

- 표준 테스트 점수(Standard Test Scores). 이 점수는 테스트의 원시 점수에서 유도된 것으로 주어진 분야에서 학생의 실행능력이 평균 이하인지 혹은 평균 이상인지를 가늠한다. 예를 들면, WISC에서 표준 점수는 0~20에 이르며, 10은 평균 점수이고, 어휘분야에서 표준 점수가 14라면 이는 평균 이상의 능력을 갖고 있음을 의미한다.

:: 테스트에 대한 문화적 편견

　모든 테스트는 문화적으로 편견이 있다는 점은 주지의 사실이다. 언어적인 요구 조건이 없는 테스트도 문화의 영향을 받고 있다. 예를 들면, 어린 아이에게 기하학적인 모양을 연필로 그대로 그려보라고 하면 아이의 실행능력은 아이가 집이나 지역사회에서 필기도구를 사용할 기회를 가진 적이 있는지에 따라 영향을 받을 것이다. 만약 아이가 연필이나 크레용을 거의 사용해보지 않았다면, 당연히 그대로 따라 그리는 능력은 뒤떨어질 것이다.

　이 아이가 자기와 다른 문화적 배경을 가진 사람에 대해 편하게 느낄 수 있을까? 아이의 가족은 아이에게 모르는 사람에 대하여 무엇을 가르쳤을까? 아이는 외향적으로 행동하도록 교육받았을까? 아니면 아이의 태도는 다소곳하고 조용해야 한다고 교육을 받았을까?

　명백한 문화적 편견은 표준화된 테스트에서 쉽게 찾아볼 수 있다. 이들은 한 지역에서는 흔하게 볼 수 있으나 다른 지역에서는 전혀 볼 수 없는 그림을 보여주고 있다. 특정 그룹에게만 의미가 분명한 어휘를 사용한다. 심한 경우에는 테스트 받는 학생이 유창하게 구사하지 못하는 언어로 테스트 받는 경우가 그러하다.

　그렇다면 주류에 속하지 않는 학생은 테스트하지 말아야 하는 것인가? 연구에 의하면 문화가 다르다고 해서 선천적인 능력에 차이가 있는 것은 아니며, 문화나 언어에 관계없이 난독증은 생긴다고 한다. 그러므로 현재 사용하고 있는 테스트의 한계점을 우려하여 그들의 필요사항을 진단하려는 노력조차 하지 않는다면, 우리는 어떤 부류의 학생들에게 정말로 해를 끼치고 있는 것이다. 테스트는 개인의 현재 기능에 대한 전반적인 모습을 보여준다. 문화적 차이를 이해하고 이에 대한 조정에 조금 더 세심한 노력을 기울인다면 다른 문화권의 학생들도 도울 수 있다고 생각한다. 관건은 얼마나 세심하게 주의를 기울이느냐는 것이다. 아래 사항은 조금 더 정확한 평가를 하는 데에 도움이 될 것이다.

- 시험은 가능하면 피평가자가 주로 사용하는 언어로 치를 수 있어야 한다.
- 소통을 위해 세심한 배려를 해야 한다.
- 편안하고 안전한 시험장소가 제공되어야 한다.
- 평가자들은 테스트 받는 학생의 가정과 지역사회에 대한 정보를 확보하기 위한 인터뷰를 통해 테스트를 보충해야 한다.

:: 테스트의 한계

테스트가 최종 답안은 아니다. 테스트는 단지 주어진 날, 주어진 시간에 한 사람의 능력을 묘사하는 그림일 뿐이다. 한 사람의 타고난 능력에 대한 정보를 얻으려는 시도도 불가능할 때가 많다. 왜냐하면 행동 이슈, 정서적 이슈나 문화적 요소와 같은 방해 변수들이 항상 존재하기 때문이다.

테스트와 관련하여 염려되는 점은 IQ 점수가 학습 스타일의 약점으로 인해 영향을 받는다는 사실이다. 특히 난독증이 있는 사람들의 경우와 언어 및 시각-운동 분야 모두에서 어려움이 있는 학생들의 경우가 특히 그렇다. 왜냐하면 구두 및 실행능력 IQ(Verbal and Performance IQ)에서 점수가 낮게 나오기 때문이다. 학교 심리상담사들이 팀 미팅이나 보고서에서 이 점에 대해 자주 언급하고 있지만 많은 사람은 점수에만 집착한다. 우리 문화권에서는 IQ 점수가 상당한 영향력을 갖고 있어 이로 인해 학생의 능력이 낮게 평가될 수 있다. 이러한 이유로 심리학자들 중에는 난독증이 있는 사람들에게는 IQ 점수를 주지 않으려고 하는 사람들도 있다.

테스트는 효과적인 프로그램을 개발하는 데에 있어서 출발점이 된다. 테스트의 한계점만 이해하고 있으면 최소한 작업 방향을 바로잡아주는 역할은 할 수 있다고 본다.

:: 난독증의 진단 징후

난독증과 같이 독특한 학습 스타일에 대한 가장 중요한 진단 도표(道標)는 다양성이다. 그러므로 학생들은 상당히 광범위한 이슈와 강점을 보이고 있다. 즉, 주요 진단 징후는 놀라운 강점과 놀라운 약점이다. 테스트 결과는 폭넓게 분산되어 있으며, 읽기와 같은 학업 수행능력(academic performance)과 자각된 능력(perceived ability) 사이에서 특히 넓은 편차를 보인다.

아래와 같은 구체적인 징후를 흔히 볼 수 있다.

- 듣기 이해력과 읽기 이해력 사이에 폭넓은 편차
- 난센스 단어(nonsense words)보다 진짜 단어(real words)에 대한 뛰어난 해독능력
- 읽기가 느리고 고통스러워 함
- 글자 순서 해독(decoding)에 있어서 잦은 실수
- 독해력이 개선되더라도 해독 능력(decoding)에 지속되는 어려움
- 읽기 약점보다 철자 약점이 훨씬 더 심각함
- 수학과 읽기 능력 사이의 편차가 크다. 난독증이 있는 사람들이 계산 능력 때문에 수학에서도 문제가 있는 경우도 종종 있다. 그러나 수학에 뛰어난 재능이 있는 난독증 학생들도 있다.

:: 난독증이란 분류번호(Label)가 줄 수 있는 혜택과 불이익

난독증이라는 용어는 1800년대 후반부터 사용되어 왔으나 정치적 혹은 법적인 용어로 사용되지는 않았다. 1950년대와 1960년대에는 학생들이 특수교육 서비스를 받기 위해서는 특수교육 필요 카테고리에 포함되는 분류번호가 요구되었다. 난

독증 학생들은 정서적이나 정신적으로, 혹은 신체적으로 장애가 있는 것은 아니기 때문에 이들은 기존 카테고리에 들어갈 수가 없어 필요한 도움을 받는 것이 불가능했다.

1963년 전국 컨퍼런스에서 학습 장애(learning disability)라는 용어가 도입되었다. 결과적으로 학생에게 서비스를 제공할 수 있는 분류번호가 부여된 것이었다. 이 당시에는 전체의 10%에 해당하는 학생들이 특수교육을 받고 있었으며, 이 가운데 약 절반이 학습 장애를 가지고 있었다. 전문가들은 이 학습 장애자 가운데 적어도 절반의 학생들이 난독증을 갖고 있는 것으로 믿고 있다.

학습 장애로 분류된 학생들에게 주어지는 두 번째 혜택은 표준 테스트 환경에서 시험시간을 1.5배로 늘려주거나 시간제한 없이 시험을 치르게 하는 등 필요한 변화를 주어 학생을 돕는 것이다. 이는 특히 대학 진학을 원하는 학생들에게 큰 도움이 된다. 대학에 따라 난독증 학생들에게 언어 필수 요건을 완화해주는 곳도 있다.

학습 장애라는 분류번호는 해당 학생에게 필요한 서비스와 조건 완화와 같은 기회를 주기도 하지만 이러한 혜택은 지극히 제한적이다. 이 분류번호는 본인의 강점이나 학구열을 묘사하지도, 사람에 대한 느낌을 주지도 못한다. 그가 우울한지, 학교 밖에서 즐겁게 창의적인 활동을 추구하고 있는지 여부에 대해서도 전혀 알 길이 없다. 이 분류번호는 우리에게 어디에서 적절한 학습지도 방식이나 프로그램을 찾을 수 있는지에 대한 것만 말해준다. 이는 단지 시작일 뿐이다.

:: 학급 교사의 임무

한 마디로 매우 많다. 난독증 학생과 상당한 시간을 같이 보내기 때문에 교사들은 특별한 위치에 있다. 교사들은 다양한 학업적 및 사회적 상황에서 난독증 학생들을 본다. 이들은 학생의 성격, 사회적 기술, 스트레스 상황에서의 행동, 잘 하고 있을 때의 행동 등에 대하여 아주 중요한 정보를 제공할 수 있다. 이들은 공식적인 평가에서는 잘 드러나지 않는 강점 분야를 식별해 줄 수 있다. 이들은 학생이 필요로 하는 도움을 강력하게 요구할 수 있는 위치에 있다.

:: 교사와 학부모를 위한 조언

- 평가자가 전문 용어로 설명하면 그 의미를 설명해달라고 요구한다. 부끄럽게 생각할 필요가 없다. 이들은 단순한 언어로 설명해 주어야 한다.
- 테스트 점수의 의미를 이해하지 못한다면 평가자에게 테스트 업무를 보여달라거나 샘플을 요청한다. 예를 들면, 학교 심리상담사가 학생이 WISC III의 Block Design 하위 테스트를 잘했다고 말할 경우, 그렇게 좋은 점수를 받으려면 구체적으로 어떤 부분을 잘해야 하는지를 물어본다.
- 평가자가 아무리 실력이 좋다 해도 학생과 시간을 많이 보내는 사람은 당신임을 기억한다. 평가자는 생소한 사람이며, 학생과 보낸 시간이 기껏해야 2~3시간이다. 테스트 데이터의 의미를 이해하는 데에 당신이 큰 도움이 될 수 있다.
- 교사와 학부모는 숙련된 관찰자가 될 수 있으며, 학생의 학습 스타일 평가에 큰 도움을 줄 수 있다는 사실을 잊어서는 안 된다. 표준화된 테스트가 반드시 더 우수한 것은 아니다. 더 빠를 뿐이다.
- 학생이 학교와 집에서 한 공부 내용의 표본을 제공한다면 아주 귀중한 자료가 될 수 있다.
- 평가자가 보고한 내용에서 이해하지 못하는 부분이 있으면, 이해할 수 있을 때까지 계속해서 질문한다.
- 평가를 팀 노력으로 봐야 한다. 전문가 한 두 사람이 들어와 평가하고 모든 답을 제공하는 것이 아니다.

- 팀 미팅 이외에 평가 후 회의(postevaluation conferences)에 부모도 참석할 수 있다는 사실을 기억한다.

- 학생이 평가 상황에 대해 어떻게 반응하는지를 관찰한다. 학생이 불편해 하면 이에 대해 평가자와 의논한다. 평가는 긍정적이고 치유하는 경험이어야 한다.

- 분류번호가 결정되고 학생이 이를 인식하면, 학생이 그 분류번호의 의미를 이해하고 있는지 확인한다. 난독증 분류번호는 학생이 학습에 있어 강점과 약점을 동반하는 흥미로운 학습 스타일을 갖고 있음을 의미한다. 학생은 적절한 방법으로 교습 받으면 학교 공부도 잘할 수 있으며, 머리도 좋고 능력도 있다는 사실을 학생 자신이 잊으면 안 된다.

Naomi와의 인터뷰

Naomi는 난독증이 있는 한 청소년(남자 아이)의 엄마이다. Naomi는 조산사로 일하고 있고 학업도 계속하고 있다.

▶▶▶ 진단시험 경험이 어땠나요?

진단시험 이후의 미팅 때였던 것으로 기억해요. 예를 들어, 그들이 얘기했던 것 중 이런 것이었어요. 한 서랍에 모든 종류의 가정용품을 넣어 놓았다고 생각해보세요. 무엇인가를 그중에서 찾아야 할 때, 서랍 안의 물건들이 그 안에 다 있기는 하지만 순서대로 제대로 정리되어 있지 않기 때문에, 시간이 오래 걸릴 수밖에 없다는 원리와 같다는 것이었어요. 그러니까 이해가 되었어요. 그들이 말콤(나오미의 아들)의 학습 방식을 그렇게 설명해 주었어요.

정리하는 것과 관련된 또 다른 이야기를 해주었는데, 어떤 라벨 같은 것이 있었는데 정확하게 기억은 나지 않아요. 하지만 말콤에게는 한꺼번에 많은 것을 추적하는 것이 어렵기 때문에 도움이 될 만한 팁을 주었어요. 그 중 많은 부분이 토마스 씨가 무엇인가를 정리 정돈할 때 사용하는 방법이었어요.

그러나 그들이 추천해준 방법 중 몇 가지는 우리 집에서 실행하기 어려운 것들이어서 때로는 좌절할 때도 있었어요. 새로운 집으로 이사를 가지 않으면 불가능한 것들이었기 때문이죠. 정말 내가 정리하는 스타일과는 거리가 너무 먼 것들이었어요.

▶▶▶ 집에서 실천하기 너무 어려운 것들을 알려주었군요?

맞아요. 너무 어려운 것들이었어요.

Fran과의 인터뷰

난독증이 있는 Fran은 자신과 같은 학습 스타일을 가진 세 자녀를 키우고 있다. 그녀는 현재 학습에 어려움을 가지고 있는 학생들을 전통적인 교과과정에 따라 가르치는 변호사로 일하고 있다.

▶▶▶ 어떻게 처음으로 난독증 분야에 관해 관심을 가지게 되었나요?

아이를 낳기 전까지 나는 사회복지사로 일했었어요. 사람들을 좋아하기 때문이었죠. 첫째 아들이 태어나서 한두 살이 되었을 때쯤 아이가 어떠한 언어도 구사하지 않아 조금씩 의문을 가지게 되었고 청각상의 문제까지 의심하게 되었죠. 저는 이런 식으로 계속해서 의문을 품었고, 끊임없이 전문가에게 물어보고, 계속 잘못된 답을 듣고 있었어요.

아이가 1학년이 되었을 때 나는 결국 아이를 아동병원에 데려갔고, 그곳에서 아이가 난독증이 있다는 것을 알게 되었어요. 난독증에 대한 설명을 해주는데 내가 가진 문제와 똑같은 것이었어요. 저는 들으면서 계속 "제가 그래요. 제가 항상 그래요."라고 말했어요.

누군가가 나에게 이 분야의 법률에 대해 좀 더 알아야 할 필요가 있다고 말했어요. 그래서 나는 기회가 되는 대로 어떤 종류의 장애가 있는지, 그것들을 어떻게 확인하고 치료하는지 배우러 다니기 시작했어요. 거기에서 시작해서 법률 쪽으로 발을 들이게 되었고, 그렇게 변호사가 되었죠. 그 후에 저의 나머지 두 자녀도 난독증 진단을 받았어요.

▶▶▶ 첫째 아이를 전문가에게 데려갔을 때 그들이 잘못된 답을 주었다고 했는데, '잘못된 답'이라는 것이 정확이 어떤 뜻인가요?

처음에는 단순히 발달 단계라고 말했고, 아이가 자라면서 없어질 문제이기 때문에 걱정할 필요가 없다고 말했어요. 갈 때마다 아이가 정상이라고 말했죠. 물론 그건 22년 전 이야기예요. 이제는 알게 되었어요. 국내 최고 언어학자 중 한 분을 통해 들은 이야기인데, 난독증은 빠르면 생후 6개월 정도에도 진단이 가능하다고 하네요.

▶▶▶ 가끔 사람들은 난독증이라는 분류번호(Label)가 수치심을 불러일으킨다는 생각에 진단을 해보는 것을 꺼리기도 하는데 그것에 대해서 어떻게 생각하시나요?

말도 안 된다고 생각해요. 아이들은 유치원만 가도 자기 자신이 옆의 아이들과 조금만 달라도 인지를 하죠. 내 자신이 학습 장애가 있다는 것을 아는 것이 훨씬 나아요. 내 자신이 멍청하다고 생각하는 것보다 배우는 방식이 다르고 배울 수 있다는 것을 아는 것이 더 중요하지요.

저는 정말 뛰어나지만 난독증을 가진 Johnny라는 아이를 본 적이 있어요. 만약에 난독증은 없지만 Johnny보다 똑똑하지 못한 학생이 Johnny 옆에 앉아있다고 생각해 볼까요. 분명 그 학생은 자신이 바보 같다고 생각할 것입니다.

흔히 매일 매일이 다를 때가 더 많아요. 하루는 어떤 날보다 더 잘 할 수도 있고, 정말 똑똑한 사람이라면 사진처럼 선명한 기억력(photographic memory)으로 머릿속에서 그려보고, 추측을 하지만 읽지 못하고, 글로 쓸 수 없고, 그것을 표현하지 못해 많은 것을 드러내지 못하게 되지요. 이러한 학생들은 본인들이 멍청하다고 생각하는 경우가 많고, 다른 사람들은 그 아이들에게 "너는 의욕이 부족해."라고 말하곤 하지요.

지능검사인 WISC는 정말 중요해요. 왜냐하면, 일반적 학습 장애에서 많이 발견되는 산만하게 만드는 여러 가지 것들 중 어떤 것이 제대로 작용을 하고, 또 어떤 것이 제대로 작용하지 못하는지에 대한 지표를 알려줄 수 있기 때문이에요. 그 시험을 통해서 본인이 가진 언어적 혹은 비언어적 장애에 대해 알 수 있어요.

정말 자세히 지켜 봐줄 수 있는 사람이 필요하고, 난독증과 같은 학습 장애를 고칠 수 있는 방법은 정말 많아요. 그냥 내버려두지 마세요.

특수교육에
관하여

제3장

특수교육에 관하여

:: 법규

1975년, 미국 의회에서 난독증이 있는 사람들을 위해 아주 중요한 법안을 통과시켰다. 이 법을 Education for All Handicapped Children Act(PL 94-142)라고 부른다. 이 법은 1990년에 수정되어 Individuals with Disabilities Education Act(IDEA-PL 105-17)이라고 다시 명명되었다. 이 법에서는 난독증을 학습 장애의 일종으로 정의하였다. 이 법은 모든 학생들을 위해 아래와 같은 사항을 실시하도록 요구하고 있다.

- 편견 없는 평가를 무료로 제공한다.
- 특별한 경우 적절한 교육과 특수 서비스를 무료로 제공한다.
- 최소한의 제한을 둔 환경에서 교육을 제공한다.
- 아이들을 위한 교육적 결정에 부모가 참여할 수 있도록 기회를 제공한다.

IDEA 법에 의거, 연방정부는 이러한 특수 서비스를 제공할 수 있도록 주정부에 기금을 제공한다. 이러한 서비스의 혜택을 받을 수 있는 사람을 정의하는 부분과 이러한 서비스를 제공하는 방법을 정의하기 위해 많은 필수조건을 제시하고 있다. 이러한 학습 스타일에 대해 잘 알고 있는 유능한 전문가에 의해 난독증이 있다고 평가를 받은 대부분의 학생들은 이러한 필수조건을 충족시킬 수 있다.

이외에도 2가지의 중요한 법규가 있다. Section 504 of the Rehabilitation Act of 1973과 the Americans with Disabilities Act of 1990이다. 이와 같은 공민권법(civil rights laws)은 IDEA와 두 가지 면에서 다르다. 첫째, 이 법은 장애(학습의 어려움도 장애로 인정함) 때문에 차별 받으면 안 된다는 점과 개인적인 필요에 맞게 조정이 가능해야 한다는 점을 강조하고 있다. 그러므로 난독증이 있는 사람들이 대학에 들어갈 때나 사회에 진출할 때에 보호 받도록 명시되어 있다. 둘째는 IDEA의 기초가 되는 이러한 법은 경직된 자격조건을 제시해서는 안 된다고 언급하고 있다. 이에 의거하여, 정리에 문제가 있는 사람들을 위해서는 적절한 조정을 통해 '학습 장애'의 요건을 갖출 수 있도록 제시하고 있다.

Section 504에서 요구하는 조정의 유형은 간단하며 비용도 저렴하다. 여기에는 아래와 같은 내용이 포함되어 있다.

- 다중 감각적 지도방법으로 가르친다.
- 철자 능력이 부족하다고 해서 성적을 낮추면 안 된다.
- 경우에 따라 시험을 구두로 치를 수 있도록 허락한다.
- 숙제 기록장을 작성하고 유지하는 방법을 학생에게 가르쳐준다.
- 난독증 학생들의 특수성을 이해할 수 있도록 교사와 부모에게 교육을 제공한다.

이러한 조정은 모두 상식적인 것들이다. 그러나 이러한 법들은 난독증 학생들이 성공하는 데에 아주 중요한 사안들이다.

:: 추천(Referral)

학교에서는 학생들이 특수 서비스를 받을 수 있는 시스템을 개발하였다. 이러한 시스템에는 다음과 같은 내용이 포함되어있다.

- 추천
- 공식적인 평가
- 팀 미팅
- 개인 교육 계획(IEP: Individual Education Plan)의 개발
- 연례 점검
- 3년 평가

전체 과정의 첫 단계인 추천부터 검토한다. 여기서는 담임교사, 부모 및 다른 교사들이 각기 중요한 역할을 한다. 예를 들면, 부모는 아이가 취학하기 전에 발육에 대한 정보를 갖고 있다. 말하기를 배우는 것이 어려웠는지? 취학 이후에 누이동생과 싸움하는 상황이 자주 벌어지는지? 잠드는 것이 어려운지?

담임교사는 학생의 학업 및 사회적 기능을 관찰할 수 있는 특별한 위치에 있다. 글자의 발음을 배우는 데에 문제가 없는지? 숙제를 제 시간에 마치는지? 휴식 시간 동안 운동장에서 홀로 있거나 수줍어하는지?

다른 교사들도 주요 역할을 한다. 체육 교사는 연령에 맞는 대근운동 동작을 할 수 있는지 관찰할 수 있다. 미술 교사는 소근운동 기술을 관찰할 수 있다. 음악 교사는 노래할 때나 악기를 연주할 때에 악보에 집중할 수 있는지, 혹은 눈이 두리번거리는지를 관찰할 수 있다.

가장 중요한 것은 학생을 잘 관찰하는 것이다. 이러한 목적을 달성하기 위해 아래

와 같은 기법을 사용하기를 권고한다.

- 긴장을 푼다(Relax). 심호흡을 두어 번 하고, 관찰할 것에 대한 선입견을 버려라.
- 다른 일에 방해 받지 않고 관찰에 전념할 수 있어야 한다. 많은 학생을 책임 맡고 있는 상황에서 이것이 쉽지는 않을 것이다. 보조 교사와 다른 성인이 학생 전체에 미니 교실 같은 것을 실행하게 하는 것도 좋은 아이디어이다. 5분 정도만 집중적으로 관찰할 수 있으면 산만한 상황에서 30분 관찰하는 것보다 더 큰 효과를 볼 수 있다.
- 관찰 세션을 여러 차례 갖도록 한다. 첫 번째 세션에서는 자유롭게 관찰하면서 어떤 일이 발생하는지 본다. 문제 부분에 대해 간단하게 필기하고 다음에 관찰할 장소와 시간을 계획한다. 예를 들면, 학생이 속으로 읽는 것이 잘 안 되면 다음 수학시간에 학생이 혼자 공부하기 시작할 때 유사하게 산만한 행동을 하는지 관찰한다. 학생의 학습 스타일에 관한 가설을 확립할 수 있을 때까지 여러 장소와 다양한 시간대에 학생을 관찰한다.
- 당신의 가설을 적어둔다. 그리고 당신의 가설이 맞는지를 확인하기 위해 학생을 가능한 한도까지 관찰한다. 전통적인 교과로 학습하는 것을 어려워하는 행동에 대한 구체적인 사례를 적어둔다.
- 주변사람들과 의논한다. 다른 환경에서 다른 시간에 같은 것을 관찰한 적이 있는지 문의한다.
- 학생의 학교 생활기록을 점검한다. 어떤 특기할 만한 행동으로 기록된 것이 있는지 확인한다.

이러한 단계를 따라하면 추천 과정 전에 많은 정보를 얻을 수 있을 것이다. 일반적으로 학생을 공식 추천할 때는 관심 분야를 설명하는 양식을 작성한다. 당신이 집중적인 관찰을 한 경우에는 이 양식을 작성하는 것이 쉬울 것이며, 이렇게 제공한 정보는 다음 단계의 방향을 설정하는 데에 큰 도움이 될 것이다.

때로는 교장은 정식 평가를 실시하기 전에 담임교사와 특수교육 교사 등과 같은 전문가들이 함께 회의할 것을 요청한다. 이는 아동 연구 모임(child study meeting)이라고 부르며, 공식적인 특수교육 방법에 의존하지 않고 학생이 공부를 잘할 수 있도록 하는 교실 및 지도방법에 조정이 가능한지를 결정하기 위한 목적으로 이용할 수 있다.

:: 공식 평가

난독증 증세가 약간 있는 학생들 중의 일부는 교실 환경이나 지도 방법을 조금만 바꿔주어도 공부를 잘할 수 있는 경우가 있다. 그러나 대부분의 난독증 학생들은 공식적인 평가를 받는 것이 도움이 된다. 공식평가는 다양한 서비스를 받을 수 있는 기회를 줄 뿐만 아니라 필요한 서비스의 종류와 양 그리고 이러한 서비스를 받을 수 있는 위치에 대한 정보도 제공한다.

제2장. '평가와 진단'에서는 난독증 학생들의 테스트에 관련된 문제를 심도 있게 다루고 있다. 이제부터 정식 평가 과정을 연구하기로 한다.

학교에서 학생을 테스트하기를 원한다는 내용의 통지문을 학부모에게 보내야 한다. 학부모는 이에 대한 허락 여부를 결정하며, 거절할 경우에는 전반적인 특수교육 과정이 중단된다. 평가의 필요성에 대해 부모에게 설명하는 사람이 교사일 경우가 대부분이기에, 교사는 학부모가 이와 같은 결정을 내리기 전에 흔히 묻는 질문에 대해 숙지하는 것이 바람직하다.

▶▶▶ **"우리 아이만 테스트 받으면 자신이 뭔가 다르다는 느낌을 받지 않을까요?"**

그렇다. 학생들이 테스트 받을 때에는 자신에게 뭔가 특이한 것이 일어나고 있음을 항상 인식한다. 학생들은 자신의 감정에 대해 의논해볼 기회를 가질 수 있어야 하며, 이 테스트가 교사들이 자신들을 보다 효과적으로 가르치는 데 도움이 될 것이라는 점을 확인시켜 주어야 한다. 학생들은 자신에게 잘못된 것이 없음을 알아야 한다. 테스트는 학생이 학교에서 얼마나 공부를 못하는지를 테스트하는 것이 아님을 인식시켜야 하며, 사람들이 학생들을 신중하게 고려하기 때문에 테스트하는 것임을 알려주어야 한다.

학교 심리상담사, 특수교육 교사 및 기타 평가자들은 테스트에 대한 편견에 매우 민감하다. 이들은 학급담임과 의논하여 아이에게 방해가 되지 않도록 계획을 세워야 한다. 테스트는 긍정적인 경험이 되어야 하며, 학생 자신이 중요한 사람이기 때문에 교사들이 학생을 가장 효과적으로 지도하는 방법을 찾고 있음을 강조하여야 한다.

▶▶▶ "테스트에 나오는 화려한 내용과 숫자 등은 우리가 알 수 있는 것들인가요? 우리가 알기에는 내용이 너무 혼란스럽다고 하는데요?"

평가 데이터가 잘못 작성되면 사실을 밝히기보다는 오히려 혼란을 초래할 수도 있다. 학부모들에게 평가에 대한 질문사항이 있다면, 부모들의 편에서 질문에 대한 해답을 찾을 수 있도록 지원할 것이며, 그리고 당신이 직접 결과를 이해할 수 있다고 말해야 한다. 평가는 아이의 필요사항을 파악하기 위한 것이다. 기초 결과를 이해할 때까지 평가자들이 계속 설명할 것이라는 사실을 학부모들에게 확신시켜야 한다.

▶▶▶ "특수교육의 수혜자격 가이드라인은?"

특별 서비스를 받으려면 학생이 주의력이나 표현력에 근본적인 문제가 있다는 사실과 학업 분야 중에 최소한 한 부분에서 잠재 능력과 성적과의 편차가 심각하다는 사실을 서류화해야 한다. 그의 교육 실행능력이 영향을 받고 있다는 사실을 성적 미달로 증명하여야 하며, 그의 학습 문제의 심각성은 특별 서비스를 요한다는 사실을 명시해야 한다. 그의 학습 문제가 환경적 요소나 학교 결석으로 인한 것일 경우는 이에 해당되지 않는다.

▶▶▶ **"그런데 아이가 학습 장애라는 라벨이 붙으면 기분이 많이 상할 텐데요."**

이 문제는 명확하게 알려줘야 한다. 다시 말하지만 학생은 자신의 느낌에 대해 집과 학교 모두에서 말할 기회를 많이 가져야 한다. 이에 관하여 학생에게 도움을 줄 수 있는 방법은 제16장. '자아 존중감과 기타 정서적 요구'에서 다루게 될 것이다.

만약 학생이 자신에게 난독증이 있다는 사실을 안다면, 그는 일상에서 학습차이를 의식하게 된다. 만약 그에게 적절한 학습지도를 제공하지 않으면 그는 전통적인 교과 과정에서는 계속해서 실패를 경험하게 될 것이며, 정서적으로 좌절하게 만들 것이다. 난독증이라는 라벨은 적절한 도움을 받기 위한 증표이다. 이는 학생이 마음속으로 자신이 패배자라고 라벨을 부치는 것보다 나은 것이다.

:: 팀 미팅

팀 미팅에는 학생에게 도움 주기를 원하는 사람들은 모두 모인다. 여기에는 학부모와 변호사나 법적 대리인과 같은 학부모가 초대하고 싶은 사람들 그리고 학생 프로그램이나 평가에 참여하고 있는 학교 직원들이 포함된다. 학생이 최소한 14세 이상이면 학생도 참여할 수 있다. 학교 행정관과 특별 교육 서비스에 대한 정보를 제공할 수 있는 사람도 참석해야 한다.

테스트 결과를 설명해주고, 참석자들에게 서비스 적격 심사에 도움이 될 만한 정보를 제공할 것을 요청한다. 학생이 서비스를 받을 수 있다고 결정되면 가장 적절한 방법을 논의한다. 일반적으로 팀은 특별 서비스에 필요한 시간과 서비스 유형과 서비스 제공 장소를 결정한다. 일반 개인보다 필요한 인원의 직위를 정한다. 예를 들면 직업 치료사가 매회 30분씩 일주일에 두 세션에 걸쳐 학생을 돕는다. 어떤 학교에서는 개인 교육 계획(IEP)을 팀 미팅에서 작성한다. 일반적으로 특수교육 교사와 기타 서비스 제공자들은 IEP의 마지막 부분에 그들에 해당되는 계획의 구체적인 사항을 기입한 다음, 이 내용을 학부모에게 알린다.

팀 미팅의 가장 중요한 관점은 '팀'이라는 단어이다. 이 미팅에 참석한 사람들은 모두가 약간씩 다른 각도에서 학생을 알고 있다. 그러므로 모두가 적임자로서 적절한 서비스에 관해 기여하는 바가 각각 다르다. 팀 미팅은 민주적인 방식으로 운영되어야 한다. 모두가 학생에게 필요한 사항에 대해 자유롭게 토론하고, 학생이 가장 적절한 도움을 받을 수 있도록 하기 위해 동등한 기회와 책임을 갖는다.

:: 개인 교육 계획(IEP: the Individual Educational Plan)

교사들과 학부모는 IEP가 공식적인 서류처럼 보이는 점 때문에 당황하는 것을 자주 본다. 그런데 이는 실제로 법적 문서이다. IEP의 구체적인 양식은 학군마다 약간 다를 수 있으나 모두 아래와 같은 내용을 담고 있다.

- 서비스 제공 장소
- 서비스를 제공할 전문가의 유형
- 제공할 서비스의 양
- 학생의 현재 기능 수준에 대한 정보 및 이에 관련되는 테스트 결과
- 학생의 학습 강점과 약점에 대한 정보. 여기에는 사회적 및 정서적 요구사항에 대한 정보가 종종 포함된다.
- 학생을 위한 목표
- 목표를 달성하기 위한 방법에 대한 목적
- 사용할 특별 교육 프로그램이나 방법론
- 목표와 목적을 달성할 시기
- 필요한 조절. 예를 들면, 표준 테스트나 교통 혹은 체육 필수조건에 대한 조절

목표와 목적이 IEP의 중심 과제이다. 여기에서는 난독증 학생에게 필요한 분야를 정의하고, 이러한 요구사항을 충족시키는 데 필요한 교습 방법론의 개요를 설명하고 있다. 학생은 원하는 수만큼의 목표를 가질 수 있다. 예를 들면 다음과 같다.

1. Michael은 읽기 기술을 계발할 것이다.
2. Michael은 필기 기술을 계발할 것이다.
3. Michael은 공부 기술을 개선할 것이다.
4. Michael은 작문 기술을 개선할 것이다.

목적은 이러한 요구를 충족시키는 방법을 의미한다. 예를 들면 위에 Michael의 4번 목표인 작문 기술에 대한 목적은 다음과 같다.

1. Michael은 다양한 과제에 대한 문장을 쓸 수 있게 될 것이다.
2. Michael은 하나의 주제 문장과 세 개의 상세 설명 문장 그리고 한 개의 마무리 문장을 포함하는 구도의 문단을 쓸 수 있게 될 것이다.
3. Michael은 자신이 쓴 글을 대문자로 시작하여 구두점으로 끝내는 요령을 배울 것이다.
4. Michael은 명사와 동사를 식별할 수 있게 될 것이다.
5. Michael은 키보드로 알파벳과 단어와 간단한 문장을 쓸 수 있게 될 것이다.

목표와 목적은 복잡할 필요가 없다. 간단하고 분명해야 하며, 어떤 노력을 어떻게 할 것인지를 정리한 지도와 같은 것을 만들면 된다. 그리고 상세설명은 지나치지 않은 범위에서 학습 스타일과 방법론에 대한 중요한 일반적인 내용을 보충하는 정도면 충분하다.

:: 작업 개시: 치료교육의 효과를 알 수 있는 방법

일단 학부모가 IEP에 서명하고 나면, 학생은 서비스를 받게 된다. 난독증 학생에게는 이것이 아주 중요한 단계이지만 이는 시작일 뿐이다. 난독증 학생의 요구사항이 다양하기 때문에 교육 프로그램도 세심한 노력을 기울여 만들어야 한다. IEP는 작업과 방법론을 명시하지만 진단적 교습은 작업의 진행상황과 각 학생의 니즈에 따라 실행되어야 한다. 즉, 교사는 진행 속도를 잘 관찰해야 한다. 여기서는 검토와 연습과 기타 요소들에 필요한 다중 기법이 가장 효과적이다. 방법론에 관한 제반 챕터에서 각 학과목을 위한 진단적 교습법에 대하여 좀 더 구체적인 정보를 제공할 것이다.

눈에 보일 정도의 발전은 시간이 걸리지만 일반적으로 약 6개월 이내에 기초적인 기술에서 상당한 개선을 보여야 한다. 치료교육이 효과가 있었는지에 대한 가장 큰 지표는 학생 자신이다. 학생은 자신과 자신이 하는 공부에 대해 좀 더 긍정적인 느낌이 생겼는가? 특별 수업에 자발적으로 참여하는가? 실패의 경험이 많은 나이가 든 학생들 중에는 이 부분에 대해 자신의 느낌을 억제하는 경향이 있다. 이들은 오래 전부터 자신에 대해 너무 부정적으로 생각하다 보니 발전이 이루어지고 있음에도 불구하고 이를 알지 못한다. 이러한 학생들은 우선 자신이 결코 성공할 수 없다는 느낌부터 극복해야 한다. 시간이 좀 더 걸리기는 하겠지만 이들은 결국 자신의 발전된 모습을 보게 될 것이다.

치료교육은 얼마나 오래 지속되어야 하는가? 학생마다 다르지만 일반적으로 보면 경미한 난독증의 경우 특수교육을 최소한 2년은 받아야 한다. 중간 정도 심각한 수준의 난독증 학생들은 학교를 다니는 동안 가끔씩 특수교육을 받아야 한다.

훌륭한 치료교육을 받은 학생들은 결과적으로 어느 정도 좋아지는가? 일반적으로 대부분의 전문가들은 아래와 같은 의견에 동의한다.

- 난독증 학생도 읽기를 배울 수 있다.

- 수학을 잘 할 수 있다.

- 우수한 수준은 아니더라도 철자를 올바르게 쓸 수 있다. 컴퓨터로 철자를 점검할 수 있기 때문에 이 부분은 큰 문제로 보지 않는다.

- 대부분의 학과목에서는 무리가 없지만 외국어는 약점으로 남을 수 있다.

- 대학생활도 성공적으로 잘 해낸다.

- 성인으로서의 생활도 무난하다.

:: 연차 점검 및 3개년 재평가

연차 점검

학생이 1년간 도움을 받고 나면 팀은 다시 모여 프로그램을 점검한다. 서비스의 수준, 유형 및 배경을 재평가하는 시점이다. 연차 점검은 최초의 팀 미팅만큼 중요하다. 학생들을 위한 프로그램이 잘 진행되면 현재의 계획을 그대로 유지한다. 그러나 상황은 달라질 수 있다. 예를 들어 학생이 읽고 쓰기를 시작하면 키보드나 정리하는 기술과 같은 다른 분야에 주력할 수 있기 때문이다. 혼자 공부하는 요령을 터득할 때이기도 하다.

연차 점검은 학생의 안정된 학교생활을 바라는 사람들이 모여 프로그램의 성과에 대해 솔직하게 검토하는 시점이다. 많은 정보를 공유할수록 교육 계획은 더 나은 성과를 거둘 것이다.

3개년 재평가

3년마다 특수교육 서비스를 받는 학생들은 재평가를 받는다. 진단을 받았을 때 실시한 많은 테스트들을 다시 받게 된다. 이는 진전 상황과 현재의 요구사항을 평가할 수 있는 좋은 기회가 된다. 학교 시스템이나 학생에게 시간을 요하기는 하지만, 3개년 재평가는 학생이 학업면에서 얼마나 발전했는지를 검토할 수 있는 아주 좋은 기회이다.

:: 독립 평가

학부모는 학교 시스템에서 실행한 재평가에 부족한 점이 있다고 생각되면 다른 전문가에 의해 아이를 재평가 받을 권리를 갖는다. 비용은 학교가 부담하는 경우가 대부분이지만 학부모가 지불하는 경우도 있다. 학부모는 이렇게 함으로써 평가할 전문가를 선택할 자유를 가지며, 그 결과를 학교와 공유할 의무는 갖지 않는다.

:: 법적 절차

IDEA 연방법에 의하면, 학부모가 아이의 법적 권리가 충족되지 않았다고 생각하면 학부모는 법적 절차를 통한 공청회를 가질 권리를 갖는다. 이 공청회에 대한 일반 원칙은 관련법에 약술되어 있으며, 구체적인 법규는 주법에 의해 정해진다. 학부모는 서면으로 공청회를 신청할 수 있으며, 학교 당국은 이러한 요청을 시기적절하게 처리할 의무를 갖는다.

주정부가 법적 절차에 따라 공청회 이전에 중재를 위한 기회를 제공하는 경우가 흔히 있다. 학부모, 교사 및 기타 관련 전문가들이 학생의 학업 경험에 대한 과정을 논의하는 동안 중재 담당관은 공청회를 주재한다.

:: 교사와 학부모를 위한 조언

• 특수교육 서비스에 대한 구체적인 법규를 알면 도움이 된다. 이를 통해 교사는 자신의 책임에 대해 알게 되고, 학부모는 자신과 아이들의 권리에 대해 알게 된다. 학교 교장이나 특수교육 이사를 만나 지역 사회에서의 법규에 대해 문의할 수 있다. 그런 후 주정부 교육국에 연락하여 주정부 법규를 입수한다.

• 한 학생을 처음으로 관찰할 때 그의 약점과 강점을 찾는다. 강점은 성공적인 방법론에 대한 실마리를 제공한다.

• 추천 이전에 학생의 문제에 대해 아무도 모를 때에 당신이 관찰한 요소에 대해 질문한다. 예를 들면, "내가 오늘 보니까 넌 정말 그 수학 공부를 싫어하는 것 같더라. 너무 어려웠니? 아니면 그냥 피곤했니?" 이러한 대화는 조심스럽게 진행해야 한다. 학생이 자신을 비판하는 것으로 인식하지 않도록 진행하는 것이 좋다. 그러나 학생이 당신과 편하게 대화를 진행하면 중요한 정보를 얻을 수 있다.

• 우는 아이에게 젖을 준다는 말이 맞다. 행동 문제가 있는 학생이 먼저 서비스를 받는 것을 학교에서 흔히 본다. 난독증이 있는 여학생들 중에 얌전했기 때문에 너무 오랫동안 문제를 발견하지 못했던 경우도 자주 있다. 난독증 학생은 교실에서 문제를 일으키는지 여부와 관계없이 보살펴주어야 할 중요한 요인들이 있다. 이들을 잘 배려해 주어야 한다.

• 학교 심리상담사, 특수교육 교사 및 기타 전문가들은 업무량이 많아 시기적절하게 학생들을 보살필 수 없는 경우가 많다. 업무가 적체되어 있는 상황이라고 해서 아이를 추천하는 일을 지연하면 안 된다. 서류 작성 등으로 사람이 필요하면 학교 심리상담사나 다른 교사들이 기꺼이 도와줄 것이다. 당신의 주요 책임은 학생을 배려하는 것이다.

Fran과의 인터뷰

특수교육에 관련된 법규와 그 외의 것들에 대한 이야기를, 제2장에서 인터뷰했던 Fran과 나눈다.

▶▶▶ **IDEA법이 생긴 후 가장 좋은 점이 무엇이라고 생각하나요?**

교사들과 부모들에게 새로운 교육의 길이 열리게 되었고, 많은 연구자를 자극하는 계기가 되었어요. 관련 규정이 없었다면 우리가 무엇을 하고 있는지 아마도 전혀 몰랐을 거예요.

▶▶▶ **팀 회의는 어떤 경우에 효율적인가요?**

모두가 한 팀에 속해 있을 때 효율적입니다. 아이가 교육을 통하여 혜택을 받기 위하여 어떠한 조건들이 갖추어져야 하는데 그것이 제대로 운영되지 않거나 하는 경우가 있지요. 제가 가는 몇몇의 학교에는 그 누구의 반대 없이 모두 같은 의견을 나누는 경우도 있어요.

한 번은 팀 회의에서 심각한 언어 장애를 가진 아이에 관해 토론한 적이 있어요. 저는 그 아이의 가족과 오랫동안 함께 지냈고, 많은 부분이 문제없이 잘 돌아가고 있어요. 아이에게도 그렇고요. 교육 현장에 있는 전문가들에게도 그렇게 알고 있도록 부탁했어요.

그리고 얼마 후에 그 아이는 교통사고로 머리를 다쳤어요. 그 사고로 과거의 잘못되었던 부분들이 확대되어 나타났어요. 우리들은 여전히 노력했지만 마치 퍼즐과 같았습니다. 프로그램은 실패로 돌아가는 것 같은데, 무엇이 잘못 됐는지 알 수가 없었습니다. 아이는 수업 시간에 계속 졸기만 했고요.

우리 팀에 새로운 사람이 들어왔는데 그는 "아이가 노력조차 하질 않아요."라고 말했고, 그 당시 많은 사람이 테이블에 앉아 있었습니다. 우리는 둘러앉아서 "무엇이 문제일까? 왜 아이가 자꾸 졸고 있지?"라고 계속 질문을 던졌습니다.

나는 "여기에는 어떠한 패턴이 있을 것입니다. 언제부터 실패하기 시작했죠?"라고 물었고, 우리는 처음으로 돌아가서 분석하기 시작했습니다. 두 번째 교통사고로 인해 아이의 불만과 불안증이 생기기 시작했고, 약물 치료 레벨을 올렸는데 바로 그것이 문제를 일으키기 시작했다는 것을 알 수 있었습니다. 그 누구의 탓도 아니었던 거죠.

우리 팀원 모두가 "언제부터 이런 일이 생기기 시작했나? 어떤 부분에 문제가 생겼나?"라고 계속 질문하면서 문제를 되돌아보고 더 깊이 분석했습니다. 이런 식의 접근을 통하여 우리 팀은 문제를 해결할 수 있었습니다. 마치 퍼즐 같은 것이지요. 그 누구의 잘못도 아니고, 학생이나 교사의 잘못도 아니었습니다. 어디부터 잘못됐는지를 아는 것이 중요한 것 같습니다.

▶▶▶ 문제의 원인은 약물치료였군요?

예. 원인을 알고 난 후 그의 스케줄을 바꾸고 약물 치료를 조정할 수 있었으며, 이제는 계획을 구상했습니다. 사소한 문제들은 여전히 있을 수 있지만 이제는 팀으로 일하고 있어요. 팀원 모두가 공유할 수 있는 부분이 있기 때문에 우리는 매우 효율적인 팀이라고 생각해요. 이전에는 모든 조각들을 책상 위에 올려놓을 때까지 정답을 찾을 수가 없었지요.

▶▶▶ 당신이 생각하기에 효율적인 IEP를 위해 가장 중요한 부분이 무엇이라고 생각하나요?

법이라는 것은 정말 훌륭한 것같아요. 법의 역사와 그 발전과정을 보면 더 대단하다는 것을 알 수가 있지요. 당신은 석판을 깨끗하게 닦아내야 하며, 무엇인가 필요한 것부터 시작하면 됩니다. 알고 있는 강점과 약점이 무엇인가 그리고 그것들을 어떻게 표현할 것인가를 걱정할 필요는 없습니다. 시간 단위 일정을 세우거나 혹은 세울 수 없어도 무방합니다. 먼저 무엇이 문제인지를 파악하고, 그것을 어떻게 고칠지에 대한 방법을 고안한 뒤 마지막으로 의견을 모으는 것입니다.

매우 쉬워요. 아이들이 먼저 알아차리죠. 의뢰인 중 공립 고등학교에 다니는 학생인데 글 읽기로는 상위 1~2% 안에 드는 학생이었어요. 영리한 여학생이죠. 그녀는 몇 달 동안 개인 과외를 받았는데, 그 아이의 어머니가 "여름 방학 동안은 쉬면 좋겠어."라고 말하자, 아이가 "안돼요, 저를 Juanita(과외 선생님)로부터 떼어놓지 않으시면 좋겠어요."라고 말했어요.

부모들은 아이들이 너무 많은 시험으로 힘들어하는 것을 원하지 않아요. 내가 치료했던 아이들 중에는 시험 양이 많아도 정답이 있다는 것을 아는 아이들이나 읽기를 배우고자 하는 아이들은 결코 문제가 된 적이 없었어요. 아이들은 자기가 언제 읽기를 배워야 하는지 알고 있고, 당신에게 읽기를 가르쳐 달라고 말할 것입니다.

아이들을 아주 기초부터 가르쳐야 합니다. 일반적으로 학교에서는 기본으로 돌아가서 가르치지 않습니다. "이제 너희는 5학년이니까 5학년 커리큘럼에 맞는 걸 배워야지."라고 말합니다. 그렇게 말하기 보다는 "알파벳을 모르네, 처음으로 돌아가서 알파벳을 배워보자."라고 하면 아이들도 처음으로 돌아갈 거예요.

대학생들 중에 말 그대로 알파벳을 읽고 쓸 줄 모르는 학생들을 본 적이 있어요. 알파벳을 외우기 위해서는 알파벳 노래를 불러야 기억할 수 있는 학생도 있습니다. 그들도 어린 아이들과 마찬가지로 처음으로 돌아가서 부족한 부분을 채워주어야 합니다. 왜냐하면 난독증을 가진 사람의 특징 가운데 하나는 강점과 약점을 둘 다 가지고 있다는 것이에요. 지식도 있고 평균 이상의 지능을 가졌지만 온전한 부분도 있고 그렇지 않은 부분도 있기 때문이죠. 맨 처음으로 돌아가는 것이 매우 중요하고 또 그렇게 해야 합니다. 만약 음소 단위를 인식하는 것으로 돌아가지 않거나, 음소가 어디에서 나누어지는 가를 알지 못한다면, 그것은 마치 집을 지붕에서 시작해서 아래로 짓는 것과 같은 것입니다. 그렇게 지은 집은 한순간에 무너져 버립니다. 읽기도 마찬가지예요. 기초를 튼튼히 하지 않고 구멍만 메운 집은 오랫동안 지탱할 수 없습니다.

제4장

개입

제4장

개입

:: 개입의 수준

난독증 학생의 대부분은 어떤 형태의 개입이 필요하다. 이 중에는 머리가 아주 좋으면서 난독증은 심하지 않은 학생들이 있다. 이들은 전통적인 교과를 따라가는 데에 아무 문제가 없다. 그렇다고 해서 그들이 공부를 잘한다고는 할 수 없다. 교사로서 우리는 학생들을 아주 면밀하게 관찰해야 하며, 이들에게 보상 전략을 사용하는 방법을 가르칠 뿐만 아니라 이들의 진정한 지적 잠재력을 발휘할 수 있는 개입 방법을 마련해야 한다.

일반적으로 난독증이 약간 내지 보통 정도인 학생들은 난독증 학습 스타일에 대한 지식이 풍부한 사람으로부터 매주 2~3시간 정도 직접 지도 받으면 확실하게 발전을 보인다. 물론 이 숫자로 정해진 것은 아니지만 어느 정도 기대해도 된다. 학생에게 어느 정도의 개입을 해야 하는지를 결정할 때에 아래 사항을 참조하면 도움이 될 것이다.

- 학생의 학습 스타일의 정도
- 학습 스타일의 영향을 받는 학과목의 종류

• 학생에게 영향을 주는 정서적 및 행동적 문제

상기 항목 모두에 있어서 그 정도가 높을 경우에는 상당한 시간을 투여해야 개입의 효과를 볼 수 있다. 일반적으로 어린이들은 발육 정도와 주의력 유지 능력 때문에 치료 세션을 짧게, 자주 제공하는 것이 더 효과적이다.

:: 학습지도 제공 장소

정규 교실 – 통합 모델(Inclusion Model)

난독증 학생들은 보통 정상적인 지적 잠재력을 갖고 있기 때문에 가능하면 정규 교실에서 도와주는 것이 좋다. 통합 모델은 지난 몇 년 동안 공립학교에서 인기가 있었다. 이 방법의 장점은 학생을 또래로부터 분리하여 교육하지 않아도 된다는 것과 별난 사람이라는 인상을 주지 않는다는 것이다.

통합 모델에서는 학급 교사가 특수 교사의 도움을 받는다. 이 특수 교사는 학급 교사가 교과과정을 적절하게 계획하는 것을 도와주며, 때로는 학생을 직접 지도한다. 특수 교사는 교실에서 일어나는 다른 일에 대해서도 도움을 준다. 그리고 학습 스타일에 대한 특수 학습지도도 제공한다.

정규 교실에서 난독증 학생을 지도하려면 상당한 시간과 의지와 노력이 필요하다. 이러한 학습 스타일이 있는 학생을 위해 다음 사항을 유념하는 것이 매우 중요하다.

좋은 교실은 늘 즐겁고 분주하다. 난독증 학생들은 대체로 청각적 문제가 있기 때문에, 특히 음소 인식과 같이 이들이 어려워하는 과목일 경우에는 조용한 장소가 필요하다.

좋은 교실은 늘 재미있고 시각적으로 자극이 많은 곳이다. 난독증 학생들은 쉽게 산만해 지기 때문에 이들이 어려워하는 분야에서 특수 지도를 받을 때에는 비교적 자극이 없는 환경을 제공하는 것이 중요하다.

난독증 학생들은 발육상으로 미숙한 학생에게 필요한 학습지도를 요구하는 경우가 종종 있다. 예를 들면, 음소 인식 문제로 파닉스를 이용한 다중 감각 공부방법이 종종 필요하다. 이는 또래들이 볼 때 창피하게 느낄 수 있는 것으로 프라이버시에 신경을 써주어야 한다.

정규 교실 밖에서의 개인 교습 받기

정규 교실이 아닌 조용한 장소에서 특수교육 교사와 정규 시간표에 따라 세션을 갖는다. 아주 효과적인 방식이다. 관련 교사들이 모두 모여서 학생의 프로그램과 요구사항들을 논의할 때 특히 그렇다.

공부방에서의 학습지도

학생이 별도 교실이 필요할 때가 있다. 난독증 학생이 여러 과목에서 도움이 필요할 때 이 방법이 아주 편리하다. 같은 유형 및 같은 양의 개입이 필요한 학생이 많을 경우에는 그룹으로 나누어 지도할 수 있다. 아주 효과적인 방법이다.

필요 시설을 갖춘 교실에서의 학습지도

이는 난독증이 심하고 거의 전 과목에 영향을 주는 학생의 경우에 효과적인 모델이다. 그룹 지도를 위해 프로그램을 세심하게 기획할 수 있으며, 또한 약간의 개별적 개입도 가능하다. 미술, 과학 및 체육을 포함한 전체 프로그램은 난독증 학생들의 특수한 요구사항들을 충족시키는 일반 원칙에 따라 기획할 수 있다. 이 모델의 단점은 특수한 요구사항들이 있는 학생들을 별도로 분리하는 부분이다. 따라서 정규 수업으로 돌아갈 때를 대비해 준비를 잘 하는 것이 관건이다.

특수학교

몇몇 공립학교나 사립학교 중에 난독증 학생들을 전문적으로 지도하는 곳이 있다. 이러한 학교는 난독증의 정도가 심하여 전반적인 학교생활이 영향을 받는 학생들에게 도움이 된다. 어떤 학생들은 읽기에 개별적 지도가 필요할 뿐만 아니라 철자, 작문 및 수학에서 개별적 혹은 소그룹 지도를 필요로 한다. 모든 과목을 다중감각 방법으로 세심하게 재편성해야 한다. 이러한 학생들의 경우 특수학교는 아주 효과적이다. 단점은 원래 다니던 학교를 떠난 후에 다시 돌아와야 한다는 점이다. 이를 위해 세심한 기획이 필요하다.

:: 도움을 줄 수 있는 전문가 집단

이 절에서는 난독증 학생들을 위한 적절한 학습지도에 관련된 기초적인 정보를 제공한다. 그리고 이 분야의 전문 의사들은 중요한 부가적 서비스를 제공한다. 이들은 학생들을 직접 지도할 뿐만 아니라 전반적인 개입 계획이 잘 진행되고 있는지를 확인하기 위하여 교사들과도 상담한다.

개인 교사 및 교육 치료사

기존 IEP 계획이 도움이 되지 않는다면 전문 개인 교사나 교육 치료사를 이용하는 것이 대단히 중요하다. 이들은 경험이 풍부하고 자격을 갖춘 사람들로서 이와 같이 독특한 학습 스타일을 가진 학생들을 여러 해 동안 지도해 왔다. 그러므로 이들은 고도의 학습지도 방법을 알고 있을 뿐만 아니라 진단적 지도방법으로 학생을 개별적으로 지도하며 여러 가지 상황에서 사용할 수 있는 방법을 교사들에게 제공할 수 있다. 커뮤니케이션과 협응이 관건이다.

개인교사들 중에는 이 책의 125~126쪽에서 심도 있게 다루게 될 Lindamood

Phoneme Sequencing Program과 같은 제반 프로그램을 위한 특수교육을 받은 사람들도 있다. 청각 변별력에 심각한 문제가 있는 학생에게 이들은 아주 귀중한 도움을 줄 수 있다.

발달 시력 측정사(Developmental Optometrists)

특수교육을 받은 시력 측정사에 대해 여러 해 동안 논란이 있어 왔다. 난독증은 언어에 관련된 문제이며, 시력 훈련으로 도움을 줄 수 있다고 주장하는 시력 측정사들을 비현실적이라고 많은 사람은 생각해 왔다. 그러나 스탠포드대학의 최근 연구에 의하면 연구 대상자의 숫자가 제한적이기는 하지만 학생에 따라 시력이 문제의 원인이 될 수 있다는 결과를 발표했다.

발달 시력 측정사들은 특수 시력 훈련은 안구 근육이 좀 더 효율적이고 더 효과적으로 작동하는 데에 도움을 준다고 주장한다. 이러한 훈련은 학생의 눈이 서로 협동하는 데에 도움을 주며, 초점을 맞추는 것이 더 수월해지고, 안구를 더 효과적으로 좌우로 움직이게 해준다고 주장한다. 연구가 진행됨에 따라 시력 훈련의 효과에 대한 정보가 더 나오리라고 생각한다.

스피치 및 언어 치료사

스피치 및 언어 문제가 심각한 학생들은 보통 스피치 및 언어 치료사들의 개입이 필요하다. 이 분야의 전문가들은 고도의 훈련을 받은 사람들로 일반적으로 주 정부 자격증을 갖고 있다. 학생들은 아래 부문 중에 하나 혹은 모두에서 도움이 필요할 수 있다.

- 발음법 혹은 단어를 올바르게 발음할 수 있는 능력.
- 수용 언어 혹은 언어를 흡수할 수 있는 능력. 경청 기술에 영향을 줄 수 있다.

• 표현 언어 혹은 자연스럽고 유창하게 말할 수 있는 능력. 문법적으로 정확하게 영어를 구사할 수 있는 능력과 구체적인 기존 단어를 생각해내고 발음할 수 있는 능력이 영향을 받을 수 있다.

스피치 및 언어 치료사들은 직접적인 개입을 제공할 뿐만 아니라 교수적합화(instructional adaptation)를 위한 좋은 제안도 할 수 있다.

직업 치료사(Occupational Therapists)

난독증 학생들 중에는 소근 운동 기술(fine motor skills)에 문제가 심각한 경우가 있다. 이는 필기체를 가르칠 때에 다중감각 필기 프로그램을 사용한 것과 마찬가지로 지도 방법만 잘 선택하면 치료가 가능하다. 그러나 이 부분에서 심각도가 높은 학생은 추가적인 방안이 논의되어야 할 것 같다. 이들은 소근 운동 과제뿐만 아니라 대근 운동 과제 및 균형에도 문제가 있을 수 있다. 큰 근육 그룹의 운동 협응은 심각한 문제를 가져 올 수 있으며, 이는 스포츠나 놀이 활동에도 상당한 지장을 줄 수 있다.

어떤 학생들은 접촉에 민감하다. 이들은 사회적으로 용인될 수 있는 신체적 접촉마저도 아주 싫어한다. 미술 시간에 점토를 만지는 것은 질색이다. 직업 치료사들은 고도로 훈련된 전문가이며, 이러한 문제를 해결할 수 있는 구체적인 유형의 운동과 학습지도를 제공한다. 다른 전문가들처럼 이들도 교실 조정에 대한 추천도 할수 있다.

:: 학교 배정에 관련된 기타 이슈

학교 입학

난독증 학생들은 때로는 발육상 같은 나이의 또래들보다 어리다. 이러한 이유로 난독증이 있어 보이고 미숙해 보이는 아이는 유치원을 보내기 전에 유아원 생활을 1년 더 하는 것도 좋은 아이디어다. 이러한 결정은 의사, 학교 심리상담사 및 특수교육 교사들과 상담한 후에 하도록 하고, 아이가 유치원 진학 준비가 되어 있는지를 점검하는 것이 바람직하다. 점검할 때 스피치 및 언어 문제와 같은 이슈가 나타나면 아이를 정식으로 학교로 보내기 전에 적절한 조치를 취하는 것이 좋다.

유급

한 해를 더 하는 것은 난독증 학생들에게 좋은 옵션은 아니다. 이들은 전통적인 교과를 1년 더 한다고 해서 도움이 되지 않는다. 차라리 적절한 개입을 제공할 때에 발전한다. 예를 들면, 아이에게 반나절 유치원 프로그램 대신에 온 종일 하는 유치원 프로그램과 아이의 학습 스타일에 맞는 환경 변화를 제공하는 것이 낫다. 아이가 바로 초등학교 1학년으로 가지 않는 것에 대해서 아이 자신과 형제를 포함한 아이의 가족이 어떻게 느끼는지에 대한 부분에 각별한 신경을 써야 한다.

Fran과의 인터뷰

제2장과 제3장에서 인터뷰했던 Fran과 치료교육에 관하여 이야기를 나눈다.

▶▶▶ **교사가 훌륭한 교수법을 활용한다고 가정했을 때 치료교육이 어디에서 이루어지는지가 중요하다고 생각하나요?**

좋은 치료교육이고 효과만 있다면 어디서 교육하는지는 중요하지 않다고 생각해요.

▶▶▶ **그렇다면 시간은?**

학생에 따라 다르겠지만, 하루 종일 힘든 학교생활로 지쳐있는 방과 후라면 이른 아침에 하는 것보다는 효과가 떨어질 거예요. 그렇지만 ADD 같은 장애를 가진 아이의 경우 아침에 잘 일어나지 못하기 때문에 아침에 집중력이 떨어지는 경우도 있어요. 그래서 시간을 정해야 합니다. 돈과 자원과 시간을 투자할 것이라면 최적의 시간에 해야 최상의 결과를 얻을 수 있고, 또 시간도 절약할 수 있습니다. 이런 아이들을 대상으로 하는 특수교육의 목적은 아이들을 12년간 붙잡아 놓기 위한 것이 아니고, 이들을 가능한 한 빨리 교육시켜 내보내는 데 있기 때문에 집중 교육이 필요해요. 성공적인 학교들을 보면 교육의 강도가 세고, 바로 그것이 다른 기관들과 차별화시키는 것입니다.

▶▶▶ **치료교육은 언제 시작하는 것이 좋은가요?**

생후 6개월쯤이 좋아요. 모든 연구 결과에 따르면 이르면 이를수록 좋다고 추천합니다.

▶▶▶ 조기 개입의 장점은 무엇인가요?

아이들의 부정적인 자아존중감 형성을 막을 수 있습니다. 비용도 더 적게 들고요. 유치원에서도 개입이 가능하기 때문에 일반 교과 교사도 교육을 받아야 합니다. 그리고 개인적으로는, 학습 장애를 가진 학생들을 1, 2학년까지는 치료를 완료해야 한다고 생각해요. 95% 이상의 학습 장애아가 치료될 수 있어요. 간혹 너무 심각한 상황인 경우 개입이 길어질 수도 있지만 그건 극소수에 불과합니다.

▶▶▶ 도움이 되는 전문가는 누군가요?

감각 통합에 대해 잘 알고 있는 언어 병리학자나 직업 치료사와 심리학자가 필요합니다.

언어는 너무나 중요해서 표현법이 아닌 언어에 잘 훈련된 언어 병리학자가 필요해요. 언어는 본질적 연속체이기 때문에도 언어 병리학자는 필요하고요. 처음에는 표현하고 수용하는 구술 언어로 시작해서 읽기 그리고 쓰기로 옮겨가게 됩니다.

구술 언어에 문제가 있는 학생에게 구술 문제를 해결하지 않고 읽기를 먼저 시작시키면, 그 학생에게는 언어를 배우고, 해석하고, 이해하는 것이 훨씬 어렵게 느껴집니다. 그들은 특정 부분을 이해하지 못할 수가 있고, 어휘력도 떨어집니다. 무엇보다 그들의 구술 언어를 교정하는 것이 우선되어야 하며, 이를 위해서 언어 병리학자는 꼭 필요하지요.

가끔 심리 치료사나 사회 복지사 혹은 다른 종류의 치료사가 필요한 경우도 있는데, 이는 아이에게 그들이 학습 장애를 가지고 있다는 것을 이해시켜야 하기 때문이에요. 이러한 장애에 대해 그들은 자신에게 그리고 다른 사람에게 설명할 수 있어야 하고, 또한 이런 모든 상황에서 야기되는 스트레스를 극복할 수 있어야 합니다. 가족으로부터 오는 스트레스일 수도 있고 친구들로부터 오는 것일 수도 있습니다. 이러한 학생들은 종종 일상생활의 언어도 이해하지 못하는 경우가 있기 때문에 다양한 문제를 나타낼 수도 있습니다.

그들 중에는 뛰어난 운동선수도 있고, 그렇지 않은 경우도 있어요. 대근육이나 소근육 문제가 있는 학생도 있기 때문에 체육이 더 필요한 경우도 있습니다.

이러한 학생들로부터 내가 발견한 다른 점은 셔츠에 붙어 있는 라벨을 불편해 한다는 것입니다. 나는 부모님들에게 꼭 물어봅니다. 난독증을 가진 아이들은 감각 통합에 문제를 가진 경우가 많아요. 난독증을 가진 아이들은 스웨터를 입거나 꽉 조이는 양말 신기를 싫어합니다.

▶▶▶ **촉각 방어를 말하는 건가요?**

그렇습니다. 그런 아이들은 줄을 설 때 자기 옆에 있는 아이를 밀어버리는 문제를 일으키곤 하지요. 유치원에서는 그런 아이를 맨 앞줄 혹은 맨 뒷줄에 세우거나 도우미를 붙여주기도 합니다. 그렇지만 도우미는 너무 근접해 있어서는 안 됩니다.

▶▶▶ **일반인들은 난독증을 가진 사람들의 행동을 공격이라고 간주하고, 난독증을 가진 사람은 누군가가 자신을 건드린다고 생각합니다. 남들이 자신을 건드리는 것을 싫어하잖아요?**

맞습니다. 만약 글을 쓸 때 머리를 푹 숙이고 쓰는 학생들이 있다면, 그는 두뇌로 가장 빨리 전달될 수 있는 손가락 끝으로부터 정보를 얻지 못하는 경우입니다. 그 학생은 눈으로 그림을 그리고 있는 거죠. 글을 쓰는 것이 아니라 눈으로 연필이 가는 곳을 따라가며 문자를 그립니다. 이것 외에도 다른 수많은 징후들이 있고, 이 경우에는 감각 통합 분야에 대한 교육을 받은 직업 치료사가 필요합니다.

▶▶▶ 아이가 이러한 문제가 있다면 유치원에 보내지 말고 1년 더 집에 두는 것에 대해 어떻게 생각하시나요?

개입은 빠를수록 좋기 때문에 되도록 빨리 학교를 보내는 것이 좋습니다. 당신은 아이들에게 되도록 많은 양의 자극과 어휘 개발을 원하겠지만, 너무 많은 것을 바라서는 안 됩니다. 아이들은 급성장 하지는 않을 것입니다. 아이가 학교 가기에 너무 이르다고 생각한다면 치료할 수 있는 시간을 놓치는 것과 같습니다.

만약에 개인 튜터가 있다면 아이를 집에 두는 것도 괜찮습니다. 가끔 아이가 성숙하지 못한 행동을 하면 우리는 보통 크면서 좋아지겠지 하고 생각합니다. 하지만 그렇지가 않아요. 1년을 더 지켜보는 것이 정답은 아닙니다. 적절한 프로그램을 제공하는 것이 해결책이지요. 학교를 다니기 시작했다면 집에 아이를 붙잡아 두는 것은 재앙이 될 수도 있어요.

▶▶▶ 학생을 학교에 보내지 말아야 할 이유는 절대 없나요?

흥미롭게도 '없다'입니다. 학교심리학자협회(School Psychologists Association)는 학생들을 발전할 수 없도록 붙잡아 두는 것에 대하여 맹렬히 비난하고 있습니다. 예를 들어, 만약 아이가 교통사고로 6개월 동안 병원에 입원해야 된다면 사유가 될 수 있겠죠. 그런 경우에는 학교에 가는 것 자체가 불가능하니까요.

만약에 아이가 너무 힘들어하면, 근본적인 방법을 바꾸거나 서비스 정도를 높여야 합니다. 다른 학교를 보내야 할 수도, 새로운 반 편성을 해야 할 수도 있고 혹은 강도 높은 개인적 치료를 받아야 할 수도 있습니다.

▶▶▶ 난독증 치료에 굉장히 도움이 되어 칭찬하고 싶었던 교사가 있나요?

그런 분들은 아이들을 계속해서 유심히 지켜보고, 항상 진단을 하려고 노력합니다. 아이들이 노력을 안 한다거나 능력이 없다거나 의욕이 없다고 절대 생각하지 않습니다. 교사들은 본인의 교육방법이 효과가 없다고 생각하면 그 즉시 더 효율적인 방법을 찾아요. 능력이 뛰어난 교사들은 계속해서 어떻게 이 상황을 극복할지에 대해 끊임없이 묻고 고민하지요. 분명 정답이 있다고 생각하고 계속 노력하는 겁니다.

지도 방법의
10대 원칙

지도 방법의 10대 원칙

난독증 학생을 가르치는 문제를 생각할 때 우리는 조절과 치료의 차이를 알아야만 한다. 전자는 현존하는 교과과정을 변경하는 과정이며, 후자는 부족한 부분에 직접적이고 구체적인 학습지도를 제공하는 과정을 의미한다. 만약 일상의 학교 교실 환경에 있다면, 대부분의 난독증 학생들은 이 두 가지 학습지도 방법 모두를 필요로 한다.

이 장에서는 훌륭한 치료교육에 필수인 일반 원칙에 대해 다룬다. 이러한 원칙은 치밀한 조절 계획에도 적용한다.

1. 학생을 참여시켜라

가장 중요한 기본원칙은 교육 계획의 모든 부분을 학생과 의논하는 것이다. 전형적인 학습 스타일의 학생을 포함한 모든 학생이 이러한 방법으로 도움을 받지만 특히 난독증 학생은 반드시 자신을 위한 학습지도 과정을 알아야 한다.

난독증 학습 스타일의 일반적인 특성 하나를 생각해보자. 사람들은 포괄적으로 학습한다. 그러므로 작은 정보를 커다란 문맥 안에 놓으면 쉽게 배운다. 사람들은 재미있고 직접 참여했을 때 집중을 잘하는 경향이 있다. 이러한 이유로 다음 사항을 논의하는 것이 중요하다.

- **학습지도 목표.** 학생에게 성취하고자 하는 것을 설명하고, 학생이 원하는 것을 묻는다. 바로 대답하지 못하면 목표 설정이 어려울 수도 있지만 당신이 주기적으로 이를 점검할 것임을 말해준다. 왜냐하면 그가 성취하려는 것이 당신에게 중요하기 때문이다. 학생이 당신을 잘 모르고 신임하지 않는다면 목표를 말하기가 어려울 수 있다. 학습지도를 통하여 무엇을 기대하는지, 공개적으로 언급하는 것은 큰 리스크이다. 그러나 시간을 갖고 잘 다루면 이러한 목표 설정 과정이 큰 도움이 될 수 있다.
- **교수법.** 학생에게 어떤 교습 방법을 사용할지 바로 말해주고 그 이유를 설명한다. 예를 들면, 철자에 대해서는 "영어 구조에 내포되어 있는 논리를 공부할 것이다. 그렇게 하면 너는 매번 단어를 외우지 않아도 될 거야."라고 말해준다. 설명은 간단하게 하되 전반적인 방향을 보여줄 수 있어야 한다.
- **학생의 진행 경과.** 학생에게 자신이 하고 있는 것에 대한 느낌을 물어본다. 레슨의 어느 부분이 어려우며, 어느 부분이 쉬운지? 어떤 활동이 학습에 도움이 많이 되는지? 당신의 학생은 학습 프로그램의 세세한 내용에 대해 많은 정보를 제공할 수 있다. 자신의 진행 결과에 대해 실망하면 감정에 대해 서로 대화를 가지는 것이 매우 중요하다. 그리고 당신도 자신의 교수법을 수정해야 할지도 모른다.

2. 다중 감각 교수법을 사용하라

대부분의 전통적인 학습지도는 언어적 양식에 많이 의존한다. 교사가 정보를 제공하는 동안 학생은 수동적으로 앉아있다. 가끔 토론도 한다. 그러다가 학생은 주제에 관해 읽고 보고서를 쓰거나 시험을 친다. 난독증 학생은 이보다 훨씬 더 활동적이고 상호 작용적인 방법으로 학습하기를 원한다. 이들에게는 물건을 만지고, 자료를 듣거나 보고, 배우고 있는 것에 대해 글을 쓰는 것과 같은 활동이 도움이 된다. 어휘를 무언극으로 표현하는 것과 같이 운동 감각을 사용할 수 있다. 경우에 따라 미각도 이용한다.

Orton-Gillingham의 읽기와 철자에 대한 접근 방법은 다중 감각 교습 방법의 개척자이다. 이 방법에서는 학생들은 배운 것을 보고, 듣고, 말하고, 글로 쓴다. 가능한 한 칭찬이나 보상도 많이 한다.

특정 과목에 대한 다중 감각 교습 방법에 대한 자세한 내용은 다음에 나오는 몇 개의 장에서 제공될 것이다. 그러나 일반적으로 공부를 가르치면서 나 자신에게 "내가 말을 너무 많이 하는가?"라고 질문했을 때 답이 "네."이면 프로그램을 다시 짜야한다.

3. 학생들에게 기계적인 암기보다 논리 사용법을 가르쳐라

난독증 학생들의 공통적인 약점 분야는 큰 의미가 없는 것들을 단기 혹은 장기적으로 암기하는 것이다. 공통적인 강점 분야는 지능이 높다는 것이다. 이러한 이유로 난독증 학생들에게 어떤 시스템을 가르칠 때에는 인식능력을 활용하는 것이 바람직하다. 예를 들면, 철자에서 영어 구조를 가르칠 때이다. 여섯 음절 단어를 소개한 다음, 기억력에만 의존하는 대신 맞는 철자를 알아내는 철자 규칙에 대해 공부한다. 영어는 약 85%가 음운학적으로 규칙적이기 때문에 학생들은 대부분의 단어에 대해 언어에 대한 지식에 의존할 수 있다. 그 나머지 단어는 자신의 기억력이나 혹은 사전이나 컴퓨터 철자 점검 프로그램과 같은 보상 전략을 이용하면 된다. 요약하면, 수많은 단어를 일일이 외우는 대신 패턴을 배우는 것이다.

난독증이 있는 사람들은 패턴이나 원칙을 중심으로 생각하는 경향이 있다. 그러므로 이러한 학습 스타일의 강점은 이들이 불편해 하는 세부 사항들을 다룰 때에 큰 도움이 된다.

4. 자료를 순차적으로 제공하라

처음부터 시작하며 천천히 진행한다. 특히 고학년 학생들을 도울 수 있는 은유적 표현을 사용한다. 예를 들어 학생들에게 당신과 함께 지식의 집을 짓는다고 말해주는 것이다. 집을 지을 때에는 기초가 아주 중요하다. 그래서 당신은 지식의 기초에 하자가 있는지 확인한다. 기초가 탄탄하면 큰 힘을 들이지 않고 학습할 수 있을 것이다. 이러한 얘기를 할 때에 작은 집 하나를 그려 놓으면 요점을 강조하는 데에 도움이 된다.

집 짓는 비유나 이와 유사한 비유는 실제로 매우 중요하다. 학생들은 당신이 왜 기초부터 시작하는지를 이해하기 때문이다. 전통적 교과과정의 교사들 중에는 학생들에게 도전적인 것을 제공해야 하며, 이들은 아주 열심히 공부하여 약간 부담을 받는 정도까지 가야 학습이 된다고 믿는 사람들이 있다.

당신의 학생들, 특히 고학년 학생들은 이러한 철학에 노출되어 왔을 수 있다. 이런 과정에서 어려움을 겪었다 하더라도 이런 철학을 믿고 있을지 모른다. 그러므로 이들은 공부 자료를 순차적 단계로 접했을 때 학습이 가장 효율적이고 가장 빠르게 진행된다는 좀 더 정확한 정보가 필요하다. 하나의 단계는 이전 단계 위에 누적되면서 세워진다.

5. 자료를 작은 단위로 제공하라

"많을수록 좋다."라는 흔히 알려진 견해를 우리는 반대한다. 난독증 학생에게는 적은 것이 더 좋다. 한 번에 많은 자료를 제공하면 난독증 학생들은 일반적으로 과잉반응을 하거나 관심을 버린다. 그리고 나면 자료에 대해 아무것도 기억나지 않을 것이다.

자료를 조금씩 제공하면서 학생이 편하게 느끼는지 확인한 후 다음 자료를 내주는 것이 훨씬 바람직하다. 진행 속도가 너무 느리고 정보의 양이 너무 적거나 학생이 자료를 더 빠른 속도로 흡수하면 그가 말할 것이다. 그러면 당신은 교습 계획을 변경한다. 당신이 해야 할 가장 중요한 것은 학생과의 대화의 창을 항상 열어놓고, 속도 수준이 학생에게 편한지를 정기적으로 확인하는 것이다.

6. 끊임없이 반복하여 연습하고 복습하라

가르친 내용을 강화하기 위해서는 많은 기회를 제공하는 것이 필수이다. 학생의 치료 공부에서 특히 그렇다. 그러므로 학생은 자신이 배운 내용을 다양한 방법으로 검토하고 연습하는 것이 필요하다.

공부를 시작할 때 바로 전에 배운 레슨을 복습하는 것이 좋은 방법이다. 때로는 배운 내용을 다양한 방법으로 경험하고 강화하는 것이 특히 중요하다. 예를 들면 주제에 대하여 선생님과 토론하고 이에 관해 글을 쓰거나, 그림을 그리거나, 혹은 단막극을 연출하는 것도 좋은 방법이다.

7. 학생이 시간과 공간을 정리하는 것을 도와줘라

난독증이 있는 많은 학생은 시간과 공간을 정리하는 것에 어려움을 겪는다. 이 어려움에 대해 학생을 도와주면 문제를 피할 수 있을 뿐만 아니라 세부적인 사항을 제자리에 놓음으로써 전체적인 내용을 파악하는 데에 도움을 준다. 다음 부문에서 도움을 주면 정리하는 기술을 습득하는 것이 수월해질 것이다.

- **일일 레슨.** 특정 세션에서 무엇을 공부하게 될지를 학생에게 미리 말해주면 놀라울 정도로 도움이 된다. 예를 들어 작문 시간일 경우 "우선 목록을 작성하고, 다음에 문단을 작성하고, 그런 다음 Sam, 너는 곰에 대한 리포트를 쓸 거지? 좋았어. 수업이 끝나기 전에 약 10분 정도 읽어 줄게." 이렇게 간단히 말해주는 것만으로도 학습 환경이 예측가능하고 안전하게 느껴진다.

- **공부 공간.** 교실은 질서가 있어야 한다. 물건이나 종이는 모두 제 자리에 있어야 한다. 정리하는 훈련도 중요하지만 산만하게 만드는 물건이 없어야 한다.

- **일일 공부 내용을 정리하는 방법.** 공부 자료는 세션별로 카테고리를 정하여 링 바인더에 깔끔하게 끼워 넣는다. 방금 마친 내용의 유형과 날짜를 적어 카테고리에 따라 분류한다. 이러한 정리를 정기적으로 하는 습관을 들인다. 이러한 습관은 학생들로 하여금 상세 사항을 상위 개념으로 조직화하고 유형화하는 방법을 깨우치게 한다. 이 때 링 바인더를 과목별로 만드는 것이 바람직하다.

- **장기적이고 복잡한 숙제.** 가장 좋은 방법은 프로젝트의 전반적인 내용을 토론한 다음 프로젝트를 완성하기 위해 진행해야 할 각 단계별로 각각의 계획을 수립하는 것이다. 프로젝트를 시작한 다음에도 필요하면 수정도 가능하다는 점을 학생에게 주지시킨다. 장기 프로젝트는 준비 기간을 충분히 가져야 진행하기가 쉽다는 점도 말해준다. 가능하면 모든 단계를 순차적으로 적도록 한다. 이것이 안 되면 교사가 대신 작성하여 학생으로 하여금 단계별 계획을 노트북에 보관하도록 한다. 이렇게 해주면 학생이 공부를 시작할 때마다 이를 참조할 수 있어 크게 도움이 된다. 이러한 과정을 반복해서 연습하면 나중에는 아주 복잡한 프로젝트를 독자적으로 할 때에도 도움이 될 것이다.

- **다중 숙제.** 치료교육에서는, 특히 나이가 많거나 상급반 학생일 경우에는 한 개 이상의 과제를 주어도 무방하다. 목적은 한 개 이상의 과제를 동시에 다루는 방법을 가르치기 위함이다. 다중 숙제는 당신이 집중해야 할 주요 부분이다. 불행히도 난독증 학생들은 무엇을 잊어버리거나 물건을 잘 잃어버리는 경향이 있다. 특히 숙제노트처럼 값이 비싸

지 않은 물건들이기 때문에 일반적인 방법은 별 도움이 되지 않는다. 여기에는 특별한 왕도가 없다. 여러 가지 방법을 자꾸 시도하여 가장 잘 되는 것을 택하는 방법밖에 없다. 예를 들어 예쁜 표지가 있는 특수 노트는 덜 분실하지 않을까? 학생이 노트를 책가방에 넣는 것을 당신이 직접 확인해야 할까? 수업이 끝날 때 학생의 친구와 같이 집에서 필요한 책과 과제를 모두 확인하게 해야 할까? 시간이 지나다 보면 좋은 방법을 찾게 될 것이다.

8. 학습지도를 개인별로 하라

난독증 학생들은 모두 다르기 때문에 한 가지 교육 프로그램으로 모두에게 적용할 수는 없다. 학생들은 자신의 페이스에 따라 자신의 강점을 이용하여 약점을 보완하면서 공부할 필요가 있다. 당신이 지도하는 그룹에 학생들이 비슷한 수준이라 할지라도 각 학생에 맞도록 프로그램을 변경해야 할 부분이 있을 수 있다. 같은 과목을 위한 레슨 프로그램도 개별적으로 만들어야 한다. 왜냐하면 부분마다 학생의 요구사항들이 다르기 때문이다. 레슨 프로그램을 지속적으로 변경하여야 가장 효과적인 프로그램을 만들 수 있다.

9. 항상 정서적인 분위기 만들기를 염두해 두어라

대부분의 난독증 학생들은 학업의 시작부터 패배를 경험한다. 그 결과 자신의 성공능력에 대한 불안감을 안고 산다. 난독증 학생들은 잘 만든 치료교육 프로그램에서 특히 열심히 노력한다. 그러나 때로는 이러한 노력의 대가가 빨리 오지 않아 이들은 힘들어 하는 것 같다. 그리고 이들은 자신의 실력을 같은 교실에서 공부하는 또래들과 비교하는 경향이 있다.

이와 같은 부정적인 생각은 이들을 아주 고통스럽게 한다. 그래서 이러한 면을 특히 고려해야 할 것 같다. 갑자기 공부 시간에 늦게 오기 시작하는지? 수줍어하고 불안해하는지? 물건을 하나 들고 놀면서 방안을 이리저리 돌아다니는 버릇이 생겼는지? 친구들한테 화를 내는지? 이 모든 것들은 무언가가 결핍되었다는 징후이다.

학생에게 다음과 같이 말한다. "요즈음 지각을 많이 하는 것 같은데. 공부가 너무 힘드냐? 얘기 좀 해보자." 이 책의 제16장에서 정서적 이슈와 이를 다루는 방법에 대해 좀 더 자세히 알아보게 될 것이다. 그러나 간단하게 말하자면 학생의 특이한 행동을 인식하고, 이것이 무엇을 의미하는지를 이야기하는 것도 도움이 된다. 그러고 나서 학생이 좀 더 이야기하기를 원하는지 묻는다. 왜 그런 행동을 하는지를 학생에게 물어보면 안 된다. 당신이 틀릴 수도 있기 때문이다. 집에 어려움이 있을 수도 있다. 부모가 이혼하려고 하는지도 모른다. 이런 이슈는 아직도 가족 외에는 알면 안 되는 것으로 여겨진다. 학생이 자신의 느낌에 대해 말하고 싶어 하지 않으면 그의 프라이버시를 존중해야 한다. 학생을 염려하고 이해하는 자세로 대하면 학생과 긍정적인 관계를 만들 수 있을 것이다.

10. 많이 웃어라

이는 가벼운 원칙으로 들릴지 모르지만 실제로는 아주 중요한 부분이다. 언어 문제나 기타 어려움을 치료하거나 교육하는 것은 학생이나 교사에게 힘들고 고통스러운 일이다. 늘 집중하는 공부를 해야 하기 때문에 웃지 않으면 효과적으로 진행할 수가 없다.

사람들은 긴장을 풀고 편안할 때 학습을 가장 잘 하는 것 같다. 유머는 길고 힘든 세션으로부터 오는 피로와 긴장을 풀어주는 효과가 있다. 교사와 학생이 함께 한 바탕 크게 웃으면 모두가 심신이 편안해진다. 이러한 이유로 재미있는 아이디어를 일부러 내어 웃는 것이다. 예를 들면, 신문에서 사람이나 동물에 대한 웃기는 얘기를 찾는다. 혹은 유머를 많이 담은 책을 이용하기도 한다.

이와 같은 원칙은 모두 간단하고 기초적인 것들이다. 그러나 이들은 강한 영향력을 갖고 있다. 이 원칙들을 잘 이행하면 학생들은 성공할 것이다.

:: 교사들을 위한 조언

- 연필을 제공하라. 난독증 학생들은 물건을 잃어버리는 경향이 있기 때문에 공부하러 올 때에 잘 깎은 연필을 갖고 오는 것이 쉽지 않다. 이런 문제는 걱정하지 말고 그날 해야 할 공부에 집중하는 것이 낫다. 적절한 때에 정리하는 기술과 물건을 잃어버리지 않는 요령을 집중적으로 따로 가르치면 된다.

- 소리내어 읽게 하라. 읽기 시간 외 모든 과목에서도 소리내어 읽는다. 예를 들어 1800년대 푸에르토리코에서의 노예 상황을 배경으로 하는 'The Red Comb' (Maria Antonia Ordonez 그림, BridgeWater Books, 1995)과 같이 수준 높은 그림책도 사회나 역사 과목에서 토론을 위한 훌륭한 자극제가 된다. 아마도 학생들은 주어진 스토리(수학과 관련된 이슈)에서 특정 사건이 일어날 확률에 대해 토론하기를 좋아할지도 모른다. 소리 내어 읽기는 배운 것을 강화하고, 속도를 조절하고, 인간관계를 구축하고, 새로운 아이디어 개발을 위한 훌륭한 자극제가 된다.

- 때때로 휴식 시간을 가지면서 편하게 진행하라. 구근(球根)을 심거나 도서관에서 빌려온 재미있는 논픽션 그림책을 보고 읽어라. 난독증 학생들은 구도와 일관성이 절대적으로 필요하지만 가끔 변화도 필요하다. 이와 같은 긍정적인 변화를 줌으로써 새로운 에너지를 가지고 다시 공부를 시작할 수 있게 한다.

- 할인점에 가라. 난독증 학생들은 대부분의 과목에서 조작할 수 있는 재료를 많이 사용한다. 일반 유통을 통해 사면 이러한 재료는 매우 비싸다. 할인점이나 차고 세일은 적은

비용으로 다양한 물건을 구입할 수 있는 좋은 대안이 된다.

• 여분의 에너지를 분출할 수 있는 적절한 방출구를 제공하라. 많은 난독증 학생들은 신체적으로 활동적이어서 수업 중에 문제가 되지 않도록 대책을 세우는 것이 매우 중요하다. 세션 도중에 조금 움직일 수 있는 시간을 계획하라. 예를 들면, 현재 배우고 있는 단어를 무언극으로 표현하게 한다거나 칠판을 빠르고 힘차게 지우게 할 수 있다.

• 긍정적인 노력과 행동에 반응하라. 부적절한 행동에는 가급적 반응하지 마라. 긍정적인 행동에는 주의를 기울이거나 심지어는 구두로 칭찬을 해주면 도움이 된다.

Daniel과의 인터뷰

Daniel은 숲에 길을 만들고, 글 쓰는 것과 농구를 좋아하는 15세 소년이다. 현재 특수교육이 필요한 학생들을 위한 작은 사립학교에 다니고 있다.

▶▶▶ 대학을 갓 졸업한 새로운 교사들에게 어떤 조언을 해주고 싶은가요?

너무 엄하지 않은 친절한 교사 되셨으면 좋겠어요. 그리고 과제를 내줄 때 정확하게 방향을 알려주고. 음. 그러니까… 무엇을 어떻게 해야 되는지에 대해서 말이에요. 학생들한테 잘 해주세요. 영어 수업 시간엔 이야기를 써주시면 좋겠어요. 그리고 그것에 관련된 작은 과제 같은 걸 내주시고… 그렇게 시작하면 좋을 것 같아요. 학생들한테 용기를 주고 말을 많이 해주세요.

▶▶▶ 어떻게 학생들한테 용기를 줄 수 있을까요?

학생들에게 잘 하고 있다고, 정말 좋은 학생들이라고 말해주면 돼요. 그리고 가르쳐주세요. 시작하기 전에 가르쳐주세요. 그러니까 좀 더 천천히 그리고 한 번에 하나씩 순서대로요.

▶▶▶ 반에 문제가 있는 아이가 있으면 어떻게 해야 되나요? 교사한테 뭐라고 말해주고 싶어요?

나는 교사한테 그 아이에게 조금 더 관심을 가져달라고 말할 거예요. 그 아이가 질문을 하면 질문을 하도록 놔두라고요. 만약에 그 아이가, 그러니까. 생각을 좀 더 해야 되면, 아이가 수업 밖으로 나가서 자습 시간을 갖고 생각을 더 하게 놔둬야 해요. 만약에 수업 시간에 힘들어하면 시간을 좀 더 주라고 말하고 싶어요.

▶▶▶ **자습시간이 왜 도움이 된다고 생각해요?**

왜냐하면 혼자 있으면 집중이 더 잘되니까요. 만약에 무언가를 읽어야 되는데 교실이 너무 시끄러우면 집중하기 힘들지만 자습시간에는 더 집중할 수 있잖아요.

▶▶▶ **만약에 어떤 아이가 "이건 내가 할 수 없어요. 너무 어려워요."라고 말하면 선생님이 어떻게 하는 게 좋을까요?**

나라면 그냥 계속하라고 말할 거예요. 순서대로 계속. 계속해서 어떻게 하는지 가르쳐 주려고 노력하라면서요.

▶▶▶ **어떤 과제나 프로젝트가 도움이 될까요?**

그냥 나무같이 일상적인 사물에 대해 생각하는 거요. 정화조가 어떻게 작용하는 건지. 세계가 어떻게 돌아가는지. 그리고 수학에서는 이 세상에서 진짜 일어날 수 있는 것에 관련된 문제를 풀고. 그러니까 문제를 푸는데 어려운 방법 말고 더 쉽게 풀 수 있는 방법을 배우고. 더 쉬운 방법이 있으면 거기서 시작해서 차근차근 배우면 좋겠어요. 왜냐하면 문제를 해결하는 방법은 여러 가지가 있으니까요.

읽기
가르치기

제6장

읽기 가르치기

읽기는 아주 중요한 생활 기술이며, 읽기 능력이 없으면 정서적 및 사회적은 물론 학업이나 직업상 문제를 동반하게 된다. 아이들에게도 마찬가지로 읽기는 일상생활의 일부이다. 아이는 거리에 이정표나 식품포장이나 메뉴 및 게임 지침을 읽어야 한다. 아이에게는 이와 같이 필수적인 단어들이 알 수 있는 표시로 보이지 않고 또 알수도 없고 혼란스러운 기호의 덩어리로 보일 때 아이는 이로 인하여 다른 아이들로부터 격리되는 결과를 낳는다. 아이의 또래들은 읽을 수 있다. 그런데 왜 이 아이는 읽지 못하는가? 아이는 항상 자기가 바보이기 때문이라고 단정한다.

:: 난독증 아이 식별하기

어린 아이에게 난독증이 있다는 것이 판명될 때까지 아이는 이미 수많은 욕구불만을 겪으며 살아왔다. 이러한 이유로 읽기에 대한 거부감이나 극단적인 경우에는 철자에 대한 공포감까지 나타내는 경우가 허다하다. 이러한 아이의 손에 책을 쥐어주면 아이는 당신과 장시간 말하려고 하거나 방에 있는 물건을 갖고 놀려고만 한다. 혹은 책상 밑으로 들어가려고 하는 행동을 보이기도 한다. 혼란스럽고 변화무쌍한 기호 덩어리를 보느니 차라리 다른 것이 좋다는 모습이다.

철자가 왜 이렇게 혼란스럽게 보일까? 잘 검사해보면 아이는 글자와 연계하여 소리를 인식하지 못하는 것을 발견할 것이다. 특히 영어가 힘들다. 왜냐하면 글자가 여러 소리를 내는 경우가 있는가 하면(c가 /k/나 /s/로 발음됨), 같은 소리가 여러 글자로 표시되기도 하기 때문이다(/f/가 f 혹은 ph로 표기됨).

대부분의 난독증이 있는 사람들은 음소 인식(phonemic awareness)에 도움이 필요하다. 이는 또한 음운 인식(phonological awareness)이라고 부르기도 한다. 음소는 영어에서 /t/나 /e/처럼 가장 작은 소리 단위이다. 난독증이 있는 사람들은 한 단어에 들어있는 소리가 몇 개인지를 알고, 그 단어 안에서 소리의 순서를 알면서도, 소리가 어느 글자와 연관되어 있는지를 인식하거나 기억하는 것이 안 된다. 그러므로 소리 사이의 관계를 인식하는 것이 큰 문제가 되어 소리를 합쳐 음절을 만들고 단어를 만드는 것이 안 된다. 더구나 난독증이 있는 사람들은 청각 분별력, 다시 말하자면 소리와 소리의 작은 차이를 듣는 것도 문제가 될 수 있다.

난독증 학생들은 때로는 시각적 혼동이 일어나 글자나 단어의 작은 차이를 보지 못한다. 'b'가 'd'로 보이는 등 글자들이 늘 안정되게 보이지 않는다. 'saw'가 'was'로 보이는 등 순서가 바뀌는 현상(reversals)이 단어에서도 나타난다. 또한 시각적 기억력이 약해서 쓰인 단어의 뜻을 기억하는 것이 힘들다. 일견 단어(sight word)인 'the'와 'said'와 같은 경우에서처럼 소리의 차이가 분명히 다를 때에는 특히 문제가 된다.

당신이 난독증 학생들을 처음 만날 때에는 몇 명은 어느 정도 읽는 경우도 있다. 시각적 기술이 좋아서 일견 어휘를 다양 문맥에서도 읽는 경우가 있다. 이러한 것이 특히 교사들을 혼동시키기도 한다. 학생들이 읽고 있기 때문이다. 그러나 이들은 진전을 보이지 않는다. 이들은 천천히 힘을 들여가면서 읽는다. 특히 뜻이 없는 지명이나 인명과 같은 단어는 완전히 캄캄하다.

이러한 학생들은 자신들이 갖고 있는 지능과 상대적인 강점을 이용하여 철자로 인한 어려움과 불편을 극복한다. 이들은 항상 의미에 대한 실마리를 찾는다. 그래도 성공적으로 찾는 경우는 노력에 비해 너무 적다. 이들은 기호의 의미를 찾아내기 위해 믿을 수 없을 정도로 노력한다. 그래서 읽기를 피하는 것이다.

어떤 학생들은 개별적인 단어를 많이 읽을 수 있는 수준까지 도달한다. 그러나 단어를 조합하는 것은 여전히 어렵다. 이 학생들은 단어를 해독하는 데에 집중하다 보니 문장이나 문단의 의미를 생각하는 데에 긴장을 늦출 수가 없다. 그런가 하면 어떤 학생들은 안구 추적(eye tracking)의 문제가 있다. 안구를 자연스럽게 왼쪽에서 오른쪽으로 이동시키는 것이나 한 줄의 끝에서 다음 줄의 첫 부분으로 눈을 이동시키는 것이 어렵다. 이것이 이들의 읽기를 느리게 만든다. 왜냐하면 이들은 페이지 상에서 적절한 위치에 머무는 작업에 집중해야 하기 때문이다. 위에 언급한 두 가지 경우는 독해력에 많은 지장을 준다. 읽은 것을 이해하려면 읽는 '일'을 걱정하지 않고 텍스트에 나오는 개념과 정보에 집중할 수 있어야 하기 때문이다.

:: 읽기 교습 방법

가장 효과적인 교수법에 대해 지난 몇 년 동안 상당한 논란이 있었다. 어떤 그룹에서는 파닉스가 모든 읽기 프로그램의 기초가 되어야 한다고 믿고 있다. 그래서 학생들은 친숙하지 않은 단어의 의미를 생각해내기 위한 일차적 암시 시스템으로 개별 단어의 독해법을 사용해야 한다는 것이다. 총체적 언어(whole language) 주창자들이 모인 다른 그룹에서는 의미에 집중해야 한다고 믿고 있다. 학생들은 읽고 있는 것을 생각하면서 친숙하지 않은 단어의 의미를 지능적으로 추측해야 한다는 것이다. 그러므로 총체적 언어 주창자들은 학생들이 의미 실마리를 그들의 일차적인 실마리 시스템으로 사용해야 한다고 말한다. 단어의 의미를 제대로 추측하려면 이들은 이차적인 실마리 시스템으로 영어의 문장 구조인 구문론(syntax)을 인식해야 한다.

:: 읽기 학습지도에 대한 역사적 고찰

추천하는 교수법의 세부사항을 논의하기 전에 그 전의 상황을 보는 것이 도움이 될 것 같다. 난독증 학생을 다루어 온 많은 전문 개인 교사들과 교육 치료사들은 신경학자인 Dr. Samuel T. Orton의 영향을 많이 받아왔다. 이미 1919년도에 그는 머리가 좋은 어린이들이 읽기를 못하는 것을 보고 이를 연구하기 시작하였다. 그는 심리학자이자 연구 동료인 Anna Gillingham과 팀이 되어 언어 기술(Orton-Gillingham 방법)을 혁신적으로 개발하였다. 이들이 공헌한 중요한 내용 중 하나는 철자와 필기체와 읽기를 통합한 것이다. 이 방법의 우수한 점은 구조적이고 순차적인 다중 감각 교습에 있다. 영어의 음소 코드나 소리와 글자가 상호작용하는 방법을 분명하고 신중하게 가르친다. 연습문제도 많이 있고 일대일 방법으로 지도한다. 학생들은 일차적 실마리 시스템으로 각 단어의 음운적 구조를 배운다.

1960년, Anna Gillingham과 Bessie Stillman은 개인교사들을 위한 교육 자료로 학습지도 매뉴얼을 만들었다. 이와 같이 훌륭한 연구 결과는 많은 교사를 고무시켰다. 그리고 많은 교사가 이 교육자료를 사용하였으며, 일부 교사들은 각자의 용도에 따라 이를 다중 감각 방법을 기초로 하여 개작하였다.

잘 알려진 Orton-Gillingham 방법을 이용한 치료교육 프로그램에는 Alphabetic Phonic, Recipe for Reading, the Slingerland Program, the Wilson Reading System 등이 있다. 이러한 프로그램을 포함한 다양한 프로그램에 대해서는 'Dyslexia: Theory and Practice of Remedial Instruction, 2d.ed., by Diana Brewster Clark and joanna Kellogg Uhry (York Press, 1995)'에서 좀 더 자세하게 기술되어 있다.

:: 난독증 학생에게 적합한 읽기 방법

난독증 학생을 지도하는 대부분의 임상 전문가들은 효과적인 프로그램이 되려면 분명한 표음식 학습지도안이 마련되어야 한다는 점에 모두 동의한다. 이는 난독증에서 중요한 이슈인 음소 인식의 결핍을 식별하는 최근의 연구 결과에서도 증명되고 있다. 그런가 하면 많은 임상 전문가는 단어와 문장 구성에 대한 생각을 배제하고 표음식 학습지도의 세부 사항에 지나치게 의존하면 읽는 사람으로 하여금 느리고 형식적으로 읽게 만든다는 사실을 알고 있다. 총체적 언어 개념은 읽기는 지적 공정을 포함하고 있으며, 학생들이 정말로 읽기를 잘하려면 읽고 있는 것을 이해하는 것에 중점을 두어야 한다는 사실을 상기시켜 준다.

표음 체계(the phonetic system)와 의미 체계(the meaning system) 및 구문 체계(syntatic system), 이 세 가지 모두를 동시에 가르쳐야 한다는 것이 나의 소신이다. 이렇게 하면 학생은 이들 모두 통합하여 편하게 사용하는 방법을 배우게 될 것이다. 그러나 이 세 가지 실마리 시스템을 통합하여, 학생에게 자신이 읽고 있는 내용의 의미와 문법적 구조를 생각하면서 단어의 표음 체계를 이용할 수 있도록 가르치는 것이 가능할 것인가? 가능하다. 난독증은 구체적인 지도를 필요로 하는 약점이 있는 학습 스타일임을 기억해야 한다. 그러나 이러한 학습 스타일에는 중요한 강점도 많이 공존하고 있다. 학생들은 지적이며 이들은 상식도 있고 논리적 사고 능력도 있다. 이들은 패턴을 보고 서로 연관 지을 수도 있다. 그리고 이들은 열심히 노력한다.

다음에서는 학습지도의 중요한 부분에 대해 논의할 것이다. 학구열에 대한 모든 주요 이슈로 시작하여 글자 이름과 소리를 가르치는 방법을 다룰 것이며, 더 나아가 단어와 문장과 문단을 읽는 방법을 가르칠 것이다. 그리고 독해력을 가르치는 방법을 마지막으로 이 장을 마무리하려고 한다.

:: 제1단계: 학구열

읽기를 배우려고 하면 우선 이에 대한 욕망이 있어야 한다. 실패에 대한 아픈 경험이 있는 사람들 중에는 읽기를 두려워하는 사람들이 있다. 다른 표현을 이용하자면 이들은 활자 공포증이 있다(print phobic). 학생이 이러한 공포를 극복하는 것을 돕기 위해 몇 가지 할 일이 있다. 우선 큰 소리를 내어 읽게 한다. 학생들에게 강요하지는 말고 재미있고 흥미로운 책을 보도록 하는 것이 첫 번째 단계이다.

책을 소리내어 읽는 것 그 자체로는 충분하지 않다. 대부분의 교사들은 자신이 읽기를 희망하면서도 막상 읽으라고 하면 굳어져버리는 학생들을 알고 있다. 이런 학생들에게 아래에 나오는 구체적인 기법을 권고 한다.

책의 물리적인 구조와 친숙하기

학생의 나이에 맞는 예쁜 그림책을 고른다. 아이들이 볼 수 있는 책은 많이 있다. 좀 더 나이가 많은 학생이나 성인들을 위해서는 민간 설화처럼 섬세한 그림이 있는 책을 고른다. 뉴잉글랜드 사진 책과 같은 커피 마시면서 가볍게 읽을 수 있는 책(Coffee-table books)도 좋은 선택이 된다. 가볍게 취미로 읽을 수 있는 책을 고르되 텍스트가 너무 많지 않은 것으로 고른다.

학생과 둘이 앉아 학생에게 이렇게 말한다. "예쁜 책 하나 보여줄게. 내가 이 책을 주면 그냥 책을 열고 보기만 해. 그리고 책이 얼마나 무거운지 느껴보고 장정이 어떤지 살펴봐." 난독증이 있는 사람들은 대체로 손으로 만져볼 수 있는 사물에 관심을 나타낸다. 그러므로 책의 물리적인 특성과 친숙해지도록 유도하는 것이 아주 중요하다.

다음 단계는 출판된 책은 예측 가능하고 정리된 구조를 가지고 있음을 깨닫게 해주는 것이다. 제목이 나오는 페이지, 감사의 말씀이 나오는 페이지, 저작권이 나오는 페이지를 훑어보게 한다. 그리고 이러한 페이지의 중요성에 대해 논의한다. 그리고 페이지를 넘기면서 그림을 즐기게 한다. 끝까지 간 다음에 다시 처음으로 온다. 중간 부분을 보는지 관찰한다.

학생이 자연스럽게 책을 왼쪽에서 오른쪽으로, 그리고 처음부터 끝까지 훑어보는지 주의 깊게 관찰한다. 이것이 자연스럽지 않으면 당신이 직접 학생에게 그 방법을 보여준다. 학생이 이러한 기술을 습득하는 데에 어려움이 있으면 학교에 있는 직업 치료사에게 도움을 청한다. 그런 전문가가 학교에 없으면 이 문제에 대하여 학교 심리상담사에게 문의한다. 책장을 왼쪽에서 오른쪽으로 넘기는 것을 어려워하는 것은 시각운동(visual motor) 문제의 가능성을 보이는 것이다. 여기에는 구체적인 대책이 필요하다.

학생이 그림책을 집어 훑어보는 것에 친숙해질 때까지 책의 물리적인 특성을 살펴보는 절차를 반복한다. 다음 단계는 활자화된 단어에 초점을 맞추는 연습을 시작하도록 돕는 것이다.

예측 가능한 패턴의 원문 이용

예측 가능한 패턴이 있는 책을 몇 권 구한다. 간단하고 반복적이고 쉽게 인식할 수 있는 그림이 있는 책들이다. 예를 들면 '엄청 큰 순무' (The Great Big Enormous Turnip by Alexei Tostoy; Franklin Watts, 1968)에는 많은 사람과 동물이 커다란 순무를 뽑는 장면이 나온다. "그 남자가 뽑았다."와 "그 여자가 뽑았다."라는 언어 패턴이 반복해 나온다. 그림에서 누가 뽑고 있는지 나온다. 학생들은 이러한 책을 좋아하며, 읽고 또 읽는 것을 즐긴다. 학교나 도서관의 사진책 서가에 가서 이와 유사한 적합한 책을 찾을 수 있다.

학생과 같이 앉아 책을 같이 읽을 것이라고 말해준다. 그리고 단어 하나만 읽게 한다. 이러한 방법은 아주 중요하다. 왜냐하면 다른 교사들은 학생으로 하여금 학생이 원하는 것보다 가능한 한 더 많은 텍스트를 읽게 했을 것이기 때문이다. 이는 학생에게 당신이 지나치게 많이 읽도록 강요하지 않을 것이라는 메시지를 전달하는 효과가 있다. 그러면 아이는 장난기가 어린 질문을 하게 될 것이다. "어떻게 단어 하나만 읽으라고 하죠?"

그러면 당신은 "음, 그 단어가 이 책에서 자주 나온단 말이야. 원하면 이 단어가 나올 때마다 읽어도 괜찮아."라고 반응한다. 단어는 의미나 모양이 쉽게 식별할 수 있는 것으로 선택한다.

이 기법은 의미 있고 즐겁게 활자와 친숙해지는 방법이다. 문자로 쓴 단어로 실패를 많이 경험한 학생들은 어떤 기피 행동을 보일 것이다. 예를 들면, 텍스트 대신에 다른 것들을 보려고 한다. 때로는 이러한 주의력 결핍은 유기적인 신경학적 요인으로 발생할 수도 있다. 그러나 정서적 요인은 고유의 유기적인 문제를 확대시키거나 혹은 주의를 기울이지 않는 고질적인 습관을 형성하는 데 역할을 할 수도 있다.

그러므로 당신의 학생이 정말 읽기를 두려워할 경우에는 예측 가능한 패턴이 있는 텍스트로 천천히 가르친다. 당신이 당신의 몫을 열심히 읽으면 학생은 '자기 단어'가 나올 때마다 이를 읽는 즐거움을 배우게 될 것이다.

:: 알파벳: 영어의 소리 가르치기

평가

학생이 책에 대한 지나친 공포감을 어느 정도 극복하고 활자에 약간의 관심을 보이기 시작하면, 학생의 알파벳 능력을 평가할 시점이 된 것이다.

읽기에서는 다음 3가지 사항을 알아내야 한다.

• 쓰인 글자의 이름을 아는가?

- 쓰인 글자의 소리를 아는가?

- 개별적인 소리를 모아 의미 있는 단위로 만들 수 있는가?

우선 학생으로 하여금 알파벳을 암송하게 한다. 학생이 알파벳을 말하는지 그냥 알파벳 노래를 하는지 확인한다. 전자는 후자보다 더 발전된 능력이다.

다음 단계는 다음 페이지에 있는 '알파벳 글자 이름에 대한 테스트(Alphabet Screening for Letter Names)'를 참조한다. 학생에게 "내가 글자 몇 개를 보여줄 테니 이름을 맞춰봐."라고 말한다. 끝까지 진행하면서 학생이 어려움을 느끼는지 확인한다. 이 과제를 어려워하면 중단한다. 그것만 해도 진단에 도움이 된다. 학생이 자신감을 가지도록 하기 위하여 초기 단계부터 이 작업을 시작할 필요가 있다.

학생이 대부분의 글자 이름을 알면 그 다음 페이지에 있는 '알파벳 자음 소리에 대한 테스트(Alphabet Screening for Consonant Sounds)'로 간다. 당신이 학생에게 글자를 보여주면 학생이 이에 해당하는 소리를 말하게 한다. 끝까지 진행하면서 학생이 발음한 것을 적는다. 'c'에서처럼 한 글자에 한 가지 이상의 소리가 있는 경우, 학생이 두 가지 소리를 모두 아는지 확인한다.

이것은 당신의 학생이 영어의 소리에 대해 얼마나 아는지 그리고 얼마나 편안한 느낌을 갖는지를 확인하는 간단한 진단 테스트이다. 그러므로 테스트 받는 동안 긴장하거나 산만해지는 행동을 보이는지 주시한다.

글자	답	글자	답
d	_____	b	_____
m	_____	q	_____
a	_____	f	_____
c	_____	z	_____
t	_____	o	_____
s	_____	r	_____
l	_____	x	_____
e	_____	n	_____
g	_____	y	_____
w	_____	k	_____
h	_____	u	_____
j	_____	v	_____
i	_____	p	_____

테스트 받는 동안에 보인 행동

_____

_____

_____

_____

_____

성명 _____   일자 _____

글자	답	글자	답
d	——— /d/	z	——— /z/
m	——— /m/	r	——— /r/
c	——— /k/ as in cat	g	——— /g/ as in game
	——— /s/ as in city		——— /j/ as in gem
t	——— /t/	x	——— /ks/
l	——— /l/	n	——— /n/
w	——— /w/	v	——— /v/
h	——— /h/	s	——— /s/ as in sit
j	——— /j/		——— /z/ as in is
b	——— /b/	p	——— /p/
qu	——— /kw/	k	——— /k/
f	——— /f/		

테스트 받는 동안에 보인 행동

_____

_____

_____

_____

_____

성명 _____ 일자 _____

영어의 소리와 글자 이름을 가르치기 위한 일반 원칙

학생이 대부분의 글자 이름과 자음에 대한 발음을 알면 아직 덜 익숙한 글자들에 대한 추가 학습지도를 해가면서 책으로 공부한다. 그러나 학생이 불편해 하거나 잘 모르는 글자가 많으면 그 부분에 대해 집중적으로 교습하는 것이 중요하다. 이에 관한 책도 많이 나와 있으므로 이를 참조하기 바란다. 특별히 추천하고 싶은 책은 'Developing Letter-Sound Connections: A Strategy-Oriented Alphabet Activities Program for Beginning Readers and Writers'(by Cynthia Conway Waring(The Center for Applied Research in Education, 1998)이다. 이는 다중 감각과 문헌을 기초로 한 프로그램으로 상당히 효과적이다.

글자의 이름과 소리를 가르치는 데에는 5가지 기본 원칙이 있다.

- 다중감각 지도방법을 사용해라. 학생으로 하여금 정보를 보고, 듣고, 말하고, 만져보게 한다.
- 글자 이름이나 소리를 만질 수 있는 물건과 연결시켜라. 예를 들면, 글자 't'를 가르칠 때 tack, teddy bear, telephone, toothbrush, teeth 등과 같은 물건을 제공한다.
- 학생이 편하게 느낄 때까지 한 번에 하나의 글자 이름이나 소리를 가르쳐라.
- 복습할 기회를 자주 갖도록 해라.
- 소리를 가르칠 때 여러 개를 섞은 소리 대신 한 개의 소리를 가르쳐라. 예를 들면 'bl' 대신 'b'를 가르친다.

글자 이름 가르치기

필요하면 글자 이름을 먼저 가르쳐라. 글자별로 분명한 모델을 제공하고 이름을 대는 방법으로 가르쳐라. 그 글자가 들어있는 물건을 방에서 찾아낸다. 그리고 칠판이나 큰 종이에 그 물건의 이름을 적는다. 예를 들면, "이것 봐. 'baseball'은 글자 'b'로 시작한다."

일반적으로 글자를 가능한 한 크게 쓰는 것이 효과적이다. 그러므로 학생으로 하여금 글자를 칠판이나 큰 종이에다 그리게 하는 것이 좋다. 찰흙으로 글자를 만들게 하거나 모래 위에 쓰게 한다. 종이를 가위로 잘라 글자를 만든 다음 그 위에 풀을 칠하고, 그런 다음 풀 위에 모래를 뿌려서 촉각으로 알 수 있는 글자를 만든다. 학생의 허락을 받은 다음 학생의 손바닥이나 등에 막대기로 글자를 그리면서 글자 이름을 말한다.

학생들이 좋아하는 활동으로 알파벳 순차 게임이 있다. 플라스틱 글자 여러 개에다 같은 색깔을 칠한다. 이것은 나이가 든 학생들에게 보다 적합하다. 이는 학생들이 산만해지는 것을 방지하기 위함이다.

학생 앞에 그려놓은 반원 안에 학생에게 적절한 수의 글자를 펼쳐놓는다. 예를 들면 처음 하는 아이일 경우에는 a, b, c를 사용한다. 많이 해본 아이의 경우에는 알파벳 전부를 준다. 글자를 잘 섞은 다음 순서대로 정리하게 한다. 이 게임을 시간을 재면서 하기를 좋아하는 학생들도 있다. 이들은 자신의 기록 깨기를 즐긴다. 이 활동은 'Structures and Techniques: Multisensory Teaching of Basic Language Skills' by Aylet R. Cox(Educators Publishing Service, Inc., 1984, 1980, 1977, 1975, 1974, 1969, 1967)에 소개되었다. 이 책의 신판은 'Foundations for Literacy: Structures and Techniques for Multisensory Teaching of Basic Written Language Skills' by Aylet Royell Cox(Educators Publishing Service, Inc. 1992)이다.

글자 소리 가르치기

학생이 글자 이름 대부분을 숙지하면 자음 소리로 간다. 자음을 모음보다 먼저 공부하는 이유는 모음 소리는 난독증 아이들이 청각으로 구분하기가 쉽지 않기 때문이다. 가르치는 데에 기본 요령은 글자를 개별적으로 분명하게 그리고 일관성 있게 발음해주는 것이다. 그리고 첫 번째 자음 소리가 이 글자와 일치하는 물건을 보여준다. 예를 들면 글자 b의 경우 학생에게 basket, ball, bandage, balloon, book 등을 보여준다. 그리고 학생으로 하여금 방에서 그 소리로 시작하는 물건을 찾게 한다. 학생으로 하여금 집에서 물건을 갖고 오도록 한다. 물론 부모의 허락을 받아야 한다.

학생과 함께 공부할 자음으로 시작하는 물건을 하나 정한다. 선정된 물건은 섞인 자음이 아닌 개별적인 자음으로 시작되는 물건이어야 한다. 자주 접하는 물건을 선정하도록 학생들을 격려하는 것도 좋은 방법이다.

각 글자에 대한 소리를 공부를 마친 다음 이 자음을 3×5인치 색인 카드에 적고 그 뒷면에 이 물건을 그린다. 매일 반복하는 것이 좋다. 예를 들면 학생들은 l(엘)은 lamp에서의 /l/과 같다고 말할 것이다. 소리를 많이 배워감에 따라 이러한 카드도 많아질 것이다.

주요 단어들과 연관된 이러한 소리를 자주 반복하는 것이 관건이다. 난독증 학생들은 글자의 소리와 같이 의미 없는 소리 단위를 기억하는 것이 안 되는 경우가 많다. 그렇기 때문에 의미 있는 물건이나 단어와 이러한 소리 단위를 연계하는 것이 아주 중요하다.

추가적인 글자 소리 공부

어떤 학생들에게는 글자 소리를 배우는 것이 매우 어렵다. 이들은 다중 감각 방법으로 글자 학습을 하더라도 금방 잊어버리거나 혼동한다. 이들은 모음 소리의 미세한 차이를 청각적으로 분별하는 것이 잘 안 된다. 이들은 음소 인식에 심각한 문제가 있다. 다시 말하자면, 단어 속에 소리가 몇 개가 들어있는지 그리고 그 순서는 어떻게 되는지를 분간하지 못한다. 이러한 학생들을 위해서는

'the Lindamood Phoneme Sequencing Program'(전에는 'A.D.D. Program: Auditory Discrimination in Depth'라고 불렀음) by Charles H. Lindamood and Patricia C. Lindamood(DLM Teaching Resources, 1969, 1975)을 추천한다. 이 프로그램은 특수교육을 받은 전문가가 가르쳐야 한다. 부모의 허락을 받은 후에 특수교육 전문가와 상의하면서 학생의 요구사항을 설명한다. 당신의 학생에게 이러한 특수 치료교육이 필요한지를 알아내기 위해서는 진단 작업이 필요할 수도 있다.

The Lindamood Phoneme Sequencing Program은 스피치 치료 프로그램과 같은 유형으로 글자 소리와 소리를 낼 때 입 안에서 일어나는 촉각-운동 감각(tactile-kinesthetic feelings)을 연관시키는 프로그램이다. 더구나 이 프로그램은 글자 소리를 순차대로 연결하거나 혼합하는 데 생길 수 있는 어려움을 다루고 있다. 어떤 학생들은 'cat'라는 단어가 /c/와 /a/와 /t/로 구성되어 있는 것은 알지만 이들은 그러한 소리를 종합하여 단어를 만드는 것이 안 된다. 그래서 Lindamood Phoneme Sequencing에서는 학생들에게 이러한 기법을 가르칠 때에 아주 신중하게 접근할 것을 권고한다.

이 프로그램을 실행하는 것이 어렵고 주의를 요하기는 하지만 청각적 변별력 부분에 심각한 문제가 있는 학생은 반드시 이러한 유형의 도움을 받아야 한다. 학생이 정상적인 속도로 소리를 배우지 못하거나 혹은 특히 모음에서 글자 소리의 미세한 차이를 분간하지 못한다면 이 프로그램을 알아보기를 바란다.

:: 단어와 문장 읽기: 효과적인 읽기를 위한 세 가지 단서 제공 시스템

일단 학생이 자음에 대한 발음을 배운 다음에는 책으로 학습지도를 시작할 시기이다. 교과서를 가지고 공부할 때 잘 모르는 자음과 모음의 발음을 가르쳐야 할 경우가 동시에 발생할 수 있다. 그러나 이러한 공부를 시작하기 전에 읽는 사람이 얼마나 효과적으로 책에 접근하는가에 대해 먼저 논의하는 것이 중요하다.

잘 읽기 위해 사람들은 다양한 단서 제공 시스템을 이용한다. 문장에 나오는 개별적인 단어를 읽는 방법을 알아내기 위한 3가지 주요 시스템은 아래와 같다.

- 단어의 물리적인 구조, 즉 표음 구조(phonetic structure)에 유의한다.
- 의미에 유의한다.
- 영어의 문법 구조(구문 체계)에 유의한다.

첫 번째 단서 제공 시스템에서 사람들은 단어를 식별하기 위해 최초 자음에 대하여 먼저 생각한다. 그리고 모음을 보며, 그 단어가 긴지 혹은 짧은지를 본다.

두 번째 단서 제공 시스템에서 사람들은 문장의 의미에 대해 생각한다. 문장이 "그 소년이 헛간에 가서 (모르는 단어)의 젖을 짰다."라고 되어 있다면, 농장 일에 익숙한 학생들은 대체로 그 단어가 'cow'나 'goat'라고 생각할 것이다. 여기서 그들은 첫 번째 단서 제공 시스템을 이용하여 그 단어의 첫 번째 글자를 확인할 것이다. 만약에 이 글자가 'c'일 경우에는 찾는 단어가 'cow'임을 추정할 수 있을 것이다.

세 번째 단서 제공 시스템(구문)은 "제인은 세일하는 두 개의 새로운 (모르는 단어)를 샀다."와 같은 문장에서 효과적이다. 의미 단서 제공 시스템은 여기에서 별로 효력을 발휘하지 못한다. 왜냐하면 제인이 살 수 있는 물건은 너무 다양하기 때문이다. 표음 단서 제공 시스템은 이 단어에 글자가 4개 있고 'h'로 시작한다는 정보를 제공한다. 학생은 'h'라는 단어를 추측해본다. 이 시점에서 세 번째 단서 제공 시스템의 역할이 필요하다. 왜냐하면 "Jane got two new hat at the sale."이라는 문장에 뭔가 잘못 되었다. 좀 더 생각해본 후 학생은 두 개를 샀다면 단어 끝에 's'가 필요하다고 결정한다. 그러므로 찾는 단어는 'hats'이다.

읽기를 잘 하는 사람들은 위의 3가지 시스템을 모두를 잘 조합해 사용한다. 그리고 초보자에게 읽기를 가르칠 때에는 이 3가지 시스템을 균형있게 잘 활용하는 방법을 가르치는 것이 중요하다. 단어의 표음 구조에 너무 신경 쓰면 의미를 생각하지 않게 된다. 반면 의미 단서만을 너무 강조하고 단어의 물리적 구조에는 신경을 쓰지 않으면 의미가 분명하지 않은 상황에서는 도움이 안 되고 엉뚱한 추측을 하게 만든다. 학생이 문장에 나오는 단어들을 대부분 읽을 수 있다면, 3번째 단서 제공 시스템만 사용할 수도 있다. 그렇지만 읽기 초보자의 경우에 이 시스템만 사용하는 것은 비효율적이다.

학생이 익숙하지 않은 텍스트를 읽을 때에는 아래의 3가지를 유념하는 것이 좋다.

- 단어를 보라.
- 읽고 있는 내용에 대해 생각하라.
- 문장이 어떻게 소리가 나는지 경청하라.

:: 제1단서 제공 시스템 – 파닉스

대부분의 사람들은 영어의 구조에 대해 잘 모르기 때문에 읽기 초보자에게는 너무나 복잡해서 주어진 정보를 사용할 수 없다고 생각한다. 그러나 그와 반대로 영어라는 언어는 몇 가지 간단한 원칙에 기반을 두고 있다.

- 글자는 특정 소리를 의미한다.
- 단어는 음절이라고 부르는 단위 한 개 혹은 그 이상으로 구성되어 있다.
- 외래어 단어가 많이 있는데 이들은 발음과 철자가 독특하다.

영어라는 언어가 혼란스러운 것은 사실이다. 글자 하나가 여러 소리를 낼 수도 있다. 예를 들면, 'c'는 /k/ 혹은 /s/로 발음 될 수 있다. 더구나 어떤 소리는 글자 하나 혹은 몇 개를 조합하여 표기할 수 있다. 예를 들면, /f/는 'f' 혹은 'ph'로 표기할 수 있다. 그런가 하면 단어 철자는 같은데 의미가 다른 경우가 있다. 예를 들면, 'left' 라는 단어는 형용사로 사용할 때에는 'left hand'에서처럼 몸의 한 쪽을 가리키는 뜻을 갖는다. 혹은 'left a room'에서처럼 동사로 사용되거나, 'the political left' 에서처럼 명사로 사용될 수도 있다.

영어에는 예측불가능한 면이 많이 있다. 특히 외래어의 경우가 그렇다. 읽기 초급 반 학생을 가르칠 때에는 두 가지를 유념해야 한다.

- 간단하게 가르쳐라.
- 많이 사용하는 표음 개념만 가르쳐라.

이렇게만 가르치면 학생이 새로운 단어를 만날 때 파닉스는 좋은 도구가 될 것이 다. 전문가가 될 필요도 없고, 약 85%에 이르는 대부분의 단어의 실제 구조가 논리 적이라는 감각만 있으면 된다.

영어의 구조는 어떤 것인가?

영어 언어의 구조를 아래에 간단히 정리해 보았다. 이러한 구조와 친숙해지면 파 닉스 방법을 쉽게 받아드릴 수 있을 것이다.

- 자음에는 21개가 있다. 이 글자들은 'p'나 't'에서처럼 대부분 빨리 끝나는 소리 단위이 다. 'm'이나 'l' 같은 자음은 목소리로 길게 끌지만 입은 닫혀있다.
- 자음이 합쳐져서 고유의 소리를 내는 경우가 있다. 예를 들면 'sh'는 /sh/로, 'ch'는 /ch/로, 'ph'는 /f/로, 'th'는 /th/로 발음한다.

- 모음에는 6개가 있다. 여기에는 'a', 'i', 'o', 'u', 'e' 그리고 때로는 'y'가 포함된다. 이러한 글자들은 호흡이 허락하는 한도에서 계속 소리가 난다. 입은 대부분 열려있는 상태이다. 모음은 'hi'에 나오는 'i'처럼 길게 발음한다. 혹은 'him'에 나오는 'i'처럼 /i/로 짧게 발음한다. 모음 'y'는 'penny'에서처럼 /e/를 길게 발음하면 되며, 때로는 'gym'에서처럼 /i/를 짧게 발음하면 된다.

- 모음 몇 개를 합쳐서 특유의 소리를 만든다. 예를 들면, 'oo'는 'moon'에서 처럼 /oo/ 소리를 낸다.

- 자음과 모음을 몇 개 합쳐서 특유의 소리를 만든다. 예를 들면, 'king'에 나오는 'ing'는 /ing/로 발음한다.

- 단어는 음절(syllable)이라고 부르는 소리 단위로 구성된다. 음절에는 최소한 한 개의 모음이 들어있으며, 다른 글자들과 다양하게 조합을 이룬다. 영어라는 언어에는 7가지 유형의 음절이 있다.

1. 폐음절(closed syllable): 'it'이나 'cat'에서처럼 한 개의 모음이 한 개의 자음으로 닫히거나 중단된다.

2. 개음절(open syllable): 'go'나 'me'에서처럼, 한 개의 모음 뒤에 자음이 나오지 않아 입은 열려있게 된다.

3. 모음-자음-e: 모음 뒤에 자음 그리고 모음이 나오고, 끝에는 'e'로 마감할 때 이 모음은 'ate'에서처럼 길게 발음한다.

4. 모음 조합 음절(Vowel combination syllable): 모음 두 개가 합쳐 하나의 소리를 만든다. 예: 'rain'의 'ai'는 길게 발음하는 /a/가 된다.

5. R-지배 음절(R-controlled syllable): 글자 'r'은 앞에 있는 모음에 큰 영향을 준다. 예를 들면, 'car'에서처럼 'r' 앞에 있는 'a'는 길지도 않고 짧지도 않게 발음한다.

6. 마지막 음절(Final syllable): 다중 음절 단어의 끝에서만 볼 수 있는 글자 조합으로 특유

하고 자주 볼 수 있는 음절이다. 예를 들면 'turtle'의 'tle'와 'mention'의 'tion'이다.

7. 글자-팀 음절(Letter-team syllable): 자주 보는 글자 그룹으로 홀로 있으나 다른 글자와 합쳤을 때나 발음이 같다. 예를 들면 'ring'에서의 'ing'나 'told'에서의 'old'이다.

당신이 이러한 구조를 기본적으로 알고 있으면 많은 도움이 된다. 그러나 당신의 읽기 초급반 학생들을 위해서는 흔히 쓰는 글자와 글자 조합부터 시작하는 것이 좋다. 이 시점에서는 상기에 기술된 전반적인 지식이 이들에게 요구되지 않는다.

제1단서 제공 시스템을 어떻게 가르칠 것인가?

파닉스를 효과적으로 가르치는 방법에 들어가기 전에 훌륭한 모델을 제시한 Orton-Gillingham 프로그램을 다시 검토해 보기로 하자. Orton-Gillingham 유형의 레슨에서 흔히 볼 수 있는 공통 요소를 아래에 정리해 보았다.

- 플래시 카드 훈련(Flash Card Drill). 공부한 글자와 소리를 적은 카드를 만든다. 글자와 그림 혹은 주요 단어를 수록한다. 주요 단어란 글자의 소리를 익히기 위해 공부한 단어들을 말한다. 예를 들면, 짧은 모음 'a'에 대해서는 'apple'을 주요 단어로 자주 사용한다. 이 소리에 대한 카드의 한 쪽에는 'a'를 쓰고, 그 뒷면에는 'apple'이라는 단어나 그림을 붙인다. 이러한 카드로 연습할 때에는 학생은 'a'는 'apple'에서처럼 /a/로 발음한다고 말한다. 이러한 카드로 반복해 연습함으로써 실력을 키워 나간다.
- 단어 목록 읽기(Word List Reading). 현재 공부하고 있는 특정 글자-소리 조합이 들어 있는 음운학적으로 일정한 단어 목록을 학생에게 보여주고 학생으로 하여금 이를 읽게 한다.
- 문장 읽기와 문맥 속에서 읽기(Sentence Reading and Reading in Context). 학생이 공부한 표음 요소만 들어있는 텍스트를 찾는다. 그리고 학생으로 하여금 이를 읽게 한다.

- 발음 공부하기(Studying Sounds). 교사가 어떤 소리를 불러주고, 학생이 이에 해당하는 글자를 적는다. 보통 한 번에 8가지 소리를 불러준다.
- 철자 혹은 인코딩(Spelling, or Encoding). 교사가 단어를 불러주고 학생이 이를 적는다. 불러주는 단어에는 학생이 지도 받은 글자와 소리만을 포함한다. 이러한 단어 모두는 표음적으로 일정하다. 한 번에 5~10개를 불러준다.
- 받아쓰기(Dictation). 교사가 문장 하나 혹은 그 이상을 읽어주면 학생이 이를 받아 적는다. 문장에 나오는 모든 단어는 표음적으로 일정하며, 학생이 이미 친숙한 요소들이다. 표음적으로 일정하지 않은 것이 포함되어 있으면 학생이 이미 암기한 단어는 제외하고 다른 모델을 제공하는 것이 좋다.

요약하면, 레슨에는 플래시 카드로 공부하는 부분, 공부하고 있는 요소를 포함하고 있는 단어를 읽는 연습 그리고 문맥에서 읽는 연습도 상당 부분 포함되어 있다. 레슨에는 발음에 대한 글자를 쓰는 연습과 공부한 표음 요소가 들어있는 단어와 문장을 쓰는 연습을 할 수 있는 부분도 있다.

나머지 한 가지 이슈는 표음요소를 도입할 때 가장 효과적인 순차이다. Orton-Gillingham 유형을 가진 대부분의 프로그램은 짧은 모음으로 시작한다. 예를 들면, Barbara A. Wilson이 특별히 사춘기 아이들이나 성인을 위해 개발한 프로그램인 the Wilson Reading System에서는 자음 몇 개를 소개한 다음에 짧은 모음 5개 모두를 소개한다. 글자-팀도 몇 개 소개한다. 예를 들면, 'ing'와 'ink'를 소개한 다음에 모음-자음-e 음절을 소개한다. 이러한 순차에 대해 좀 더 알고자 한다면 다음의 주소로 연락하면 도움을 받을 수 있다.

Wilson Reading System

Wilson Language Training Cooperation

162 West Main Street

Milbury, MA 01527-1943

Tel: 1-508-865-5699

:: 세 가지 단서 제공 시스템의 통합

아래 방법은 세 가지 단서 제공 시스템을 균형 있게 활용할 수 있도록 돕는다. 이는 Orton-Gillingham 방식과 총체 언어 개념의 요소를 통합하고 있기 때문에 특히 효과적이다.

이 방법은 Developing Independent Readers: Strategy-Oriented Reading Activities for Learners with Special Needs by Cynthia Conway Waring(The Center for Applied Research in Education, 1995)에 소개되어 있다. 여기에 나오는 표음 요소의 순차는 특이하다. 예를 들면, 많이 사용되는 글자-팀 'ing'이 처음에 나오고 다음에는 모음 조합 음절 'oo', 그 다음에는 모음 다섯 가지를 이용한 개음절(open syllable)에 대한 내용이 나온다. Waring의 책에는 여기에 요약한 기법에 대하여 훨씬 많은 구체적인 정보가 나온다. 여기에서는 레슨을 계획하고 제공하는 데에 필요한 문헌을 기초로 한 상세한 지침이 들어있는 34가지 학과목 단위를 제공하고 있다. 인용한 문헌은 주로 그림책 종류이지만 프로그램의 순차와 기법은 나이 많은 학생에게도 도움이 된다. 사진과 제한된 텍스트가 들어있는 책들은 성인들을 위해 사용해도 된다.

이 프로그램은 읽기 학습지도의 4가지 단계를 아래와 같이 요약하고 있다.

- 선생님이 읽는 것을 경청하기
- 구두(口頭)로 빈칸 채우며 읽기(Oral Cloze Reading)

- 도움 받으며 읽기(Supported Reading)
- 자력으로 읽기(Independent Reading)

제1단계: 선생님이 읽는 것을 경청하기

학생이 활자 공포증을 극복하기 위하여 사용하는 소리내어 읽기와 유사하면서도 다르다. 기본적으로 같은 것은 책을 학생에게 소리내어 읽어주기를 한다는 것이다. 그러나 당신이 집중하는 점은 다르다. 활자 공포증을 치료하기 위해 읽을 때에는 당신은 정서적인 부분에 관심을 갖고 진행한다. "학생이 이 책을 즐기고 있는가? 학생이 책을 만지고 그림을 보고 있는가? 학생이 읽기에 참여하고 있는가?"

그러나 당신이 Waring의 책에 나오는 방법으로 읽을 때에는 학생이 어느 시점에 공부하려고 하는 단어를 읽게 할지를 미리 계획한다. 그렇게 하기 위해서 아래와 같은 중요한 전략을 따라 하는 것이 좋다.

책을 사전 검토한다. 학생과 같이 책을 물리적으로, 특히 그림 부분을 검토한다. 그리고 이 책이 무엇에 관한 것인지 알아둔다.

책 내용에 대해 이야기한다. 학생에게 줄거리, 인물, 구상 등에 관해 물음으로써 듣고 있는 내용과 자신의 생활을 연관시키게 한다.

내용이 무엇에 관해 말하고자 하는 것을 예측하게 한다. 이는 학생의 상식적인 감각을 사용하게 한다. 그리고 이야기의 구상이 어떻게 결말을 지을지 예측해보는 것은 매우 재미있다.

친숙하지 않은 어휘를 점검한다. 이 부분은 부담주지 않으면서 진행한다. "자, 이 단어의 뜻이 뭔지 한 번 알아보자."라고 말하면서. 여기서 당신은 의미 단서 제공을 시범으로 보인다. 나온 단어에 대해 단서 제공 방법이 좋을 것 같으면 사용하고, 그렇지 않은 경우에는 간단히 그 단어의 뜻을 말해준다.

학생에게 책을 읽어줄 때 학생이 이야기를 들으면서 의미를 쉽게 짐작할 수 있는 단어는 설명을 생략한다. 처음에는 라임에서처럼 문장 끝에서 반복되는 단어를 생략한다. 학생이 이에 익숙해지면 의미 단서에서 쉽게 예측할 수 있는 중요한 명사와 동사를 생략한다. 이쯤 와서는 학생이 텍스트를 보지 않고 있다. 그림만 보고 있을 것이다. 그리고 의미 단서만 사용하여 이야기를 예측하는 단계에 이른다.

제2단계: 구두로 빈칸 채우며 읽기(Oral Cloze Reading)

빈칸 채우기(Cloze)라는 용어는 W. Taylor가 쓴 기사인 'Cloze Procedure: A New Tool for Measuring Readability'(Journalism Quarterly, 1953, 30, 415~433)에서 소개되었다. 빈칸을 채우기 혹은 이전의 지식으로는 완성되지 않는 것을 채워 넣을 수 있는 능력에 관한 게슈탈트 개념이다.

Waring의 읽기 학습지도 제2단계에서는 학생은 실제로 책을 쳐다본다. 당신이 단어를 짚어가면서 소리내어 읽으면 학생이 따라 읽는다. 이 시점에서 읽는 것이 무엇인지, 단어의 물리적인 구조를 보고 문장을 들으면서 이 세 가지 단서 제공 시스템의 통합적으로 가르치기 시작한다.

학생과 함께 책을 미리 검토한다. 그리고 학생에게 당신이 읽는 동안 학생의 도움이 필요할 것이라고 말한다. 당신이 읽다가 멈출 때에는 어떤 단어가 들어가야 할지 학생에게 말해달라고 한다. 처음에는 'I'나 'is'와 같은 아주 알아보기 쉬운 일별 단어는 제외한다. 한 단어나 두 단어 정도로 시작하다가 학생이 이런 과제를 재미있어 하면 그 숫자를 늘린다.

다음에는 소리내어 읽기 기법과 같은 패턴을 따른다. 라임처럼 예측하기 쉬운 단어나 패턴으로 반복되는 단어는 삭제한다. 그리고 의미가 분명한 명사와 동사로 간다. 처음에는 문장 끝에 있는 단어들을 삭제한다. 문장의 의미 및 문법 단서 모두를 읽고 나서 학생이 잘해내면, 문장 중간이나 심지어는 문장 시작에 나온 단어를 제거한다. 계속해서 문장의 나머지 부분을 읽는 전략을 활용하여 모르는 단어에 대한 정보를 얻을 수 있게 된다.

이 단계에서는 책을 읽는 것과 별도로 빈칸 채우기 방법을 보강하는 학습을 하는 것이 도움이 된다. 표음 구조 학습지도와 함께 빈칸 채우기 방법을 사용하는 방법을 묘사하고 있는 활동 시트인 'Ran'에 나오는 짧은 'a'가 들어있는 문장의 빈칸을 채우기(Cloze Sentences with Short 'a' as in 'Ran')가 아래에 제공되고 있다. 이 활동은 교사가 읽기를 도와주면서 실행해야 한다.

'Ran'에 나오는 짧은 'a'가 들어있는 문장의 빈칸을 채우기

밑에 있는 단어 목록에서 단어를 선택하여 문장을 완성하라.

1. "I am not lost", said Latoya, "because I have a ＿＿＿＿＿＿."

2. It is fun to run barefoot in the ＿＿＿＿＿.

3. If you want more light, turn on the ＿＿＿＿＿.

4. To be mailed, the letter needs a ＿＿＿＿＿.

5. The ＿＿＿＿＿ of the U.S.A. is red, white, and blue.

6. A ＿＿＿＿＿ shell can be found in the ocean.

단어 목록

clam	stamp
sand	flag
lamp	map

성명 ＿＿＿＿＿＿＿＿＿＿ 일자 ＿＿＿＿＿＿＿＿＿＿

다중 음절 단어를 가르치는 요령. 학생이 단일 음절 단어를 이용한 빈칸 채우기 방법에 익숙해질 때까지 충분한 시간을 갖는다. 그러다가 책을 읽어줄 때 엄지손가락으로 단어에서 잘 아는 끝부분이나 복합 단어의 반을 가리면서 큰 단어를 작은 단위로 분리하는 방법을 학생에게 가르친다. 이렇게 진행하다가 다중 음절 단어에서는 두 번째 음절을 엄지손가락으로 가리고 읽기 시작하다가 그 다음 음절을 보여주면서 읽기를 계속한다. 이러한 학습지도를 처음 사용할 때에는 편안한 자세로 쉽게 진행한다. 예를 들면, "이것 좀 봐라. 'going'에서 'ing'를 가리면 작은 단어 'go'가 남는다."라고 말해준다.

학생들이 여기에 익숙해지면 원문에서 단어 하나를 골라 적어둔다. 학생이 음절, 모음, 자음에 대한 개념을 이해하고 있는지 확인한다. 당신은 학생이 보는 앞에서 모음에는 밑줄을 긋고 자음에는 동그라미를 그리면서 설명한다.

학생에게 처음 보는 긴 단어가 나오면 중요한 결정을 내려야 한다는 사실과 밑줄 그은 모음이 긴 모음인지 짧은 모음인지 판별해야 한다는 사실을 알려준다. 때로는 두 개의 모음이 같이 나오면서 특유의 소리를 낸다. 이러한 경우에는 당신이 학생을 주어야 한다.

단독으로 나타나는 모음이 짧은지 긴지를 판별하는 데에 도움이 될 몇 가지 요령을 아래에 요약하였다.

자음이 1개일 경우: 'Chi-na'에서처럼 한 단어 안에서 자음 하나가 두 개의 모음을 갈라놓고 있으면 자음 앞에 첫 번째로 나오는 모음은 길게 발음한다.

자음이 두 개일 경우: 'muf-fin'에서처럼 두 개의 자음이 연속될 경우 이를 나눈다. 'neg-lect'에서처럼 음절이 잘 갈라지지 않으면 'ne-glect'와 같이 두 개의 자음 앞을 나눈다.

자음이 3개일 경우: 'or-chard'에서처럼 첫 번째 자음 다음을 나눈다. 'tran-sfer'에서처럼 이것이 안 되면 'trans-fer'와 같이 두 번째 자음 다음을 나눈다.

지금까지의 공부가 학생을 두렵게 만들면 안 된다. 학생에게는 새로운 단어의 발음법을 탐색하는 기술을 연마할 뿐이라고 말해준다. 처음에는 분명하고 쉬운 것부터 연습한다. 학생이 자신감이 생기기 시작하면 큰 단어를 작은 단위로 가르는 연습을 시킨다. 이에 대한 활동 시트가 아래에 제공되고 있다. 반드시 교사의 도움으로 실행하기 바란다.

‘Pine’에서처럼 i-자음-e가 들어있는 다중음절 단어가 있는 문장에서 빈칸을 채워 넣기

아래의 단어 목록에 있는 단어를 선택하여 문장을 완결하라.

1. Juan and Jim sat around the ———————— and told stories.

2. The ———————— said that the batter was out.

3. "I want to ———————— you to my party", said Kim.

4. You can get burned if you stay in the ———————— too long.

5. "I ———————— that beautiful painting", Malcolm said.

6. Sarah went ———————— the cabin to get out the rain.

단어 목록

umpire	invite
admire	campfire
inside	sunshine

성명 ———————————————— 일자 ————————————————

제3단계: 도움 받으며 읽기(Supported Reading)

Waring에 의하면 아래와 같은 단계가 되면 다음 단계로 이동할 때가 된 것이다.

• 빈칸 채우기 방법에 능숙하고 편안함을 느낄 때.

• 텍스트에서 쉽게 인식할 수 있고 한눈에 알 수 있는 단어 모음이 생겼을 때.

• 대부분의 자음과 모음과 같은 표음요소를 충분히 알고 있을 때.

이 단계에서는 학생은 텍스트를 모두 혼자 읽고 당신은 적절한 전략을 사용하는 것만 돕는다. 학생이 다음 단계를 시작하면서 불안해하면 바로 전 단계로 돌아간다. 이러한 전환 과정에서는 최소한의 도움만 주면서 진행해야 학생이 이를 실패로 보지 않는다.

도움 받으며 읽기 단계에서는 아주 중요한 일이 많이 발생한다. 가장 중요한 일 중에 하나는 학생 자신이 읽고 있는 단어를 자신이 스스로 손으로 짚어가면서 읽는다는 점이다. 어떤 학생들은 짚는 것을 싫어하며, 교사들 중 몇몇은 손으로 짚는 것이 언어적 유연성을 저해한다고 알고 있다. 그러나 대부분의 난독증 학생들은 단어를 짚어가면서 읽으면 집중도 되고 읽기가 더 원활하게 진행된다. 이러한 기법은 중요하며 반드시 이용하도록 한다.

학생의 읽기 수준에 맞는 책을 신중하게 선택해야 한다. 읽기 시간도 학생의 능력으로 감당할 수 있는 범위에서 벗어나지 않도록 한다. 학생이 열심히 공부하는 것은 좋지만 지치거나 감당할 수 없는 수준까지 가면 안 된다. 그렇게 함으로써 학생이 과제를 두렵게 생각하지 않고 즐거운 도전으로 생각하도록 유도해야 한다.

이 단계에서 교사로서 당신의 임무는 텍스트와 교감할 수 있는 안전하고 조용한 시간을 충분히 주는 것, 학생에게 어려운 단어가 나올 때 실마리를 주는 것 그리고 학생이 단어를 잘못 읽었을 때에 스스로 이를 교정하는 습관을 키우도록 돕는 것이다. 비언어적 실마리를 가능하면 많이 준다. 예를 들면, 단어가 'down'일 경우에 아래 바닥을 가리킨다. 책에 단어에 대한 그림이 나오면 이를 가리킨다. 교사가 말을 너무 많이 하면 읽기에 방해가 될 수도 있기 때문에 비언어적 실마리를 사용하는 것이 더 효과적이다.

실마리를 줄 때에는 이론적 틀을 지켜야 한다. 의미 단서를 먼저 주고, 다음으로 구문적 단서를 그리고 마지막으로는 표음 단서를 주는 것이다.

아래에 의미 단서에 대한 두 가지 보기가 있다.

"What kind of animal do you think would live in the ocean?"
"That word is the opposite of _____."

구문적 단서를 주기 위해, 우선 그 부분을 다시 읽어서 학생이 언어의 흐름을 들을 수 있게 한다. 그런 다음 아래와 같은 질문을 한다.

"그 단어가 듣기에 어땠니?"
"사람들이 정말 그렇게 말해?"
"이야기 속 고양이 한 마리가 이상이 있는지 알았는데."

표음 단서를 위해서는 아래와 같이 말한다.

"오, 그 단어 첫 부분에 't'가 있네."
"'rain'에서처럼 'ai'가 있고."
"끝 부분에 무엇이 있는지 알아보자."

이렇게 진행하면서 단서는 줄이고 시간은 더 주면서 학생이 혼자서 읽을 수 있도록 유도한다. 당신이 단서를 주는 가장 중요한 목적은 사용할 단서제공 시스템을 통해 시범을 보이는 것이다. 결국에는 학생이 스스로 단서를 찾게 하는 것이다.

당신의 목적은 학생이 이 세 가지 단서제공 시스템을 통합적으로 사용하여 잘 읽을 수 있게 하는 것이다. 여기서 아주 중요한 점은 학생에게 생각하고 분석할 수 있는 충분한 시간을 주는 것이다. 교사들은 계속해서 정보를 제공하고 지도하지 않으면 자신의 역할을 하지 않고 있다고 느끼는 경우도 많다. 학생이 생각하고 있는 동안에 아무 일도 안 하고 가만히 있자면 답답하지만 학생에게 가장 필요한 것은 시간이다. 당신의 직업이 그 조용한 시간을 지키는 수호자라고 생각해야 한다. 학생이 두 사람이나 그 이상일 경우에 고려해야 할 중요한 규칙 세 가지는 다음과 같다.

1. 참여 학생 모두에게 생각할 수 있는 편안한 시간을 충분히 준다.
2. 학생이 요청하기 전에는 아무도 단서를 제공하면 안 된다.
3. 단서는 순차적으로 제공한다. 우선 의미를, 그 다음에 문장 구조 그리고 마지막으로 표음 단서를 준다.

어린 아이들도 이러한 규칙을 준수하여 모든 학생들이 읽기 연습을 할 수 있는 환경을 조성하도록 한다.

제4단계: 자력으로 읽기(Independent Reading)

학생이 자력으로 읽기 단계에 도달했는지 여부는 당신이 판단할 일이지만 대체로 학생이 스스로 책을 선택하여 훑어보는 것을 흔히 볼 수 있다. 이런 학생은 세 가지 단서 제공 시스템을 적절하고 효과적인 방법으로 활용하고 있는 것이며, 이 학생은 정신적으로 준비가 된 상태이다.

여기서 당신의 임무는 학생에게 수준에 맞는 도전을 제공할 수 있는 책을 선택하도록 학생을 돕는 것이다. 참고할 수 있는 자료는 다음과 같다.

- Books Children Love: A Guide to the Best Children's Literature by Elizabeth Wilson, Foreword by Susan Schaeffer Macaulay(Crossway Books, 1987).
- The New York Times Parent's Guide to the Best Books for Children by Eden Ross Lipson, children's book editor of The New york Times(Times Books, 1987).
- Books to Build On: A Grade-by-Grade Resource Guide for Parents and Teachers, edited by John Holdren and E.D. Hirsch, jr.(Delta, 1996).
- Reading Rainbow Guide to Children's Books: The 101 Best Titles by Twila Liggett, Ph.D., and Cynthia Mayer Benfield, with an introduction by LeVar Burton(A Citadel Press Book, published by Carol Publishing Group, 1994, 1996).

학생에게 좋은 책을 구해준 다음에는 학생 곁에 앉아서 조용히 도와준다. 학생이 어려운 단어의 단서를 원할 때에는 머리를 끄덕이거나 미소를 보낸다. 학생은 당신이 구체적인 단서를 더이상 주지 않을 것임을 눈치채고 스스로 단서 제공 시스템을 사용하여 단어를 읽게 된다.

그러나 이 단계에서 당신이 할 수 있는 일도 있다. 아래에 나오는 전략을 가르치고 시범을 보이는 것이다.

- 사전에 책 검토하기(previewing books).
- 내용 설명하기(retelling).

- 읽은 것 점검하기(reviewing reading).

- 의미 예측하기(anticipating meaning).

- 계속해 읽기(reading on).

- 다시 읽기(rereading).

- 대조하면서 점검하기(cross-checking).

- 자가 점검하기(self-correcting).

이러한 전략들은 이미 앞에 나온 것들이지만 여기서는 좀 더 자세히 설명하고 있다. 학생들은 단어를 볼 때에 세 가지 단서 제공 시스템을 균형 있게 사용하는 연습을 해왔다. 여기서 학생들은 텍스트의 전체를 보고 의미를 스스로 알아내야 하는 것이다.

이제부터 하나씩 살펴보기로 하자. 사전에 책 검토하기(previewing books)는 자명하다. 학생과 책을 물리적으로 검토한다. 책 표지와 그림 등을 본다. 겉장에 있는 정보를 읽는다.

학생이 텍스트를 어느 정도 읽은 다음에 학생으로 하여금 그 내용을 설명하게 한다(retelling). 이러한 연습은 읽기 시간이나 며칠 동안에 걸쳐 실행할 수도 있다.

읽은 것을 점검하기(reviewing reading)에서는 학생으로 하여금 텍스트의 일부를 다시 읽게 한다. 읽고 나면 학생은 책에 대해 좀 더 알게 된다. 그리고 정보를 얻기 위해서, 취미로 혹은 책 속에 있는 이야기를 좀 더 잘 알기 위한 것인지와 상관없이 되돌아가서 다시 읽는 것이 책을 잘 읽는 사람이라는 것을 일깨워 준다.

의미를 예측하기(anticipating meaning)는 책을 사전에 검토하기(previewing books)와 비슷한 부분도 있지만 여기에서는 좀 더 구체적인 차원에서 이루어진다. 예를 들면, 그 장의 내용이 도시 거리에서 일어난 것인가? 그러면 그 도시에 대한 내용이 많이 나오겠군. 특정한 인물이 화나 보이던가? 그 사람은 어떤 상황에선 화낼 수도 있겠네.

계속해 읽기(reading on)에서는 학생이 전혀 알 수 없는 단어를 보면 멈추거나 "빈칸!"이라고 외치고 나서 읽기를 계속하여 나머지 문장을 읽는다. 이렇게 하면 의미에 대한 실마리를 더 많이 얻을 수 있다. 또한 어떤 부분을 다시 읽을 수도 있다 (rereading). 'reading on'이 도움이 안 되었으면 문장이나 문단을 처음부터 다시 읽는다.

대조하면서 점검하기(cross-checking)는 아주 중요하다. 여기서 읽는 사람은 의미를 중심으로 이 단어에 대해 생각한다. 예를 들면, 문장이 "Harry went to the _____ to buy eggs."이라고 하자. 여기서 독자는 '상점(store)'이라고 추측해본다. 그래서 학생은 스스로 묻는다. "상점(store)이 맞을까? 그래, 맞아." 그러나 그 단어는 농장(farm)일 수도 있다. 왜냐하면 농장에 가서 계란을 사는 경우도 있으니까. 그래서 이 학생은 스스로 묻는다. "이 단어에서 처음 나오는 글자가 무엇일까? 아! 's'다. 그러니까 맞는 단어가 'store'일 거야." 만약에 첫 글자가 'f'라면 독자는 자가 점검하기(self-correcting)라는 다른 기법을 사용하였을 것이다.

:: 독해력을 가르치는 방법

학생들은 단어나 문장을 독해하는 방법을 배울 때에 이미 독해력 연습도 해왔다. 당신이 학생들로 하여금 텍스트의 의미에 초점을 맞추게 하는 것과 모르는 단어들을 추측하기 위한 단서 제공 시스템으로 사용할 때 훌륭한 독해력을 위한 과정은 이미 시작된 것이다. 그러나 좀 더 복잡하고 긴 텍스트를 접할 때에 독해력이 중점이 되어야 할 것이다.

난독증 학생에게 필요한 것은 무엇인가?

난독증 학생들은 좀 더 어려운 텍스트를 접했을 때에 체계적인 공부가 필요하다. 이러한 학습지도를 계획할 때 난독증 사람들의 특징인 다음과 같은 학습 스타일을 염두에 두기를 바란다.

- 이들은 학습에 능동적으로 참여하기를 좋아한다. 다시 말하자면, 참여적 학습지도 (participatory instruction)가 가장 좋다.
- 이들은 다중 양식 방법을 통해 효과적으로 학습한다.
- 이들은 사물의 물리적인 구조에 관심이 많으며, 이차원 내지 삼차원적인 형태의 그림을 통해 정리가 된다.
- 이들은 주의력의 폭이 제한적이며, 활동 수준은 높다.

가장 좋은 접근법

Dyslexia: Research and Resource Guide by Carol Sullivan Spafford and George S. Grosser (Allyn and Bacon, 1996)라고 하는 저서에 이 분야에서 효과적인 프로그램에 필요한 것들을 잘 요약해 놓았다. 학생들이 필요한 것은 다음과 같다.

- 읽기의 목적
- 텍스트의 주제에 관해 그들이 이미 갖고 있는 지식에 대한 토론 및 인식
- 주요 아이디어와 등장인물들에 대한 토론
- 효과적인 독자들이 그들이 읽고 있는 텍스트에 대해 묻는 질문의 모델링
- 효과적인 독자들이 텍스트에서 사용하고 있는 읽기 공정에 대해 묻는 질문의 모델링
- 텍스트에서 얻은 지식이나 느낌을 통합하는 작문 활동

목적을 정하기 위해 책을 사전에 검토하기(previewing books)가 우선되어야 한다. 독자들은 그들이 접하게 될 책에 대한 광범위한 느낌을 얻게 된다. 난독증 학생들은 물리적 구조에 대한 감각이 발달되어 있기 때문에 읽을 책의 전체를 보는 것은 도움이 된다. 내용을 알 수 있는 그림이 있는지? 주요 표제나 요약 부분이 있는지? 전체가 얼마나 긴지? 이러한 궁금증들은 이 작품에 대한 수수께끼를 제거하게 되고 따라서 두려움도 사라지게 된다.

목적을 결정하는 것에 대한 또 다른 중요한 면은 동기유발이다. 난독증 학생들은 책이 소설이든 비소설이든 주제에 흥미를 느끼면 더 잘 읽는다. 이는 당신의 학생을 이해하는 데에도 아주 중요한 요소이기 때문에 시간을 투자할 가치가 있다. 학생이 이야기를 좋아하는지, 그렇다면 어떤 종류를 좋아하는지? 미스터리를 좋아하는지? 유머를 좋아하는지? 정보 수집이 목적이라면 어떤 분야에 가장 관심이 많은지? 우주? 농구? 학생이 관심을 갖는 부분의 책을 가능한 한 많이 확보한다. 읽기 능력이 발달하면서 흥미가 덜 한 책도 잘 읽게 될 것이다. 148~150쪽에 3가지 흥미분야에 대한 목록(Three Interest Inventories)을 수록하였다. '내가 읽고 싶은 책들(What I Like to Read)'은 초등학생들을 위한 목록이고, '나의 독서 취향(My Reading Interests)'은 중학생 수준이며, '독서 취향 목록(An Interest Inventory for Reading)'은 고등학생 내지 성인을 위한 목록이다.

훌륭한 독해력 프로그램에서 두 번째로 중요한 부분은 학생으로 하여금 이미 갖고 있는 관련 정보를 기억해내도록 돕는 일이다. 여기서도, 특히 이 분야에서의 초기 학습지도에 대해서는 학생이 상당한 기존 지식이 있는 주제를 선택하는 것이 중요하다. 예를 들면, 이야기의 배경이 캐나다인지? 이 학생이 방문한 나라인지? 별에 관한 문단인지? 학생이 천문관(planetarium)에 가 본 적이 있는지? 이 주제에 대한 토론에 투자한 시간은 실제 읽기를 준비하는 시간이며, 학생이 새로운 내용을 읽을 때도 이미 친숙한 내용을 본다고 느낄 것이다.

주제, 아이디어, 등장인물들 및 세부적인 중요한 사항들에 대해 토론하는 것은 세 번째로 중요한 일이다. 교사들은 이를 학생의 학습 스타일과 관계없이 모든 학생들과 실행하는 경향이 있다. 난독증 학생들은 이러한 상호활동이 많이 필요하다.

효과적인 독자들은 글을 읽으면서 내용에 대하여 "우리의 은하계에 있는 위성에는 어떤 것이 있는가? 위성 이름이 이 페이지에 나올까?"와 같이 자문한다. 이는 훌륭한 프로그램의 네 번째 부분이다. 질문을 하려면 독자는 원문에 능동적으로 참여해야 하며, 이는 모든 학생에게 저절로 생기는 부분이 아니다. 이것은 당신이 진행할 과정을 시범으로 보여주는 것이 왜 큰 도움이 되는지를 설명해 준다. 큰 소리를 내어 말하라. 당신의 생각과 의문을 표현하라. 그리고 당신의 학생이 따라할 수 있도록 친절하게 돕는다. 학생들은 연습을 거듭함에 따라 소리내지 않고 글을 읽으면서 자문하기 시작할 것이다.

훌륭한 독해력 프로그램의 다섯 번째 중요한 부분은 학생으로 하여금 읽기 과정 자체에 대해 자문하도록 돕는 일이다. 예를 들면, 이들은 "읽고 있는 것을 내가 이해하고 있는가? 이 부분이 난해하니까 천천히 읽을 것인가, 아니면 다시 읽을 것인가?"라고 자문할 수 있다. 여기서도 교사가 시범을 보이는 것이 아주 중요하다. 당신이 사용할 수 있는 질문 과정을 정기적으로 그리고 반복해서 소리내어 말하면 학생은 가능한 방법을 듣고 기억할 것이다.

훌륭한 독해력 프로그램의 마지막 요소는 작문 통합이다. 어떤 사람들은 이 점에 대해 놀라움을 표한다. 왜냐하면 글 쓰는 동작은 그 자체가 난독증 학생들에게 어려운 것이기 때문이다. 그러나 작문 통합은 교과과정 통합이 어디에서 효과적인지에 대한 좋은 예가 된다. 학생들은 자신들이 읽은 것에 대해 글을 쓸 때 혹은 원문에 나오는 정보를 창작 글에 사용할 때, 읽기와 쓰기를 반복하는 과정에서 서로 피드백을 주는 결과를 가져온다. 난독증 학생들은 주제에 능동적으로 참여해야 한다. 작문은 이들로 하여금 원문에 빠지게 하는 참으로 강력한 방법이다.

내가 읽고 싶은 책들(What I Like to Read)

당신에게 해당하는 곳에 체크 하세요.

1. 내가 좋아하는 책은: 그림만 있는 책 _____

   그림이 많은 책 _____

   그림이 조금 있는 책 _____

   글만 있는 책 _____

2. 내가 좋아하는 책은: 사물에 대한 것을 배울 수 있는 책 _____

   나에게 이야기를 말해주는 책 _____

3. 내가 좋아하는 책은: 심각한 주제를 다루는 책 _____

   나를 웃게 만드는 책 _____

   시가 들어있는 책 _____

   수수께끼와 조크가 들어있는 책 _____

4. 내가 좋아하는 소설은: 모험 _____

   판타지 _____

   민속담 및 우화 _____

   미스터리 _____

   공상 과학 소설 _____

   실제 생활에서의 아이들 이야기 _____

   동물에 대한 이야기 _____

   과거에 있었던 이야기 _____

5. 내가 좋아하는 비소설 분야: 동물 _____ 역사 _____

   미술 _____ 수학 _____

   도전적인 상황 _____ 음악 _____

   공예 및 취미 _____ 과학 _____

   유명 인사들 _____ 스포츠 _____

기타 읽고 싶은 내용들

_____

성명 _____ 일자 _____

당신에게 해당하는 곳에 체크 하세요.

1. 내가 좋아하는 책은: 그림이 많은 책   _____

                             활자가 큰 책   _____

                             챕터가 짧고 많지 않은 책   _____

                             챕터가 긴 책   _____

2. 내가 좋아하는 책은: 픽션   _____

                             논픽션   _____

                             시집   _____

                             우화 및 민속담   _____

3. 내가 좋아하는 소설은: 공상 소설   _____

                             역사 픽션   _____

                             유머   _____

                             미스터리   _____

                             사람에 대한 사실적 이야기 _____

                             동물에 대한 사실적 이야기 _____

                             공상 과학 소설   _____

4. 내가 좋아하는 비소설의 분야: 동물   _____   유명 인사들   _____

                                      자서전   _____   역사   _____

                                      미술   _____   수학   _____

                                      일대기   _____   음악   _____

                                      도전적인 상황   _____   과학   _____

                                      공예 및 취미   _____   스포츠   _____

기타 읽고 싶은 내용들

_____

내가 정말 즐겨 읽었던 책

_____

성명 _____   일자 _____

독서 취향 목록(An Interest Inventory for Reading)

당신에게 해당하는 곳에 체크 하세요.

1. 내가 좋아하는 책은: 그림이 조금 있는 책 _____

   활자가 큰 책 _____

   챕터가 짧은 책 _____

   챕터가 긴 책 _____

2. 내가 좋아하는 책은: 픽션 _____

   논픽션 _____

   수필 _____

   개인 일지 _____

   시집 _____

   잡지 _____

   신문 _____

3. 내가 좋아하는 소설은: 공상 소설 _____

   역사 픽션 _____

   유머 _____

   미스터리 _____

   사람에 대한 사실적 이야기 _____

   연애 소설 _____

   공상 과학 소설 _____

   서부 활극 _____

4. 내가 좋아하는 비소설의 분야는: 동물 _____ 공예 및 취미 _____

   미술 _____ 유명 인사들 _____

   자서전 _____ 역사 _____

   일대기 _____ 수학 _____

   도전적인 상황 _____ 음악 _____

   현대 도덕 이슈 _____ 과학 _____

   현대 정치 이슈 _____ 스포츠 _____

기타 읽고 싶은 내용들 _____

성명 _____ 일자 _____

155쪽과 156쪽에 나오는 두 개의 활동지인, 신데렐라 목록(A Cinderella List)과 특별한 편지(A Special Letter)는 읽기와 쓰기의 통합을 보여주는 좋은 보기이다. 이렇게 귀중한 기술을 사용하도록 학생을 돕는 방법에 대한 다른 제안은 제9장. '작문 지도 방법'을 참조하기 바란다.

독해력 활동

지금까지가 일반적인 가이드라인을 제공하였다면, 여기서는 몇 가지 구체적인 활동을 소개 하겠다.

1. **자체적 묵독**(Self-sustained Silent Reading). 학생들은 독해력 증강을 위해 상당한 연습이 필요하다. 단지 읽는 행동만으로도 독해력은 어느 정도 향상된다. 이러한 이유로 학교에서 학생이 그냥 조용히 앉아서 읽는 그 자체가 아주 귀중한 것이다. 이러한 기술은 자체적 묵독이라고 부르는 시스템으로 형식을 갖추게 되었다. 그래서 학생들과 교사들, 학교에서 근무하는 다른 성인들 모두가 별도로 시간을 내어 독서를 즐기도록 한다. 이 기법은 매우 가치가 있다. 학생들은 독립적인 독자의 수준에 도달하지 못한 경우 이들은 글이 없는 그림책이나 사진첩을 보아도 무방하다. 쉬는 분위기가 불편한 느낌을 극복하는 데 도움을 주며, 그렇게 함으로써 학생들은 자신들이 읽고 있는 것을 이해하는 데에 전념하게 되는 것이다. 묵독 시간이 끝나면 교사들은 자신들의 책읽기 시범을 보이면서 읽은 것에 대한 토론도 진행할 수 있다.

2. **복사와 사전 검토하기.** 이는 사전 검토 활동이다. 난독증 학생들이 흔히 그림 지향적이기 때문에 이차원적인 자료를 제공하는 것이 도움이 된다. 중요성을 의미하는 주요 표제, 볼드체 활자 및 기타 프린트 스타일이 들어있는 비소설 텍스트의 한 페이지를 복사하고, 학생과 함께 이 표지를 하이라이트하면서 이들이

무엇을 의미하는지 토론한다.

3. '내가 아는 것'을 포스터로 만들기. 이 활동은 배경 정보에 중점을 두는 것이다. 학생으로 하여금 자신들이 읽을 주제에 대하여 이미 알고 있는 바에 대해 그림을 그리거나 콜라주(collage)를 만들게 한다. 상급반 학생들의 경우에는 도화지에다 자신들의 지식에 대하여 구절이나 문장을 쓰도록 한다.

4. 주요 아이디어를 복사하고 하이라이트 한다. 이 활동은 학생이 주요 아이디어를 찾는 데 도움이 된다. 텍스트의 한 페이지를 복사하고, 학생과 함께 주요 아이디어에 관해 토론한 후 이에 해당하는 문장에 하이라이트하게 한다.

5. 쉬운 텍스트 속독하기. 이 활동은 학생으로 하여금 주요 아이디어를 인식하는 것을 돕는다. 학생이 편하게 읽을 수 있는 수준보다 훨씬 아래 수준의 텍스트를 선택한다. 학생에게 이것을 학생 자신이 쉽게 읽을 수 있는지 알지만, 이것으로 연습하여 더 어려운 텍스트를 쉽게 읽을 수 있도록 돕기 위한 것임을 설명해준다. 학생으로 하여금 문단 하나를 읽게 하고, 읽기를 마치자마자 그들에게 읽은 것에 대해 말하게 한다. 속도가 중요하다는 사실을 강조하고, 학생이 배운 중요한 내용에 대해서만 말해달라고 한다.

6. 개념을 설명하거나 이야기에 나오는 장면 두 개를 그리게 한다. 이 활동 역시 주요 아이디어를 찾는 데에 중점을 둔다. 비소설 작품에 대해서 학생이 중요한 개념을 설명할 내용을 선택하고, 이를 그림으로 표현하도록 한다. 소설 작품에 대해서는 도화지 하나를 반으로 접는다. 학생으로 하여금 이야기 속에서 순차적으로 일어나는 장면 두 개를 그리게 한다.

7. 교과서에서 챕터 끝에 나오는 질문을 본다. 이 활동은 사전 검토 기법 이외의 질문을 하는 기법을 가르친다. 때로는 학생들은 질문을 미리 보는 것은 눈속임이라고 생각하지만 그렇게 하는 것이 좋은 아이디어임을 알고 나면 안도의 숨을 쉰다. 이 활동의 추가적인 부분으로 학생들은 텍스트를 읽은 후에는 주어

진 질문보다 자신들의 생각에 더 좋다고 느껴지는 자신들의 질문을 적게 한다.

8. '나는 독서에 대해 이렇게 느낀다'라는 기록부를 유지한다. 이 활동은 학생들이 자신의 읽기 과정에 대해 되짚어 보도록 하는 것이 목적이다. "나는 벌레에 관해 읽는 것을 좋아한다." 혹은 "내가 읽고 있는 이야기에는 등장인물이 아주 많이 나온다. 그래서 나는 목록을 작성하여 이들을 추적하려고 한다." 등과 내용을 적는다. 이러한 내용은 간단하고 쉬워야 한다. 학생이 불편하게 생각하면 포기하는 것이 좋다. 독립적인 활동 시트인 '독서에 대한 나의 느낌'을 154쪽에 실었다. 하나의 예로 참고하기 바란다.

9. **목록을 작성하다.** 이 활동은 쓰기와 읽기를 통합한다. 당신이 읽고 있는 것을 이용하여 아이디어 목록을 작성한다. 예를 들면, 새에 관해 읽고 있다면 날아다니는 동물의 목록을 만든다. 참고로 독립적인 활동 시트인 '신데렐라 목록'을 155쪽에 실었다.

10. 비소설 텍스트에 나오는 문단 하나를 요약한다. 이 활동은 쓰기와 읽기를 통합한다. 학생에게 주어진 문단을 읽게 한 다음, 자기보다 훨씬 어린 학생에게 여기에 나오는 정보에 대해 가르친다고 가상하면서 이를 요약해서 쓰도록 한다. 우선 내용을 상세히 설명하는 2~3개의 문장을 주요 문장으로 쓰도록 하고, 마무리하는 요약 문장을 쓰게 한다.

11. **등장인물이 학생에게 편지쓰기.** 이 활동은 쓰기와 읽기를 통합한다. 학생으로 하여금 이야기에 나오는 등장인물 하나를 선택하게 한다. 그리고 학생은 자신이 그 등장인물이라고 가정하고 자신에게 편지를 쓰게 한다. 이 등장인물은 특정 장면이나 책 전체에서 일어난 일에 대해 쓴다. 독립적인 활동 시트인 '특별한 편지'를 156쪽에 실었다.

독서에 대한 나의 느낌

오늘 나는 ———————————————— 이라고 하는 책을 읽었다.

읽은 쪽수는 ————————————————————————

난이도는 ———————————————————————————

책의 흥미 수준은 ————————————————————

이해도는 ———————————————————————————

효과적으로 읽기 위해 나는,

      속도를 늦춰야 한다   ————

      좀 더 세밀하게 읽어야 한다   ————

      교사의 도움이 필요하다   ————

      친구와 토론을 해야 한다   ————

      지금처럼 읽으면 되겠다   ————

전반적으로 나는 이 책을 읽는 것을 이렇게 생각한다.

——————————————————————————————————

——————————————————————————————————

——————————————————————————————————

——————————————————————————————————

성명 ————————————————— 일자 ——————————————

신데렐라 목록

선생님과 함께 신데렐라 이야기를 읽는다. 신데렐라 대모(代母)가 그녀에게 준 예쁜 새 옷과 유리 슬리퍼와 같은 물건을 유념한다.

_____

_____

_____

_____

_____

_____

_____

_____

_____

_____

_____

_____

성명 _____ 일자 _____

읽고 있는 책에서 좋아하는 등장인물 하나를 선택한다. 그 인물이라고 가정하고 당신 자신에게 편지를 쓴다.

예를 들면, 당신이 나치로부터 숨어 사는 이 젊은 유태인 소녀 안네 프랭크(Anne Frank)로 가정한다면, 편지를 이렇게 시작한다.

Jason씨에게,

당신은 내가 사는 세상과 너무 다른 세상에서 살고 있어 나는 기쁩니다. 그러나 나와 나의 가족에 대한 이야기를 한 번 하려고 합니다.

──────────── 씨에게,

──

──

──

──

──

──

──

──

성명 ─────────────────── 일자 ───────────────────

심각한 독해력 문제가 있을 때에는 어떻게 하는가?

학생이 앞의 목록에 나온 활동에 반응하지 않으면 특화된 도움이 필요하다. 도움이 될 프로그램이 Visualizing and Verbalizing for Language Comprehension and Thinking by Nanci Bell(Nancibell, Inc., 1991)에 소개되어 있다. 이 프로그램의 기본 전제는 사람들이 구두 언어나 문자화된 언어를 이해하기 위해 머릿속에서 상상으로 그림을 그릴 수 있어야 한다는 것이다. 학습지도를 아주 구체적이고 순차적으로 실행함으로써 이 부분에 어려움을 가진 학생들은 이러한 상상의 그림을 그리는 훈련을 받는다. 교사의 세밀한 지도가 필요하지만 Visualizing and Verbalizing은 이러한 학습지도에 대한 정보를 제공하고 있다. 만약 당신이 이러한 인지 분야에 도움이 필요한 학생을 맡게 된다면 이 프로그램의 사용법을 배우는 것이 좋다.

기타 도움이 될 만한 프로그램

Reading Stories for Comprehension Success: 45 High Interest Lessons with Reproducible selections and Questions That Make Kids Think by Katherine L. Hall(vol. 1: Primary Level, Grades 1-3, vol. 2: Intermediate Level, Grades 4-6, The Center for Applied Research in Education, 1966)에는 학생이 재미있게 읽을 수 있는 자료가 많이 있다. 각 레슨에는 관련 활동과 책과 CD 및 비디오를 소개하고 있다. 이 프로그램은 기초반 학생들에게는 좀 더 어렵다. 그러나 상급반 학생들에게는 여러 가지 도움이 될 내용이 많이 들어 있다.

The Kim Marshall Series: Reading, Books 1 and 2 by Kim Marshall (Educators Publishing Services, Inc., 1984, 1982)은 두 권으로 구성되어 있으며, 한 권에 약 90개 이상의 이야기를 포함하고 있다. 여기에는 워터게이트 침입과 같

은 실화나 Cicely Tyson의 이야기와 같은 사람에 대한 이야기가 대부분을 차지하고 있다. 이야기마다 독해력 질문이 나온다. 여기에 나오는 책들은 흥미 수준이 높기 때문에 특히 도움이 된다. 학생들은 이 책들에 관심이 있고, 종종 여기에 나오는 내용에 대해 장시간 토론하고 싶어한다.

Rereading for Understanding by Thelma Gwinn Thurstone(Science Research Associates, Inc., 1978, 1965, 1963)은 난이도 기준에 따라 순차적으로 정리한 일련의 카드를 제공하고 있다. 카드에는 읽기 부분과 선다형 문제가 있다. 이 프로그램은 이러한 유형의 연습을 좋아하는 학생들에게 적격이다.

Reading Comprehension in Varied Subject Matter by Jane Ervin (Educators Publishing Service, Inc., 1970~1993)은 초등학교 2학년에서 중학교 및 그 이상의 학생들을 위한 독해력 연습용으로 편집되어 있다. 각 레슨에는 읽기 부분이 있다. 학생들은 읽기 부분을 읽은 다음에 중심 아이디어, 중요한 세부적인 내용, 순차, 추론적 이해도, 어휘에 대한 질문에 답하도록 되어 있다. 여기에 나오는 책들은 교사의 감독 하에 독립적으로 읽기 공부하는 데 적절하다.

Mike와의 인터뷰

Mike는 소방서에서 일하고 있는 응급 치료사이면서 건설 회사를 운영하고 있다. 성인이 되어 적합한 지도와 교육을 받고 나서 지금은 정보와 재미를 위한 책읽기가 가능해졌다. Mike는 TV를 보는 것보다 책 읽는 것을 더 선호할 때도 있으며, 특히 역사 소설 읽기를 좋아한다.

▶▶▶ 초등학교 때 글 읽기는 어땠나요?

정말 어려웠어요. 무서울 정도였죠. 꼭 해야만 하는 것이었지만 도저히 집중을 할 수가 없었어요. 내 마음속에 항상 드는 생각이 있었어요. 우리 반에 정말 똑똑한 Brenda라는 여자 아이가 있었는데 수업 시간에 책을 읽어주곤 했었고, 저는 분명 어딘가에 나에게도 저렇게 해줄 사람이 있다고 생각했어요.

문제는, 저는 무언가를 할 때 꼭 이유가 있어야 했어요. 수학은 이해하는데 어려움이 없었지만 글이나 책을 읽기에는 어려움을 겪었어요. 그러다 보니 꼭 글을 읽어야 할 필요성을 느끼지 못했죠. 저는 그게 나름 합리적인 이유라고 생각했어요. 수학은 항상 잘 해왔지만, 글을 읽는 것에는 절대 같은 양의 노력을 할 수가 없었어요.

▶▶▶ 여름 학기에는 무엇을 했나요? (마이크는 초등학교 시절 몇 년간 여름 특수학교를 다녔다.)

수업 시간에 한 것 중 하나가 책 읽기였어요. 그 수업엔 정말 가기 싫었어요. 정말 어쩔 수 없이 제가 하기 싫은 것을 해야 했어요. 우리 모두 한 페이지씩을 읽어야 했는데 시간이 얼마가 걸리든 꼭 다 읽어야 해요. 저는 어떻게든 그 수업에 안 가려고 온갖 이유를 생각했지만… 아직도 그 수업을 같이 들었던 아이와 연락을 하곤 해요. 그 아이는 중도에 포기했고, 결국 고등학교를 졸업하지 못했어요.

▶▶▶ **중학교는 어땠어요?**

여전히 어려웠어요. 읽기를 정말 많이 해야 되는 사회 수업 같은 것을 들어야 했거든요.

▶▶▶ **중학교 글 읽기는 뭐가 어떻게 어려웠나요?**

이해하는 것 그리고 발음하는 것이요. 누군가 나에게 글을 읽어주면 난 이해를 할 수가 없었어요. 하지만 내가 읽을 때 어려운 단어가 나오면 얼렁뚱땅 그 단어를 넘어갔고, 그렇게 계속 넘어가다 보니 전혀 이해할 수 없었죠. 그래도 쉬운 것들은 괜찮았지만, 이름이 나오면… 사람들 이름은 항상 넘어갔어요. 마을이나 지역 이름 같이 긴 단어들 말이에요.

▶▶▶ **읽기를 피하기 위해 어떻게 했나요?**

형제들에게 읽기를 부탁하곤 했어요. 들으면 그래도 괜찮았거든요. 문제는 나중에 들은 것을 바탕으로 글을 쓸 때였어요. 수업 시간에 말로 하는 것은 정말 잘 했지만 시험지에 글을 써야 할 때는 정말 어려웠어요. 제가 말하고 싶은 것을 적을 수가 없었기 때문이죠.

▶▶▶ **어렸을 때 한 번이라도 재미로 책을 읽었던 적은 없나요?**

없어요. '샬롯의 거미줄'같이 누군가 읽어준 책들은 있지만 제가 스스로 책을 꺼내 읽은 적은 절대 없어요. 정말 어쩔 수 없이 고등학교 졸업 전에 시도라도 해본 것은 정말 제가 꼭 읽어야만 하는 책이었죠. 불행이었어요. 즐길 수가 없는데 굳이 왜 해야 하죠?

긴 단어들에서 문제가 생기는데, 저는 시작은 할 수 있지만 끝부분에 가면 시작했던 부분을 까먹어 버려요. 한 단어에 30초나 썼는데 까먹어 버리니 좌절하고는 그냥 넘어가게 돼요. 그리고는 문장을 끝까지 읽지만 결국 무슨 의미인지 이해를 못해요. 그러면 다시 돌아가게 되고, 똑같은 일을 계속 되풀이해요. 너무 열심히, 오랜 시간이 걸리게 되니까 또 다시 시작하고 이런 과정이 반복되고 결국엔 아무것도 남는 것이 없어요. 얻는 것 없는 과정이 무한 반복되고 한 단어에 너무 오래 집중해서 에너지 소모도 엄청나요. 힘만 들고 지루한 일이었죠.

필기 교육
방법

필기 교육 방법

    난독증 학생들 중에는 쓰기를 쉽게 배우는 경우도 있다. 그러나 손으로 쓰는 운동 과제가 잘 안 되는 증상인 난필증(dysgraphia)이 있는 학생들도 있다. 이러한 학생들은 글자 모양을 잘 기억하지 못한다. 그러므로 쓰는 것이 안 된다.

    연필을 너무 꽉 잡고 불편하게 글을 쓰는데 글자나 단어 사이의 간격이 고르지 못하다. 쓰는 동작이 무척 느리고 힘들어 보인다. 쓰는 사람이나 그 글을 읽는 사람 모두 힘든 글을 쓴다.

    이런 학생들에게 왜 글쓰기를 가르쳐야 하는가? 그냥 타이핑하면 될 텐데 말이다. 컴퓨터가 나왔는데도 아직 손으로 써야 할 경우가 많이 있기 때문이다. 서류 양식이나 취업 원서 등과 같이 손으로 써야 할 경우가 아직도 많다. 누가 메모 하나 간단히 써달라고 할 때 필체가 엉망이면 자연히 주저하게 된다. 그러면 수줍어지기도 하고 공세적 회피 행동(aggressive avoidance behavior)도 보이는 경우가 있다.

    이들도 가르칠 수 있다. 인내와 구조적인 노력으로 학생은 읽을 수 있게 쓰는 방법을 배울 수 있다. 때로는 편하게 잘 쓸 수 있는 수준까지 가는 경우도 많이 본다. 심지어 쓰는 습관이 제대로 되어있지 않은 나이 많은 학생들조차도 노력하면 가능하며, 극적으로 향상될 수도 있다. 그러면 그들은 쓰기 뿐만 아니라 키보드를 사용하여 타이핑까지도 가능해진다.

    이 부분에 대해서는 마지막 장에서 논의할 것이다. 중요한 것은 그들도 제대로 글을 쓸 수 있다는 자신감을 느낄 수 있다는 것이다.

:: 필기체나 인쇄체를 가르쳐야 하는가?

난독증 학생에게 필기체를 가르쳐야 한다는 점에서는 대부분이 동의하는 것 같다. 그러나 시기에 관해서는 약간의 견해 차이가 있다. 어떤 치료사들은 인쇄체 전에 필기체를 먼저 시작해야 한다고 생각하며, 또 다른 그룹은 인쇄체를 초등학교 2학년 말이나 3학년 때에 가르친 다음 필기체를 가르쳐야 한다고 믿고 있다. 후자 그룹은 필기체는 활자체와 너무 다르기 때문에 어린 학생들을 혼동하게 만든다고 생각한다. 반면에 전자는 그러한 혼동이 있다는 증거가 없으며, 필기체에 따르는 이점이 불리한 부분을 훨씬 능가한다고 주장한다.

- 난독증 학생들은 이차원 공간에서 시각-운동 문제가 있는 경우가 많기 때문에 글자를 어디에서 시작해야 하는지를 모른다. 필기체는 이 문제를 바로 잡는다. 왜냐하면 시작을 항상 줄 위에서 하기 때문이다.
- 인쇄된 텍스트에는 글자 사이와 단어 사이에 공간이 있다. 그러한 공간과 어디로 갈지에 대한 의문이 혼란을 야기할 수 있다. 필기체는 글자가 모두 연결되어 있고 공간은 단어와 단어 사이에만 있기 때문에 더 쉽다.
- 필기체에서는 연필을 왼쪽에서 오른쪽으로 이동하는 것이 아주 자연스럽게 이루어진다. 그러므로 이는 학생들로 하여금 글을 쓸 때에 공간문제를 완화시켜준다. 또한 읽기에서도 왼쪽에서 오른쪽으로 가는 것이 자연스러워진다.
- 필기체 글자들은 유사한 글자를 그룹으로 만들어 가르치기가 좋다. 그러므로 잘만 지도하면 학생들은 논리적인 사고 기법을 이용하여 글자를 형성하는 방법을 기억하는 데에 도움이 된다.

이 챕터에서는 필기체 지도방법에 중점을 두고 진행할 것이다.

제1단계: 몸자세

학생들은 활동적이고 늘 움직이는 습관이 있어서 자리에 앉아있는 상태에서도 움직이는 경향이 있다. 흔히 보는 자세는 책상 아래로 반쯤 늘어뜨려 앉은 자세이다. 처음에 할 일은 학생들과 몸자세에 대해 토론하는 것이다. 예를 들면, 목수가 도구를 갖고 일할 때 몸자세를 얼마나 조심스럽게 취하는지를 설명해준다. 연필도 도구이다. 그와 같은 주의를 요한다.

몸자세를 바로 가지려면 우선 책상과 걸상이 쓰기에 알맞은 높이여야 한다. 학생들은 몸 크기가 다르기 때문에 쓰는 높이도 다르다. 팔꿈치가 굽어지고 양팔이 책상에 평행하게 놓이도록 앉아야 한다. 양발은 몸보다 앞쪽에 놓여야 한다. 오른손잡이는 종이가 약 45° 왼쪽으로 기울어져 종이 모서리가 얼굴 앞에 놓여야 한다. 왼손잡이의 경우는 종이가 45° 오른쪽으로 기울어져야 한다.

제2단계: 연필 잡기

연필 잡기 문제는 가장 큰 걸림돌이 될 수 있다. 특히 나이 많은 학생들의 경우에는 이미 몸에 잘못된 습관이 굳어져 있어 바꾸기가 어렵다. 자신도 쉽게 쓰지 못하는 것을 알면서도 고치기가 쉽지 않다. 자세를 바꾸면 전혀 쓸 수 없게 될까 봐 두려워한다.

연필을 바로 잡는 것이 중요함을 학생에게 설명한다. 엄지와 검지로 잡고 장지에 연필을 올려놓는 방법을 시범으로 보여준다. 바꾸는 것이 처음에는 힘들 것이라는 사실과 이로 인해 쓰는 속도가 한동안 느려질 것이며, 일단 익숙해지면 더 쉽고 빠르게 쓸 수 있게 될 것임을 말해준다.

문방구에 가면 연필에 맞는 플라스틱 제품이 있는데 손에 잘 잡히도록 고안한 것으로 연필잡기를 교정하는 데에 큰 도움이 될 것이다. 당분간 이러한 제품을 사용한 후에 계속해 사용할 것인지를 나중에 결정한다.

:: 글쓰기를 시작하기에 적절한 시기는 언제인가?

학생이 걸상에 얌전히 앉아서 연필을 제대로 잡았을 때 연필 끝으로 종이에 쓰기 시작한다. 어떤 사람들은 준비활동을 권하기도 한다. 어린 아이들에게는 찰흙이나 밀가루 반죽 같은 자료로 글자를 만들게 하거나 손가락의 모양을 따라 그리게 한다. 나이가 많은 학생들에게는 연필로 수평으로 진행하는 나선형과 같은 모양을 그리게 하는 등 구체적인 연습을 하도록 한다. 이와 같은 연습 프로그램은 Cursive Writing Skills(필기체 쓰기 기술) by Diana Hanbury King(Educators Publishing Service, 1987)에 많이 나온다. 이러한 형태의 활동은 연필 잡기에 확실히 도움이 되고, 학생의 근육 제어능력을 향상시키며, 연필을 잡을 때 편안하게 해준다.

그를 도우려는 노력에도 불구하고 쓰기 전 활동에 심각한 어려움을 보이면, 아이에게 맞는 미세 운동 훈련이 필요할지도 모른다. 이러한 경우에는 학생으로 하여금 직업 치료 평가를 받도록 한다. 당신의 학군에서 고용한 직업치료사가 없으면 학교 심리상담사와 상의하여 학교 밖에서 평가를 받도록 주선한다.

:: 학습지도 기법

아래에 3가지 기본 원칙이 있다.

1. 큰 근육을 사용하여 작은 근육에 알린다.

2. 시작하는 획이 비슷한 글자를 모아 연습한다.

3. 구두 언어를 사용하여 글자 형성에 대한 기억을 강화한다.

먼저 큰 근육으로 시작하라

연습을 시작할 때 큰 팔 근육으로 시작한다. 학생들에게 종이나 연필을 사용하지 않고 글쓰기를 연습할 것이라고 선언하여 깜짝 놀라게 한다. 이는 세 가지 면에서 도움이 된다. 첫째, 특히 나이가 있는 학생들에게는 과거에 필체 연습에서 경험했던 실패와 다르다는 점을 알 수 있게 한다. 둘째, 큰 근육을 사용하면 실제로 작은 근육이 글자를 형성하는 방법에 대한 운동기억을 발달시키는 데에 도움을 준다. 셋째, 학생이 연필을 잡기 전에 글자와 연계할 언어를 소개한다.

아주 인기 있는 이 기법을 하늘에 쓰기(스카이 라이팅=sky writing)라고 부른다. 어떻게 쓰는 것인지를 설명하면서 글자 만드는 시범을 보인다. 당신이 방법을 미리 정하고 학생들이 스카이 라이팅을 할 때에 이를 따라하게 한다. 글자의 크기는 최소한 1미터가 된다. 그렇게 하고 나면 학생은 이를 따라하면서 글자를 그린다. 이러한 활동을 여러 번 반복한 다음 학생은 이를 칠판이나 커다란 종이 위에 쓰게 한다. 좀 더 극적인 다중감각 경험을 위해서는 물이 들어있는 대야나 모래 상자에서 쓰기 연습을 한다. 이 단계에서 학생이 확실하게 선호하는 손이 없을 때에는 글쓰기에 편한 손을 선택하면 된다. 즉, 양손을 실험해보고 선택하면 된다.

글자를 그룹으로 분류하라

난독증 학생들에게 필체를 가르치는 대부분의 프로그램에서는 글자를 네 그룹으로 분류한다. 글자를 쓰기 시작할 때 위로 긋는 획에 따라 분류하며, 시작할 때에 반드시 줄 위에서 시작하게 한다. 대부분의 프로그램에서는 그룹이 대동소이하지만 약간의 차이가 있는 경우도 있다. Beginning Connected, Cursive

Handwriting - The johnson Handwriting Program by Warren T. Johnson and Mary R. Johnson(Educators Publishing Service, 1961, 1963, 1971, 1972, 1976)이 좋은 보기가 된다. 네 가지 그룹을 아래와 같이 명명한다.

- Swing-up 그룹: i, j, p, r, s, t, u, w
- Loop 그룹: b, e, f, h, k, l
- Up-over 그룹: m, n, v, x, y, z
- Around-up 그룹: a, c, d, g, q, o

구두 언어를 사용하라

글자를 형성해갈 때 간단하고 구체적인 멘트를 미리 준비했다가 사용하는 것이 중요한 포인트가 될 것이다. 이러한 다중 감각 암시는 학생으로 하여금 천천히 쓰면서 집중하는 데 도움을 준다. 그리고 적절하게 획을 위로 긋는 방법을 기억하는 데에도 도움이 된다.

예를 들면, 글자 'i'를 쓸 때에 다음과 같이 멘트를 한다.

줄에서 시작한다.

위로 스윙하여 올라간다.

다시 내려온다.

손을 뗀다.

'i'에 점을 찍는다.

멘트는 간단하고 짧게 준비하여 학생이 기억하고 반복하기 좋게 한다. 가장 중요한 것은 각 글자에 대한 멘트를 일관성 있게 하는 것이다. 이렇게 해야 구두 기억력과 근육 기억력이 상호 보완 된다.

먼저 소문자 글자를 모두 가르쳐야 한다. 이를 천천히 그리고 강조하면서 진행하여 언어 암시와 근육 동작의 연계가 확실해질 수 있게 한다. 서두를 필요가 전혀 없다. 서두르다가 혼동을 일으키는 것보다 천천히 진행하는 것이 더 효과적이다. 학생으로 하여금 패턴 감각과 논리적인 사고를 이용하여 글자를 단어의 한 부분으로 인식할 수 있게 한다. 학생이 글자 하나를 쓸 때에 당신은 학생이, "오! 이것은 기다란 루프로 시작하는 그룹에 속하는 글자야. 이것은 쉽네."라고 생각하도록 가르친다.

:: 필기 지도 방법에 대한 제반 고려 사항

연습할 기회를 충분히 준다. 연습 유형과 연습량은 학생의 나이와 요구사항에 달렸다. 첫 단계는 트레이싱(tracing)하는 것으로서 다양한 촉감을 주는 표면 위에서 연습한다. 두 번째 단계는 복사하는 것이다. 그리고 세 번째는 글자를 기억해서 쓰는 것이다.

가능하면 매일 연습한다. 하루를 시작할 때 연습하는 것이 최적이다. 혹은 하루 중 원기가 가장 왕성할 때 연습하는 것이 좋다. 필기 레슨이 가장 효과적인 시간은 짧을수록 좋다. 필기 세션을 짧게 하면 짜증나는 것을 최소화할 수 있다. 난독증이 있는 사람들에게는 필기하는 것이 가장 힘든 일이기 때문이다. 이들은 한 획을 그을 때마다 정성을 다해야 하며, 신체적인 부분에서는 근육으로 하여금 새로운 동작을 가르치는 훈련이기 때문에 통증을 유발할 수 있다. 연습 세션 시간이 길지 않을 것을 미리 알면 이들은 최선을 다하기 때문에 시간이 짧을수록 좋다.

학생이 사용하는 종이의 크기에도 유념해야한다. 종이가 너무 작아도 글자를 만드는 것이 힘들 수 있다. 줄 간격이 넓고 종이도 큰 것을 사용할 것을 권고한다. 보통 크기의 종이나 줄 친 종이에 필기연습을 할 때에는 한 줄을 건너뛰면서 연습하게 한다.

왼손잡이 학생들은 자연스럽게 왼쪽으로 기울게 쓴다. 이는 무방하다. 오히려 억지로 오른쪽으로 기울여서 쓰게 하면 팔목을 불편하게 하여 피로하게 만들 수 있다.

소문자 연습을 마치면 대문자 연습을 시작한다. 그룹을 지어 연습하는데 교사마다 다르게 가르친다. 모양에 따라 그룹을 짓는 경우도 있고, 'I'나 'J'에서처럼 시작하는 획을 중심으로 구분하는 교사도 있다. 일반적으로 대문자에서 더 다양한 분류 방법이 채택되고 있다. 가장 쉬운 요령은 대문자 글씨본을 제공하여 학생의 노트북에 항상 끼워두게 한다.

일반적으로 처음에 시작할 때에는 소문자를 연결해 쓰는 연습을 권한다. 처음에는 두 개의 글자로 연습하다가 그 수를 늘린다. 중요한 점은 단어에 있는 글자 하나를 마친 다음에는 반드시 시작한 선으로 돌아가는 것이다. 예외가 되는 글자는 'b', 'o', 'v', 'w'이다. 이런 경우에는 이러한 글자가 들어있는 글씨본을 제공한다. 이를 이용하여 처음에는 트레이싱을 하다가 차츰 베껴 쓰는 연습을 한다.

필기 상태가 나아지면서 필기 연습 목적으로 텍스트의 일부를 베끼게 한다. 난독증 학생들에게는 베끼는 것이 어려운 경우가 있다. 글자나 단어를 누락시키거나 틀린 글자를 단어에 써넣기도 한다. 이는 학생이 게으르거나 노력하지 않아서 그러는 것이 아니다. 반복해서 시켜도 계속 실수를 한다. 이런 경우에는 원문 베끼는 방법을 피하는 것이 좋다.

:: 필기 연습의 정서적 느낌도 고려해야 한다

필기 연습에서 아주 중요한 점은 이에 따르는 정서적인 면이다. 많은 학생이 쓰기를 잘 못하면 자신의 어떤 면을 반영한다고 생각한다. 더구나 사람들은 말은 하지는 않지만 학생의 필체뿐만 아니라 학생 자체에 대해서 비판적으로 보는 시선이 있다. 필체에 관련된 문제에 생소한 교사는 성인들 중에는 이러한 아이들을 게으르다고 보는 경우가 종종 있으며, 불행한 점은 이러한 시선을 학생이 의식한다는 것이다. 당신의 학생이 기계적으로 글자를 베끼는 일을 한 페이지, 한 페이지를 해나간다는 것은 정말로 힘들고 비효율적이며, 더구나 맥 빠지게 하는 작업이라는 사실을 알고 있어야 한다.

이와 같은 부정적인 경험은 학생으로 하여금 의욕을 잃게 한다. 처음에는 학생이 깔끔하게 쓸 수 있게 되리라는 신념을 당신은 가져야 한다. 학생에게 "이것이 쉬운 일은 아니지만 내가 가르치는 방법대로만 하면 정말 잘 쓸 수 있을 거야."라고 말한다.

또 한 가지 도움이 될 만한 것은 휴지통으로 농구 게임을 하는 것이다. 글자를 쓰는 연습을 약 10분 정도 하다가 필기체 연습한 종이를 꾸겨서 당신이 들고 있는 휴지통에 던져 넣게 한다. 아이들은 이 게임을 아주 좋아한다. 그리고 필기체 연습에 대한 두려운 마음을 제거하는 데에 도움을 준다. 잘못 쓴 것이 자신을 영원히 따라다니지 않는다는 느낌을 주기 때문에 쓰기 연습을 할 때에 기꺼이 위험을 감수하게 한다.

:: 출판된 프로그램

난독증 학생들에게 쓰기를 가르치는 데에 아주 효과적인 프로그램들 중에 출판된 것이 몇 개 있다. 앞에 소개한 Johnson Handwriting Program과 책자인 Beginning Connected, Cursive Handwriting by Warren T. Johnson and Mary R. Johnson(Educators Publishing Service, Inc., 1961, 1963, 1971, 1972, 1976)은 만화 같은 그림이 있어 아이들에게 적합하다. 이 책은 글자를 아이들에게 맞게 소개하면서 연습할 수 있는 공간도 제공하고 있다.

The PAF Handwriting Program by Phyllis Bertin and Eileen Perlman(Educators Publishing Service, Inc., 1997, 1995)에는 왼손잡이와 오른손잡이 학생들을 위한 학습장과 교사를 위한 간략한 매뉴얼이 있다. 이 책의 장점은 글자의 크기가 처음 연습할 때에는 크게 인쇄되어 있고 진행하면서 점점 작아지는 데에 있다. 학습장은 그림 같은 것이 없고 연령 제한 없이 사용할 수 있다.

Curvise Writing Skills by Diana Hanbury King(Educators Publishing Service, 1987)에서는 알파벳 글자를 두 개의 그룹으로 분류한다. 't'와 같이 획의 시작이 위로 올라가는 그룹과 'm'처럼 획이 위로 밀고 올라가서 넘어가는 그룹이 있다. 학습장에는 시작 전에 연습하는 부분, 각 글자를 연습하는 부분 그리고 단어로 연습하는 부분을 제공하고 있다. 이 프로그램은 나이가 좀 더 있는 아이들에게 적합하다.

Multisensory Teaching Approach(MTA) Handwriting Program by Margaret Taylor Smith(Educators Publishing Service., 1987, 1988)는 난독증 학생을 가르치기에 특히 좋은 책이다. 왜냐하면 여기서는 큰 근육을 이용하여 작은 근육에 정보를 제공하고, 또한 언어적 신호로 글자 형성 방법을 기억하는 데 도움을 주기 때문이다. Handwriting Practice Guide에는 이 프로그램을 가르치는 방법에 대한 필요한 모든 지침이 포함되어 있으며, Handwriting Masters라고 하는 책에는 학생이 연습에 필요한 것을 베껴 쓸 수 있는 원본이 들어 있다. MTA Handwriting Program의 174쪽에는 시작하는 획을 중심으로 구분한 소문자 글자들이 있으며, 175쪽에서는 대문자 글자를 형성하는 방법을 보여주고 있다.

이 필체 프로그램은 아주 종합적이며 교사가 이를 숙지하는 데에는 시간이 좀 더 걸릴지 모르지만 아주 효과적인 프로그램이다.

PART 2 - 글자 모양
기초 소문자 획

시작하는 획(approach strokes)

모든 소문자 필기체는 기준선에서 시작하기 때문에 시작하는 위치를 걱정하지 않아도 된다. 기준선의 배치는 화살표가 시작하는 지점이며, 시작하는 방향도 가리키고 있다. 26개의 소문자 중에는 시작하는 획이 아래와 같은 4가지가 있다.

1. 스윙하여 올라가서 멈춘다.

2. 밀고 올라가서 넘어간다.

3. 아래로 가다가 넘어선 다음에 멈춘다.

4. 커브를 그으며 올라가서, 왼쪽으로 고리를 만들면서, 수직으로 하강한다.

대문자

  모든 대문자는 기준선에서 위로 3개의 공간을 차지한다. 단, Y, Z, J는 기준선 아래로 2개의 공간을 내려간다. 대문자는 26개의 소문자를 모두 숙지한 다음에 가르치는 것이 좋다.

자판 사용 기술

자판 사용 기술은 학생만 준비되면 바로 가르치는 것이 좋다. 자판 연습은 학생이 먼저 원하는 경우가 많다. 많이 사용되는 프로그램에는 Keyboarding Skills by Diana Hanbury King(Educators Publishing Service, 1988)이 있다. 제일 먼저 연습하는 글자는 'a'이고, 그 다음에는 'b' 등으로 알파벳 순서대로 진행한다. 타이핑으로 여러 줄을 친 다음에 이들을 합하여 알파벳을 만든다. 글자 모두를 연습하여 숙지한 다음에는 글자가 둘이 있는 단어를 연습한다. 그 다음에 글자가 셋 있는 단어를 연습하고, 다음에는 넷 등으로 타이핑을 연습한다. 이러한 방법이 난독증 학생에게는 아주 효과적인 방법이다.

Jeremiah와의 인터뷰

Jeremiah는 15세 소년으로 공립 고등학교에 다닌다. 그는 미술과 수학은 잘하지만 난필증(dysgraphia)과 난독증, ADD로 고생한다. 그는 필기 문제로 치료교육을 받은 적이 없다.

▶▶▶ **필기에 대해 얘기합시다.**

우리 어머니가 얼마 전에 한 말씀이 내가 초등학교 3학년 때 쓴 글씨는 닭이 할퀴고 간 자국 같다고 했습니다. 그리고 연필을 꽉 쥐어잡고 부들부들 떨다가 2분도 안 되어 보면, 나는 섬세한 그림을 그리고 있다는 거예요. 어머니는 어떻게 같은 손으로 저렇게 다른 것을 해내는 것일까 하고 놀라곤 했답니다.

참으로 신기합니다. 그런데 두뇌와 관계가 있는 것 같아요. 이렇게 그림 그리기로 바꾸면 마치 짐을 덜어놓은 것 같아요. 사람 얼굴이든 무엇이든 잘 그리니까요.

▶▶▶ **학생 생각에 그림은 그렇게 잘 그리는데 왜 글 쓰는 것은 어려운지 말해보세요. 마음속에서는 어떤 느낌인가요?**

그건 이런 느낌이지요. 그러니까 뭐라고 할까. 과자는 잘 만드는데 비스킷은 엉망으로 되는 거나 같은데, 왜 그런지 전혀 알 수 없는 거죠. 온갖 요리를 다 잘 만드는데 어느 한 가지만 못하는 거예요. 시도할 때마다 타든지, 아니면 무슨 일이 일어나 잘 안 되는 거예요. 필기도 마찬가지예요. 글자도 시간이 걸리더라도 그리면 가능해요.

다시 말하면, 필체를 창조적으로 하면 되는데 어떤 틀에 따라 하는 것이 안 되는 것 같아요. 나도 왜 그런지 모릅니다. 어떤 지점에 도달하면 두뇌의 다른 부분이 작동해야 하는 것 같아요.

▶▶▶ 어렸을 때부터 필기체에 문제가 있었나요?

어렸을 때는 글자를 줄 친 종이에 연습하잖아요? 그때부터 문제가 있었어요. 읽기는 잘해도 쓰는 것은 엉망이었죠. 읽은 내용은 잘 이해하지만 쓰는 것이 안 되는 거죠. 그러나 지금은 그냥 컴퓨터로 타이핑하면 돼요.

▶▶▶ 필기가 왜 그렇게 어려운가요?

저에게 해당하는 가설은 매번 똑같은 것을 해야 하는 것 때문에 어렵다는 겁니다. 변화의 요소가 전혀 없는 거죠. 'r'자를 만들려면 'r'자가 똑같아야 합니다. 바꾸면 안 됩니다. 뒤로 써도 안 돼요. 항상 같게 써야 다른 사람들이 이해하니까요.

그러나 그림 그리는 것은 달라요. 매번 다르게 나오죠. 매번 같은 그림을 그리면 보는 사람이 지루해 합니다. 전 바꿀 수 있는 것을 좋아해요. "아, 이 그림! 눈이 마음에 안 들어. 다르게 그려야지."

내가 쓴 글자가 싫다고 해서 다르게 쓸 수는 없지요. 언어이기 때문에 모두가 알아볼 수 있게 똑같이 써야 합니다. 그래서 싫은 거예요. 그러나 그림은 달라요. 꽃을 특이하게 그렸다고 해도 사람들은 이것이 꽃인 것을 알아요. 세상에 있는 꽃이 똑같이 생긴 것은 하나도 없어요. 얼굴을 다르게 그려도 얼굴인지 사람들이 알아봐요.

저는 앉아서 늘 이런 공상을 해요. 나의 작은 분신 하나가 내 어깨 위에 앉아서 "새로운 글자를 만들어 봐! 맨날 똑같은 것, 너무 지겹다. 확 바꿔 봐!"라고 나에게 말합니다. 그러나 다른 분신은 "안 돼! 사회에 적응하려면 이런 것을 다 배워야 해."라고 말합니다.

철자법
교습 방법

철자법 교습 방법

난독증 학생들은 대부분 철자를 어려워한다. 이는 현재 학교에서 가르치는 방법에 문제가 있기 때문이다. 일반적인 지도 방법은 교사가 월요일에 단어 목록을 주면 학생들은 그 주에 이를 공부한다. 금요일까지 모두 마쳐야 한다. 좀 더 나은 프로그램에서는 예측 가능한 패턴을 이용해 가르치는데, 이것도 불규칙한 단어나 불규칙한 표음법이 나와 혼동된다.

이 방법은 비교적 의미가 없는 일련의 글자를 기계적으로 암기하는 것을 못하는 학생들에게는 도움이 안 된다. 어떤 교사들은 난독증 학생들에게 의미가 있는 단어 목록을 만들어 보려고 시도하기도 했다. 학생의 작문에서나 학생이 공부하고 있는 원문에서 가장 흥미있는 단어를 선별하였다. 이는 난독증 학생들을 도우려는 아주 심각한 시도였다. 이것도 효과가 없었다. 왜냐하면 단어 그 자체는 흥미가 있었지만 철자는 흥미가 없었기 때문이다.

그러면 어떤 것이 도움이 되는 것일까? 난독증 학생들은 일반적으로 머리가 좋고 지적으로 궁금한 것이 많으며 논리적 사고 기술에 뛰어나다. 철자는 그렇게 잘하지는 못하며 철자 시합에 출전할 생각도 없다. 그러나 이들은 공부하면 철자도 어느 정도는 할 수 있다. 이들은 컴퓨터의 철자 점검 프로그램을 이용할 정도의 철자실력은 키울 수 있으며, 철자에 능하지는 않지만 학습을 통해 철자에 큰 문제가 없는 정도의 실력은 배양할 수 있다.

:: 철자법 가르치는 방법 – 기본적인 방법

이 책에서 이미 설명한 읽기와 철자의 언어적 기술을 지도하는 방법에 대해 Dr. Samuel Orton과 Anna Gillingham의 공로는 지대하다. 이들의 방법에는 아주 특유한 면이 있는데 이는 영어의 언어적 구조를 가르치는 것이다. 영어 단어 중에 상당한 부분이 외래어이며 이로 인해 철자가 다양해지기도 했지만 약 85%가 음성학적으로 규칙적이다. 학생이 영어의 이러한 지배적인 구조를 이해한 다음, 자신의 논리적 사고 능력을 발휘한다면 철자 패턴을 예측할 수 있을 것이다. 그런 후 나머지 15%에 대한 대안 전략을 세우기만 하면 된다.

총체적 언어 철학도 철자에 대한 정보를 제공하고 있다. 학생이 공부하고 있는 단어와 연결성을 느낀다면 이들은 좀 더 적극적이고 편안한 자세로 철자 공부에 임할 것이다. 이는 또한 기억력을 도울 것이다. 난독증 학생들이 일반적으로 기억 능력이 떨어진다 하더라도 능력이 전혀 없는 것은 아니다. 너무 많이 암기해야 하는 상황만 아니라면 흔히 사용하는 불규칙 단어 상당수를 암기할 수 있을 것이다.

그러므로 추천하고자 하는 방법은 총체적 언어 철학과 표음 전략의 통합이다. 이는 Spelling Smart! A Ready-to-Use Activities Program for Students with Spelling Difficulties by Cynthia M. Stowe(The Center for Applied Research in Education, 1996)에서 발췌된 것이다. 이 책에는 요약한 기법과 이슈에 대한 자세한 정보가 있다. 여기에는 40개의 레슨을 가르치는 지도방법의 완성본이 들어있다.

:: 제1단계: 알파벳

평가

읽기에서처럼 글자와 소리와의 관계에 대한 학생의 지식을 평가하는 것은 아주 중요한 사안이다. 나이가 든 학생이라고 모든 소리를 알고 있다고 단정하면 안 된다. 모를 수도 있다. 그리고 이러한 수준의 공부는 공식적인 철자 공부를 시작하기 전에 마쳐야 한다.

우선 학생이 자음 소리를 모두 아는지 확인한다. 줄 친 종이를 주고 183쪽에 있는 양식처럼 1~24까지 번호를 매긴다. 그리고 '자음 소리 진단 검사(Diagnostic Screening for Consonant Sounds)'의 상부에 있는 지침에 따라 연습문제를 시작한다.

학생이 자음을 모두 알면, 다음에는 학생의 짧은 모음 듣기 능력을 평가한다. 난독증 학생들은 이 부분을 특히 어려워한다. 학생에게 줄 친 종이를 제공한다. 그리고 1부터 25까지 번호를 매기게 한다. 그런 다음 '짧은 모음 진단 검사(Diagnostic Screening for Short Vowel Sounds)'의 상부에 있는 지침에 따라 연습문제를 시작한다.

학생의 지식뿐만 아니라 이 과제에 대한 편안하게 느끼는 수준(comfort level)도 평가한다. 이렇게 해서 학생의 자신감에 대한 중요한 정보를 얻는다.

학생에게 줄 친 종이를 제공하고, "줄 마다 1에서 25까지 번호를 매기세요."라고 말한다. 그런 다음 "내가 소리를 내면 이에 해당하는 글자를 적습니다. 이 소리가 들어있는 단어는 말하지 않겠습니다. 그러나 이 소리에 해당하는 글자가 한 개 이상이 있을 때에는 단어를 말해줄 것입니다."라고 말한다.

소리	정답
1. /d/	d
2. /m/	m
3. 'cat'의 /k/	c
4. /t/	t
5. 'sit'의 /s/	s
6. /l/	l
7. 'game'의 /g/	g
8. /w/	w
9. /h/	h
10. 'jam'의 /g/	g
11. /b/	b
12. /kw/	q
13. /f/	f
14. 'zipper'의 /z/	z
15. /r/	r
16. 'giant'의 /j/	g
17. /ks/	x
18. /n/	n
19. 'city'의 /s/	c
20. /y/	y
21. 'kite'의 /k/	k
22. /v/	v
23. 'is'의 /z/	s
24. /p/	p

당신의 학생에게 연필과 줄 친 종이를 제공한다. 종이에 아래로 1에서 25까지 번호를 매기게 한다.

학생에게 "우선 종이에다 1에서 5에다 5개의 모음을 적으세요. 'y'는 모음으로 사용될 때도 있으나 여기에 적으면 안돼요."라고 말한다.

학생이 이를 마치고 나면, "이제 나는 짧은 모음 소리로 시작하는 단어를 몇 개 불러줄 거예요. 그러면 그 모음을 적으세요. 확실치 않으면 추측해서 적어도 무방해요." 그리고 6에서 15까지 불러준다.

단어	답
6. Odd	o
7. Act	a
8. End	e
9. It	i
10. Us	u
11. Enter	e
12. Opposite	o
13. Imperfect	i
14. Adolescent	a
15. Uncover	u

학생에게 "모음이 중간에 있는 단어를 불러줄 겁니다. 잘 듣고 단어에 들어있는 모음을 적으세요."라고 말한다. 그리고 16에서 25번까지 불러준다.

16. Cup	u
17. Tap	a
18. Pit	i
19. Bell	e
20. Sod	o
21. List	i
22. Pond	o
23. Rust	u
24. Bent	e
25. Camp	a

학생이 글자에 대한 지식이 부족하면 좀 더 이 부분에 집중 지도한다. 글자-소리 연결 지도 원칙은 다음과 같다.

- 다중 감각 지도방법을 사용한다. 학생으로 하여금 정보를 보고, 듣고, 말하게 한다.
- 소리와 주요 단어를 연결한다.
- 학생들이 편하게 할 수 있을 때까지 소리를 한 번에 하나씩 가르친다.
- 연습과 복습을 자주 시킨다.
- 소리는 섞이지 않은 단음을 가르친다. 다시 말하자면, 'bread'의 'br'은 /br/라고 발음 한다고 가르치는 대신에 'bat'의 'b'는 /b/라고 발음한다고 가르친다.

철자를 위해 글자 소리를 가르치는 기초적인 기법을 보여주기 위하여 자음 't'를 가르치는 방법을 검토해 보겠다. 글자 't'로 시작하는 물체와 물체의 그림을 모은다. 이것으로 학생들과 토론한다.

다음에는 'tap', 'top', 'time', 'team', 'toe'를 읽어준다. 그리고 학생들에게 "이 단어들의 첫째 글자는 어떤 소리였죠?"라고 묻는다. 학생이 /t/라는 소리를 들었다고 하면 이 다섯 개의 단어를 종이나 칠판에 쓰게 한다. 그리고 "이 모든 단어의 시작 부분에는 어떤 글자가 보이나요?"라고 묻는다. 학생이 't'라고 답하면 그 글자에 대한 키워드를 찾는 작업을 진행한다.

키워드는 글자-소리 연결을 기억하는 것을 돕기 때문에 중요하다. 학생에게 유의미한 키워드를 찾아 이를 인덱스카드 한 쪽에 적고, 키워드가 의미하는 글자는 반대쪽에 적는다. 예를 들면 글자 't'의 키워드가 'table'일 경우, 학생으로 하여금 인덱스카드를 이렇게 사용한다. "Table의 'T'는 /t/로 발음한다."라고 말하면서 연습하게 한다. 레슨 받을 때마다 인덱스카드로 연습하게 하면, 글자 공부를 많이 할수록 이 카드의 수가 증가할 것이다.

짧은 모음은 대체로 같은 방법으로 가르친다. 난독증 학생들에게는 이들을 구분하는 것이 어렵고 기억하는 것도 어렵다. 이러한 이유로 짧은 모음을 가르치되, 철자를 가르치기 전에 학생이 이를 숙달할 것을 기대하면 안 된다. 철자 프로그램 자체가 이러한 소리를 배우는 데 도움이 될 것이다.

가끔 글자 소리를 구분하거나 소리를 섞는 것이나, 한 단어에 소리가 몇 개가 있는지를 아는 것이나 이러한 소리의 순서를 아는 것이 심각할 정도로 어려워 하는 학생을 보게 될 것이다. 이러한 학생들을 위해서는 Lindamood Phoneme Sequencing Program을 추천하고자 한다. 이 프로그램으로 가르치려면 상당한 훈련이 필요하다. 부모의 허락을 받은 다음에는 이 프로그램을 잘 아는 전문가에게 학생의 요구사항들을 설명한다. 이 프로그램이 학생에게 도움이 되는지를 파악하기 위해 다음 단계의 진단 작업이 필요할 수도 있다. Lindamood Phoneme Sequencing Program에 대해 더 알고 싶으면 125쪽과 126쪽을 참조한다.

Seeing Stars, Symbol Imagery for Phonemic Awareness, Sight Words and Spelling by Nanci Bell(Gander Publishing, 1997)은 단어의 철자를 마음속으로 그리는 것이 어려운 학생들을 위한 효과적인 철자 프로그램이다. 이 프로그램은 단어의 철자를 시각화하는 방법을 가르치는 데에 중점을 둔다. 구조가 정밀한 프로그램으로 신중하게 가르쳐야 한다. 그러나 그렇게만 해주면 효과는 아주 좋을 것이다.

:: 영어 문장 구조와 친숙해지기

대부분의 우리들은 언어의 구조에 대해 별로 배우지 못했다. 그러므로 여기에서 추천하는 방법에 익숙해지려면 이에 관해 좀 더 배워야 한다.

- 자음은 모두 21개이다. 이들은 대부분 'p'나, 't'처럼 빨리 끝난다. 'm'이나 'l'과 같은 자음은 소리가 계속되어 나온다. 그러나 입이나 입술의 일부분은 일반적으로 닫혀있다.

- 자음은 조합하여 특유의 소리를 낸다. 'sh'는 /sh/로, 'ch'는 /ch/로, 'ph'는 /f/로, 'th'는 /th/로 발음한다.

- 모음은 모두 6개이다. 'a', 'i', 'o', 'u', 'e' 그리고 때로는 'y'가 모음으로 사용되는 경우가 있다. 이러한 글자들은 호흡이 허락하는 한, 무한대로 소리를 낼 수 있다. 입은 보통 열려 있다. 모음은 'hi'의 'i'는 소리가 길게 나고, 'him'의 'i'는 /i/로 짧게 소리가 난다. 'y'는 'penny'에서처럼 긴 /i/로 발음되기도 하고, 'gym'에서처럼 짧은 /i/로 발음되기도 한다.

- 모음이 몇 개 합쳐 특유한 소리를 낸다. 예를 들면, 'oo'는 'moon'에서처럼 /oo/ 소리를 낸다.

- 자음과 모음이 몇 개 합쳐 특유한 소리를 낸다. 예를 들면, 'table'의 'ble'는 /bul/ 소리를 낸다.

- 단어는 음절이라고 부르는 소리 단위로 구성되어 있다. 음절에는 모음이 최소한 한 개가 있으며 이것이 다양한 조합의 자음과 함께 음절을 구성한다. 영어 언어의 철자에서는 음절을 6가지 유형으로 구분한다.

  1. Closed syllable: 'it'이나 'cat'에서처럼 단모음이 하나의 자음에 의해 중단되거나 닫힌다.

  2. Vowel-consonant-e: 'pine'에서처럼 모음 하나 다음에 자음 하나가 나오고, 바로 'e'가 나온다. 이러한 유형의 음절에서는 모음을 길게 발음한다.

  3. Open syllable: 모음 한 개 다음에 자음이 없기 때문에 입이 조금 열려있는 상태가 된다. 'go'와 'me'의 경우가 그렇다.

  4. Vowel combination syllable: 'rain'에서 'ai'는 긴 /a/ 소리를 내는 것처럼 모음 두 개가 합해 소리 하나가 된다.

5. Consonant-le syllable: 이러한 유형의 음절은 다중 음절 단어에서만 볼 수 있다. 'maple'이나 'handle'에서처럼 'p'나 'd'와 같은 자음이 'le'와 결합하여 생기는 음절이다.

6. R-controlled syllable: 글자 'r'은 앞에 있는 모음에 영향을 준다. 예를 들면, 'car'에서처럼 'a'가 'r' 앞에 있으면 소리가 짧지도 않고 길지도 않다.

• 기본 단어에 어미를 달 때에는 아래와 같은 규칙을 따른다.

1. 'E' 규칙. 모음으로 시작하는 어미를 'e'로 끝나는 단어에 붙일 때에는 'e'를 뗀다. (예: bake+ing=baking) 자음으로 시작하는 어미를 'e'로 끝나는 단어에 붙일 때는 'e'를 그대로 둔다. (예: plate+ful=plateful)

2. 반복 규칙. 모음으로 시작하는 어미를 자음으로 끝나는 단음절 단어에 붙일 때에는 그 자음을 반복한다. (예: run+ing=running) 자음으로 시작하는 어미를 붙일 때에는 반복하지 않는다. (예: sad+ness=sadness)

3. 'Y' 규칙. 'y'로 끝나는 단어에 어미를 붙일 때에는 'y' 앞에 자음이 있으면 'y'는 'i'로 변한다. (예: happy+ness=happiness) 'y' 앞에 모음이 있으면 'y'는 그대로 남는다. (stay+ing=staying)

• 아래에 두 가지 중요한 철자 통칙을 소개한다.

1. 'ff', 'll', 'ss' 철자 통칙. 단음절 단어에 짧은 모음 하나가 있고 'f'나 'l'이나 's'로 끝나면 마지막 글자를 반복한다. (예: puff, hill, pass)

2. 'ck' 철자 통칙. 'check'에서처럼 단어의 마지막 모음이 짧으면 그 다음에 나오는 /k/ 소리의 철자는 'ck'가 된다.

:: 학습지도안 섹션

학생이 자음 모두를 알고 짧은 모음에 익숙해지면 정식으로 지도할 때가 된 것이다. 학습지도안에 나오는 섹션들은 학생이 예측할 수 있도록 구성하였다. 학생은 앞으로 배울 내용을 알고 있고, 어떤 질문이 나올지를 알고 있기 때문에 상당히 편한 상태에서 레슨을 진행할 수 있을 것이다. 학생은 단어 목록을 베끼거나 철자를 암기하는 일은 없을 것이다. 그리고 처음부터 성공적으로 잘 할 수 있도록 꾸몄다.

각 레슨에는 시간 제약이 없다. 학생이 할 수 있는 속도로 진행하면 된다. 레슨의 한 부분을 15분 내에 마쳐도 괜찮고 한 시간 걸려도 상관없다.

공부가 시작되었을 때 가장 중요한 것은 긍정적인 자세를 갖는 것이다. 당신의 학생이 처음에는 자신감이 없을 수도 있다. 그럴 때에는 다음과 같이 말하면서 시작한다. "네가 전에는 철자를 잘 못한 것을 이해해. 그때는 단어를 암기하라고 했기 때문이었어. 너는 암기하는 것이 잘 안 되었어. 철자를 암기 못하는 사람들이 많아. 그것이 너의 지능하고는 아무 상관이 없는 거야. 머리가 아주 좋은 사람들도 암기를 잘 못하는 경우가 많거든?"

"철자를 배우는 데 아주 새로운 방법을 가르쳐 줄게. 영어가 어떻게 발달해 왔으며 그 구조는 어떤 것인지를 배우게 될 거야. 영어에는 예측할 수 있는 패턴이 있는데 이를 이용하면 철자가 많이 쉬워져."

학습지도안 세션은 아래와 같다.

시작하기

이 시점은 먼저 배운 내용을 복습하는 시간이기 때문에 아주 중요하다. 여기서는 철자 노트를 사용한다. 3-링 노트 종이에 배운 것을 적어서 이를 모두 모아둔다.

새로운 정보 소개하기

여기서는 학생이 철자 패턴을 발견하도록 돕는다. 학생들은 아주 적극적으로 참여하게 된다. 지시하면 안 된다. 학생들 자신이 두 가지 방법으로 정보를 찾아내게 돕는다. 첫째는, 소리를 듣게 한다. 다음에는 이에 해당하는 글자를 보도록 돕는다.

예를 들면, 아래와 같이 'a'에 대한 짧은 모음 소리를 가르친다.

이러한 단어를 말해준다. am, bat, fan, hand, map, rag.

그리고 이렇게 말한다. "이와 같은 단어 전부에서 어떤 소리가 공통으로 들리지?

맞았어. 'ant'에 나오는 /a/ 소리지. 이를 짧은 'a'라고 한다."

다음 단어를 적는다. am, bat, fan, hand, map, rag.

그리고 이렇게 말한다. "이 단어들에서 공통으로 들리는 글자가 무엇이지?

맞았어. 글자 'a'이지. 오늘은 짧은 'a'가 들어있는 단어를 공부할 거야."

단어를 개별적으로 연습하기

8~15개의 단어를 불러주고 학생은 이를 받아 적는다. 줄 폭이 넓은 종이를 사용하도록 한다. 단어 목록에 있는 단어에는 두 가지가 포함되어야 한다.

1. 현재 공부하고 있는 표음 요소.

2. 이미 공부한 표음 요소 중 학생이 비교적 편하게 생각하는 표음 요소만 포함한다.

첫 번째에서는 학생으로 하여금 방금 얻은 새로운 정보로 연습할 수 있는 기회를 갖게 한다. 두 번째에서는 이전에 공부한 요소로 연습함으로써 확실하게 공부할 수 있는 기회를 갖는다. 그러면 공부한 단어의 철자를 모두 쓸 수 있게 된다. 좀 더 생각할 시간이 필요하거나 집중해야 하는 경우도 있겠지만 도움 없이도 할 수 있게 된다.

일단 학생이 단어를 모두 적고나면 학생은 자기가 쓴 것을 점검하는 시간이 된다. 이 시점은 매우 중요하다. 왜냐하면 과거에 철자 문제가 있었던 사람들의 대부분은 선생님이 정정해주는 부분이 너무 많았기 때문이다. 학생들은 빨간펜으로 온통 고쳐놓은 것을 보면 기가 질려 포기하고 싶어진다. 이렇게 부정적인 반응을 보이는 일에 왜 시간을 낭비해야 하는가? 또한 선생님이 아무리 친절하게 고쳐준다 해도 자신의 부족함이 다른 사람들 때문인 것처럼 느끼게 한다.

자신이 쓴 철자를 보고 이에 대한 책임을 자신이 지게 하기 위해서는 우선 목록에 자신 없는 단어가 있는지 물어본다. 있을 경우나 철자가 틀린 단어가 있으면 이미 설명한 관련 정보를 학생으로 하여금 복습하게 한다. 예를 들면, 단음절 단어에서 마지막 모음 다음에 'f', 'l' 혹은 's'가 오면 이 글자를 'stuff', 'hill'이나 'class'에서처럼 반복해야 한다. 그런데 당신의 학생은 'smell'을 'smel'로 썼다고 하자.

학생에게 당신이 처음에 제공한 단어목록과 철자 원칙을 보여준 다음, 학생에게 "네가 'smell'을 쓴 것 좀 봐. 이것이 맞는다고 생각하니?"라고 묻는다. 그리고 학생으로 하여금 정정하게 한다.

학생이 질문이 있으면 모두 하게 한 다음, 자신이 한 것을 보게 한다. 철자가 틀린 것이 있으면 유도하는 질문을 하여 학생 자신이 틀린 것을 찾아내게 한다.

당신의 주목적은 학생으로 하여금 자신의 실수를 찾아내어 자신이 책임지게 하는 것이다. 이렇게 함으로써 학생은 자신이 하는 일에 더 열심히 집중하게 될 것이다.

문맥에서 철자 연습하기

여기에서는 약 4개의 문장을 받아쓰도록 불러준다. 이러한 문장에는 이미 공부한 표음 요소만 들어가도록 잘 준비하였다. 표음 요소가 많이 나오기 전에는 표음이 불규칙한 단어를 이따금 포함시키기도 한다. 이런 경우에는 별도 용지에 이들을 적어서 학생 앞에 놓는다.

우선 학생에게 받아쓸 문장을 보여준다. 그리고 혼동되는 부분이 있는지 묻는다. 학생의 질문에 답하고 특이한 어휘에 관해 이야기한다. 그런 다음 문장을 하나씩 모두 불러준다. 다시 읽어주기를 원하면 또 읽어준다. 이는 청각 기억력을 개선하는 좋은 기법이다. 그리고 이는 단어가 문맥에서 의미하는 개념을 강화해준다.

학생이 받아쓰기를 다 마치고 나면 확실치 않은 단어가 있는지 물어본다. 학생이 요청하면 어느 단어가 되었든지 철자를 바로 불러준다. 이러한 절차는 철자 문제가 있는 사람들이 대부분 문장을 쓸 때에 부담을 갖게 되는 것을 방지하도록 고안한 것이다.

더이상 질문이 없으면 학생이 쓴 것을 살펴본다. 틀린 것이 있으면 줄 옆에 연필로 작은 표시를 한다. 그런 다음 실수한 것을 하나씩 정정해 나아간다. 표시한 곳을 짚어가면서 "이 줄에 나온 단어 중에 바꿔야 할 단어가 보이니?"라고 묻는다. 학생이 이를 발견하면 학생으로 하여금 당신이 안내하는 질문에 따라 이를 정정하게 한다. 고치고 나면 연필 표시를 지운다. 학생이 레슨을 마쳤을 때 공부한 종이에 표시한 것을 하나도 남기지 말고 잘 지우는 것이 아주 중요한 포인트가 된다. 그리고 빨간 볼펜으로 표시하면 안 된다.

활동의 강화

총체적 언어 원리가 이 세션에 영향을 주고 있다. 여기서 학생들은 이제까지 배운 표음 요소를 인식하거나 사용하게 된다. 이 부분은 덜 구조화되기는 했지만 아주 중요하다. 여기서 정보가 완전히 자기 것으로 흡수된다.

이러한 활동들은 레슨 속도를 조절하는 데에 도움이 되기도 한다. 난독증 학생이 철자 공부를 한다는 것은 어려운 일이다. 그러므로 천천히 진행함으로써 부담을 느끼지 않도록 해야 한다. 일반적으로 자료를 너무 빨리 소개하는 것보다 천천히 하다가 실수하는 것이 낫다. 학생이 공부할 내용을 완전히 숙지하고 나면 학생이 진행하기를 원할 것이다.

강화 활동은 아주 다양하다. 다음에 몇 가지 보기가 있다(당신이 학생에게 말하는 형식으로 구성되어 있다).

1. (이 활동은 짧은 'a'와 짧은 i를 소개한 후에 제공한다.) 짧은 'a'와 짧은 'i'가 들어 있는 단어로 구를 만든다. 예를 들면, 'the slim man', 'a frantic kid' 및 'a fantastic rabbit' 등이다. 이러한 구를 이용하여 문장을 만들거나 이에 대한 그림을 그린다.

2. (이 활동은 짧은 'o'를 소개한 후에 제공한다.) 친구 한 사람이나 두 사람과 같이 게임을 한다. 'cot', 'mop', 'hog'에서처럼 짧은 'o'가 들어있는 닫힌 음절 단어 10개를 적는다. 첫 번째 플레이어가 머릿속으로 단어 하나를 골라서 이를 몰래 종이에 적는다. 다른 플레이어들은 '예' 혹은 '아니오'로 대답할 수 있는 질문을 던진다. 예를 들면, "그 단어는 동물을 의미합니까?" 모두 10번 질문할 수 있다. 답을 맞힌 사람은 1점을 얻는다. 그다음 비밀 단어를 선택한다. 질문을 10번 할 때까지 답을 못 맞히면 첫 번째 플레이어가 1점을 얻고 다음 단어를 선택한다.

3. (이 활동은 언제든지 사용할 수 있다.) 친구와 집중력 게임을 한다. 인덱스카드에다가 현재 공부하고 있는 단어들을 적는다. 카드 하나에 단어 하나를 적는다. 단어 하나에 대해 카드 두 개를 만든다. 모두 약 10쌍을 만들어 테이블 위에 엎어놓는다. 첫 번째 플레이어가 카드 두 장은 뒤집는다. 짝이 맞으면 이를 가져가고 한 번 더 뒤집을 기회를 갖는다. 카드를 가장 많이 모은 사람이 이긴다.

4. (이 활동은 'time', 'dime', 'mice' 및 'pine'과 같은 단어를 배운 다음에 실행한다.) 당신은 "시간이 되면 알게 돼(Time will tell)."라는 명구를 아는가? 이는 시간이 지나면 답이 나온다는 뜻이다. 그러나 여기에 나온 단어를 그대로 잠깐만 생각해보고, 실질적인 의미를 생각해본다. 그런 다음 실질적인 의미를 그림으로 그리게 한다. 예를 들면, 말하는 시계의 그림을 그린다. 그리고 "돌연히 멈추다(He can stop on a dime)."라는 명구를 그린다.

기타 흥미 있는 팩트

이 부분에서는 영어라는 언어 역사에 대한 재미있는 정보를 제공하거나 구체적인 단어의 근원에 대한 흥미있는 이야기를 들려준다. 이러한 정보를 위해서는 The Story of English by Robert McCrum, William Cran, and Robert MacNeil(Viking Penguin, 1933)을 참조한다. 또는 단어의 근원에 관한 이야기는 Word Origins and Their Romantic Stories by Wilfred Funk(Random House, 1992)를 참조한다.

이 섹션의 목적은 학생들로 하여금 영어 언어의 역사와 진화에 흥미를 갖게 하자는 데에 있다. 이러한 궁금증은 영어의 철자에 따르는 예측 불허한 특성에 대해 참을성을 키우는 데에 도움이 된다.

:: 샘플 레슨

아래 레슨은 Spelling Smart! A Ready-to-Use Activities Program for Students with Spelling Difficulties by Cynthia M. Stowe(The Center for Applied Research in Education, 1996)에서 발췌한 것이다. 이 샘플 레슨은 위에 언급한 모든 레슨 섹션을 묘사하고 있다. 이는 또한 이러한 샘플 레슨에 대한 활동 시트도 아래와 같이 제공하고 있다.

- 끝마쳐야 한다!(Finish It!): 단어 목록에서 단어를 선택하여 문장을 완성한다.
- 카테고리 게임(A Game of Categories): 단어 목록에서 단어를 선택하여 이를 네 카테고리 중 한 곳에 넣는다.
- 찾아보라!(Look It Up!): 주어진 단어를 찾아서 이것으로 문장을 만든다.
- 목록을 만들라!(List It!): 모든 사람들의 공통점을 목록으로 만든다.

- 글을 써라!(Write On!): 담배 피우는 것에 대한 짧은 산문을 쓴다.

이와 같은 같은 유형의 독립 활동 시트를 여러 가지 레슨을 위해 만들 수 있다. Spelling Smart!에 나온다.

본 챕터 마지막 부분에서 독립된 활동 시트를 5개 더 제공하고 있다. 이러한 활동 모두는 복사하여 당신이 원하는 철자 패턴에 사용하여도 된다. 이들은,

- 단어 팀(Word Teams): 단어 한 쌍을 선택하여 문장에 사용한다.
- 쓰고, 쓰고, 또 쓴다(Write It Again…and Again…and Again): 단어를 선택한 다음 이들을 한 문장에서 가능한 한 여러 번 사용한다.
- 모두를 사용하라(Use Them All): 단어 몇 개를 선발하여 한 패러그래프에서 몇 번이고 사용한다.
- 매직 박스 단어 게임(Magic Box Word Game): 미리 준비한 격자를 글자로 채우고 단어를 만들도록 한다.
- 철자 빙고(Spelling Bingo): 빈 칸을 현재 공부하고 있는 단어로 채워 넣고 빙고 게임을 한다.

샘플 레슨
E 규칙

시작하기

학생들에게 공책을 보면서 영어의 구조에 대해 질문할 기회를 준다. 그리고 이에 대한 토론을 한다.

학생들에게 어미 'ed'에 관해 기억나는 것을 설명하게 한다. 학생들에게 이에 관

해 필기할 수 있는 시간을 준다.

새로운 정보 소개하기

"여러분들은 오늘 철자 규칙을 공부할 것입니다."

칠판이나 큰 종이에 다음 단어들을 쓴다. bake, drive, hope, make, smile, tune.

"이러한 단어에서 어떠한 유형의 음절을 봅니까?"

"네, 모음-자음-e 음절이 들어있죠?"

"모두 'e'로 끝나는 것이 보이죠?"

그리고 아래 공식을 적는다.

chase + ed = chased

vote + ing = voting

brave + est = bravest

"이러한 모음-자음-e 단어에 어미를 달면 어떤 현상이 일어나나요?"

"맞습니다. 'e'가 없어지고 어미가 붙죠."

그리고 아래 공식을 적는다.

home + less = homeless

like + ness = likeness

plate + ful = plateful

"모음-자음-e 단어에 어미를 붙이니 어떤 현상이 일어났나요?"

"맞습니다. 아무 일도 일어나지 않았죠? 'e'가 없어지지 않고 어미가 붙었습니다."

이 두 가지 공식을 놓고 묻는다.

"왜 어떤 경우에는 'e'가 없어지고, 어떤 경우에는 'e'가 그대로 있는지 알겠어요?"

"맞습니다. 모음으로 시작하는 어미가 'e'로 끝나는 단어에 붙으면 'e'가 없어집니다. 자음으로 시작하는 어미가 'e'로 끝나는 단어에 붙으면 'e'가 그대로 남습니다."

단어 하나씩 공부하기

200쪽에 제공한 단어 목록에서 할 수 있는 수만큼 골라 학생으로 하여금 철자 공부를 하게 한다.

문맥에서 철자 연습하기

아래에서 문장 몇 개를 골라 학생으로 하여금 쓰게 한다.

Ben is driving home to Memphis. (Ben은 멤피스에 있는 집으로 운전해 갔다.)

"This film is exciting", Pam said. ("영화 재미있다."라고 Pam이 말했다.)

The graceful actress waved to them. (그 우아한 여배우가 그들에게 손을 흔들었다.)

The convict escaped and ran up the hillside. (죄수는 탈옥하여 언덕으로 뛰어올라갔다.)

Meg and Beth hiked and then camped next to the lake. (Meg와 Beth는 등산하다가 호수 옆에서 야영하였다.)

Bob hoped that Jane had saved the sick rabbit. (Bob은 Jane이 그 아픈 토끼의 목숨을 살렸으면 했다.)

"It is shameful that that man is homeless", Jim said. ("저 남자가 집이 없다니 참

안 됐다."라고 Jim이 말했다.)

As she smiled, Fran said, "Mike is joking." (Fran이 미소를 지으면서, "Mike가 농
담하고 있어."라고 말했다.)

Dave disliked the man, and accused him of making a rude statement to the
press. (Dave는 그 남자를 싫어했다. 그리고 그가 기자들 앞에서 무례한 말을 했다고
비난했다.)

"It is not taking Steve much time to run that six miles", Bruce said. ("Steve가
6마일을 달리는 데에는 시간이 별로 걸리지 않는다."라고 Bruce가 말했다.)

활동 강화하기

학생으로 하여금 아래 활동에서 선택하게 한다.

1. 어미가 붙을 때 'e'가 없어지는 단어와 어미가 붙을 때 'e'가 그대로 남는 단어를 한 쌍
   씩 준비한다. 예를 들면 'saved'와 'graceful' 그리고 'hoping'과 'lateness'. 이러
   한 단어를 이용해 문장을 짓는다. 후자는 예로 든다면, "She was hoping that her
   lateness would not be a problem." 원한다면 문장 여러 개를 써도 된다.

2. 제스처 게임. 카드를 최소한 10장 이상을 준비한다. 그리고 행동 단어나 구를 하나
   씩 적는다. 예를 들면 'skating', 'escaping', 'riding a bike', 'driving a bus' 혹은
   'baking a cake'. 플레이어 한 사람이 카드 하나를 선택하여 카드에 있는 행동 단어
   나 구를 행동으로 보이면 자기 그룹 사람들이 이를 맞힌다. 정해진 시간 내에 성공하
   면 한 점을 얻는다. 그리고 상대 그룹이 새 카드를 뽑아 시도한다. 점수를 많이 받은 그
   룹이 이긴다.

3. 흔히 듣는 표현인, '후끈 달았다'는 사람이 열정과 의욕으로 넘친다는 뜻이다. 그러나 보
   다시피 문자 그대로의 뜻은 아주 다르다. 이 문자 그대로의 의미를 그림으로 묘사한다.

4. 문학과의 접속: 때로는 아주 용감한 사람들이 처음에는 두려움으로 시작한다. The Contender by Robert Lipsyte(Harper Collins, 1967)에 나오는 히어로 Albert Brooks가 이 경우다. Albert는 고등학교를 중퇴하고 공포감으로 고생한다. 주변에 있는 망나니들이나 그의 인생에서 기회가 없는 사실에 대한 두려움 등이 그를 괴롭힌다. 그러나 Albert는 긍정적인 행동을 취한다. 그는 체육관에 나가 복싱을 시작한다. 이 책을 읽고 그가 어떻게 동네에서 가장 용감한 사람이 되었는지 알아본다.

또다른 흥미로운 사실들

영어 단어 중에는 두 개의 단어를 융합해서 만든 단어가 있다. 예를 들면 'smog' 란 단어는 'smoke'와 'fog'가 합쳐 생긴 단어이다. 여기서는 'e'뿐만 아니라 'k'도 없어진다. 'fog'의 'f'가 오면서 그런 현상이 일어났다.

어떤 영어 단어는 두 단어가 연결되어 만들어진다. 예를 들면 'baseball', 'bareback', 'driveway', 'fireplace' 등이 그렇다. 이 경우에서는 'e'가 그대로 있다. 원래 의미와 완전히 다른 의미의 단어가 탄생하는 것이 참 흥미롭다.

이 레슨에서 알게 된 'e' 규칙에 한 가지 중요한 예외가 있다. 단어가 부드러운 'c' 나 부드러운 'g'로 끝날 때에는 어미가 모음으로 시작해도 'e'가 그대로 남는다. 예를 들면 'traceable'과 'manageable'이 그렇다.

단어 목록

단음절 단어:
'e'가 없어진다.
(bake + 'ed' = baked)

단음절 단어:
'e'가 그대로 남는다.
(ape + 's' = apes)

baked	probed	apes	muteness
bravest	riding	blameless	pavement
chased	ripest	cuteness	plateful
dining	saved	graceful	rudeness
driving	shaking	grateful	rules
faded	shining	homeless	shameful
framed	smiled	hopeful	spiteful
hated	taking	hopeless	statement
hiked	traded	hugeness	themes
hoped	voted	jokes	timeless
joking	waved	lateness	tireless
making	widest	likeness	wakeful
named	miles		

다중음절 단어:
'e'가 없어진다.
(accuse + 'ing' = accusing)

다중음절 단어:
'e'가 그대로 남는다.
(athlete + 's' = athletes)

accusing	exciting	athletes	hillsides
admired	exploded	bagpipes	hotcakes
dictated	invading	basement	placement
disliked	invited	confinement	potholes
engaged	inviting	cupcakes	trombones
escaped	misplaced	engagement	vampires
escaping	stampeded	flagpoles	wishbones
excited	gemstones		

단어 목록에 있는 단어로 빈칸을 채우시오.

1. The little girl _____ her friend around the schoolyard.

2. The townspeople _____ the mayor for this honesty and courage.

3. "I am still _____ that I will be able to come to the party", Helen said.

4. On election day, Fred left home early and _____ before he went to work.

5. Ben _____ his best hat and could not find it.

6. "You are _____ if you wear your seat belt", Mike said.

7. Peg has been _____ horses in shows since she's been eight years old.

8. At the Halloween costume party, there were several _____.

9. On Saturday, Tom _____ ten loaves of bread.

10. They went to the _____ room for supper.

단어 목록

hopeful	voted
misplaced	riding
vampires	baked
admired	chased
dining	safest

성명 _____   일자 _____

단어 목록에서 단어를 골라 범주별로 구분하세요.

불과 열에 관련 된 단어   동작에 관련된 단어

_____   _____

_____   _____

_____   _____

_____   _____

행복한 느낌에 관련된 단어   음식을 묘사하는 단어

_____   _____

_____   _____

_____   _____

단어 목록

fires	ripest
admired	smoked
flames	hiked
hoping	boneless
riding	baked
stalest	excited
blazing	biked
smiled	glazed
sliding	driving

성명 _____   일자 _____

아래 목록에 나오는 단어를 사전에서 찾아보고 맞는 정의와 맞추세요.

1. anecdotes	a. referred to
2. pruning	b. gave out a certain portion
3. crazed	c. appearing to cut short, or be cut short
4. meted	d. trimming a plant
5. glazed	e. wanting success or what success can buy
6. alluded	f. putting into bondage
7. enslavement	g. covered a surface with a smooth finish
8. imbibing	h. little stories, often of a personal nature
9. truncated	i. drinking
10. aspiring	j. frantic

위에서 단어 5개를 선택하여 아래에 다섯 문장을 만들어 보세요.

1. _____

2. _____

3. _____

4. _____

5. _____

성명 _____   일자 _____

목록 만들기 (List It!)

사람들은 모두 다르지만 공통점이 다른 점보다 더 훌륭하다. 사람들의 공통점을 적어보세요.

예를 들면,

1. 우리는 모두 공기가 필요하다.

2. 우리는 기쁨이나 분노와 같은 감정을 갖고 있다.

3. 우리는 태어날 때에 케어가 필요하다.

여러분 생각에 모든 사람들의 공통점에는 어떤 것이 있는지 아래에 적어보세요.

_____

_____

_____

_____

_____

_____

_____

_____

_____

_____

_____

성명 _____ 일자 _____

'담배는 당신의 건강에 해롭다'에 관하여

이러한 슬로건을 보거나 들은 적이 있나요? 흡연에 대해 어떻게 생각하세요? 사업장에서 담배를 못 피우게 하는 것이 공평하다고 생각하나요? 간접흡연이 건강에 나쁘다는 이유로 흡연자들보다 비흡연 자들에게 더 많은 권리를 주는 것이 타당하다고 생각하나요?

여러분의 흡연에 대한 견해를 써보세요. 위에 언급한 명제를 논의하거나 다른 제목으로 이에 관해 논 리를 전개해 보세요.

_____

_____

_____

_____

_____

_____

_____

_____

_____

_____

_____

_____

성명 _____   일자 _____

샘플 레슨 학습장에 대한 정답

끝마쳐야 한다

1. chased　　2. admired　　3. hopeful　　4. voted　　5. misplaced　　6. safest

7. riding　　8. vampires　　9. baked　　10. dining

카테고리 게임

불과 열에 관련 된 단어: fires, flames, blazing, smoked, baked

동작에 관련된 단어: riding, sliding, hiked, biked, driving

행복한 느낌에 관련된 단어: admired, hoping, smiled, excited

음식을 묘사하는 단어: stalest, repest, boneless, glazed

사전을 찾아보라!

1. h　　2. d　　3. j　　4. b　　5. g　　6.a

7. f　　8. i　　9. c　　10. e

:: 발음 요소(Phonetic Elements) 소개 시 권고하는 순서

　짧은 모음을 먼저 소개한다. 난독증 학생들이 이를 듣고 분별하기가 힘들더라도 철자 공부 초기에 이를 숙지하는 것이 중요하다. 왜냐하면 그래야 학생들이 철자 공부를 진행하면서 이들을 사용하고 연습할 수 있기 때문이다. 영어에는 짧은 모음이 들어있는 단어가 아주 많기 때문에 당신이 재미있는 문장을 써서 학생들이 본 레슨의 '문맥에서 철자 연습하기'에서 작문하는 데에 도움을 줄 수 있을 것이다.

　한 가지 주의할 점: 아래 순차에서 학생들이 짧은 모음을 통달할 것을 기대하지 않는 것이 좋겠다. 학생들이 짧은 모음에 대한 개념만이라도 갖고 이러한 모음이 들

어있는 단어의 철자를 어느 정도 숙지하는 것만으로도 충분하기 때문에 바로 다음 단계로 진행하는 것이 바람직하다. 학생들은 문장 받아쓰기를 하면서 짧은 모음으로 연습하는 기회가 계속 있을 것이다. 권고하는 순차는 아래와 같다.

1. a, i, o, u 및 e가 들어있는 closed-syllable 단어들.
2. a-e, i-e, o-e, u-e, e-e가 들어있는 vowel-consonant-e 단어들.
3. a, i, o, u, e가 들어있는 open syllable 단어들.
4. ai, ay, ee, oa, ea, oo 및 ow와 같은 vowel combination syllable들.
5. ble, dle, ple, gle, tle, fle, cle 및 kle와 같은 consonant-le syllable들.
6. ar, or, er, ir 및 ur과 같은 r-controlled syllable들.

단어 끝에 나오는 'ck'의 사용법과 같은 철자 원칙과 'e' 규칙, 중복 규칙 및 'y' 규칙과 같은 세 가지 중요한 원칙은 순차 학습 과정을 통해 자주 나올 것이다.

:: 철자에 관련된 제반 주요 사항들

불규칙 단어들

여기서 우리는 영어의 규칙적인 부분에 초점을 두기 때문에 불규칙 단어에는 큰 비중을 두지 않는다. 그러나 몇 가지 흔히 사용하는 불규칙 단어들은 알아두면 글을 쓸 때 도움이 될 것이다. 예를 들면 'the', 'said', 'of' 및 'to'와 같은 단어들이다. 학생들에게 이러한 단어를 가르치는 데에는 몇 가지 방법이 있다.

• 이러한 단어가 필요한 경우를 보여주는 모델 문장을 써준다.
• 아주 흔히 사용하는 불규칙 단어를 열 개 정도로 카드를 만들어 학생이 필요할 때에 참

조하게 한다.

- 아주 흔히 사용하는 불규칙 단어(20개를 넘지 않도록 한다)를 학생 각자의 철자 노트에 기록하게 하여 나중에 참고하게 한다.

상급반 학생들을 위해서는 정규 철자 교과에서 탈피하여 불규칙 단어에만 집중적으로 학습시킨다. 여기에서는 두 가지 유형의 단어를 가르칠 것을 권고한다.

1. 불규칙한 단어이기는 하지만 공통점이 있는 단어 그룹.
2. 아주 흔히 볼 수 있으며 학생이 흥미를 갖는 부분의 단어 그룹.

첫 번째 유형의 보기는 'knot', 'sign' 및 'write'에서처럼 묵음 글자가 있는 단어들이다. 학생들이 이러한 철자를 효과적으로 기억할 수 있게 하는 방법은 이러한 글자들이 옛날에는 발음했다고 말해주는 것이다. 학생들은 이러한 단어를 옛날 방식으로 발음하는 것을 재미있어 한다.

두 번째 유형의 보기는 요일이나 달의 이름이다. 목록을 만들어 이미 공부한 표음 패턴이 있는지 찾아본다. 그리고 나서 아주 불규칙한 단어들에 대해서는 어원(語源)을 사용하여 철자를 재미있게 가르친다.

동음이의어(同音異義語=homonyms)

동음이의어는 소리는 같으나 의미와 철자가 다른 단어를 의미한다. 이러한 단어들은 난독증 학생들에게는 아주 어렵다. 이러한 단어는 학생이 닫힌 음절, 모음-자음-e, 열린 음절 단어들에 어느 정도 익숙해진 후에 가르친다. 영어를 흥미 있게 가르치기 위해 어원이나 동음이의어를 사용하는 것도 좋은 방법이다.

다음에 있는 것은 'there', 'their' 및 'they're'와 같은 동음이의어(homonyms)

그룹을 가르치는 표본 레슨이다.

1. 학생들로 하여금 아래 빈칸을 채우게 한다. 대자를 쓰지 않아도 되는 부분을 찾도록
   한다.

단어	완성할 문장
Their	＿＿＿＿＿＿＿＿ is a strong wind blowing.
They're	The students got into ＿＿＿＿＿＿ car.
There	＿＿＿＿＿＿＿ going to go to the basketball game.

학생들로 하여금 맞는 단어를 찾아 넣게 한다. 다른 사람들과 의논해도 된다고 말해 준다.

2. 각 단어의 의미를 이해하기 위하여 필요한 만큼 학생에게 문장을 제공한다.

3. 의미가 확실해지면 단어와 단어의 뜻과 예문을 카드에 정리하게 한다.

4. 학생으로 하여금 노트에도 기록하게 한다.

5. 이렇게 정리한 것을 언제나 사용할 수 있도록 한다. 동음이의어의 철자를 스스로 점
   검하게 한다.

컴퓨터 철자 점검 프로그램

컴퓨터의 철자 점검 프로그램은 난독증 학생이 독자적으로 철자를 배울 수 있게
하는 아주 훌륭한 발명품이다. 그러나 철자 점검 프로그램을 효과적으로 사용하
려면 학생은 철자 실력이 어느 정도는 되어야 한다. 그렇지 못한 경우에는 컴퓨터
가 어떤 단어를 검색해야 할지를 모르거나 너무 많은 단어를 하이라이트 해야 하기
때문에 불편하다. 그리고 컴퓨터는 동음이의어를 분별하지 못하기 때문에 학생의
철자 실력이 어느 정도 수준이 되기 전에는 컴퓨터 사용을 자제하도록 해야 한다.

현재 공부하고 있는 단어를 쌍으로 선택한 다음 이를 문장을 만드는 데 사용해 보세요. 예를 들면 'grass'와 'glass'일 경우 "There was some brken green glass in the gras."라는 문장을 만들 수 있을 겁니다.

_____   _____
_____

_____   _____
_____

_____   _____
_____

_____   _____
_____

_____   _____
_____

_____   _____
_____

성명 _____   일자 _____

이제까지 배운 철자 패턴이 들어있는 단어를 선택하세요. 그런 다음 한 문장에 그 단어를 몇 번이나 사용할 수 있는지 시도해보세요. 예를 들면, 당신이 선택한 단어가 'train'일 경우에는 다음과 같은 문장이 가능할 것입니다.

"The train was fast, because the train had been made in a train factory that made fast trains."

같은 단어를 네 번 이상 쓸 자신이 있나요? 행운을 빕니다!

성명 _____   일자 _____

이제까지 배운 패턴이 들어있는 단어 5개를 선택한다. 그런 다음 한 문단에 모두 넣고 작문할 수 있는지 시도해보세요. 예를 들면, 'drove', 'phone', 'hole', 'home' 및 'smoke'을 선택했을 경우 다음과 같은 문단이 가능할 것입니다.

When Kim drove to her friend's home, she saw an amazing thing. She saw smoke coming from a hole in the read. kim avoided the hole and went on. As soon as she got to her friend's house, she used her phone and called the fire department. "I'm not kidding", she said. "You've got to investigate that smoke coming up from the road."

_____ _____

_____ _____

_____

성명 _____ 일자 _____

아래에 있는 박스 안에 있는 글자들을 이용하여 최대한 많은 단어를 만들어 보세요.

c	m	r
n	a	t
f	s	b

단어: (예: cab, rat)

_____

_____

아래 박스에 글자를 채워 당신의 매직 박스 게임을 만드세요.

단어: _____

_____

성명 _____ 일자 _____

이제까지 공부한 철자 패턴이 들어있는 단어 15개를 선택합니다. 단어를 여러 번 적어서 카드 팩을 작성합니다.

그 다음 아래에 있는 사각형 안에 당신이 선택한 단어를 하나씩 넣습니다. 원하는 대로 반복해 넣을 수 있습니다.

빙고 게임을 하려면 숫자를 부르는 사람이 카드를 섞은 다음 제일 위에 있는 카드부터 읽어나갑니다. 당신이 선택한 단어를 부르면 그 단어가 있는 칸을 색칠합니다. 수평이나 수직으로 먼저 완성한 사람이 게임에서 이기게 됩니다.

성명 _____ 일자 _____

Jeremiah와의 인터뷰

제7장에서 난필증(dysgraphia)에 대해 이야기한 Jeremiah는 맞춤법에 대한 어려움에 대해서 이야기한다.

▶▶▶ 맞춤법에 대해 얘기합시다.

맞춤법이 많이 좋아졌습니다. 예전에는 아무것도 제대로 쓰지 못했습니다. 저는 고양이(cat)을 'k'로 썼었습니다. 심지어 제 이름도 제대로 쓰지 못했죠. 정확히는 제대로 쓰는데 오랜 시간이 걸렸다는 뜻이죠. 제 이름이 꽤 어렵기 때문에, 저는 좀 더 간단한 Jeremy로 불리는 것을 좋아했었습니다. 제가 철자를 제대로 쓰기 위해서 짧게 불렀습니다. Jeremy는 여섯 글자잖아요. Jeremiah는 여덟 글자이구요. 더 길어서 어렵기도 하고, 게다가 'ia' - 'ai' 같은 것들은 저를 너무 헷갈리게 만들었어요. 하지만 이제는 제대로 쓴답니다.

이 언어(영어)는 태어나서 가장 어려운 언어인거 같아요. 매우 다양한 규칙들이 존재하고, 철자도 매우 복잡하게 되어 있죠. 스페인어도 어려웠다고 생각했어요. 영어도 제대로 하기 힘든데, 스페인어까지 하라고요? 그건 바보 같은 짓이라고 생각했죠. 영어부터 더 연습하는 게 낫다고 생각했으니까요.

그러나 실제로는 스페인어가 더 쉽더라고요. 스페인어는 이것 아니면 저것으로 명확하게 쓸 수 있습니다. "자, 스페인어는 내가 말할 수 있겠다."라고 생각했었어요. 실은 스페인어를 정확히 말하지는 않지만요. 영어를 이 정도로 이야기하는 데 15년이나 걸렸는데, 6개월간의 스페인어 공부로 어떻게 다 알겠어요? 그래도 영어보다 스페인어부터 배웠으면 좋았겠다 싶긴 해요.

저는 물론 스페인이 아닌 미국에서 태어난 걸 좋아해요. 미국은 제가 제일 좋아하는 나라이니까요. 그리고 영어는 아마 세계에서 가장 많이 사용하는 언어잖아요. 미국에서는 영어를 쓰죠. 일본에서는 일본어와 영어를, 스페인에서는 스페인어와 영어를 그리고 러시아에서는 러시아어와 영어를 쓰잖아요.

전 단지 영어가 좀 더 쉬웠으면 해요. 영어는 언어 중에 가장 어려운 언어라고 생각하고, 그래서 저는 영어를 쓰는 데 힘든 것 같아요.

맞춤법은 참 어려운 게, 외울 것이 너무 많아요. 저는 모든 단어들은 다 외울 수는 없어요. 중요한 단어들은 최대한 기억하겠지만, 어려운 단어들에서는 헷갈립니다. 하지만 그 복잡한 규칙들에 좀 더 익숙해지고 있어요. 예전에는 무작정 단어들은 다 외우려고 했어요. 반복해서 쓰고 또 쓰고, "이젠 이 단어는 다 외웠어."라고 생각했죠.

요새는 좀 더 뭐랄까, 수학처럼 공식 비슷하게 해보려고 해요. x와 y값을 입력하면 답이 나옵니다. 예를 들어 'Atlantic'이란 단어를 보면, "그래, 'At'라는 부분과 'lan' 그리고 'tic'이라는 부분이 있네."라고 생각해요. 그럼 대부분은 맞게 되더라고요. 물론 틀릴 때도 있습니다. 이럴 때는 맞춤법 검사기를 쓰거나, 엄마 또는 누나가 틀렸다고 지적해줘요. 이런 식으로 규칙들에 더 많이 익숙해지고 쓰는 것에 대한 경험이 더 늘었어요.

4학년 때 저는 자신에게 너무 실망스러웠어요. 저는 "나는 글을 쓰질 못해. 나는 어떻게 써야하는 지를 몰라. 나는 절대 글쓰기를 못할 거야."라고 느꼈어요. 당연히 맞춤법 시험들은 망쳤죠. 하지만 다시 생각해보면, 저는 4학년이라면 이제 겨우 3년 배운 건데요 뭐. 게다가 이제는 6년을 더 배웠잖아요. 이제 저는 총 9년을 연습한 것이고, 좀 더 쉬워지고 있어요.

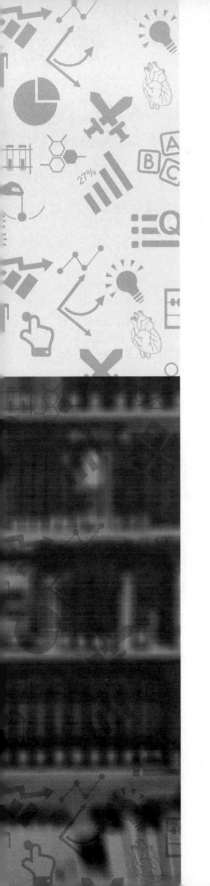

작문
지도 방법

제9장

작문 지도 방법

난독증 학생들은 대개 작문을 싫어한다. 할 말이 없어서도 아니고 이 분야에 재능이 없어서도 아니다. 실은 지도만 제대로 받으면 비상한 탤런트를 보이는 경우도 많다. 이들은 자신들의 생각과 감정을 표현하는 데 아주 원천적이고 특유하고 효과적인 방법을 사용한다. 그러나 쓰는 과제를 잠깐 생각해보자. 당신은 글자를 쉽게 만들 수 있어야 하고, 철자도 쉽게 쓸 수 있어 당신의 생각 과정이 정체되지 않아야 하고, 영어 문법은 꽤 자동적으로 나와야 한다. 그래야 당신은 말하고자 하는 내용을 설명하고 정리하는 데에 집중할 수 있는 것이다. 마지막으로 당신이 쓴 것을 읽을 수 있어야 한다. 이제 난독증 학생들이 작문을 자동적으로 즐기지 못하는 이유를 알겠는가? 위에 언급한 문제가 있는 사람이 어떻게 쓰는 것을 즐길 수 있겠는가? 그러나 지도만 제대로 받으면 난독증 학생들도 훌륭한 작가가 될 수 있다. 그리고 또 중요한 것은 작문을 즐길 수도 있게 된다.

:: 작문 과정

쓰기 과정, 다시 말하자면 첫 단어나 문장을 종이에 쓰는 동작과 계속해서 효과적으로 정리하는 방법은 배워야 한다. 강조하고 싶은 점은, 읽기와 쓰기 지도는 통합적으로 이루어져야 효과가 있다는 것이다. 필기체와 철자 및 문법과 같은 기술은 작문 과정에 서로 얽혀있기 때문에 모두 알아야 한다는 것이다.

아래에 나오는 방법은 Let's Write! A Ready-to-Use Activities Program for Learners with Special Needs by Cynthia M. Stowe(The Center for Aplied Research in Education, 1997)에서 발췌한 것이다. 이 프로그램의 기본 개념은 아래와 같다.

1. 성공적으로 쓰기에 필요한 기술을 순차적으로 설명한다. 단어 쓰기부터 시작한 다음 문장, 문단 그리고 마지막으로 이야기, 에세이 및 리포트 작성법을 배우게 된다. 학생들은 처음부터 성공적으로 잘 따라할 수 있을 것이다.

2. 실험적인 방법을 시도한다. 지도 방법은 학생이 적극적으로 따라하도록 제공한다. 이는 학생의 학구열을 높이며, 또한 학생이 공부를 즐기면서 할 수 있게 한다.

3. 다중감각 지도방법을 제공한다. 학생이 강한 부분을 찾아내어 이를 이용하여 학생 자신이 글을 잘 쓰는 사람이 될 수 있음을 깨닫게 한다.

4. 이 프로그램에서는 초기부터 학생이 독립적으로 진행하도록 기대하며, 또한 그렇게 허락한다. 모든 활동은 학생이 스스로 글을 쓰도록 구성되어있다. 이는 학생으로 하여금 자존감을 키우는 데에 도움을 주면서 현재 수준에서 중요한 부분을 연습할 수 있게 해준다.

5. 문어체 언어 구도를 제공한다. 예를 들면 패러그래프는 주제 문장으로 시작한 다음에 이를 설명하는 상세 문장이 나오고, 마치는 문장으로 끝나는 것을 가르친다. 이러한 구도가 늘 엄격하게 지켜지지는 않지만 문장 그룹을 정리하는 요령을 가르치는 데에 논리적 방향 감각을 제공한다. 난독증 학생들은 구도를 이해한다. 이러한 강점을 작문할 때에 사용할 필요가 있다.

6. 각 레슨은 서로 다른 기술을 이용하는 4가지 부분으로 구성되어있다. 이와 같은 다양

한 부분은 학생으로 하여금 한 가지 기술에 집중할 수 있게 해준다. 예를 들면 중간 정도 수준의 레슨에는 다음과 같은 내용이 나온다.

- 손에 놓을 수 있는 물건의 목록을 만든다.
- 열대 다우림(多雨林)이 중요한 이유를 한 패러그래프에 쓴다(이 주제에 관한 책을 읽고 토론한 경우에).
- 동작을 무언극으로 표현하는 게임을 한다.
- 교사가 어떤 책의 한 부분을 소리내어 읽는 것을 경청한다. 예를 들면, Letters from Rifka by Karen Hesse(Henry Hot, 1995).

7. 재미있고 다양한 기회를 통해 쓰기 연습을 한다. 학생들은 쓰기 연습을 통해 개선을 보인다. 이러한 도전은 학생들이 글쓰기를 즐길 수 있게 하는데 도움이 된다.

:: 지도를 위한 기초적 절차

처음 시작할 때에는 학생들이 모두 기초 기술이 충분한지를 확인한다. 난독증 학생들은 보상 활동에 에너지를 많이 낭비한다. 그렇다. 심지어는 당신과 같이 공부를 시작할 때에는 자신의 약점을 숨기려 한다. 그러므로 기초적인 것을 확인해야 한다. 시간이 좀 더 걸리더라도 학생의 기초 실력을 확인하는 것이 좋다. 그래야 학생이 자신이 알고 있는 것을 보여주는 기쁨을 경험하게 될 것이다.

지도 순서는 아래와 같이 권고한다.

1. 단어 쓰기
2. 문장 쓰기
3. 문단 쓰기
4. 연구 리포트, 독후감 및 이야기 쓰기

5. 에세이 쓰기

상기 내용을 가르치는 방법에 대해 논의해보자.

단어 쓰기

이 부분을 시작하려면 학생은 소리-기호 일치에 대한 지식이 필요하다. 아직 충분하지 않으면 이에 대한 지도를 별도 시간에 제공해야 한다. 방법은 제6장에서 나온다. 소리-기호 일치와 단어쓰기에 대한 보충 교육을 동시에 진행하는 것이 좋겠다.

이제 막 글쓰기를 시작하는 학생들은 필기 자체를 싫어하거나 때로는 노골적으로 반발하기도 한다. 이유는 과거에 실패한 경험이 많았기 때문인 경우가 대부분이다. 단지 연필 잡는 것이 문제가 되는 경우가 있는가 하면, 철자가 쉽지 않다는 이유도 있다. 이들은 왜 자신의 어려움을 극단적으로 표출하는 것일까?

우선 이러한 학생들과 대화를 시작한다. 당신은 학생들이 정말 단어 쓰기를 싫어하는 것을 이해한다고 말한다. 과거에 이들에게는 단어 쓰기가 어려웠던 것 같다. 누구든지 어려운 것은 하기 싫다. 그러나 당신은 단어 쓰기를 쉽게 해줄 것이다.

중요한 것은 성과이다. 연필을 처음 잡는 순간부터 잘 써져야 한다. 그래서 레슨의 구도가 이러한 성과가 나올 수 있도록 만드는 것이 결정적으로 중요한 요소이다. 단어 쓰기 지도에는 2가지 기본 원칙이 있다.

1. 구두 언어와 문자 언어의 시범은 학생에게 필요한 만큼 충분히 제공해야 한다. 학생들 중에는 자신이 사용하기를 원하는 단어를 생각해내는 것이 잘 안 되는 사람이 있다. 이런 경우에는 당신이 단어를 제공한다. 예를 들어 학생이 나무 그림을 보고 있는데 아무 말도 하지 못하고 있으면 당신은 "나무 그림을 보고 있구나."라고 말해준다. 학생이

문자 소리-기호 일치를 처음 배우는 경우에는 학생이 쓰기를 원하는 단어를 문자로 시범을 보여준다. 이렇게 도와준다고 해서 학생이 스스로 쓰는 능력을 지연시키지는 않는다. 그와 반대로 학생들은 자신이 준비가 되면 언제나 독립적으로 쓰게 될 것이다.

2. 레슨은 학생이 잘 할 수 있게끔 아주 구체적으로 가르친다. 예를 들면, 가장 기초적인 수준에서 구체적인 물건을 제공한다. 당신은 물건을 책상 위에 놓고 "여기 이 물건의 이름을 적어보자. 아! 껍질이 있네. 그리고 구슬과 뚜껑이 있고."라고 말한다. 학생들은 이러한 활동을 아무리 여러 번 되풀이해도 지루해하지 않는다. 물건을 다른 것으로 바꾸고, 학생으로 하여금 해당하는 단어를 쓰게 한다.

아래에 단어 쓰기 기술을 발달시키는 데에 아주 좋은 활동 4가지가 있다.

1. **단어 목록을 만든다.** 책상 위에 있는 물건으로 목록을 작성해도 좋다. 다른 아이디어로는 샌드위치 안에 들어가는 물건들, 색깔 종류, 정글에 사는 짐승들 등. 학생은 그림이나 책을 보고 아이디어를 얻어 목록을 작성한다. 223쪽에 있는 독립 활동 시트 '목록(A List)'으로 연습할 수 있다.

2. **이름 붙이기.** 낡은 잡지에서 사진을 잘라내든지 그림을 직접 그린다. 물건에 이름을 붙이거나 물건 부위의 이름을 붙인다. 예를 들어 자동차를 그리거나 바퀴, 보닛, 핸들, 창 등에 화살표를 붙인다.

3. **단어 게임을 한다.** 좋은 예는 집중(Concentration)이라고 하는 게임이다. 단어 8쌍을 선택하여 인덱스카드 한 장에 단어 하나씩을 적는다. 16개의 카드를 무작위로 테이블 위에 엎어 놓는다. 첫 번째 플레이어가 2개를 뒤집는다. 짝이 맞으면 한 번 더 한다. 짝이 맞지 않으면 원래대로 엎어 놓고 다음 플레이어 차례가 된다. 새로운 단어를 추가하고 먼저 카드는 점차 줄이면서 단어 쓰기 연습을 하게 한다.

4. **카테고리 게임을 한다.** 단어 목록과 최소한 두 개의 카테고리를 준다. 예를 들어 카테고

목록

사과를 생각한다. 그런 다음, 이 사과를 손에 들고 쳐다보고 있다고 상상한다. 얼마나 큰지를 주목한다. 그리고 동전이나 눈썹과 같이 사과보다 작은 물건의 목록을 작성한다.

_____

_____

_____

_____

_____

_____

_____

_____

_____

_____

_____

_____

_____

성명 _____   일자 _____

목록에서 각 카테고리에 속하는 단어를 골라 적는다.

동물	신체 부위
_____	_____
_____	_____
_____	_____
_____	_____
_____	_____

단어	목록
pig	rib
rat	bat
lip	chin
hand	hen
cat	hip

성명 _____   일자 _____

리는 'Food'과 'Clothing'을 주고, 단어는 'pizza', 'hat', 'shoes', 'hot dog', 'shirt' 및 'potato'를 준다. 당신의 학생으로 하여금 각 단어를 적절한 카테고리에 적게 한다. 예를 들면 224쪽에 제공한 독립 활동 게임으로 사용할 수 있는 '카테고리 게임'을 한다.

문장 쓰기

학생이 잘 해내도록 도와주는 기본 원칙이 이 수준에서도 적용된다. 한 번도 문장을 써보지 못한 학생은 이 과제에서 기죽을 수 있다. 그러므로 당신이 다리 역할을 하여 학생이 자신도 모르는 사이에 완성된 문장을 쓸 수 있게 해야 한다. 지원에는 세 가지 수준이 있다.

기초 수준에서는 당신이 칠판이나 큰 종이에 짧은 문장을 쓴다. 예를 들면 다음과 같다.

- I like cats.
- I like movies.
- I like elephants.

학생들에게 여러분이 쓰게 될 문장의 일부에 대한 예제를 제시할 것이라고 말한다. 그리고 다음과 같이 쓴다.

- I like…

학생들로 하여금 예제 부분을 베낀 다음, 그 문장을 완성하게 한다. 이러한 과제를 편안하게 할 수 있을 때까지 하게 한다. 학생들은 아직까지는 단어 쓰기를 하고 있지만 이들은 문장 쓰기에 대한 '감각'을 갖게 된다. 초보자를 위한 예제 문장을 더 제공한다.

- I saw a…

- It was fun to…

- Dogs are…

중급 수준에서는 문장 내용에서 그렇게 중요하지 않은 문장 시작 부분을 제공한다. 여기서 학생들로 하여금 단어만 쓰는 것이 아니라 자신이 지은 문구를 쓰게 한다. 아래에 이 수준에서 적절한 문장 시작 부분을 제공한다.

- On Mondays, I…

- My favorite kind of TV show is…

- If I could fly, I would…

독립 단계에서는 학생들은 자신의 문장을 쓸 준비가 거의 된 상태이다. 문장 시작 부분을 아래에 제공한다.

- I wish…

- It's not fair that…

- Sometimes, …

이 수준에서는 학생들은 철자에 자신이 없어 자주 도움을 청한다. 가능하면 최선을 다하고 철자 걱정은 하지 말라고 조언한다. 당신은 이들이 자유롭게 자신을 표현하는 것에 중점을 두도록 한다. 나중에 학생들이 자신이 한 것을 점검할 때에 철자를 알려주겠다고 약속한다. 그러나 이는 쓰기 과정 이외의 시간에 도와주어야 한다.

학생들이 독립적으로 문장을 쓸 수 있게 되면 그런 기회를 가능한 한 많이 주도록 한다. 학생에 따라 창작을 좋아하는 사람도 있고 논픽션을 선호하는 사람도 있다. 학생이 가장 편하게 느끼는 분야의 글을 쓰도록 허락한다.

학생이 문단 쓰기 단계에 도달한 경우에도 문장 쓰기 수준에서 충분한 시간을 보내는 것이 중요하다. 문장은 문자 언어에서 벽돌과 같은 것이다. 학생이 자신감이 생기면 장편 쓰기로 들어가는 것이 훨씬 쉬워진다.

다음에 나오는 3가지 활동은 문장 쓰기 기술을 연마하는 데에 도움이 될 것이다.

1. **목록을 작성한다.** 이는 단어 쓰기에서 같은 활동이지만 목록에 완성된 문장을 써야 하는 점이 다르다. 목록 주제로는 "이것이 내가 오늘 아침에 지각한 이유다."와 "내가 세계를 통치한다면 이러한 일을 할 것이다." 등과 같은 것을 포함시킬 수 있다. 228쪽에 독립 활동 시트인 '문장 목록' 양식을 제공하고 있다.

2. **인터뷰를 한다.** 학생들과 일련의 질문을 브레인스토밍을 하여 칠판이나 큰 종이에 완성된 문장으로 적는다. 학생으로 하여금 자신이 좋아하는 질문을 베끼게 한 다음, 다른 사람을 인터뷰하게 한다. 그리고 이를 녹음하거나 노트를 작성하게 한다. 인터뷰를 완성하고 나면 학생으로 하여금 완성된 문장으로 답변을 모두 적도록 한다. 그런 다음, 그가 원하면 작은 그룹 앞에서 그 인터뷰 내용을 발표하게 한다. 229쪽에 있는 독립 활동 시트인 '인터뷰'에 샘플 질문을 제공하고 있다.

3. **'자신에 관한' 문장을 쓴다.** 작문 엽습 초기에는 자신에 관해 쓰는 것을 가장 쉽게 생각한다. "당신이 좋아하는 음식에 대해 말해주세요."와 "당신이 어른이 되면 하고 싶은 일들에 대해 말해주세요." 등과 같은 주제를 제시한다.

당신은 커다란 호숫가에 서서 반대편으로 가고 싶어한다. 이 물을 건널 수 있는 다양한 방법을 목록으로 작성한다. 좀 더 어렵게 만들려면 보트를 사용하지 않고 건너는 방법을 생각해낸다. 예를 들면,

아주 큰 물고기를 잡아 올라타고 간다.

호수가 얼면 스케이트를 타고 간다.

_____

_____

_____

_____

_____

_____

_____

_____

_____

_____

_____

_____

_____

성명 _____   일자 _____

아래 공간에 답을 적는다. 당신이 인터뷰한 사람이 답하기를 거절하는 질문이 있으면 이를 공란으로 남긴다.

1. 아침 식사로 어떤 것을 좋아합니까? _____

_____

2. 좋아하는 옷을 묘사해 보세요. _____

_____

3. 당신이 좋아하는 휴일은? 왜 그렇습니까? _____

_____

4. 자유 시간에는 어떤 일을 즐겨합니까? _____

_____

5. 당신이 좋아하는 일은? _____

_____

6. 일 년 동안 가서 살고 싶은 곳은 어디며 왜 그렇습니까? _____

_____

7. 친구에게 특별한 선물을 줄 수 있다면 어떤 선물을 주겠습니까? 그리고 왜?

_____

8. 당신이 세상에서 바꿀 수 있는 기회를 꼭 하나만 준다면 무엇을 바꾸시겠습니까?

_____

성명 _____   일자 _____

문단 쓰기

난독증 학생들에게 잘 정리된 한 문단을 매끄럽게 쓰는 것은 상당한 도전이다. 이러한 이유로 구조화된 문단 쓰기 방법을 먼저 도입한다. 당신의 학생에게 아주 구체적인 패턴이 있는 문단을 쓰는 방법을 가르쳐 주겠다고 말해준다.

- 주제 문장 하나.
- 상세 내용을 설명하는 문장 세 개.
- 끝내기를 하는 문장 하나.

이 패턴은 학생들이 긴 내용을 쓸 때에 도움이 될 것이다. 이러한 패턴을 많이 연습하면 변화가 다양하지만 읽기 쉽고 구조가 아주 논리적인 문단을 쓸 수 있게 될 것이다.

아래와 같이 연습한다.

1. **학생과 주제를 토론한다.** 주제를 많이 모아서 인덱스카드 하나에 주제 하나씩 적는다. 그리고 "이것이 내가 농구하기를 좋아하는 이유다."와 같은 주제 문장을 만드는 방법을 시범적으로 보인다. 주제를 인덱스카드에 적고 반대쪽에 주제 문장을 적는다.

2. **상세 설명 문장을 개발하는 과정을 시범적으로 보인다.** 우선 주제를 선택하고 주제 문장을 짓는다. 그런 다음, 상세 설명 문장을 브레인스토밍으로 찾아낸다.

   이 단계에서는 각 문장을 다른 인덱스카드에 적으면 도움이 된다. 색깔로 부호화하여도 좋다. 예를 들어 주제 문장을 파란색으로, 상세 설명 문장은 초록색으로 쓴다. 이렇게 구분하면 학생이 문장의 두 가지 유형의 목적을 숙지하기가 쉬워진다.

3. **학생이 위 두 단계에 익숙해지면 끝내기 문장에 대한 개념을 소개한다.** 이러한 유형의 문장을 개발하는 과정에 대해 아래와 같이 시범을 보여준다.

주제 문장

도시는 살기에 좋은 면이 있다.

상세 설명 문장 세 개

주변에 사람이 많아 친구 사귀기가 좋다.

병원과 교회가 가까이 있다.

대중교통 수단이 있어 다니기가 편리하다.

끝내기 문장

나는 정말 도시에 사는 것이 좋다.

주제 문장과 상세 설명 문장에서처럼 끝내기 문장에서도 색상이 다른 펜을 사용하여 구분하기 쉽게 한다. 어떤 학생들은 이러한 끝내기 문장을 어려워한다. 왜냐하면 이는 주제 문장과 비슷하기 때문이다. 끝내기 문장에서는 글쓴이의 견해를 표현하는 부분임을 학생에게 설명해준다.

232쪽에 있는 양식은 이러한 구조화된 문장을 쓰는 데 도움이 될 것이다. 이 양식을 활용할 것을 강력히 권고한다. 왜냐하면 구조대로 따라하면 글 쓸 내용을 정리하기가 쉬워지기 때문이다. 학생이 일반 종이를 사용할 때에도 당분간 이러한 패턴을 따라하는 것이 좋겠다.

학생이 문단 구조에 익숙해지면 연습을 많이 하여 이러한 기술을 발달시켜야 한다. 교사들은 학생들이 편안하게 쓸 수 있는 범위가 제한적이어서 이러한 장문이 문제 되는 경우를 자주 본다. 한 가지 도움이 되는 방법은 학생들에게 재미있는 논픽션을 소리내어 읽어주는 것이다. 여기에 사용할 만한 책으로는 Reading Stories for Comprehension Success: 45 High-Interest Lessons with Reproducible Selections and Questions That Make kids Think by Katherine L. Hall(The Center for Applied Research in Education, 1997)을 추천하고 싶다. 이 책의 시리

문단 쓰기

주제 문장

_____

_____

상세 설명 문장 3개

1. _____

_____

2. _____

_____

3. _____

_____

끝내기 문장

_____

_____

_____

_____

_____

성명 _____ 일자 _____

즈에는 두 가지가 있다. 하나는 초등학생용이고 또 하나는 중등학교 학생용이다. 이 책들은 원래 독해력을 위해 만들었지만 작문 연습에도 많은 도움이 된다. 작문에 관한 한 모든 연령층이 사용할 수 있는 책들이다.

아래 두 가지 활동 역시 문단 쓰는 연습에 도움이 된다.

1. '만약' 패러그래프. 만약이라는 상황을 주고 학생들로 하여금 이에 대한 자신들의 반응을 글로 표현하게 한다. 예를 들면 다음과 같다.

   • 당신이 로또에 당선되었다면?
   • 당신이 바다의 심연에서 수영할 수 있다면?
   • 당신이 네스 호수의 괴물을 만났다면?

234쪽에 '만약에' 대한 독립 활동 시트 보기가 있다.

2. '이것보다 잘할 수 있어?' 패러그래프를 쓴다. "내 여동생은 세상에서 머리가 제일 좋다."와 같은 주제 문장을 주고 학생으로 하여금 과장의 재미를 즐기게 한다. 다음과 같은 주제에 대해 쓴다.

   • 내 친구 Leslie는 우리가 사는 도시에서 가장 우습게 생긴 차를 갖고 있다.
   • 저녁식사를 내가 제일 많이 먹었다.

235쪽에 '이것보다 잘할 수 있어?(Can You Beat This?)'에 대한 독립 활동 시트가 있다.

당신이 어느 날 아침에 일어나보니 자신이 날 수 있다는 것을 알게 되었다면 어떻게 할 것인가? 다른 사람들에게 알릴 것인가? 재미있는 곳으로 두루 여행할 것인가? 아래 패러그래프를 참고하면서 당신이 하고 싶은 것을 써보세요.

어느 날 아침에 내가 날을 수 있다는 것을 알게 된다면 나는 다음과 같은 것을 할 것이다. 우선 내 방안에서 조금 날아 볼 것이다. 그 다음에는 내가 이렇게 날아다니는 것에 익숙치 않아 방에 있는 물건을 많이 넘어트렸기 때문에 방 청소부터 먼저 할 것이다. 그리고 나서 나는 가장 친한 친구에게 전화하여 이 사실을 알릴 것이다. 날아다니는 것이 조금 두렵기는 하지만 재미있다.

_____

_____

_____

_____

_____

_____

_____

_____

_____

성명 _____   일자 _____

주제 문장 "어제 나는 많은 야생 동물을 보았다."로 시작하는 문단을 작성한다. 다음에 나오는 문단보다 더 과장해 쓴다.

어제 나는 많은 야생 동물을 보았다. 우선 나는 내 욕조에서 보아 구렁이를 보았다. 그러고 나서 나는 뒷계단에서 새끼 하마를 보았다. 학교에 가서는 도서관에서 얼룩말을 보았다. 동물이 너무 많아 동물원을 시작해도 될 것 같았다.

성명 _____   일자 _____

연구 리포트, 북 리포트 및 스토리 쓰기

작문에 필요한 기본 도구는 단어 쓰기와 문장 쓰기와 문단 쓰기 능력이며, 이러한 기술을 단련하는 데에 전력을 다해왔다. 그러나 연구 리포트와 북 리포트 및 스토리 쓰기도 이러한 기본 기술을 향상시키는 데에 도움이 된다. 이들은 또한 그 자체로도 중요하다. 왜냐하면 이들은 학생이 학교에 다니는 동안 교사가 요구할 작문 유형이기 때문이다. 이러한 유형의 작문에 대한 기초적인 정보를 아래에 제시하고 있다.

연구 리포트. 우선적으로 고려해야 할 사항은 학생이 가장 편하게 느낄 수 있는 작문 수준이다. 작가나 독자에게 모두 만족할 만한 좋은 리포트는 세 가지 수준에서 모두 가능하다. **제일 기초적인 단어 쓰기 수준**에서 학생으로 하여금 그림 하나를 그리고 라벨을 붙이도록 한다. 예를 들어 학생이 시민운동을 공부하고 있다면 주요 행사(행진, 연설 등)가 있었던 장소의 지도를 그린다. 그리고 여기에 라벨을 붙인다. 단어 쓰기 수준에서 할 수 있는 또 하나의 예는 목록 쓰기이다. 예를 들어 학생이 남북전쟁을 공부하고 있다면 양쪽 군인들에게 지급된 제복과 장비에 대한 목록을 작성한다.

문장 쓰기 수준에서는, 당신은 학생에게 주제 문장을 주고 학생으로 하여금 이에 보조하는 문장 목록을 작성하게 한다. 예를 들어 학생이 알래스카에 있는 동물에 대해 공부하고 있다면 다음과 같은 주제 문장을 제공할 수 있을 것이다. "알래스카에는 다음과 같은 동물이 살고 있다." 학생이 모델 문장이 필요하면 종이에 다음과 같이 써준다. "알래스카에서는 ──────이 살고 있다." 문장 쓰기 공부에서는 필요한 대로 도와준다.

문단 쓰기 수준에서는, 학생이 리포트에 사용할 적절한 주제 문장 서너 개 작성하는 것을 돕는다. 주제 문장, 상세 설명 문장 및 끝내기 문장을 작성하는 데 최대한의 도움을 주도록 한다.

문단을 독립적으로 작성할 수 있는 학생들을 위해서는 리포트 작성 양식을 다음과 같이 제공한다.

- 리포트의 성격을 알리는 서두 문단.
- 정보를 제공하는 문단 몇 개.
- 결론을 내리거나 견해를 말하는 끝내기 문단.

실은 이러한 구조는 원래 문단 패턴과 아주 유사하다. 그래서 학생은 긴 리포트를 쓰더라도 당황하지 않게 된다. 리포트를 자신이 다룰 수 있는 크기로 쪼개면 걱정이 덜어진다.

북 리포트. 여기서 우선적으로 고려해야 할 사항은 학생의 경험이다. 학생이 전통적인 북 리포트 교육에서 실패한 경험이 있다면 다른 방법을 찾아야 한다. 책표지 디자인과 백 커버 카피 작성하기, 이 책을 광고하는 포스터 만들기, 서평 쓰기, 발표회를 위한 초청장 만들기, 캐릭터 의상을 입고 연설하기 등과 같은 활동은 좋은 대안이 될 수 있다.

학생이 전통적인 북 리포트 방법을 배울 준비가 되면 학생이 가장 편하게 할 수 있는 수준에서 쓰기 공부를 시작하는 것이 좋겠다. 단어 쓰기 수준에서 공부하고 있다면 한 단어나 짧은 구로 대답할 수 있는 질문을 한다. 문장이나 문단 수준에서도 마찬가지로 한다. 학생이 독립적인 문단을 쓰는 수준이라면 일반적으로 북 리포트에 들어가는 내용의 구조를 가르쳐준다. 주제 문장을 잘 작성하는 요령을 가르친다. 그리고 시간도 넉넉히 준다.

이야기. 작문 지도 방법으로 이야기 쓰기를 선호하는 학교가 많다. 초기에는 학생들에게 자극제가 될 만한 것으로 '마력이 있는 동물에 관한 이야기 쓰기'와 같은 책을 읽게 한다. 그런 다음, 약 반 시간 정도 후에 다시 모여 서로 의견을 교환한다. 난독증 학생에게는 이러한 활동이 상당히 어려울 수 있다. 학생이 상상력도 좋고 유머 감각도 있어 제대로 지도만 해주면 훌륭한 이야기를 쓸 수 있을지라도, 지도 방법이 구조화되지 않으면 그는 상당히 불편하거나 생각을 막히게 할 수 있다. 그는 책상에 앉아서 연필을 손에 쥔 채 '생각'만 하고 있다. 별로 쓴 것도 없이 말이다.

 고학년 학생이 그러한 경험을 많이 한 경우에는 이야기 쓰기를 꺼려할 것이다. 그는 논픽션을 선호할 수도 있다. 가장 좋은 방법은 학생이 편하게 느끼는 수준에서 흥미 있는 창작 기회를 제공하는 것이다. 이야기 쓰기 활동의 좋은 예를 아래에 제시하고 있다.

1. 단어 쓰기 수준에서는 아주 흥미 있는 사건에 대한 그림을 그린다. 학생들은 처음에 그림 하나를 그리고 난 다음, 등장인물과 중요한 물건에 라벨을 붙인다. 241쪽에 독립 활동 시트인 '이것 봐, 웬일이지?'를 제공하고 있다.

2. 문장 쓰기 수준에서는 연속 이야기(serial story)를 쓴다. 여기서는 최소한 두 팀을 구성하여 쓴다. 첫 번째 사람이 이야기를 시작하는 문장 하나를 쓴다. 그리고 이를 다음 사람에게 넘기면 그 사람은 두 번째 문장을 쓴다. 이렇게 해서 이들은 흥분과 재미가 계속 될 때까지 쓴다. 두 가지 규칙이 있는데, 하나는 한 사람이 한 번에 한 문장만 쓴다는 것과 다른 사람의 캐릭터를 없애면 안 된다는 것이다. 242쪽에 독립 활동 시트인 '연속 이야기'를 제공하고 있다.

3. 문단 쓰기 수준에서는 '매우 긴 변명(A Very Long Excuse)'라고 부르는 유형의 이야기를 쓴다. 주제 문장은 "이래서 나는 숙제를 하지 않았다." 혹은 "이래서 난 너의 스파게티를 먹을 수밖에 없었어." 등과 같이 나온다. 학생이 자신의 잘못을 인정하고 나서 왜 그렇게 했어야만 했는지 이야기를 꾸미면서 즐기는 것이다. '매우 긴 변명(A Very Long

Excuse)'이라고 하는 독립 활동 시트를 243쪽에 제공하고 있다.

창작에서 가장 중요한 것은 즐거워야 한다는 것이다. 비교적 쉽고 재미있는 쓰기 기회를 제공한다. 그리고 학생들이 얼마나 적극적으로 참여하는지 관찰한다. 관건은, 이들이 능동적으로 글을 쓰고 있으면 그대로 계속하게 놔둔다. 수동적으로 오래 앉아있거나 어떤 형태로 불편해 하면 다른 유형의 쓰기 공부를 하도록 주선한다.

에세이 쓰기

이러한 양식의 쓰기는 상급 수준의 학생들에게만 가르친다. 그러나 학생이 준비만 되면 이 수준도 가르쳐야 한다. 왜냐하면 어차피 학생들은 학교를 마칠 때까지 에세이를 써야 하기 때문이다. 학생이 다양한 주제에 관해 쉽게 글을 쓰고 아는 것을 분명하게 정리할 수 있다면 이 부분이 바로 도움이 될 것이다.

난독증 학생에게는 에세이가 가장 어려운 부분일 수가 있다. 이러한 이유로 특별한 기법을 권고한다. 우선 학생과 함께 브레인스토밍을 통해 일련의 주제를 생각해낸다. 다음과 같은 주제가 될 수 있을 것이다.

• 인종차별이나 텔레비전 프로와 같은 구체적인 주제.
• "투표는 해야 하는가?"와 같은 정치 이슈에 관한 견해.
• "무식욕증 환자인 친구에게 어떤 충고를 할 수 있을까?"와 같은 이슈에 대한 견해.

일단 주제가 몇 개 준비되면 인덱스카드 한 장에 주제를 하나씩 적는다. 한 사람이 주제를 선택하면 모두가 이 주제로 10분 동안 글을 쓴다. 학생들은 긴장이 될 것이다. 왜냐하면 이들은 세심하게 선발한 주제에 대해 쓰는 것에만 익숙해져 왔기 때문이다. 실은 이러한 이유 때문에 이런 방법으로 에세이를 가르치는 것이다. 앞으로는 다양한 주제에 관해 글을 쓸 것이라고 학생들에게 알린다.

학생들에게 당신이 전혀 상식이 없을 것이라고 생각되는 주제를 선택하라고 말한다. 일단 선택을 하면 당신은 이러한 주제를 어떻게 다루는지를 시범적으로 보여준다. 예를 들어 주제가 농구라면, 그리고 당신이 정말 스포츠의 문외한이라면 다음과 같이 쓸 수 있다.

농구는 스포츠다. 아주 키가 큰 사람들이 이리저리 뛰어다니며 공을 바스켓 속으로 넣으려고 한다. 그러나 성공할 때마다 왜 경기를 중단하고 축하하지 않는지 모르겠다. 이들은 계속해서 코트를 이리저리 뛰어다닌다.

가볍게 접근하는 것이 중요한 포인트다. 차례로 돌아가면서 주제를 선택한다. 그리고 결국 학생들은 자신들이 거의 어떤 주제에 대해서도 글을 쓸 수 있다고 믿을 것이다. 10분간 글을 쓴 다음에 자신들의 글을 서로 돌려가며 보게 한다. 원하지 않는 사람은 강요하면 안 된다. 그러나 용기를 내도록 도와준다. 이는 시범을 보이기에 아주 적절한 시간이다.

학생들이 에세이 쓰는 것을 편하게 생각하게 되면 아래와 같은 에세이 구조를 소개한다.

- 서두 문단에서는 에세이가 무엇에 관한 것인지를 설명한다.
- 상세 설명 문단에는 좀 더 자세한 아이디어나 생각을 담는다.
- 끝내기 문단에서는 결론을 내린다.

이는 기초적인 문단 구조와 같다. 이는 학생으로 하여금 긴 에세이를 쓸 때 편하게 생각하게 한다.

친구와 같이 걸어가고 있다고 상상한다. 갑자기 무장차가 지나가는데 커다란 보따리가 뒤에서 떨어졌다. 돈 보따리인 것 같다!

일어난 일을 그림으로 묘사한다. 주요 인물과 중요한 물건에 라벨을 붙인다.

성명 ————————————————   일자 ————————————————

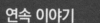

친구 한 두 사람과 팀이 되어 이야기를 같이 쓴다. 두 가지 규칙은 다음과 같다.

　1. 한 사람은 한 번에 문장 하나만 쓴 다음, 그 쓴 종이를 다음 사람에게 건네준다.

　2. 다른 사람의 캐릭터를 없애면 안 된다.

두 사람이 쓴 연속 이야기

　첫 번째 사람: 라디오에서 허리케인이 오고 있다고 방송했어.

　두 번째 사람: 도시를 소개하고 있었어.

　첫 번째 사람: 우리 가족은 할머니 댁을 방문 가는 길인데 벌써 10마일은 왔으니 다행이다.

　두 번째 사람: 그런데 앓고 있는 우리 집 개가 혼자 있는 것이 생각났어.

이 이야기를 계속해 쓰거나 새로운 것을 시작해도 좋다.

성명 _____　　일자 _____

우리는 아무 잘못도 하지 않았을 수 있다. 그러나 잘못했을 경우에는 변명을 잘 해야 하지 않을까? 예를 들면, 어머니가 정성스럽게 싸준 건강식 점심을 과자, 음료수와 바꿔 먹었다고 가정하자. 너는 아래와 같은 이야기로 설명하려고 할 것이다.

> 그런데 엄마, 이렇게 됐어요. 두부 샐러드 샌드위치를 먹고 싶었는데, 정말 먹고 싶었어요. 그런데 학교에 이 친구 말이에요. 이모와 살고 있는데 이모가 두부를 주지 않는대요. 그런데 이 친구는 두부를 좋아해요. 그리고 이 애는 건강 관계로 두부가 꼭 필요한 아이예요…

이 이야기를 계속하거나 새로운 것을 시작한다.

_____

_____

_____

_____

_____

_____

_____

_____

성명 _____ 일자 _____

:: 문법은 어떻게 해야 하나?

난독증 학생들은 문법을 어려워한다고 대체로 이해하고 있다. 이러한 것 때문에 교사들은 약점을 보완하기 위해 연습장을 한 페이지도 빼놓지 않고 가르친다. 난독증 학생에게는 효과적인 방법이 아니다. 아무리 많은 페이지를 마쳐도 이들에게는 아직도 난해한 부분으로 남는다.

아래에 효과적인 문법 지도 방법에 대한 3가지 기초적인 원칙이 있다.

1. 단순하게 가르친다. 정보의 양을 제한하여 학생이 공부하는 내용에 쉽게 접목하게 한다.
2. 다중 양식과 쌍방향 게임을 사용하여 문법을 가르친다. 학생들의 주의력과 참여도가 높아진다.
3. 연습을 많이 한다.

개념

영어에는 논리적인 질서가 있음을 가르친다. 단어의 다른 형태에는 목적이 있다. 대문자를 쓰는 데에는 규칙이 있다. 문장에 구두점을 치는 데에도 규칙이 있다.

문법 개념을 가르칠 때에는 아래와 같은 순서로 진행하기를 바란다.

1. 명사는 사람, 장소 혹은 물건이다.
2. 동사는 행동 단어다.
3. 문장은 주어(문장이 누구 혹은 무엇에 관한 것인지)와 술어(주어에 어떤 일이 일어나고 있는 것을 말해주거나 주어에 대한 정보를 제공함)로 구성된다.
4. 모든 문장은 대문자로 시작한다.
5. 모든 문장은 구두점으로 끝난다.

6. 형용사는 명사를 수식한다.

7. 부사는 동사를 수식한다.

8. 영어에는 대명사, 접속사, 전치사, 관사라고 불리는 단어들이 있다.

9. 인용부호는 문장에서 구두 언어를 분리하는 데에 사용한다.

10. 문장의 첫 단어, 특정 사람이나 장소 혹은 휴일과 같은 단어에서는 첫 번째 글자를 대문자로 쓴다.

11. 구두 영어에서 콤마는 쉼표이다.

아래에 나오는 쌍방향 게임은 난독증 학생이 문법을 배우는 데에 아주 도움이 된다.

1. **명사 게임.** 인덱스카드 최소한 40개에 명사 하나씩을 적는다. 카드를 테이블에 엎어 놓는다. 학생의 수준에 따라 한 장에서 세 장까지 선택하여 카드에 있는 명사를 이용하여 구두로 문장을 만든다. 잘하면 사용한 카드를 갖는다. 상급 학생들은 주사위를 던져 명사 여섯 개까지 사용하여 문장 하나를 짓게 한다. 학생들은 이 게임을 아주 즐긴다.

2. **이야기 합시다 게임.** 이 활동은 인용부호를 이해하는 데에 도움이 된다. "오늘 아침에 늦잠 잤다."와 같은 간단한 문장을 먼저 말한다. 당신이 한 말을 칠판이나 큰 종이에 적는다. 그리고 당신이 말한 것에 동그라미를 그린다. 그런 다음 인용부호를 추가하고 나서 동그라미를 지운다. 그리고 '내가 말하기를…'을 붙인다.

다음에는 학생으로 하여금 그룹을 향해 아주 간단한 문장으로 무엇이든 말하게 한다. 그리고 위와 같은 절차를 반복한다.

:: 편집하기

난독증 학생들은 편집 부분에서 두 가지 다른 경험을 자주 한다. 첫 번째 경험은 다른 사람이 학생의 작문을 가져다가 타이프를 치면서 학생과 상의없이 철자와 문법을 모두 교정해주는 것이다. 이는 학생으로 하여금 자신이 한 작문이 잘 된 것으로 생각하게 하지만 문법을 배울 수 있는 기회는 갖지 못하게 된다. 이는 또한 다른 사람이 항상 개입해야 자신이 쓴 글이 바로 잡혀진다는 잘못된 생각을 하게 한다.

두 번째 경험은 다른 사람이 학생의 작문을 (빨간 잉크로) 정정한 후 학생에게 돌려주고 이를 베끼게 하는 것이다. 이는 학생으로 하여금 자신의 작문 실력이 많이 부족하다는 인식을 심어줄 뿐이다.

자신이 한 작문을 스스로 교정하는 것은 사기를 북돋아주고 즐거운 경험이어야 한다. 학생들은 언어에 대해 많이 배우고 있으며, 자신이 한 실수를 찾아내고 정정하는 것이 점점 나아진다는 느낌을 가질 수 있어야 한다. 자가 교정을 가르치는 데에는 두 가지 기초적인 원칙이 있다.

- 학생들은 단지 철자와 문법 문제를 인식하고 정정하는 데에만 전념해야 한다.
- 교정은 순차적인 방법으로 배워야 한다.

이러한 공부는 단어 쓰기 수준에서 시작할 수 있다. 공부는 아래와 같은 순차로 진행한다.

1. 개별적인 단어를 인식하는 것으로 시작한다. 어떤 것은 길고, 어떤 것은 짧다. 그리고 어떤 것은 'ing'와 같은 어미를 달고 있다.
2. 모든 문장은 대문자로 시작한다.

3. 모든 문장은 끝내기 구두점으로 끝난다.

4. 단어의 철자에는 전통적인 방법이 있다. 학생들은 그들이 완전히 통달한 철자 요소에만 집중한다.

5. 'Hi'와 같은 한 단어 문장 이외의 문장들은 대부분 주어와 술어가 있다.

6. 인용부호는 문장에서 구두 언어를 분리하는 데에 사용한다.

7. 책 제목에 나오는 중요한 단어들과 같이 중요한 위치에 있는 단어의 첫 글자는 대문자로 쓴다.

8. 구두 영어에서 콤마는 쉼표이다.

9. 문장이 서너 개가 넘으면 문단으로 구분해야 한다.

10. 작문은 뜻이 분명해야 한다.

11. 좋은 작문에서는 이행과 조직이 중요하다.

12. 작문 전반을 통해 한 가지 관점이 일관성 있게 유지되어야 한다.

학생이 쓴 글 중에서 하나를 선택하여 학생으로 하여금 실수한 부분을 찾아내게 한다. 예를 들면, 문장이 대문자로 시작하는지 확인하게 한다. 틀린 곳을 찾아내면 정정할 때까지 기다린다. 그리고 "내가 교정을 봐도 되겠니?"라고 물어본다. 괜찮다고 하면 같은 부분을 읽으면서 같은 종류의 실수를 했는지 확인한다. 실수한 것이 있으면 종이 가장자리에 체크마크를 친다. 학생으로 하여금 다시 읽게 하고 체크마크가 있는 줄을 특별히 잘 살피도록 한다. 틀린 것을 정정한 다음에는 체크마크를 지우게 한다.

교정 세션은 10~15분을 넘지 않도록 한다. 정정하는 부분이 몇 개 이상 되지 않도록 한다. 당신의 목적은 완벽하게 하는 것이 아니라 그 과정을 보여주는 데에 있다. 당신의 목적은 학생이 자신의 실수를 편한 마음으로 정정하게 하는 데에 있다. 당신은 당신의 학생이 자신의 실수를 찾아낼 수도 있고 이를 정정하는 기술도 갖고 있다는 사실을 인식시키는 데에 중점을 두어야 한다. 이 시점에 오면 학생은 자신이 한 작문을 좀 더 관심 있게 보고 자부심도 갖기 시작한다.

:: 다양한 작문 기회

난독증 학생에게 제공할 수 있는 다양한 흥미 있는 작문 활동이 있다. 이들은 좋은 연습이 될 것이다. 그리고 4가지 기초적인 원칙을 항상 기억하도록 한다.

- 학생으로 하여금 학생이 편하게 느끼는 수준(단어, 문장, 문단 혹은 다중 문단)에서 혹은 그 아래 수준에서 쓰도록 한다.
- 학생이 쓰기를 시작하고, 계속해서 쓸 수 있도록 활동 구조를 잘 만든다.
- 학생들의 경험과 관련 있는 활동을 구상한다.
- 재미있게 만든다.

5가지 유형의 작문 활동을 아래에 소개한다. 모든 작문 수준이 반영되었다.

시(Poem)

첫 번째 글자 게임 시를 쓴다. 이러한 유형의 시에서는 단어나 구를 수직으로 써서 한 줄에 글자 하나씩 쓰도록 한다. 그런 다음, 시인은 각 줄에 있는 글자를 이용해 시 한 줄씩 쓴다. 보통은 시의 내용은 자극 단어나 구(stimulus word or phrase)에 의해 결정된다. 예를 들어 Samuel이 자신의 이름으로 그러한 시를 쓴다면 다음과 같이 될 수 있을 것이다.

Says what he thinks

Acts like a movie star, sometimes

Makes great pizza on Saturday nights for this friends

Understands a lot about life

Expects people to be honest

Likes most people he meets

좋은 자극 단어나 구에는 아래와 같은 것이 있다.

• 계절: '겨울'

• 자연 현상: '회오리바람'

• 'I wish'라고 하는 구

• 'In the forest'라고 하는 구

'내가 고양이였더라면(If I Were A Cat)'이라고 하는 독립 활동 시트를 250쪽에 제공하고 있다.

문학 관련(Literature Connection)

'다음에는 어떤 일이 일어날 것인가?'라고 하는 에세이 혹은 이야기를 쓴다. Something in Common, and Other Stories by Langston Hughes(American Century Series, Hill and Wang, 1963)에 나오는 'Thank You, M'am' by Langston Hughes와 같은 단편 소설을 읽는다. 어떤 여자의 핸드백을 훔치려고 하는 한 소년에 대한 이야기이다. 성공은 못하지만 피해자가 될 뻔한 Mrs. Luella Bates Washington Jones에게 잡힌다. 독자는 Mrs. Jones의 친절과 상식이 그 소년에게 큰 영향을 줄 것은 알지만, 당신의 학생들은 이에 대해 좀더 깊이 생각해보고 싶을지도 모른다. 그 후 소년에게 일어났을 수 있는 상황에 대해 짧은 에세이를 쓰거나 혹은 연속 에세이라면 마지막 편을 쓰고 싶어 할지도 모른다.

내가 고양이였더라면

'내가 고양이었더라면(If I Were A Cat)'라는 시를 쓴다. 시작하는 지점에 있는 글자로 그 줄을 시작한다. 당신이 하루 동안만 고양이가 될 수 있다면 정말 하고 싶은 것들에 대해 생각한다. 예를 들면,

If I were a cat,

Fabulous tuna would fill my food bowl.

I would pretend to take several naps.

While watching closely for any invading armies of mice.

If I were a cat, _____

F_____

I_____

W_____

E_____

R_____

E_____

A_____

C_____

A_____

T_____

성명 _____   일자 _____

휴일(Holidays)

특별한 공휴일을 만들기. 어떤 공휴일은 최근에 생겼다. 예를 들면, Kwanzaa는 아프리칸 미국인 사회에서 단결, 공유, 책임감, 믿음, 재능, 결의 및 관용에 대한 주의를 환기시키기 위해 1966년에 탄생한 공휴일이다.

원한다면 학생들은 그들 자신을 위한 공휴일을 만들 수 있다. 예를 들면, 이 공휴일은 학생들에게 의미가 있는 특별한 인물이나 동물이나 꽃이나 이벤트를 기념할 수 있다. 이러한 공휴일을 제정하려면 다음 몇 가지 사항을 고려해야 한다.

- 공휴일의 날짜와 계절은?
- 시 읽기와 같은 특별 행사가 있을 것인가?
- 사람들이 모이는 공휴일인가, 아니면 각자 개인적으로 축하하는 휴일인가?
- 특별한 식사나 음식을 제공할 것인가?

편지 쓰기(Writing Letters)

그림엽서를 만든다. 미국우체국은 엽서의 크기를 3½×5인치보다 작으면 안 되고, 4¼×6인치보다 크면 안 된다고 정하고 있다. 고로 4×6인치 인덱스카드면 충분하다. 학생들은 빈 공간이 있는 면을 그림으로 장식하는 것을 좋아한다. 그리고 줄이 있는 면에는 친구들에게 안부편지를 쓴다.

신문 이용하기(Using the Newspaper)

신문에서 오려 온 사진을 묘사하는 단어, 구, 문장 혹은 문단을 쓴다. 이 활동을 하려면 신문에 나온 흥미 있는 사진을 많이 모아야 한다. 예를 들면, 당신의 학생들이 모하크 헤어스타일을 한 젊은 사람이 머리 위에 반려동물 쥐를 올려놓고 있는 사진을 좋아한다. 브레인스토밍을 하여 키워드를 모은다. 칠판이나 큰 종이에 이렇게 모은

키 워드를 모두 적은 후 학생들로 하여금 작문을 시작하게 한다.

:: 전형적인 학습지도안

레슨은 1시간짜리이며 4가지 활동으로 구성되어 있다. 이렇게 레슨을 구성한 이유는 아래와 같다.

- 주의력 시간이 비교적 짧은 학생들이 전 레슨을 통해 적극적으로 참여할 수 있다. 과제 밖의 행동을 덜 하게 된다. 다른 것을 생각하려고 하면 당신이 다른 흥미 있는 활동을 시키기 때문이다.
- 난독증 학생에게 작문은 어려운 과제이다. 그런데 다양한 활동을 하면 피로감을 덜 느낀다.
- 레슨 하나에서 몇 가지 양식의 활동을 실행할 수 있다.

레슨 하나에 1시간씩 배정할 여유가 없어도 학습지도안은 1시간을 바탕으로 짠다. 레슨의 섹션을 30분짜리 2개로 짜거나 15분짜리 4개로 짜서 순차적으로 실행하면 되기 때문이다. 레슨의 4섹션은 아래와 같다.

1. **목록 쓰기**. 학생들은 어떤 것에 대한 목록을 작성한다. 예를 들면 다음과 같다.
   - 스포츠
   - 피자 토핑
   - 옷
   - 교통 수단
   - 신는 물건

- 2박 3일 캠핑 여행에 가져갈 물건들

- 당신을 행복하게 하는 것들

다양한 목록이 가능하지만 학생의 취향과 작문 실력을 염두에 두고 선정한다. 목록 쓰기는 레슨을 시작하는 좋은 방법이다. 왜냐하면 부담 없고 재미있기 때문이다. 이는 또한 학생들로 하여금 아이디어를 내고 이를 종이에 적는 연습을 하게 한다.

2. **구조화 된 작문 섹션**. 여기서는 문자 언어의 기본 양식을 직접 배운다. 단어 쓰기, 문장 쓰기, 문단 쓰기, 연구 리포트 쓰기, 북 리포트, 이야기, 에세이 등 중에서 선택한다.

3. 새로운 기술을 배우면서 먼저 배운 것을 보강하기. 이 섹션에서는 두 가지 유형의 활동이 일어난다. 첫 번째 활동에서는 문법과 교정 개념을 공부한다. 두 번째 활동에서는 작문 연습과 동기 유발에 중점을 둔다. 여기서 당신의 학생은 시를 써도 되고 편지를 써도 된다. 학생들은 문헌이나 신문을 이용하여 작문 아이디어를 얻어도 된다.

4. 교사가 책을 읽는 것을 경청한다. 각 레슨의 마지막 부분에 가서는 학생들이 좋아하는 책으로 약 10분 정도 읽어준다. 문자언어는 이에 대한 감각이 있어야 하기 때문에 학생들에게 읽을 책에 대하여 대화할 기회를 줌으로써 경청하게 만든다.

레슨을 이렇게 끝냄으로써 얻는 큰 소득은 모두가 긴장하지 않고 공부할 수 있다는 점이다. 학생들과 교사는 같이 책을 즐기게 된다. 이는 서로간의 관계를 향상시킬 뿐만 아니라 작문 공부에 부담을 느끼지 않게 된다.

:: 중요한 고려 사항들

공책 쓰기

3-링 바인더 공책을 섹션으로 구분하여 색인표를 붙인다. 예를 들면 목록, 문장, 문단, 시 쓰기, 편지 쓰기 등의 섹션으로 구분한다. 학생이 공부하고 있는 분야를 모두 이와 같이 정리한다.

난독증 학생들은 정리하는 것이 어려울 수가 있는데 이렇게 준비해두면 공부를 마친 것은 바로 철할 수 있어서 편리하다. 또 편리한 점은 페이지마다 일자를 적어 두면 학생이 발전하는 모습을 일목요연하게 볼 수 있다는 것이다.

학생들과 같이 쓰기

학생들이 작문하고 있을 때 당신도 같은 유형의 과제에 대해 글을 쓰는 것이 아주 중요하다. 학생들에게 시범을 보여줄 수 있기 때문이다. 난독증 학생들은 조용한 시간에 자신들의 생각을 정리하여 종이에 옮기는 작업을 잘한다.

공유하기

공부한 내용을 공유하는 것이 최상의 방법이다. 공유하는 것을 꺼리는 학생이 있으면 이를 조심스럽게 다루어야 한다. 학생이 한 공부내용을 당신이 학생에게 읽어주어도 괜찮은지 물어본다. 그가 주저하면 이를 존중한다. 일반적으로 교사가 학생이 쓴 글을 소중하게 생각한다는 것을 학생이 알게 되면 공유해도 안전하다고 생각되어 기꺼이 공유할 것이다.

칭찬하는 방법

불행하게도 많은 난독증 학생들은 그들이 공치사를 받아왔다고 생각한다. 자신들의 또래보다 훨씬 못한 것을 알고 있는데 잘했다는 말을 들어왔기 때문이다.

그러므로 그냥 "잘했어."라고 말하는 대신에 내용에 대해 반응하는 것이 가장 효과적이다. 예를 들어 학생이 애완견인 콜리종의 목양견에 대해 글을 썼을 때 "콜리견은 강아지들도 고양이 새끼와 같은 어린 동물을 몰고 가려고 한다니 정말 신기하구나."라고 반응하면 학생은 당신이 자신의 글을 정말 상세하게 읽은 것을 감지한다. 그는 아주 재미있는 정보를 정말 효과적으로 표현하였다. 학생은 당연히 작문에 자신감이 붙어 다음 과제에 더 열성을 보일 것이다.

프라이버시 이슈

때로는 학생이 편하게 쓸 수 있는 주제가 아닌 경우가 있다. 예를 들면, 주제가 학생이 가족과 함께 먹은 식사에 대해 묘사하는 것일 경우가 있다. 불행히도 학생은 가족과 같이 식사하는 것에 관련하여 좋지 않은 기억이 있을 수가 있다. 혹은 일반 가정과 다른 상황이어서 이를 공개하는 것을 원치 않을 수가 있다. 학생을 잘 관찰해야 한다. 문제가 되는 주제에 대해 불편해하는 기색이 보이면, 당신은 "다른 주제에 대해 쓰고 싶으면 좋은 주제를 바로 찾아보자. 식사에 대한 것은 단지 하나의 아이디어일 뿐이야. 더 좋은 주제를 찾아보자."라고 말한다.

철자법

처음 글쓰기를 하는 사람들은 철자에 대해 상당히 걱정한다. 글을 쓰던 것을 중단하고 철자에 대해 질문한다. 그러면 학생에게 일단 추측해 쓰고 작문을 계속하라고 말해준다. 학생이 고집하면 문자로 된 철자를 보여준다. 그리고 철자로 쓰기를 평가하지 않을 것이라고 확신시켜주고, 학생이 원하면 언제든지 철자를 가르쳐 주겠지만 작문을 마치고 날 때에 정정해준다고 말한다.

이렇게 하면 학생은 철자 문제를 걱정할 필요가 없어 편한 마음으로 쓰기에 열중할 수 있게 된다. 그리고 학생의 쓰기 실력이 향상된다. 철자를 모르는 단어를 피해가면서 작문하는 고생을 안 해도 되기 때문이다.

Mike와의 인터뷰

Mike는 제6장에서 읽기에 대해서 이야기했다. 여기서는 제대로 된 지도를 받기 전의 쓰기가 어땠는지에 대해 이야기한다.

▶▶▶ **어렸을 때 무엇을 써보라고 하면 어땠어요?**

음, 저는 똑같은 것을 계속 반복적으로 쓰곤 했어요.

▶▶▶ **무엇에 대해서 썼었나요?**

내용은 기억이 잘 안 나지만, 계속 반복해서 썼어요.

▶▶▶ **왜 그랬어요?**

그게 더 쉬웠으니까요.

▶▶▶ **글쓰기에 대해서 편했어요?**

아니요. 매우 힘들고 단조로운 것이었어요. 제가 무슨 말을 하고 싶은지는 알았지만 그걸 쓸 수가 없었어요. 저는 맞춤법을 잘 맞추질 못했어요. 저는 제가 쓴 것을 알 수 있었지만, 다른 사람들은 이해하질 못했어요.

▶▶▶ **그때가 언제쯤이었나요?**

3학년 또는 4학년 정도요.

▶▶▶ **다른 사람들이 이해를 하지 못하면 뭐라고 하나요?**

그거 때문에 계속 반복해서 연습한 거죠, 뭐.

▶▶▶ 맞춤법이 문제 중 하나라고 했었죠. 다른 문제들도 있었어요?

발음. 단어를 읽는 것이요. 가끔 우리가 적은 것을 수업 시간에 발표하는 경우가 있었어요. 물론 모두들 제가 단어를 읽는 것을 힘들어 한다는 것을 알고는 있었죠. 하지만 어느 정도 익숙해지면서 얼렁뚱땅 말을 만들어내곤 했어요. 선생님은 제가 만들어낸다는 것을 알고는 있었어요.

▶▶▶ 선생님은 괜찮아 하셨어요?

어떨 때는 멈추게 하셨어요. 어떨 때는 계속하게 놔두셨어요. 아마 얼마나 말도 안 되게 벗어났느냐에 따라서겠죠. 하지만 문제는 언제나 부딪히게 되었죠. 제가 말하는 것과 제가 쓴 것은 달랐거든요.

▶▶▶ 이건 언제쯤이었어요?

아마 5학년쯤일 겁니다.

▶▶▶ 가장 주요 장애는 맞춤법에 맞춰서 쓰는 것이었군요. 글자를 쓰는 것은 어떻습니까? 괜찮았습니까?

음, 저는 제가 글 쓰는 것을 어려워 한다는 것을 몰랐었습니다. 하지만 나이가 들면서 제가 명확하게 글을 쓰고 있지 않다는 것을 알았죠. 그래서 그런 부분들을 덮으려 글씨를 지저분하게 썼습니다.

▶▶▶ 아, 맞춤법이 명확하지 않은 부분들을 덮으려 날림 글씨체를 썼던 것이군요?

네, 저는 언제나 제 글씨체가 좋았다고 생각했었지만요.

▶▶▶ 고등학교 때 리포트를 써야 할 때는 어떻게 했었나요?

엄청 오랫동안 고생하면서 몇 시간 동안 썼었습니다.

▶▶▶ **한두 장의 리포트를 쓸 때 얼마나 많은 시간이 소요되곤 했나요?**

아마 8시간 정도요. 저는 그래서 사람들이 어떻게 대학을 가나 싶었어요. 그렇게 많은 리포트를 제출하려면 저는 며칠 이상이 필요했을 겁니다.

▶▶▶ **하지만 대학을 가셨잖아요.**

네, 하지만 몇 년 뒤에요. 고등학교 때에는 저수준의 수업들을 골라 들었고, 많은 리포트가 필요하지는 않았습니다. 또한 대학 준비를 위한 수업들이 있고, 일반 수업 또는 저수준 수업들이 있습니다. 저는 주로 낮은 쪽에 있었죠.

▶▶▶ **대학 때에는 글 쓰는 요구사항들을 따라 갈 수 있었나요?**

네, 하지만 엄청 많은 시간들이 필요했죠. 먼저 읽는데도 많은 시간이 들었지만, 쓰기는 더 많은 시간이 들었습니다. 초안 및 수정 본을 썼어야 했습니다. 그러면서 컴퓨터가 등장했죠.

▶▶▶ **확실히 도움이 되었겠네요.**

네, 엄청 쉬워졌습니다.

▶▶▶ **지금은 그래도 글을 잘 쓰시잖아요. 도움이 되었던 것이 무엇들이 있을까요?**

일단 단어 철자를 배우는 것이요. 단어를 한번 쓱 보고 넘어가는 것이 아니라 제가 정말 말하고 싶은 단어들은 써보는 것입니다. 그 전에는 제가 철자를 모르는 단어가 나오면 어떻게든 피했습니다. 제가 쓸 줄 아는 더 쉬운 단어들로 대체를 했죠. 또는 문장을 늘려서 표현하곤 했습니다. 실제로 꽤 괜찮은 습관입니다. 원래는 문장들이 너무 짧았다는 지적들을 많이 받았었거든요.

▶▶▶ 다시 말해 철자를 모르는 단어들을 피해버렸었군요. 하지만 그런 것들이 생각의 흐름을 끊었고요.

네, 바로 그겁니다. 피하려고 노력하다 보면 어느 순간 말하고자 하는 전체 테마를 잃어버리게 됩니다. 그리고 예전에는 글의 형태를 만드는 법을 몰랐습니다. 서론, 본론, 결론을 구성할 줄을 몰랐죠.

▶▶▶ 지금은 글 쓰는 능력에 대해서 어떻게 생각하세요?

나쁘지는 않은 것 같습니다. 최고라고 생각하지는 않아요. 제가 이야기하고 싶은 것을 제대로 표현하지 못하는 것을 발견하곤 합니다. 제가 무엇을 말하고 싶은지는 알지만, 제 머리가 다른 것을 쓰거나 다른 단어를 쓰게 합니다. 또는 단어를 빼먹던가요. 제 머리는 그런 표현들이 있다고 생각하지만 실제로는 안 쓰여 있더라고요. 이런 경우들이 종종 있습니다.

▶▶▶ 글쓰기 관련해서 더 이야기할 내용들이 있습니까?

대학 때 무엇인가 대해 설명을 해야 하는 쓰기 수업을 들은 적이 있었어요. 한번은 어떻게 학교로 운전에서 오는지 설명해야 하는 시간이 있었어요. 꽤 쉬운 이야기죠. 그냥 이야기만 하면 되니까요. 하지만 만약 어떤 모르는 경로에 대해서 설명을 해야 한다면 저는 몇 시간씩 필요했을 겁니다. 게다가 연구했어야 한다면 더 많은 노력과 시간을 들여서 만들어 냈어야 했겠죠.

수학
교습 방법

제10장

수학 교습 방법

난독증 학생들 중에는 전통적인 교과과정으로도 수학을 잘 배우는 학생도 있지만 그렇지 못한 학생들도 많다. 이러한 학생들은 신경학적인 원인으로 인해 계산을 못하는 계산장애(dyscalculia)가 있는 것도 아니다. 이러한 신경학적인 문제가 있는 경우는 아주 극소수이다. 아무튼 난독증 학생들은 수학에 문제가 있는 경우가 많다. 다른 학업 분야에 나오는 언어와 개념을 이해하는 데에 영향을 주는 학습 스타일 이슈가 수학 학습에도 영향을 줄 수가 있다. 이들은 다음과 같은 부분에서 어려움을 경험한다.

- 수학 언어
- 숫자 쓰기와 같은 문자 출력
- 칠판이나 다른 곳으로부터 산술 문제를 베끼는 데에 필요한 시각-운동 기술
- 복잡한 계산 문제를 푸는 데에 필요한 공간 인식 능력
- 산술 관련 팩트를 기억하는 데에 필요한 단기 및 장기 기억력
- 2차원적 양식(지필검사=paper and pencil; 학력검사, 적성검사)으로만 제공되는 수학적 개념을 시각화하기

난독증 학생들이 어린 시절에 잘못된 지도 방법으로 그들의 사고의 흐름이 방해되지만 않으면 수학 천재가 될 수 있는 인지적 능력과 통찰력을 갖고 있는 경우가 많다는 사실도 맞는 말이다. 아인슈타인도 어렸을 때에는 산술 계산이 자꾸 틀려 어려움이 많았다. 그 당시에는 그의 수학에 대한 특별한 재능이 인식되지 않았다. 왜냐하면 그는 선생님이 원하는 빠르고 정확하고 기계적인 답을 낼 수가 없었기 때문이다. 다행히도 그는 이러한 어린 시절의 어려움에 좌절하지 않고 수학에 대한 관심을 끝까지 놓지 않았다.

:: 어떤 것이 적절한 지도 방법인가?

난독증 학생들이 수학으로 인해 어려움을 겪고 있을 때 어떻게 지도하는 것이 적절한 지도 방법인가? 이러한 학생들이 수학을 잘하고, 심지어는 수학 천재가 되려면 어떻게 도와야 하는가? 여기에도 기본적인 원칙이 적용된다.

- **다중양식 지도방법을 사용한다.** 물체를 이용하여 개념을 소개하고 이에 대한 학습시간을 충분히 갖는다. 배우고 있는 개념이 확실하게 정착되면 이차원적인 문제로 간다. 이차원적인 문제는 다음과 같은 순서로 제공한다.
  1. 물체의 도움 없이 그림만 이용하는 방법
  2. 숫자, 기호 및 방정식과 같은 추상적인 기호
- **실험적이고 상호작용적인 방법을 사용한다.** 학생들은 개념이나 수학적 팩트를 이해하는 데 물체로 실험하는 것을 좋아한다.
- **학생들로 하여금 자신이 발견하는 것을 구두로 설명하게 한다.** 이는 특히 수학적인 팩트를 기억하는 연습을 할 때 중요한 피드백을 제공한다.
- **팀으로 공부한다.** 학생과 당신은 이 학습 팀의 일원으로 문제의 해결방법을 찾는다.

- 내용을 작은 단계로 나누어 제공한다.

- 내용을 순차적으로 제공한다.

- 레슨을 모두 복습하고 연습한다.

수학 과목은 내용이 상당히 많다. 고로 이 책의 목적을 위해서는 난독증 학생들이 가장 곤란해 하는 산술만 주로 다룰 것이다. 산술에서는 숫자 개념을 아는 것이나 추상적인 숫자가 무엇을 의미하는지 아는 것이 중요하다. 그리고 이러한 숫자를 덧셈, 뺄셈, 곱셈 및 나눗셈을 통해 다룰 수 있어야 한다. 산술의 기초를 확실히 닦아야 수학을 잘할 수 있다.

본 챕터 후반에 가서 상급 수학을 위한 자료를 제공할 것이다. 돈과 시간 읽기가 나오는 수학 문제는 제12장. '일상적 기술의 교습 방법'에서 다룰 것이다.

:: 숫자 이전에: 공부 시작하기

학생이 가장 필요로 하는 기초적인 사항은 숫자는 모두 양을 의미하며 그 의미도 각기 고유하다는 사실을 이해하는 것이다. 더구나 이러한 숫자는 서로 상관관계가 있다는 것이다.

그러나 어떤 학생들은 이러한 것을 이해하기 전에 사전 작업이 필요하다. 예를들면, 학생들은 주변에 있는 사물을 관찰하고 사물의 크기와 양과 같은 치수를 볼 수 있어야 한다. 서로 맞는지, 같은지 혹은 다른지를 봐야한다. 색상이나 모양이 반복되는 부분이 있는지? Dr. Maria Montessori는 인식 능력과 관찰 기술을 개발하는 흥미있는 활동을 많이 제안하고 있다. 예를 들면 아이들에게 길이가 모두 다른 막대기 열 개를 준다. 첫 번째 막대의 크기는 '1' 사이즈이고, 다른 막대기는 '1' 사이즈만큼씩 길어진다. 그러므로 가장 긴 막대기는 '10' 사이즈가 된다. 숫자 언어는 사용하지 않았지만 아이들은 막대기를 짧은 것으로부터 긴 것으로 차례대로 정렬하여 계단 모습이 되게 한다. 이 방법에 대한 Dr. Montessori의 책은 도서관에서 쉽게 찾을 수 있다. 두 개를 소개한다. A Montessori Handbook, "Dr. Montessori's Handbook" with Additional New Material on Current Montessori Theory and Practice, edited by R. C. Orem(G.P. Putnam's Sons, 1965)과 Basic Montessori: Learning Activities for Under-Fives by David Gettman(St. Martin's Press, 1987).

:: 산술 가르치기

The Structural Arithmetic program by Catherine Stern, Margaret B. Stern, and Toni S. Gould(Educators Publishing Service, 1992)에서는 난독증 학생들을 위한 아주 재미있고 효과적인 방법을 제시하고 있다. 여기에 덧셈, 뺄셈, 곱셈 및 나눗셈과 같은 4가지 계산법을 가르치는 방법이 나온다. 원래는 유치원에서 초등학교 4학년생들 위해 만든 것이지만 조금만 수정하면 나이가 더 많은 학생이 사용하여도 된다. 실은 나이가 더 든 학생들의 이러한 기초 실력을 확인하는 데에 사용하기도 한다. 난독증 학생들 중에는 기계적인 기억력이나 순전히 노력만으로 낙제 점수를 면한 경우도 꽤 많다. 잘 검사해보면 이들 중에는 핵심적인 내용을 이해하지 못하는 학생들이 있음을 알게 될 것이다.

Structural Arithmetic에서 주장하는 내용은 아래와 같다.

- 프로그램의 목적은 학생 스스로가 생각할 수 있도록 돕는 것이다. 기계적인 암기가 아니라 실험을 통한 인지능력의 발달을 강조한다.
- 팩트를 개별적으로가 아니라 그룹으로 배운다. 개별적으로 배우는 경우를 보면, 학생에

게 구슬과 같은 물체를 2세트 주고 6+3=9를 모두 세어서 증명하게 한다. 이런 방법은 특정 팩트는 설명하지만 서로 간의 관계는 설명하지 못한다.

- 수학 팩트를 세는 방법이 아니라 시각적인 방법으로 보여준다. 예를 들면, 학생에게 3+2를 더하게 할 때 그냥 숫자 '3, 4, 5'를 불러주는 것이 아니라 물체를 주어 이를 숫자 궤도로 측정하게 한다. 전자는 학생에게 아무런 의미가 없다. 왜냐하면 셈은 단어를 기계적으로 암기하는 것이기 때문이다. 또한 세는 시스템에서 답의 숫자가 10단위일 때 학생은 실수를 많이 한다.

- 학생들로 하여금 논리적 및 공간적 사고 능력을 향상시킬 수 있는 다양한 방법으로 물체로 실험하도록 격려한다.

- 학생들로 하여금 자신들이 발견하고 있는 수학 개념과 팩트를 구두로 설명하도록 격려한다. 학생이 이렇게 구두로 설명하면 교사는 중요한 피드백도 얻을 수 있으며 학생 자신은 이렇게 배운 정보를 잘 기억하게 된다.

- 팩트와 팩트 사이의 관계를 파악하는 데 중점을 두면서 가르치면 학생들은 그렇게 많은 팩트를 암기하지 않아도 된다.

- 대부분의 지도 업무는 상호적인 관계가 있다. 연습장은 개념과 팩트에 많이 친숙해진 후에만 제공한다. 그리고 이것도 교사가 가르친 내용을 지원하는 역할에 한해서만 사용한다.

- 교사는 학생이 지침 내용과 기타 구두로 교환한 정보의 내용을 이해하고 있는지를 확인하는 데에 신경을 써야 한다.

이 프로그램의 접근법에 대한 감을 잡기 위해 다음에 게임과 활동을 간략하게 설명하였다.

숫자 이름을 배우기

구조 산술(Structural Arithmetic)을 위해 뱀 게임(The Snake Game)을 한다. 번호표를 1에서 10까지를 준비하고, 블록도 1에서 10까지 10개의 블록을 준비한다. '1' 블록에는 블록이 1개가 있고, '2' 블록에는 블록이 2개가 붙어있고 등등. 다중 블록은 모두 붙어있다. 이 프로그램에서는 블록을 숫자 블록이라고 부른다.

두 개의 팀을 만든 다음, 첫 번째 플레이어가 쟁반에 엎어놓은 번호표 하나를 고른다. 숫자를 의미하는 블록 한 개나 서로 붙은 블록을 골라 '뱀'을 시작한다. 순서대로 카드를 골라 자기 팀의 '뱀'에 계속 가져다 붙여 놓는다.

더하기

이 활동에서는 10-박스를 사용한다. 두 개의 숫자블록을 선택하여 10을 만든다. 예를 들면 2+8 경우를 보자. 이를 숫자 박스에 넣으면서 "2가 10이 되려면 8이 필요하다."라고 말한다. 다른 조합을 찾아내어 10이 되도록 한다. 학생들로 하여금 이런 활동을 하는 동안 이를 구두로 설명하도록 한다.

'더하기'와 '는' 표시를 보여준다. 그리고 숫자를 시험 답안지에 어떻게 적어 넣는지 시범을 보여준다. 숫자 블록으로 보여준 내용을 적은 다음 이를 말하게 한다.

빼기

구조 산술(Structural Arithmetic)을 위해 스카프 게임(The Scarf Game)을 한다. 이 활동에서는 10-박스와 숫자 블록 1에서 10까지 그리고 스카프가 필요하다. 숫자 블록을 학생 책상 위에 놓는다. 학생에게 눈을 감으라고 하고, 합이 10이 되는 블록 2개를 스카프 밑에 감춘다. 학생이 눈을 뜨면 그 중에 하나를 보여준다. 이를 테면 그 블록이 6이라고 하자. 그리고 학생들에게 6이 없어지면 블록이 몇 개가 남아있는지 묻는다. '4'라고 말하면 스카프를 치우고 확인한다. 학생들로 하여금

10-6=4라는 내용을 구두로 말하게 한다.

곱하기

구조 산술 III(Structural Arithmetic III)에서 곱셈을 예를 들어 3×2=2+2+2의 덧셈으로 표현하지 않고, 특이한 방법으로 표현한다. 곱셈은 일정한 수를 한 번 이상 반복한다. 따라서 위의 등식에서 보면, 학생은 2라는 숫자 블록(2칸)을 3개를 가져와서 기다란 숫자 트랙에 나열한다. 이 긴 숫자 트랙은 숫자 블록들을 넣을 수 있는 기다란 직사각형 통이고, 통의 길이에 맞춰 홈이 파여 있어서 길이에 따른 숫자가 표현되어 있다. 이 방법으로는 구구단을 순차적으로 표현하는 것이 아니라 제일 먼저 10을 소개 하고, 그 다음에는 1, 2, 5, 9 순으로 소개한다. (그 이유는 10과 유사한 순으로 쉽게 나누어떨어지는 숫자들이 많기 때문이다.)

구조 산술 III에서 10 이상은 이중 보드(dual board)라는 학습도구를 이용한다. 10의 자리를 표현할 수 있는 칸들이 있는 네모난 블록이다. 보드 하단에 1부터 10까지를 표현할 수 있는 칸이 있는데, 이 부분이 바로 10의 자리를 표현한다. 상단에는 10, 20, 30 등의 10단위의 두 자리 숫자들을 놓을 수 있는 칸이 있다. 학생들은 1부터 10까지의 한 자리 숫자를 선택해서 놓게 하고, 이를 통해 10단위의 두 자리 숫자들로 표현하는 방법을 배운다. 예를 들어 4를 하단에 올려놓으면, 이를 통해 4×10=40을 배울 수 있다.

나누기

나누기를 소개하기 전에 곱셈을 철저히 가르쳐야 한다. 그래야 두 가지 셈법을 혼동하지 않는다. 또한 계산 장애가 있는 학생들은 나눗셈에서 그들의 특유한 문제를 보인다. 가장 중요한 것은 문자로 된 나눗셈 문제의 물리적인 구조에서 혼동을 일으킨다. 예를 들면 덧셈, 뺄셈 및 곱셈에서는 계산해야 할 숫자는 선 위에 있고 답은 선 아래에 있다.

$$3 \quad 8 \quad 6$$
$$\underline{+2} \quad \underline{-4} \quad \underline{\times 7}$$

그런데 나눗셈은 그 모양 자체가 긴 선이 있고 커브가 있는 것이 어떻게 해야 할지 모르게 만든다.

구조 산술(Structural Arithmetic)을 위해 박스 아래(Under the Box)라는 게임을 한다. 여기서는 숫자 트랙(number track)을 사용한다. 그리고 숫자 블록과 작은 박스 하나가 필요하다.

예를 들면, 35를 5로 나눌 때 학생에게 5블록 열 개와 숫자 트랙과 박스를 제공한다. 학생들에게 눈을 감으라고 하고, 5블록 7개를 감춘 후 눈을 뜨라고 한 다음 박스 아래에 있는 숫자 트랙에 총 35가 되는 블록이 있다고 말해준다. 그리고 5 블록이 몇 개가 있는지 맞추게 한다. 학생들이 답을 맞히면 그 팩트를 나눗셈 공식에 기록하게 한다. 이 활동은 박스 아래에 있는 블록의 수가 나눗셈 문제에서 '선 아래'의 숫자에 해당하는 것을 시각화할 수 있도록 돕는다.

구조 산술 프로그램은 숫자 쓰기, 덧셈, 뺄셈, 곱셈 및 나머지가 있는 나눗셈, 분수 더하기 등을 포함한 계산 작업의 모든 면을 다루고 있다. 더욱이 부피 측정, 시계 보기, 돈 세기와 같은 일상에서 늘 당면하는 중요한 수학적 도전을 다루고 있다. 여기에는 또한 응용문제에 대한 제안도 있다.

:: 계산을 넘어서

4가지 숫자 계산에 관련되는 기초적인 개념을 완전히 숙지하고 이러한 개념을 쉽게 사용할 수 있게 하는 기계적인 팩트를 충분히 암기하고 나면 다른 공부로 이동한다. 패턴, 그래프 그리기, 평균치 내기, 소수점 문제, 분수 문제, 백분율 문제 등 배울 것이 아주 많다. 수학에 나오는 중요한 데이터의 막대한 양과 개념에서 혼란에 빠지는 것을 방지하기 위해 개념을 설명하는 순서를 정하는 출판된 프로그램을 갖고 있으면 많은 도움이 된다.

On Cloud Nine: Visualizing and Verbalizing for Math by Kimberly Tuley and Nanci Bell(Gander Publishing, 1997)에서는 Structural Arithmetic 프로그램과 같은 개념으로 가르친다. 그러나 여기서는 한 단계를 추가하고 있다. 저자들은 학생들이 수학개념에 대해 정신적 이미지를 형성하는 능력이 아주 중요하다고 믿고 있다. 이들은 그러므로 Structural Arithmetic에서처럼 조작물로 개념을 소개하지만 이들은 학생이 이러한 아이디어를 시각화하고 구두로 표현할 수 있도록 가르친다. 그런 다음에 계산을 소개한다. 이 프로그램을 사용할 때 고려해야 할 한 가지 중요한 사항은 학생들은 Visualizing and Verbalizing for Language Comprehension and Thinking by Nanci Bell(Academy of Reading Publications, 1986, 1991)의 지도방법을 따라야 한다는 저자들의 권고사항을 유념하는 것이다. 이 프로그램은 사람들은 언어를 이해하기 위해서는 마음속에서 상상화를 그릴 필요가 있다고 주장하고 있다. 상세한 절차를 통해 학생들은 이러한 그림을 그리는 방법을 배운다. 그러므로 On Cloun Nine은 적극적인 참여를 요한다. 그러나 수학 개념에 심각한 문제가 있는 학생에게는 좋은 자원이 될 수 있다.

Attack Math: Arithmetic Tasks to Advance Computational Knowledge by Carole Greenes, George Immerzeel, Linda Schulman, and Rika Spungin (Educators Publishing Service, 1985)에서는 각 계산 분야에서 세 가지 학습장을 제공하고 있다. 초등학교 1~6학년용이다. 이러한 학습장이 난독증 학생들을 위한 일차적

인 프로그램으로 만든 것은 아니지만, 학생들이 연습할 수 있는 보조 자료로 아주 훌륭하다. 각 페이지에 나오는 계산 문제와 응용문제의 수는 많지 않다. 그래서 난독증 학생들도 부담 없이 사용할 수 있다.

Mathematics Their Way by Mary Baretta-Lorton (Addison-Wesley, 1976)은 학생이 아주 재미있어하는 좋은 프로그램이다. 이 프로그램의 장점은 쉽게 구할 수 있는 자료를 활동에 사용한다는 것이다. 이 프로그램은 K-2 학년을 위한 것이며 논리적 사고, 그래프 그리기 및 분류와 같은 부분을 다루고 있다. 이 프로그램은 일차적 수준의 자료처럼 보이지 않기 때문에 나이가 든 난독증 학생들이 사용하여도 이상하게 보이지 않는다.

Mathematics: A Way of Thinking by Baretta-Lorton(Addison-Wesley, 1977)에서도 실습기회를 제공한다. 이 프로그램은 Mathematics Their Way와 유사한 개념을 갖고 있으며 초등학교 3~6년 학생들을 위해 만들었다. 앞에 프로그램과 같이 나이 든 난독증 학생들이 사용해도 무방하다.

The Kim Marshall Series: Math, Parts A and B by Kim Marshall(Educators Publishing Service, Part A: 1982, 1984, 1977; Part B: 1983)은 35개의 단위가 들어 있는 두 개의 책으로 구성되어있다. 이 책들은 다소 독립적으로 공부할 수 있는 상급반 학생들을 위해 만들었다. 여기에는 소인수(prime factors), 반올림, 미터 측정법(metric measurement) 및 분수와 같은 개념을 다루고 있다.

:: 기타 보충 자료

아주 재미있는 수학 보조 자료가 많이 있다. 도서관의 카드 파일이나 인터넷에서 수학을 검색하면 쉽게 접할 수 있다.

아래에 좋은 자료를 모아보았다.

- Family Math: 저자 jean Kerr Stenmark, Virginia thompson and Ruth Cossey; 그림 Marilyn Hill(The Lawrence Hall of Science, 1986 by the Regents, University of California).
- The I Hate Mathematics by Marilyn Burns(Little, Brown and Company, 1975).
- Math for Every Kid: Easy Activities That Make learning Math Fun by Janice Van Cleaver(John Wiley and Sons, Inc., 1991).
- Games for Math: Playful Ways to Help Your Child Learn Math, from Kindergarten to Third Grade: 저자 Peggy Kaye; 그림 Peggy Kaye(Pantheon Books, 1987).
- Math Fun with Money Puzzlers: 저자 Rose Wyler and Mary Elting; 그림 Patrick Girouard(Julian Messner, 1992).
- How to Count Like a Martian by Glory St. John(Henry Z. Walck, 1975).

:: 조작교구(Manipulatives) 사용에 대한 충고

어떤 교사들은 조작교구를 사는 대신 스스로 만든다. 혹은 종이 클립, 버튼, 통 등과 같이 주변에 흔히 있는 물건을 사용하기도 한다. 혹은 Unifix cubes(interlocking cubes), 숫자 압핀 등과 같은 것을 구입해 사용하기도 한다. 어떤 것을 사용하든 아래 두 가지만 유념하면 좋겠다.

1. 조작교구는 학생 나이에 적합한 것이어야 한다.
2. 학생은 한 번에 한 가지 변수만 봐야한다. 예를 들면 학생이 블록을 사용하면서 숫자 개념을 공부할 때 주어진 숫자 세트의 블록은 모두 같은 색깔이어야 한다. 그리고 다른 숫자 세트에 있는 블록은 다른 색깔이어야 한다. 그렇게 하면 학생은 쉽게 빨간 블록의

숫자 그룹을 선택하여 다른 색깔의 숫자 그룹에 더할 수 있게 된다.

:: 일상 수학

난독증 학생들은 대체로 실용적인 사람들이어서 일상생활에서 일어나는 일에 관심이 많다. 그러므로 하루를 통하여 수학을 사용할 기회를 계속해 찾는 경향이 있다.

예를 들면, 어떤 학교에 농장에서 닭을 키우는 교사가 있다. 그녀는 지역 식품 협동조합에 달걀을 가져다 판다. 학생들은 이 일에 관심이 많다. 봄이 되면 학교 프로젝트로 알을 까는 것을 돕기 때문이다. 그리고 다음과 같은 것을 배울 기회를 갖는다.

- 닭 모이 원가와 기타 비용에 대한 목록을 만들어 총액을 계산한다.
- 계란 한 줄을 팔면 남는 이익을 계산한다.
- 협동조합이 선생님에게 지불할 금액을 산출한다(계란 줄 수 곱하기 줄 당 가격).

실생활과 수학을 연결하는 기회는 간단하고 빠르다. 그리고 가장 기본적인 수준에서 이루어진다. 예를 들면, 점심 직전에 차가운 샌드위치를 먹는 사람과 더운 음식을 먹는 사람의 수를 센다. 학생들에게 이를 기록하게 한 다음, 어느 그룹이 더 많은지 답하게 한다. 이와 같이 수학 내용이 학생들이 좋아하는 방법으로 들어있는 쌍방향 공부는 수학 학습을 강화하는 데에 아주 중요하고 효과적인 방법이 될 것이다.

:: 문학과 수학

문학책 내용에도 수학을 공부할 수 있는 재미있는 기회가 많이 있다. 예를 들면 당신이 학생들에게 그림책을 읽어 줄 때에 다음과 같이 수학 용어를 사용하면서 대화를 시작할 수 있다.

- 숫자 세기: 예를 들면 "이 페이지에 코끼리 몇 마리가 있지?"
- 무게: 예를 들면 "이 피아노와 저 램프 중에 어느 것이 더 무거울까?"
- 측정: 예를 들면 "저 테이블이 얼마나 길까?"

어렵게 할 필요가 없다. 공부하는 내용만 염두에 두고 진행하면 된다. 그리고 책을 이용하여 이러한 개념을 토론할 수 있게 기회를 놓치지 않도록 한다. 가벼운 마음으로 진행하면 아이들이 이러한 도전을 즐기게 될 것이다.

수학 개념을 좀 더 직접적으로 설명해주는 책들을 소개한다.

How Much Is a Million?: 저자 David M. Schwartz; 그림 Steven Kellogg(Lothrop, Lee and Shepard, 1985).

Counting on Frank: 저자 및 그림 Rod Clement(Gareth Stevens Children's Books, 1991).

Each Orange Had 8 slices: 저자 Paul Giganti, Jr.; 그림 Donald Crews(Greenwillow Books, 1992).

Counting on the Woods: 시 George Ella Lyon; 사진 Ann W. Olson(A DK Ink Book, 1998)

Eating Fractions: Bruce McMillan(Scholastic, Inc., 1991).

이 외에 Math Through Children's Literature: Making the NCTM Standards Come Alive by Kathryn L. Braddon, Nancy J. Hall and Dale

Taylor(Teacher Ideas Press, 1993)에는 좋은 책을 많이 싣고 있다. 이 자료는 교실에서 할 수 있는 구체적인 활동도 제공하고 있다.

:: 계산기에 대한 조언

계산기는 좋은 도구이지만 실제 학습을 대치하지는 못한다. 난독증 학생들은 수학 개념과 수학 팩트를 배울 수 있다. 적절한 지도와 노력을 요하지만 성공할 수 있으며, 성공에 따르는 만족감도 즐길 수 있다. 난독증 학생들은 또한 기계의 도움에 의존할 필요가 없다. 그리고 이들은 기초적인 수학 기술을 요하는 사회적 상황에서 수치감을 느낄 필요가 없다.

계산기는 답을 확인하거나 속도를 요하는 계산을 해야 할 때에는 도움이 된다. 계산기는 도구이다. 그리고 모든 도구들이 그렇듯이 적절히 사용만 하면 아주 유용한 것이다.

:: 독립적 활동 시트

학습장은 이미 배운 개념과 팩트를 강화할 때에만 사용한다. 복습과 연습을 위한 목적으로만 사용한다. 아래에 4가지 기초적인 원칙을 제공하고 있다.

1. 학습장을 당신이 직접 만든다. 직접 만들면 당신은 학생이 그 페이지에 있는 모든 문제를 풀 수 있는지 그리고 학생의 시각 운동 능력과 공간적 기술 및 수학 수준 등을 확인할 수 있다. 예를 들면, 학생에 따라 그래프용지의 칸이 1 혹은 2cm 되는 것을 선호한다. 279쪽과 280쪽에 'My Work'라는 제목으로 만든 독립 활동 시트에서 칸의 크기를 소개한다. 277쪽과 278쪽에서는 사용 요령을 보여준다. 그리고 응용문제를 당신이 만든

경우에는 학생의 친구 이름을 사용하거나 학생의 실생활 상황에 연계하여 작성한다.

2. 계산문제와 응용문제를 간단하게 만든다. 풀어야 할 부분을 분간하기 쉽게 만든다. 또한 문제 주변에 주의를 산만하게 하는 시각적인 자극을 넣으면 안 된다. 281~286쪽에 실은 샘플을 참조한다. 학생의 실력과 자신감이 향상되면 한 쪽에 더 많은 문제를 올려도 된다. 아래에 지침을 참고하기 바란다.

   • 더하기: 올리기가 없는 두 자리 문제

   • 빼기: 빌려오기가 없는 두 자리 문제

   • 곱하기: 올리기가 없는 두 자리 문제

   • 나누기: 빌려오기가 없는 두 자리 문제

   • 더하기와 빼기로 풀기: 더하기와 빼기만 있는 응용문제

   • 곱하기와 나누기로 풀기: 곱하기와 나누기만 있는 응용문제

3. 학생들은 독립적인 활동 시트를 모두 풀 수 있어야 한다. 85%의 정확도를 이루지 못하면 학생에게 너무 어려운 것이며, 이런 경우 아무 코멘트 없이 보이지 않는 곳에 치워둔다. 혹은 "오! 내가 실수로 그것을 주었는데 미안하구나. 이것으로 해봐."라고 말하면서 학생에게 적합한 것으로 준다.

4. 학생으로 하여금 자신의 오류를 스스로 찾아내게 한다. 이렇게 말한다. "한 번 더 확인 해볼래?" 이것이 체크 마크로 흉물스럽게 만드는 것보다 낫다. 대부분의 학생들은 문제를 맞게 풀기를 원한다. 그러나 계속해서 문제만 풀게 하는 것보다 칭찬과 성공을 통해 좋은 습관을 키우게 하는 것이 좋겠다. 학생이 잘해내지 못하면 스스로 실망하여 포기하거나 학구열이 떨어지는 결과를 낳게 된다.

이 활동 시트에 지침을 적을 때는 학생이 쉽게 읽고 쓰도록 한다.

시간이 부족하여 출판된 독립적인 활동 시트 프로그램을 쓰기로 결정한 경우에는 간단하고 시각적으로 최소한의 내용만 담은 것을 선택하도록 한다.

	4	2		6	5		
	+ 1	1		+ 2	4		
	5	3		8	9		
	3	7		1	6		
	+ 4	0		+ 2	3		
	7	7		3	9		

	9 3			6 8			4 7	
	- 1 2			- 3 5			- 2 3	
	8 1			3 3			2 4	

	5 8			3 5			2 8	
	- 4 7			- 1 4			- 2 2	
	1 1			2 1			0 6	

	8 4			7 5			5 6	
	- 5 3			- 6 1			- 4 3	
	3 1			1 4			1 3	

My Work (1)

성명 _____   일자 _____

My Work (II)

성명 _____   일자 _____

$$\begin{array}{r} 23 \\ + 51 \\ \hline \end{array} \qquad \begin{array}{r} 62 \\ + 37 \\ \hline \end{array} \qquad \begin{array}{r} 25 \\ + 44 \\ \hline \end{array}$$

$$\begin{array}{r} 18 \\ + 61 \\ \hline \end{array} \qquad \begin{array}{r} 13 \\ + 46 \\ \hline \end{array} \qquad \begin{array}{r} 39 \\ + 40 \\ \hline \end{array}$$

$$\begin{array}{r} 78 \\ + 21 \\ \hline \end{array} \qquad \begin{array}{r} 84 \\ + 15 \\ \hline \end{array} \qquad \begin{array}{r} 63 \\ + 35 \\ \hline \end{array}$$

성명 _____ 일자 _____

```
  57          63          78
- 11        - 32        - 45
_____      _____      _____


  31          49          86
- 10        - 27        - 53
_____      _____      _____


  99          26          38
- 65        - 14        - 24
_____      _____      _____
```

성명 _____   일자 _____

$$
\begin{array}{r}
71 \\
\times\ 14 \\
\hline
\end{array}
\qquad
\begin{array}{r}
23 \\
\times\ 22 \\
\hline
\end{array}
\qquad
\begin{array}{r}
82 \\
\times\ 14 \\
\hline
\end{array}
$$

$$
\begin{array}{r}
54 \\
\times\ 12 \\
\hline
\end{array}
\qquad
\begin{array}{r}
67 \\
\times\ 11 \\
\hline
\end{array}
\qquad
\begin{array}{r}
53 \\
\times\ 33 \\
\hline
\end{array}
$$

$$
\begin{array}{r}
81 \\
\times\ 67 \\
\hline
\end{array}
\qquad
\begin{array}{r}
14 \\
\times\ 22 \\
\hline
\end{array}
\qquad
\begin{array}{r}
34 \\
\times\ 12 \\
\hline
\end{array}
$$

성명 _____   일자 _____

$$5 \overline{)\ 45}$$

$$3 \overline{)\ 12}$$

$$6 \overline{)\ 30}$$

$$2 \overline{)\ 8}$$

$$7 \overline{)\ 42}$$

$$10 \overline{)\ 50}$$

$$8 \overline{)\ 48}$$

$$1 \overline{)\ 3}$$

$$9 \overline{)\ 18}$$

성명 _____ 일자 _____

우선 응용문제를 그림으로 그린다. 그리고 숫자로 답을 하시오.

Michael이 갖고 있는 봉지 안에 포테이토칩이 14개가 들어있다. 그는 6개를 먹었다. 몇 개 남았는가?

답 ————————————

Juanita는 월요일에 연필 두 개를 주었다. 화요일에는 3개를 더 주었다. 모두 몇 개를 주었는가?

답 ————————————

성명 ———————————— 일자 ————————————

우선 응용문제를 그림으로 그린다. 그리고 숫자로 답하시오.

Kim은 매일 버스를 타고 6마일 거리를 등하교한다. 수업이 있는 5일 동안 버스를 몇 마일을 타는가?

답 ―――――――――――――――

Ebon은 피자를 만들어 8등분했다. 그리고 자기 누이와 똑같이 나누어 먹었다. Ebon과 누이는 각각 몇 조각씩 먹었는가?

답 ―――――――――――――――

성명 ――――――――――――――   일자 ――――――――――――――

본 챕터 앞부분에서 언급한 바와 같이 Attack Math는 좋은 보충 학습장 시리즈이다. 책 한 권을 주면 부담스럽게 생각하는 학생에게는 한 장씩 준다. 그리고 당신의 학생이 매 페이지마다 성공적으로 잘 해야 한다는 사실을 잊으면 안 된다. 어려워하면 다른 학습장을 구하도록 한다.

다음에 소개한 독립적인 활동 시트(288~290쪽)는 학생들이 재미있어 한다.

- **숫자와 그림**: 이 시트는 그림을 그릴 수 있어야 한다. 이러한 학습지는 만들기가 쉽다. 숫자 개념을 배우는 학생들이 즐길 수 있는 도전이다.
- **더하기 빙고**: 이 시트는 학생들이 제공된 격자에 숫자를 1에서 12까지 무작위로 적어 넣고 주사위로 빙고 게임을 하는 것이다. 여기서는 던져서 나온 숫자 두 개를 더한다. 숫자 쓰기와 덧셈 연습에 좋은 프로그램이다.
- **곱하기 빙고**: 이 시트는 제공된 곱셈숫자를 선택하여 격자에 적어 넣는 게임이다. 그리고 주사위 두 개를 던져 나온 숫자 두 개를 곱한다. 격자에 있는 숫자와 일치하는 숫자에 색칠을 한다. 한 줄(수직, 수평, 혹은 대각선)을 처음 완성한 플레이어가 이긴다. 구구단을 연습하는 게임이기 때문에 져도 손해 볼 것이 없다.

고양이 6마리를 그린다.

나무 다섯 그루를 그린다.

책 세 권을 그린다.

성명 _____   일자 _____

두 사람이나 세 사람이 하는 게임이다. 우선 한 칸에 숫자 2에서 12 중에 하나를 적는다. 3은 이미 적어 두었다. 그런 후 주사위 두 개를 던져 나온 숫자 두 개를 더한다. 답과 일치하는 숫자가 나오면 그 칸에 색칠한다. 한 줄을 먼저 완성한 사람이 이긴다.

3						

성명 _____   일자 _____

두 사람이나 세 사람이 하는 게임이다. 우선 한 칸에 아래에 나온 숫자 하나씩 적는다.

1, 2, 3, 4, 5, 6, 8, 9, 10, 12, 15, 16, 18, 20, 24, 25, 30, 36

그런 후 주사위 두 개를 던져 나온 숫자 두 개를 곱한다. 답과 일치하는 숫자가 나오면 그 칸에 색칠한다. 한 줄을 먼저 완성한 사람이 이긴다.

성명 _____   일자 _____

Sonia와의 인터뷰

Sonia는 30년 이상 난독증 학생들을 가르친 교사이다. 여기서 그녀는 수학을 가르치는 효과적인 방법들에 대해 이야기한다.

▶▶▶ 난독증 학생들에게 수학을 가르치는 기본 원칙은 무엇인가요?

조작 교구들(manipulatives)을 사용합니다. 난독증 학생들은 만지고 느끼고 봐야지 개념을 이해할 수 있습니다. 3차원으로 먼저 시작을 하고, 그 이후에 종이와 연필을 이용해서 2차원으로 내려가야 합니다. 이렇게 할 수 없다면 가르칠 수가 없습니다.

검토하는 것을 멈추면 안 됩니다. 튼튼한 기초를 바탕으로 위에 세워야 합니다. 가르쳤다고 이제는 다 알 것이라고 추측하면 안 됩니다. 선생님들이 가장 흔하게 하는 실수는 학생들이 오늘 알았다고 이제부터 알 것이라는 추측입니다. 그리고 바로 다음 수업 내용으로 넘어가죠. 학생들에게 도전 의식을 주는 것과 어려움에 제압당하게 하는 것은 매우 경계선이 얇습니다. 쉬워지는 것이 차라리 더 나은 방법이죠. 어린 학생들은 매우 쉽게 좌절합니다.

선생님들은 실용적이고 응용적인 수학을 가르치려 합니다. 많은 선생님은 조작교구들을 잘못 이용합니다. 그들은 학생들에게 어떻게 사용하는지 알려주고, 문제를 주어서 혼자 해결해보게 합니다. 학생들이 혼자 하겠다고 하지 않는 한 절대 단독적으로 주지 마세요. 이를 통해 학생들, 특히 조금 나이가 있는 학생들은 부끄러워할 수도 있습니다. 조작 교구들은 선생님과 학생들이 함께 사용하도록 제작된 교구들입니다. 어떻게 사용하는지 정확하게 알고 함께 사용하는 데 즐거워야 합니다.

▶▶▶ 구구단에 대해서는 어떤가요? 당신의 학생들은 구구단을 배울 수 있었습니까?

난독증 학생들에 대한 통념은 그들이 단기 또는 장기 기억력 문제가 있어서 구구단을 절대 외울 수 없다고 하는 것입니다. 많은 시간과 검토가 필요하지만, 그들은 배울 수 있습니다. 매일 연습해야 하죠.

곱셈과 나눗셈을 동시에 가르치면 안 됩니다. 곱셈을 명확하게 사용할 수 있을 때까지 가르쳐야 합니다. 아니면 학생들이 매우 혼동될 수 있습니다. 조작 교구를 이용해서 3차원적으로 곱셈을 완벽하게 이해할 때까지 학습하고 나서, 2차원적으로 학습시키면 됩니다. 매일매일 연습해야 합니다.

▶▶▶ 학생들이 계산기를 이용하는 것에 대해서 어떻게 생각하십니까?

계산기를 쓰지 않아야 하는 것이, 난독증 학생들은 잘못된 숫자들을 누르기 때문입니다. 계산기는 심화 학습을 하면서 검산 방법으로 이용하는 것은 괜찮지만, 계산기가 기본 개념을 알려주지는 않습니다. 정답 또는 계산이 타당한지 아닌지 알 수 있을 정도로 수학을 매우 잘 알고 있어야 합니다. 기본 수학 개념을 잘 알고 있어야 계산기를 이용할 수 있죠.

연관된 과목
가르치기

제11장

연관된 과목 가르치기

난독증은 언어의 다양한 분야에 영향을 주기 때문에 모든 과목에 큰 영향을 끼친다. 그뿐만 아니라 ADHD 및 정리하는 기술에 대한 어려움과 같은 특성이 난독증과 함께 나타난다. 일을 더욱 힘들게 만드는 것은 대부분의 난독증 학생들은 전통적인 학습 환경인 대형 교실에서 사회생활, 과학, 체육, 음악 및 미술을 배우고 있다는 점이다. 난독증 학생들은 특별한 욕구가 있으며 특별한 재능이 있다는 사실을 잊으면 안 된다. 이러한 학생들이 필요로 하는 학습 스타일을 감안해준다면 이들은 다양한 분야에서 두각을 나타낼 것이다. 이들은 창의적인 사고력을 갖고 있고, 패턴 분석 능력이 있으며, 다양한 면에서 학급 전체에 공헌할 수 있을 것이다.

학과목에 관계없이 교사가 유념해야 할 점은 아래와 같다.

- 정보 전달 방법
- 학생이 정보와 인터랙트하는 것을 돕는 방법
- 정보 입수 평가 방법

이러한 점에 대하여 제5장에서 세부적으로 논의한 지도방법의 10대 원칙(the ten general principles of instruction)을 복습한다.

1. 학생을 개입시킨다.

2. 다중감각 교습 방법을 사용한다.

3. 학생에게 기계적인 기억보다 논리를 사용하는 방법을 가르친다.

4. 자료를 순차적으로 설명한다.

5. 자료를 적은 분량으로 가르친다.

6. 연습하고, 연습하고, 연습하고, 그리고 복습한다.

7. 학생이 시간과 공간을 체계화하는 것을 돕는다.

8. 지침을 개개인에 맞게 제공한다.

9. 항상 정서적 분위기를 인식한다.

10. 많이 웃는다.

:: 10대 일반원칙

학생을 참여시켜라

난독증 학생들은 교사가 자신을 살펴주고 있다고 느낄 때에 더 잘하는 경향이 있다. 특히 학업에 실패를 경험한 학생의 경우는 더욱 그러한 면이 있다. 이러한 학생들은 교실에 오는 것이 마치 군인이 지뢰밭에 들어가는 것처럼 행동한다. 창피해질 상황이 얼마든지 있다. 선생님이 자신으로 하여금 큰 소리로 책을 읽게 하면 어떻게 하나? 음악시간에는 가사를 읽으라고 하면 어떻게 하나? 많은 양의 정보를 암기하라고 하면 어떻게 하나? 시험을 치게 되는 것일까? 긴 에세이를 쓰라고 하면 어떻게 하나? 철자는? 문법은? 체육시간에는 팀 멤버로서 팀이 이길 수 있게 잘해야 하는데…

이러한 이슈는 초기에 정리하여 학생이 긴장하지 않도록 해야 한다. 기대치가 학생의 실력을 초과하면 이를 조절하거나 지원해줄 수 있는 전략을 세워야 한다.

학생과 개인적으로 시간을 가지고 염려하는 문제를 논의한다. 또한 학생과 당신의 목적에 대해 논의함으로써 두 사람이 학습 팀이 되도록 한다. 297~300쪽에 복사해서 사용할 수 있는 양식이 있다. Finding Out About Learning Style(학습 스타일을 알아내기), My Learning Style(나의 학습 스타일, 학생용) 그리고 A Learning Contract(학습 각서). 이를 대화에 집중하여 진행한다. 이는 중요한 부분이다. 왜냐하면 이러한 과정을 통해 학생은 당신이 학생의 학습 스타일을 심각하게 생각하고 있음을 학생이 인지하게 되기 때문이다. 초기에는, 특히 문제가 있을 경우에는 대화 시간을 많이 갖도록 시간표를 짠다.

다중감각 교수법을 사용한다

가능하면 당신이 지도하는 학생의 학습스타일을 찾아낸다. 학생은 가만히 앉아 강의를 들을 수 있는지? 학생은 구두로 전달 받은 자료를 기억할 수 있는지? 이는 학생과 인터뷰 할 때 가장 먼저 알아내야 하는 정보들이다. 또한 다른 교사들에게 문의하여 학생에게 가장 효과적인 교수 방법을 알아낸다.

일반적으로 가장 효과적인 교수 방법은 학생에 따라 다르다. 정보를 제공할 때 학생으로 하여금 보고 경청하게 하고, 정보에 관해 읽도록 하며, 이에 관해 글을 쓰게 한다. 또한 학생들로 하여금 이에 관한 토론을 하게 한다. 그리고 가장 중요한 것은 이를 이용하여 무엇인가를 하게 하는 것이다. 이러한 다양한 양식을 결합하여 효과적인 학습 환경을 조성한다. 이는 난독증 학생들뿐만 아니라 모든 학생들에게 적용할 수 있는 교수법이다.

1. 아래의 어느 것이 새로운 정보를 기억하는 데에 도움이 됩니까?

　　　　이에 관해 읽기　　_____

　　　　이에 관해 듣기　　_____

　　　　이에 관해 쓰기　　_____

2. 이에 관해 좀 더 자세히 말하세요.

_____

_____

3. 새로운 정보를 이용하면 프로젝트를 하는 데에 도움이 됩니까? _____ 당신이 한 프로젝트 중에 학습에 도움을 준 것으로 어떤 프로젝트가 있습니까?

_____

_____

4. 당신은 일련의 팩트를 먼저 배운 다음에 이런 내용이 서로 맞아떨어지는 것을 나중에 이해하는 것을 선호하는지, 아니면 그러한 팩트가 왜 중요한지를 전반적으로 먼저 검토하는 것을 선호하는지를 말해보세요.

_____

_____

5. (당신이 사용하려고 하는 책이나 교과서 혹은 컴퓨터 자료와 같은 다른 매체의 샘플을 제공한다.) 이러한 것들을 당신 혼자서 읽는 것을 어떻게 생각합니까? 아래에 답하세요.

　　　　아주 쉽다　　　　　_____

　　　　대체로 적당하다　　　_____

　　　　괜찮지만 어렵다. 왜냐하면 _____

　　　　매우 어렵다　　　　　_____

성명 _____　　　일자 _____

이렇게 소리내어 읽는 것을 어떻게 생각합니까?

_____

_____

_____

6. 아래 항목을 쓰라고 하면 편하게 느낍니까?

　　　단어　　　　　_____

　　　문장　　　　　_____

　　　패러그래프　　_____

　　　리포트　　　　_____

　자신의 철자와 문법 실력에 대해 어떻게 생각합니까?

_____

_____

_____

7. 선생님을 경청하고 있을 때 교실에 특정 위치에서 들으면 도움이 됩니까?

_____

8. 학생이 공부를 하거나 독서를 할 때 교실에 특정 위치에서 하면 도움이 됩니까?

_____

9. 교사가 어떻게 가르치면 학생이 잘 배울 수 있나요?

_____

_____

_____

　성명 _____　　일자 _____

나의 학습 스타일 (My Learning Style, 학생용)

1. 나는 다음과 같은 방법으로 새로운 것을 배우고 싶다.

읽기 ＿＿＿＿＿＿＿＿＿

듣기 ＿＿＿＿＿＿＿＿＿

쓰기 ＿＿＿＿＿＿＿＿＿

무엇을 하기 ＿＿＿＿＿＿＿＿＿

위에 항목 중에서 내가 가장 학습을 잘 할 수 있는 방법은?

＿＿＿＿＿＿＿＿＿＿＿＿＿＿＿＿＿＿＿＿＿＿＿＿＿＿＿＿＿＿＿

＿＿＿＿＿＿＿＿＿＿＿＿＿＿＿＿＿＿＿＿＿＿＿＿＿＿＿＿＿＿＿

2. 나는 아래와 같이 하는 것을 선호한다(하나를 선택한다).

많은 팩트를 학습한 다음에 이들을 맞추는 방법을 알아낸다. ＿＿＿＿

주제에 대한 개요를 확인한 다음에 특정 사실을 학습한다. ＿＿＿＿

3. 이러한 경우에 나는 아래 사항을 염려한다.

＿＿＿＿＿＿＿＿＿＿＿＿＿＿＿＿＿＿＿＿＿＿＿＿＿＿＿＿＿＿＿

＿＿＿＿＿＿＿＿＿＿＿＿＿＿＿＿＿＿＿＿＿＿＿＿＿＿＿＿＿＿＿

4. 교사가 이렇게 해주면 나는 이 수업시간에 많은 것을 배울 수 있을 것 같다.

＿＿＿＿＿＿＿＿＿＿＿＿＿＿＿＿＿＿＿＿＿＿＿＿＿＿＿＿＿＿＿

＿＿＿＿＿＿＿＿＿＿＿＿＿＿＿＿＿＿＿＿＿＿＿＿＿＿＿＿＿＿＿

＿＿＿＿＿＿＿＿＿＿＿＿＿＿＿＿＿＿＿＿＿＿＿＿＿＿＿＿＿＿＿

＿＿＿＿＿＿＿＿＿＿＿＿＿＿＿＿＿＿＿＿＿＿＿＿＿＿＿＿＿＿＿

성명 ＿＿＿＿＿＿＿＿＿＿＿＿＿＿＿ 일자 ＿＿＿＿＿＿＿＿＿＿＿＿＿＿＿

일자: _____

교사로서 나는 아래와 같은 방법으로 학생의 학습을 돕는 것에 동의한다.

_____

_____

_____

내가 염려하는 바가 있으면 아래와 같이 할 것이다.

_____

_____

교사의 서명: _____

학생으로서 저는 공부를 잘하기 위해 아래와 같이 할 것을 동의합니다.

_____

_____

_____

제가 걱정되는 바가 있으면 아래와 같이 할 것입니다.

_____

_____

학생의 서명: _____

성명 _____   일자 _____

학생들에게 기계적 암기보다 논리 사용법을 가르쳐라

읽기나 철자의 경우에는 학생들에게 영어 언어의 구조를 가르침으로써 세부사항을 잘 기억할 수 있게 한다. 글쓰기나 수학이나 필체의 경우에는 학생에게 개념을 가르치고 패턴을 이용하게 함으로써 기계적인 암기를 돕는다. 이와 같이 데이터를 논리적인 범주와 그룹으로 분류하는 방법은 모든 과목에서 도움이 된다. 그러나 기억력에 문제가 있는 학생이 기억하는 것은 어떻게 도울 수 있을까? 예를 들면 인체의 골격 같은 것을 기억하는 문제의 경우이다. 공부할 때 언제든 팩트를 기억해야 할 때가 있다. 난독증 학생의 경우에는 다음과 같은 사항을 유념한다.

- 대부분의 학생들은 상대적으로 좋은 학습양식을 이용하고 있다. 예를 들어 듣기보다 보기를 통해 더 잘 기억하는 학생이 있는가 하면 그 반대의 경우도 있다. 그러므로 우선적으로 해야 할 일은 가장 강력한 방식을 찾아내고 그 다음에는 그러한 방식을 이용하는 방법을 가르치는 것이다.

- 두 번째로 중요한 점은 외워야 할 특정 정보의 양을 절대적으로 필요한 것에 국한한다는 것이다. 〈Jeopardy〉와 같은 TV 쇼에서는 상당량의 정보를 외우는 것이 유리하지만 인생에서 그렇게 결정적으로 중요한 요소는 아니다.

- 많은 팩트를 기억하는 것이 어려운 학생은 검색 기술을 배우는 것이 유리하다. 알고 싶은 것이 있으면 신속하고 용이하게 찾을 수 있기 때문이다. 이런 학생에게는 도서관이나 컴퓨터를 이용하는 요령을 가르친다. 원하는 정보를 찾을 때에는 의문점을 확인하고 이에 대한 답을 찾아 문제를 해결하는 것이다.

- 외우는 방법 밖에 없는 경우에는 기억보조 장치를 제공한다. 이러한 방법의 장점은 비교적 무의미한 정보에 의미를 부여하기 때문이다. 아래에 이러한 기억 보조 전략 몇 가지를 제공하고 있다.

  1. 데이터를 유사하게 들리거나 유사하게 보이는 단어 그룹으로 구분한다.

2. 생소한 단어를 이미 알고 있는 단어와 연계한다. 사람의 이름을 기억할 때 사용하면 좋다. 사람을 소개할 때 학생들로 하여금 이 사람의 이름을 이미 알고 있는 사람이나 이야기에 나오는 등장인물의 이름과 연계한다.

3. 웃기는 내용의 문장을 만든다. 특히 순차적으로 외워야 하는 정보의 경우에 사용한다. 예를 들면 요일을 순차적으로 외울 때 '월, 화, 수, 목, 금, 토, 일'로 문장을 만든다.

4. 중요한 정보를 기록하는 시각적 도구나 기타 유형의 장치를 이용한다. 자신의 기억력을 확인할 수 있는 장치가 있으면 자신감을 갖게 된다.

자료를 순차적으로 제공

이 원칙을 이용하려면 당신은 자료를 먼저 검토해야 한다. 이는 미술, 음악, 체육, 과학, 사회생활 등에 적용된다. 당신의 목적과 해당 연도 교과 필수사항을 점검한다. 가장 중요한 부분을 먼저 검토하고 비교적 쉬운 것부터 가르친다.

경험을 쌓는 일부터 시작하여 배경 정보와 상호작용을 제공함으로써 당신의 학생은 자신감을 갖게 될 것이다. 일반적으로 우리는 팩트와 경험을 연계하면 쉽게 기억하는 경향이 있다.

순차적으로 자료를 제공하는 것을 사다리를 만드는 것과 비교한다. 사다리 아래 부분에 있는 가로대가 튼튼하면 더 높이 올라갈 수 있는 것과 같다.

자료를 작은 단위로 제공

제공할 분량이 너무 많으면 교사들은 감당하기가 힘들어진다. 이런 경우에 교사들의 반응은 대체로 학생들에게 그냥 이야기하면서 많은 정보를 전달한다. 그러나 이는 단조롭게 독백을 하는 정도이기 때문에 듣고 있는 학생에게는 감동이 없다.

따라서 분량은 적을수록 좋다. 교과과정에서 핵심이 되는 부분을 찾아내는 것이 중요하다. 그리고 이를 작은 단위로 나누어서 철저하게 설명하는 것이 효과가 있다.

이러한 방법은 난독증 학생들뿐만 아니라 전통적인 학습 스타일로 공부하는 학생들에게도 좋다.

당신의 학생에게 쓰기를 요하는 내용이 여러 곳에 있는 과제를 줄 때에 한 번에 한 가지 질문이나 한 부분에 관한 토론을 하고 그 부분을 완성하는 것이 도움이 된다. 그리고 난 후에 다음 섹션으로 간다. 구두로 지침을 전달하는 부분이 너무 많으면 혼란을 야기할 수 있다.

구두 지침에는 일반적으로 다음과 같은 원칙이 있다. 짧을수록 좋다. 여기서도 정보를 작은 단위로 제공해야 한다. 청각 기억에 문제가 있는 학생들 중에는 복합 지침에 어려움이 있는 학생들이 있다. 실제로 학생이 소위 '단계'라고 말하는 순차적 지침을 얼마나 이해하고 기억하는지를 확인하는 것이 중요하다. 어떤 학생들은 "공책을 꺼내세요."와 같은 한 단계 지침만을 처리할 수 있는 반면, 어떤 학생들은 "공책을 꺼내서 식물학이 나오는 페이지를 엽니다."와 같은 2-단계 지침에도 반응할 수 있다. 학생들이 순차적 지침을 몇 개나 이해하고 이에 효과적으로 반응할 수 있는지를 아는 것은 모든 이에게 좋은 학습 환경을 제공하는 데 기초가 된다.

연습하고, 연습하고, 연습하고, 그리고 복습

난독증 학생들은 상당한 양의 보강학습이 필요하다. 그러나 바쁜 학급 상황에서 어떻게 이를 제공할 수 있을까?

우선 학생이 배워야 할 정보를 따로 분리한다. 그런 다음 구두로 전달하는 것 외에 학생이 잘 할 수 있는 방식으로 이러한 정보와 관련된 사례를 제공한다. 예를 들면, 미술에 능한 학생이 있는데 지금 중부 지방에 있는 주에 관한 공부를 하고 있다고 하자. 그리고 당신은 학생들이 주 수도와 큰 강의 이름을 암기하기를 원한다고 하자. 이러한 상황에서 당신은 그 학생을 불러 이에 관한 그룹 프로젝트를 주관하게 한다. 이어서 그 학생으로 하여금 벽화로 사용될 커다란 지도를 만들게 한다. 그가 그림을 완성한 다음에 다른 학생들로 하여금 세부 사항을 그려 넣게 한다.

이렇게 한 그룹이 협력하고 있는 동안에 다음과 같이 말해준다. "누가 콜로라도 강에 색칠하겠니?" 그러한 정보가 의미있는 방법으로 사용되면 이를 기억하는 것이 쉬워진다.

학생이 시간과 공간을 계획하는 것 도와주기

정리 기술은 난독증 학생에게는 아주 중요한 부분이다. 아래에 이러한 정리 문제를 다루는 데 필요한 특정 제안을 제시하고 있다.

시간 계획하기. 수업을 시작할 때 학생들에게 당일 계획을 발표하는 것이 중요하다. 각 활동에 배정된 시간을 발표하면 학생들은 당일에 할 공부에 대해 계획하기가 쉬워진다. 이는 학생 자신이 해야 할 일을 시간적으로 계획하는 것을 연습하게 한다.

과학 시간 실험 결과를 요약하는 단기 과제일 경우 학생과 미리 시간이 얼마나 필요할지를 의논한다. 이런 방법으로 학생은 공부 시간을 예측하는 방법을 배울 것이다. 학생이 자신의 시간을 사용하는 방법에 대한 이해를 돕기 위해 '나의 시간 기록부 정리하기(Organizing My Time Journal)'을 기록하게 한다.

당신의 학생들이 자신의 시간을 잘 활용하는 것을 돕기 위해 학생들로 하여금 '나의 시간 기록부 정리하기(Organizing My Time Journal)'을 기록하게 한다. 여기에는 학생들이 교실에서 하는 과제를 어떻게 관리하는지에 대한 자신의 생각이나 인상에 대해 쓴다. 이 기록부는 학생들이 자신의 실패나 성공에 대해 자유롭게 기록할 수 있는 안전하고 도움이 되는 도구가 되어야 한다. 306쪽에 보기가 있다.

장기적 과제인 경우에는 구체적인 구도와 도움을 제공해야 한다. 이러한 유형의 과제는 특성상 난독증 학생들에게는 어렵다. 학생과 함께 앉아서 이와 같이 규모가 큰 과제를 작은 부분으로 쪼개는 작업을 한다. 그리고 이러한 작은 과제에 대한 목록을 다른 종이에 작성한다. 예를 들면, 당신의 학생이 제2차 세계대전에 관해 쓸 때에는 다음과 같은 목록을 작성해준다.

- 도서관에 가서 전쟁에 관한 책을 최소한 3권 빌린다.
- 전쟁 중에 군인이었던 할아버지의 이야기를 듣는다.
- 필요한 정보에 대한 메모를 적는다.
- 개요를 작성한다.
- 초안을 작성한다.
- 초안을 편집한다.
- 누나에게 초안 편집을 요청한다.
- 최종 원고를 작성한다.

그리고 각 항목에 소요되는 시간을 추정한다. 그런 후 각 과제를 언제 할지에 대한 계획을 짠다. 307쪽에는 이러한 정리 작업에 도움이 될 양식인 '나의 프로젝트(My Project)'를 제공하고 있다.

공간 계획하기. 교실은 깨끗하고 잡동사니가 없이 잘 치워져 있어야 한다. 가능한 한 모든 외적 자극들은 제거되어야 한다.

사용하지 않는 물건을 담아 둘 커다란 플라스틱 통이 필요하다. 그리고 이들을 한 쪽에 잘 정리하여 교실 공간을 극대화한다.

주요 자극은 현재 설명하려고 하는 개념에 대한 것이어야 한다.

학생이 작업한 내용을 모아 둘 링바인더를 준비한다. 그리고 이를 교실에 보관하여 학생이 가지고 다니다가 분실할 것을 예방한다. 집에서 할 숙제를 바인더는 별도로 준비한다.

오늘 나는 수업시간에 아래와 같은 사항을 실행하도록 지침을 받았다.

_____

내 생각으로는 이를 실행하는 데에는 _____ 분 걸릴 것으로 생각했다.

실제로는 _____ 분 걸렸다.

난이도(하나만 선택한다):

시작하는 것이 쉬웠다 _____

시작하는 것이 어려웠다. 왜냐하면 _____

프로젝트 마치기(하나만 선택한다):

프로젝트를 마칠 수 있었다. _____

프로젝트를 마칠 수 없었다. _____

오늘 나의 시간을 정리하는 문제에 있어서 이렇게 했다고 생각한다.

_____

_____

나는 다음과 같이 하면 도움이 될 것이라고 생각한다.

_____

_____

_____

성명 _____ 일자 _____

나의 프로젝트는 다음과 같다.

_____

이 프로젝트에서 내가 해야 할 일   소요 시간

_____

_____

_____

_____

_____

_____

_____

_____

내가 첫 번째, 두 번째, 세 번째 등으로 해야 할 일   시작하는 시점

1. _____

2. _____

3. _____

4. _____

5. _____

6. _____

7. _____

성명 _____   일자 _____

학생이 기술(記述) 작업을 구조화하는 방법에 대한 기대치를 일관성 있게 유지한다. 각 페이지에는 다음 사항이 포함되어야 한다.

- 제목
- 학생 성명
- 일자

줄의 폭은 넓은 것이 좋다. 대학 노트처럼 좁으면 줄을 건너뛰기가 쉽다. 종이는 한 면만 사용하여 만약 틀린 것이 많을 때에는 맞게 쓴 부분을 오려서 새로운 종이에 붙일 수가 있도록 한다.

연필 등 필요한 재료를 제공한다. 난독증 학생들은 물건을 잘 잃어버린다. 정리를 잘 못하는 것이 선천적이기 때문이다. 이러한 약점을 벌로 다스리면 상황을 악화시킬 뿐이다. 물건을 잘 잃어버리는 경향이 있는 학생을 돕는 방법은 제12장. '일상적 기술의 교습 방법'을 참조한다.

주기적으로 교실을 정리한다. 교실의 한 부분에 불필요하게 많은 물건들은 제거하여 이를 본보기로 만든다. 또한 학생의 작업 구역과 노트를 정리한다. 학생으로 하여금 꼭 필요한 물건과 버려도 되는 물건을 구분하게 한다. 그리고 나머지 물건과 노트 정리하는 것을 돕는다.

학생에게 유인물을 제공할 때에는 가능하면 시각적으로 불필요한 부분들을 제거한다. 가장 효과적인 유인물은 깔끔하고 잘 정리되고 시각적 자극이 최소화된 것이다. 칠판이나 큰 종이에 정보를 제공할 때에도 내용을 간소하게 하고 불필요한 시각적 요소들을 최소화한다.

개인에 따라 지도 방법을 준비한다

이 원리는 실천하기가 매우 어려워 보인다. 어떻게 교사 한 사람이 학생들의 요구사항을 개별적으로 모두 충족시킬 수 있을까?

같은 교실에 있는 학생들은 모두 교사의 세심한 배려를 받아야 하겠지만 난독증 학생은 교사의 입장에서 볼 때 의식적인 노력이 더 필요하다. 표준 교과과정은 일반적인 학생들을 중심으로 준비된 것으로 이미 기본적인 요구사항들을 충족시키고 있기 때문에 난독증 학생을 더 배려하는 것은 당연하다고 본다.

개인의 요구사항에 따라 지도하는 방법에는 어떤 것들이 있을까? 우선 당신은 아래와 같은 3가지 기본적인 질문을 스스로에게 함으로써 모든 일반적인 원리를 인식하고 있어야 한다.

1. 나는 이 학생에게 정보를 효과적으로 설명하고 있는가?
2. 이 학생은 이러한 정보와 잘 상호작용하고 있는가?
3. 나는 이 학생의 지식을 제대로 평가하고 있는가?

그런 다음에 다음과 같이 진행한다.

질문 1에 대하여: 나는 이 학생에게 정보를 효과적으로 설명하고 있는가?

• 학생이 당신의 지침을 이해하고 있는지 여부를 확인한다.

  지침의 단계 수를 줄여야 하는 것이 아닐까?

• 정보를 설명할 때 말하기, 보여주기 및 실행하기 기술을 모두 활용하면서 진행한다.

• 산만한 것이 없는 환경에서 정보를 설명한다.

질문 2에 대하여: 이 학생은 이러한 정보와 잘 상호작용하고 있는가?

- 당신의 학생이 서면 지침을 모두 읽을 수 있는지 확인한다.
- 학생이 프로젝트와 실험을 완성하는 데 필요한 기초적인 읽기와 쓰기 기술을 갖고 있는지 확인한다. 아니라면 기대치를 조절하거나 도움을 제공한다.
- 학생이 다른 종류의 프로젝트를 필요로 하는지 확인한다. 예를 들면, 학생이 전통적인 서면 리포트를 제출하는 대신에 학급을 위하여 촌극(寸劇)을 준비하게 할 수는 없는지? 혹은 현재 공부하고 있는 정보를 이용하여 보드 게임을 창안하게 할 수는 없는지?
- 학생이 공부하는 환경에서 산만하게 하는 자극을 가능한 한 모두 제거한다. 조용한 구석이 한 예가 되겠다.

질문 3에 대하여: 나는 이 학생의 지식을 제대로 평가하고 있는가?
- 학생이 기술 테스트에 필요한 기초적인 읽기와 쓰기 기술을 갖추고 있는지 확인한다.
- 학생이 공부하는 환경에서 산만하게 하는 자극을 가능한 한 모두 제거한다.
- 학생의 실행 능력을 저해하는 시험불안증이 있는지 확인한다.
- 학생이 구두 테스트나 포트폴리오 평가와 같은 대안적 평가 방법을 요하는지 확인한다.

평가방법에 대해서는 이 장의 뒷부분에서 다시 자세히 언급하겠다.

학업 이슈 외에도 행동에 대한 개인별 지침도 중요하다. 난독증 학생들 중에서 ADD나 ADHD가 있는 학생들이 많다. 이들은 자존심 문제나 기타 정서적 이슈를 갖고 있다. 시간을 내어 이들이 무엇을 필요로 하는지 알아낸다. 그리고 다음과 같은 간단한 도움을 제공한다.

- 1분간 대화로 하루를 시작하면서 학생의 학교 공부에 대한 느낌을 점검한다.
- 학생과 교사가 각기 해야 할 역할을 명시한 계약을 맺는다. 계약서 양식 '나는 다음과 같은 역할을 수행할 것이다(What I Will Do)'는 312쪽에 제공하고 있다.

• 학생의 행동이 적절하지 않을 때 학생에게 제스처 등을 통해 경고 메시지를 보내는 방법을 서로 약속한다. 행동이나 사회적 및 정서적 요구를 다루는 방법은 제15장과 제16장에서 자세히 다룰 것이다.

요약하자면, 난독증 학생을 위한 교육을 개별적으로 하는 일은 시간과 노력을 요한다. 그러나 이러한 노력을 하지 않으면 난독증 학생을 교육하는 것이 더 어려워지고 시간도 더 많이 들 것이다. 학생 한 사람이 수업 중에 부적절하게 행동했을 때 발생하는 손실을 어떻게 추정할 것인가? 학생이 따라오지 못했을 때 학생과 교사가 소모하게 될 시간과 노력을 한 번 생각해본다. 학생을 위한 개별적인 교육 방법을 신중하게 고안하여 학생을 성공시키는 쪽이 더 수월하지 않을까?

항상 정서적인 분위기를 염두에 두라

대부분의 난독증 학생들은 많은 실패를 겪어왔기 때문에 새로운 공부라고 하면 불안해진다. 이러한 불편한 감정은 갑자기 일어난다. 몇 주 동안 잘해오다가도 갑자기 거부 반응을 일으키는 경향이 있다. 왜 그럴까? 당신의 교습 방법이 바뀐 것도 아닌데 말이다. 기대치에 변화가 생겼는가? 예를 들면 학급 학생들이 재미있는 내용을 보고 큰 소리로 읽기를 원한 것이 난독증 학생에게는 일종의 압력으로 작용한 것인가? 아니면 당신이 새로운 학급 프로젝트에서 색다른 양식을 사용하고 있는지? 예를 들면 고대 인류의 두개골을 진흙으로 만드는 프로젝트를 시작하였는가? 겉으로 보기는 대수롭지 않은 활동이다. 그러나 이는 비언어적이며 3차원적인 생각을 해야 하고 재료를 갖고 실습하는 시간이다. 다른 학생들에게는 재미있는 일이다. 그러나 난독증 학생은 촉각 방어(tactile defensiveness)를 경험하게 한다. 이러한 증상에 대해서 알려진 바가 별로 없지만, 사람에 따라 촉감이 과잉반응을 일으키게 하며 물질에 따라 거부반응을 하게 한다. 이 학생은 진흙 느낌 때문에 심란해

나는 다음과 같은 역할을 수행할 것이다

일자: _____

교사로서 나는 다음과 같은 방법으로 학생이 성실하고 우수한 학생이 될 수 있도록 매일 도울 것이다.

_____

_____

학생이 수업 중에 어려움이 있으면 나는 다음과 같이 학생을 도울 것이다.

_____

_____

교사의 서명 _____

학생으로서 저는 다음과 같은 방법으로 성실하고 우수한 학생이 될 수 있도록 스스로를 도울 것입니다.

_____

_____

_____

저는 수업 중에 어려움이 있으면 다음과 같이 할 것입니다.

_____

_____

학생의 서명 _____

성명 _____   일자 _____

지지만 이에 대해 당신이나 또래들에게 말하는 것을 창피해한다. 그러므로 그는 그러한 활동에 흥미가 없는 것처럼 행동하며 침묵으로 들어간다.

당신이 해야 할 가장 중요한 것은 이 학생을 관찰하는 것이다. 학생이 정상적으로 기능을 하지 않으면, 시간을 내어 무엇이 학생으로 하여금 이러한 행동을 하게 하는지 찾아내어 이를 교정해야 한다.

많이 웃어라

이 방법은 너무 간단하여 말할 필요도 없어 보인다. 요즈음 교사들과 학생들은 실행능력 때문에 상당한 압박을 받고 있다. 결과와 표준화된 테스트 등을 강조하는 최근의 경향은 다소의 차이는 있지만 모두를 긴장하게 만든다. 가장 좋은 해결 방법에는 어떤 것이 있을까? 철저한 기획과 웃음이다. 웃음은 우리로 하여금 긴장을 풀고 학습을 즐겁게 받아들이게 한다.

:: 관련 과목들

이 섹션에서는 효과적인 학습을 위한 힌트를 구체적으로 주면서 사회과학, 과학, 미술, 음악 및 체육의 특정 부분을 공부할 것이다. 이러한 힌트는 힘들게 만들려고 고안한 것이 아니다. 이들은 난독증이 있는 당신의 학생들의 학습 능력을 극대화하기 위한 방법일 뿐이다.

사회과학

이 분야의 학습은 근본적으로 문명사에 관한 공부이다. 난독증 학생들은 이야기를 아주 좋아한다. 더구나 이들은 패턴과 트렌드와 상부 원리를 찾아내는 것을 좋아한다. 이들은 과거에 살던 사람들이 왜 그러한 방법으로 반응하였는지 알아내는 것을 즐긴다. 그리고 이들이 미래에는 어떻게 행동할지를 알아내는 것도 즐길 것이다. 이러한 연구활동을 마친 후에 이들은 특정 사람의 이름과 주요 이벤트의 일자를 기억하는 데 열을 올릴 것이다.

힌트

- 미국 독립전쟁과 같은 주요 사건을 우선 그 당시에 살았던 한 개인의 이야기를 해줌으로써 시작한다. 역사 픽션이 있으면 큰 도움이 될 것이다. 예를 들면, Richard White의 Jordan Freeman Was My Friend에서 Billy라고 하는 한 소년이 1781년에 Benedict Arnold와 그의 부하들이 미국사람들을 학살하는 실화에 대한 이야기를 한다. 단순히 일련의 사실을 말하는 대신 이 책은 한 인간의 눈을 통해 이야기에 생동감을 준다.
- 세계의 어떤 지역의 문화를 공부할 때에는 그 지역의 민간 설화를 읽게 한다. 그런 후 이러한 이야기가 어떻게 진화하였는지 그리고 이는 이들의 문화에 어떠한 영향을 미쳤는지에 대한 토론을 한다.
- 3차원적 프로젝트를 많이 사용한다. 예를 들면, 지리 시간에 그 지역의 지형도를 공부한다. 모빌(mobile)을 만들어 그 위에 현재 공부하고 있는 지도를 그리게 한다. 그리고 철사 옷걸이를 묶어서 천장에 매단다.
- 음식도 중요한 소재이다. 중국에 대한 공부를 한다면 중국음식이 지역에 따라 어떤 특성이 있는지 조사한다. 그리고 메뉴를 만든 다음 쇼핑 목록을 만들고 조리 준비를 한다. 간단한 음식 한두 개를 만들어 즐긴다.
- 각 과목을 다양하게 꾸민다. 한 시간을 모두 정보 제공에 사용하는 대신 반시간 정도는 토론하고 나머지는 상호반응적 프로젝트로 바로 들어간다.

과학

과학은 우리의 자연계를 지배하는 주요한 원리와 사실을 발견하는 학문이다. 이는 난독증이 있는 많은 사람이 매력을 느끼는 부분이다. 왜냐하면 과학은 그들의 학습 스타일에 맞기 때문이다. 과학자가 되려면 상당한 집중력으로 관찰하려는 본능적인 호기심과 의지가 있어야 한다. 특히 열린 마음과 상상력을 가지고 특정 정보를 관찰할 수 있다면 더할 나위가 없다. 바로 이런 점이 많은 난독증 사람들이 가지고 있는 장점이다. 그 유명한 Michael Faraday는 물리와 화학 분야에서 유명한 발견을 많이 한 사람으로 그는 난독증 학습 스타일을 갖고 있었다고 한다.

힌트

- 3차원적 실습활동을 통해 어떤 개념을 설명한다. 예를 들어 지렛대 공부를 한다면 학생들로 하여금 우선 지레 하나를 만들게 한다. 이들이 지레에는 다양한 종류가 있음을 발견할 수 있도록 수업을 구성한다. 그런 다음 학생들로 하여금 관찰한 바를 그림과 글로 기록하게 한다.

- 자연계를 관찰하는 지속적인 프로젝트를 한다. 예를 들면 옥외 기온을 매일 측정한다. 그리고 이에 대한 차트를 만든다. 혹은 운동장에 있는 나무나 기둥과 같은 물건을 선택하여 그림자의 변화를 매일 관찰하게 한다. 그리고 이에 대한 기록을 하게 한다. 이러한 활동이 좋은 이유는 이들로 하여금 자연계에 대한 흥미를 갖게 하고, 관찰 기술을 향상시키며, 과잉 에너지에 대한 분출구를 제공하기 때문이다. 예를 들어 ADHD 학생이 자신의 과잉행동을 자제하지 못하는 날에는 그로 하여금 밖에 나가 온도계를 점검하게 한다.

- 화초나 작물을 가꾸게 한다. 밖에 텃밭이 있으면 이를 이용하여 화초나 채소를 심고 그 결과를 즐긴다.

- 다양한 양식을 요하는 장기 프로젝트가 좋다. 왜냐하면 난독증 학생들이 프로젝트 전반에 걸쳐 집중하게 되기 때문이다.

- 학생들이 하는 말에 귀를 기울이면서 그들에게 창의적인 활동을 허락한다. 숙제하는 것

도 중요하지만 이들은 가끔 어떤 것에 흥미를 느끼면 이를 추구하기를 원한다. 예를 들면 교실에 놋쇠 제품이나 구리 제품 등과 같은 금속 물건이 들어있는 박스가 교실에 있다고 하자. 당신은 난독증 학생이 이것으로 무엇인가를 만들기를 원한다. 정확히 무엇을 만들기를 원하는지는 자신도 모르지만 실험하고 싶은 것만은 분명하다. 학생과 함께 계획을 세움으로써 학생 자신이 정규 과목 범위 안에서 작업하고 있다고 느끼게 한다. 그러나 독자적인 프로젝트를 위해 시간에 관한 계획도 세워야 한다. 자유롭게 탐색할 수 있는 기간, 무엇을 완성할 것인지를 결정하는 기간 그리고 이러한 과정을 그림이나 글로 기록한 다음에 자신의 발명을 만들기 시작한다. 이러한 프로젝트를 통해 학생은 그가 배워온 과학 원리와 절차가 자신의 창의적인 실험에 적용될 수 있다는 것을 깨닫게 된다.

미술

많은 난독증 학생들이 이 분야에 재능이 있지만 시각 운동 문제가 있는 학생들은 이러한 활동을 즐기지 못한다. 또한 예술 분야는 많은 기술과 능력을 요한다. 3차원 작업과 같은 한 가지 분야에는 능하지만, 2차원적인 그림 그리기와 같은 부분은 아주 힘들어 한다.

힌트

- 비교적 형식에 덜 구애받는 이러한 분야에서도 구조화될 필요가 있다. 당일에 무엇을 할 것인지, 어디서 할 것인지, 필요한 자료는 어떠한 것인지, 청소하는 데에는 시간이 얼마나 필요한지 등이다.
- 수업이 바뀌는 시간을 특히 주목하여 학생들이 어떠한 행동을 해야 적절한지를 미리 알 수 있게 한다. 구조화 되지 않은 시간에 어려움이 있는 학생이 있으면 이 학생에게는 미리 행동계획을 짜준다.
- 학생이 어려워하는 프로젝트가 있으면 이 프로젝트에 어떠한 기술이 필요한지 확인하고

다음에는 다른 기술을 요하는 활동을 제공한다. 예를 들어 가위질을 많이 해야 하는 프로젝트는 힘들어하지만 박스로 3차원적인 모델 만들기를 잘하면 다음에는 이러한 분야의 프로젝트를 제공한다. 그리고 가위를 사용하는 연습은 별도로 천천히 배우게 한다. 이런 경우에는 작업 치료사와 상담하여 가위를 효과적으로 사용하는 데에 필요한 필수적인 기술에 대한 정보를 얻는다.

- 학생 중에는 촉각 방어증(tactile defensiveness) 혹은 터치하거나 터치를 받는 것에 대한 혐오증이 있는 경우가 있다. 학생에 따라 파피에 마쉐(papier mache)나 진흙과 같은 특정 질감에 대해서는 증상이 더 심한 경우가 있다. 촉각 방어증은 정말 심각한 문제로 이러한 학생들은 각별한 이해와 도움이 필요하다. 이들의 어려움은 사적인 자리에서 논의하면서 대책을 마련해야 한다.

음악

이 과목도 난독증 학생들이 아주 잘하는 분야이다. 특히 노래나 악기를 쉽게 배우는 경우를 많이 본다. 그러나 자꾸 반복되는 내용이지만 이들은 강점과 약점이 아주 다양하기 때문에 개별적으로 잘 관찰해야 한다.

힌트

- 다른 과목에서처럼 특정 수업시간에 무엇을 할 것인지를 학생들에게 미리 알리면 많은 도움이 된다. 새로운 노래를 배울 것인지, 집에서 만든 악기를 사용할 것인지 등을 미리 알면 학생이 편안하게 느끼는 데에 도움이 된다.
- 특히 악기와 악보를 거두어 원위치에 놓을 때 등과 같은 과도기 시간을 주의해야 한다. ADHD 학생들에게는 이러한 시간은 유혹의 함정이다. 악기를 불기 시작하거나 악보로 종이비행기를 만들어 날린다. 이러한 행동을 미연에 방지하기 위해서는 예를 들면, 노래하고 있는 동안에 한 학생으로 하여금 악보를 회수하게 한다.

- 또 중요한 점 하나는 학업에 관련된 어려움 때문에 음악을 즐기지 못하는 것이 아닌지를 확인하는 것이다. 예를 들면 "이 학생이 악보에 나오는 글을 읽을 수 있는지?", "눈이 왼쪽에서 오른쪽으로 매끄럽게 이동하지 못하고 이리저리 건너뛰는지?" 이러한 시각 추적 문제는 악보와 가사를 읽는 데에 문제가 된다. 그리고 "내가 학생들이 노래 몇 개를 암기하기를 기대하는 것이 지나친 요구일까?" 등과 같이 자문도 해본다.

- 음악은 학습방법을 습득하는 데 도움이 될 수 있음을 기억하길 바란다. 예를 들면 한 학생의 부모가 이 아이는 읽기를 도저히 배울 수 없다고 보고했었다. 이 학생은 학교생활 내내 단어들에 막혀 좌절해왔다. 성인이 되어 교회에 다니기 시작하면서 교인들이 부르는 찬송가를 따라 부르게 되었다. 매주 그는 찬송가 페이지에 있는 단어들과 그가 듣고 불렀던 찬송가의 단어들이 서로 연결되는 경험을 했다. 이 과정을 통해 그는 읽는 방법을 배웠다. 이제 그는 유창하게 읽으면서 즐길 수 있게 되었다.

체육

난독증이 있는 학생 중에는 훌륭한 운동선수들도 많다. 이는 자아 존중심을 갖는 데에 중요한 역할을 한다. 많은 사람이 대근 운동(gross motor) 장애가 있어 스포츠나 기타 체육활동에 지장을 받는다. 이로 인해 균형, 방향성 및 운동신경 협응에 손상이 있을 수 있다.

힌트

- 수업시간에 무엇을 할 것인지를 학생들에게 말해준다.
- 수업 시간 내에 다양한 기술과 능력을 요하는 게임이나 활동을 실행한다.
- 게임이나 활동에 대한 지침이 한 번에 3단계를 넘지 않도록 간단해야 한다. 청각 기억력 문제가 있는 학생에게 지침을 되풀이하는 것은 별 도움이 안 된다. 되풀이 한다고 해서 더 잘 기억하지 못하기 때문이다. 이들은 간단하고 순차적인 지침이 필요하다.

- 당신의 학생들을 유심히 관찰해야 한다. 이들을 창피하게 만들 활동이나 게임은 피한다. 학급이 참여할 게임이 특정 학생에게 어려울 것 같으면 대안 활동을 찾는다.
- 신체적인 능력이 확실치 않은 학생들에게는 경쟁이 요소가 아닌 협동 게임이 좋다.
- 체육 교사는 학생의 균형과 방향성 등을 관찰할 수 있는 좋은 기회를 갖는다. 학생에 따라 작업치료사 혹은 물리치료사들로부터 치료 훈련이 필요한 경우가 있다. 이러한 도움이 적절한 시기에 제공된다면 학생에게는 학교생활의 모든 면에서 상당한 도움이 될 것이다. 당신 생각에 학생이 이러한 도움이 필요할 것 같으면 학교 심리상담사나 특수교육 교사와 상담하도록 한다.

:: 숙제

숙제처럼 힘들고 짜증나게 하는 분야도 없다. 그러나 구조를 잘만 만들어 주면 숙제는 학생의 학업능력을 상당히 향상시킬 것이다. 이는 학생에게 자신감을 주며 학교생활 모든 면에서 처음부터 좋은 습관을 만들어가는 중요한 부분이 될 것이다. 이에 관한 기초적인 원리는 다음과 같다.

- 숙제는 학교에서 배우고 통달한 개념을 복습하고 이용하는 과정이다. 숙제는 새로운 정보를 제공하는 수단이 되어서는 안 된다.
- 지침은 간단해야 한다. 1단계, 2단계 혹은 최대한 3단계를 넘지 않도록 한다.
- 숙제는 과도하지 않은 분량이어야 한다. 학부모에게 문의하여 학생이 숙제하는 데에 시간을 얼마나 사용하는지 알아낸다. 학생이 선생님과 약속한 시간 내에 숙제를 마치지 못하면 시간을 조절해야 한다. 일반적으로 초등학생은 1시간, 중등학생은 2시간 정도가 적절하다고 한다.
- 숙제의 난이도는 학생이 도움 없이 마칠 수 있는 수준이어야 한다. 숙제를 마치기 위해

다른 사람들의 도움이 늘 필요하다면 이는 학생의 자아 존중감이나 학습에 도움이 되지 않는다.

- 일반적으로 학생들은 숙제 시간을 계획하거나 과제의 우선순위와 접근 방법을 생각해 내는 데에 도움이 필요하다. 특히 숙제가 여러 개 있거나 다중 단계가 들어있는 숙제의 경우에는 도움이 필요하다. 아래와 같은 내용이 도움 될 것이다.

  1. 집으로 가져갈 모든 자료를 숙제 폴더나 노트북에 정리한다. 처음에는 교사의 도움이 필요하다. 그러나 학생이 도움 없이 이 작업을 할 수 있게 하는 것을 당신의 목표로 삼는다.

  2. 매일 해야 할 항목을 적는 숙제 기록부를 준비한다. 이런 용도로 사용할 수 있는 2쪽 분량의 양식을 제시한다. 여기에는 필요한 책과 기타 공급품들에 대한 목록도 들어간다.

- 노력하면 칭찬해준다. 완벽하지 않더라도 잘한 부분이 있으면 이 부분을 강조한다.

:: 평가

학생의 공부 진척 상황은 테스트를 통해 점검해야 한다는 점은 모두 동의한다. 학생이 얼마만큼 학습했는지 여부는 다음 단계 프로그램에 단서를 제공하기 때문이다. 그러나 난독증 학생들은 재래식 교육 방법에 심각한 문제가 있기 때문에 그러한 테스트는 난독증 학생의 실력을 제대로 가늠하지 못한다. 이에 관련된 이슈는 다음과 같다.

- 교재를 읽는 것이 힘들며 유창하지 않다. 그러므로 난독증 학생은 질문의 정답을 생각해내는 노력을 하는 대신 읽는 것에 집중해야 한다. 그 원인은 다음과 같다.
  1. 읽기 기술이 부족하면 단어의 디코딩이 어렵다.

오늘 해야 할 공부 내용:

과목	해야 할 부분
1. _____	_____
2. _____	_____
3. _____	_____
4. _____	_____
5. _____	_____

다음과 같은 순서로 숙제를 할 것이다.

해야 할 일	소요 시간
1. _____	_____
2. _____	_____
3. _____	_____
4. _____	_____
5. _____	_____

(일자) _____ 까지 제출해야 할 (과목) _____ 에 대한 장기 프로젝트는 다음과 같이 진행할 것이다.

_____

_____

_____

_____

성명 _____ 일자 _____

필요한 재료는 다음과 같다.

과목	책	공책	연필	기타
____	____	____	____	____
____	____	____	____	____
____	____	____	____	____
____	____	____	____	____
____	____	____	____	____
____	____	____	____	____

숙제를 잘하기 위해 아래와 같은 장소에서 공부할 것이다.

_____

_____

_____

하루 중에 숙제를 하기 위한 에너지가 많은 시간은: _____

_____

_____

산만해지지 않기 위해 나는 다음 같은 조치를 취할 것이다. _____

_____

_____

성명 _____   일자 _____

2. 아이 트래킹(시각 추적) 문제 때문에 읽기가 느리고 분산적이다.

3. 독해력 문제 때문에 질문을 이해하는 것이 어렵다.

- 구문법 문제가 학생을 혼동시킨다. 특히 다중 선택 테스트가 그렇다. 여기서 난독증 학생은 어순에서 혼동하며 질문이 무엇을 원하는지 궁금해 한다.

- 답을 쓰는 것이 어려울 수 있다. 학생이 유창하게 쓰는 경우가 아니면 답은 알지만 이를 언어로 표현하는 것이 어렵다.

- 필기 문제도 그렇다. 속도 문제이거나 읽기 가능한 필체 문제이거나 이는 학생의 정보 설명 능력을 제한할 수 있다.

- 시험지 상의 시각적 자극이 학생으로 하여금 산만하게 하여 혼동스럽게 할 수 있다. 학생은 중요한 질문 자체보다 외적 자극에 집중하는 데에 시간을 너무 많이 보낸다.

- 이차원적인 과제에 집중하는 능력이 제한적일 때에 그의 성적이 영향을 받을 수 있다.

다음의 권고 사항이 평가를 공정하게 할 수 있을 것이다.

- 산만한 것이 없는 테스트 환경을 제공한다.

- 포트폴리오 평가방법을 고려한다. 여기서는 학생의 학업 내용을 날짜와 함께 정리한다.

- 다중 선택이나 에세이 문제의 경우 난독증 학생에게 충분한 시간을 준다. 이는 학생을 편안하게 해주기 때문에 자신의 실력을 자유롭게 발휘할 수 있다.

- 학생의 읽기나 쓰기가 초보 단계이면 구두로 테스트한다.

- 읽기와 쓰기 수준과 필기 능력과 기타 공간적 능력을 현실적으로 고려하여 테스트 구조를 조절한다.

- 프로젝트, 프레젠테이션, 리포트 등과 같은 대안적 양식을 고려한다. 이러한 양식을 통해 학생은 자신의 지식을 충분히 발휘할 수 있게 된다.

:: 요약

   난독증 학생들은 모든 과목에서 성공할 수 있다. 학생과 한 팀이 되어 그의 성공을 함께 즐기도록 한다.

   다음 사항을 기대한다.

- 진솔한 노력

- 모든 프로젝트와 보고서를 잘 관리한다.

- 과제나 활동이 얼마나 어려운지 혹은 쉬운지에 대한 솔직함

- 과제나 활동이 너무 힘들 때에 도움을 청하는 것

   다음 사항을 기대하면 안 된다.

- 완벽한 철자

- 완벽한 문법

- 공간적인 문제가 없는 깔끔함

- 매일 같은 수준의 실행 결과. 난독증은 신경학적 상태이기 때문에 학생에게 주는 영향이 항상 변한다. 이런 관계로 교사들이 힘들어한다. 학생에게 어떤 것을 기대하는 대신에 학생이 당일에 무엇을 할 수 있는지 찾아낸다. 그리고 이러한 학생의 상태에 따라 정보 제공 방법을 조절한다.

Daniel과의 인터뷰

특수교육이 필요한 학생들을 위한 작은 사립학교에 다니는 15세 소년 Daniel이 교육 방식에 대해서 이야기한다.

▶▶▶ 사회 과목과 과학 과목에 대해서 이야기해 보세요.

저는 둘 다 별로 좋아하지 않습니다. 밖에 나가서 하는 원예 수업 등을 좋아합니다. 말 많이 하는 수업은 별로 좋아하지 않습니다. 우리는 더 많은 것을 체험했으면 좋겠어요. 너무 말이 많아요. 선생님들은 너무 떠들기만 하세요. 하지만 저는 Chen 선생님을 좋아해요. Chen 선생님 수업 때에는 지도에 색칠하면서 위치들에 표시하곤 하거든요.

▶▶▶ 요즘 사회 수업에서는 무엇을 배우고 있어요?

요즘 저희는 호모 사피엔스 같은 초기 인류에 대해서 배우고 있어요. 두개골 이런 것들을 보면서 배우고 있어요. 과학 시간에는 돌에 대해서 배우고 있어요. 돌들을 보면서 어떤 돌인지 알아맞히는 것은 꽤 재밌어요. 그 뭐지… 망원경인가… 망원경은 아닌데… 어쨌든 크게 보여주는 그걸로 보고 그래요.

▶▶▶ 현미경이요?

아, 네. 현미경이요. 저는 사회 과목을 좋아해요. 지도 색칠하고, 어디에 무엇들이 있고 하는 것을 배우는 게 재밌어요. 그리고 박물관 가서, 그 도마뱀 두개골 화석인가… 그런 것 보고 그리고 그랬어요. 뭐였는지 까먹었어요. 무슨 공룡 같은 거였나. 그리고 그것에 대해서 적고 그랬어요.

▶▶▶ 다시 말하면, 사회 과목이나 과학 과목에서 무엇인가를 체험하는 것을 좋아한다는 것으로 들리네요.

네, 맞아요.

▶▶▶ 하지만 앉아서 교육 받는 방식은 별로 안 좋아하는 것 같네요.

그렇죠. 무슨 이유가 있죠? 뭔가 하는 것이 더 좋지 않나요? 그리고 저는 리포트를 하는 것을 좋아해요.

일상적 기술의
교습 방법

제12장

일상적 기술의 교습 방법

난독증은 일상 생활에서 종종 사람들을 깜짝 놀라게 하는데, 그들의 능력이 명백하게 모순되는 경우가 나타나기 때문이다. 예를 들면, 왜 지적 능력과 풍부한 상상력을 갖춘 영리한 12세 소녀가 그날이 무슨 요일인지를 기억하지 못하는지 혹은 금요일 다음에 무슨 요일인지를 물으면 전혀 대답을 못하기도 한다.

일상생활이 난독증 학생을 창피하게 하는 것이다. 전화번호를 예로 든다면 자기 자신의 번호가 생각나지 않는다. 학교에서는 보살핌을 받지만 바깥 세상은 다르다. 사람들은 이 학생이 어떤 문제가 있는지 전혀 알 길이 없다.

이 장에서는 6가지 중요한 분야에 관해 논의할 것이다. 시간, 돈, 중요한 세부사항을 기억하기, 주변에서 보는 문자, 소유물에 대한 추적 그리고 몇 가지 문제 분야이다. 여기서 우리는 난독증 학생들에게 이러한 난관을 극복해나가는 방법을 가르칠 수 있는지 조사해야 한다. 혹은 창의적인 보정 방법을 개발하거나 이에 대한 대비 방법을 가르치는 것이 좋을지, 경우에 따라 두 가지 모두가 필요할 것이다.

:: 시간

때로는 시계를 보는 방법에 대한 학습이 수학 교과과정에 포함된다. 그러나 이 책에서는 이 부분에 포함시키고 있다. 왜냐하면 많은 난독증 학생들이 시간이라는 개념의 다양한 면에서 다중적이고 지속적인 문제를 안고 있기 때문이다. 이들이 어릴 때에는 이러한 어려움 때문에 부모와 교사들의 기대를 충족시키지 못하고 문제를 일으킬 수 있다. 성인이 되어서는 사회생활에 상당한 지장을 주며 직장에서는 성공의 기회를 놓치게 될 수도 있다. 이들은 다음과 같은 부분에 어려움이 있다.

- 시계 보기
- 시간에 관련된 언어
- 시간에 맞게 하는 방법
- 시간을 낭비하지 않는 방법

이 분야에 대해 차례로 설명할 것이다.

시계 보기

난독증 학생들의 대부분은 시계 보는 방법을 배우는 데에 상당한 어려움이 있다. 이들은 시계 문자판에 있는 숫자들이 무엇을 의미하는지를 이해하지 못한다. 그러나 잘만 지도하면 이러한 기술을 배울 수 있게 된다.

시계 보는 방법을 가르칠 때에는 다음과 같은 사항이 아주 중요하다.

1. 학생이 숫자 개념은 이해하고 있는지 그리고 시간은 1에서 12까지 있고, 분은 1에서 60까지 있다는 사실을 알고 있는지 확인한다. 난독증 학생들이 숫자의 의미를 당연히 알고 있다고 생각하면 안 된다. 이를 이해하지 못한다는 사실은 여러 해 동안 숨겨 왔는지도 모른다.
2. 1시간에는 60분이 있음을 가르친다.

3. 우리가 시계를 볼 때에 특이한 언어를 사용하고 있음을 인식해야 한다. '1시 10분 전', '3시 15분 전', '9시 반' 등과 같이 읽는 경우이다. 이러한 점을 잘 설명해주어야 한다.

4. 오래된 시계 문자판을 사용하거나 혹은 판지로 하나를 만들어 사용해도 좋다. 학생으로 하여금 문자판과 시침과 분침을 만져보게 한다. 그러면서 시간도 맞게 한다. 여기서는 다중감각 교습법이 아주 중요하다.

5. 문자판에는 바늘이 2개 있으며 하나는 시침이고 다른 하나는 분침이라는 사실을 가르친다. 시침과 분침에 다른 색깔을 칠하여 흥미를 더한다.

6. 학생에게 문자판에서 분침이 한 바퀴 돌면 시간이 바뀌는 것을 보여준다. 그리고 학생으로 하여금 이를 되풀이하여 연습하게 한다.

7. 학생에게 문자판에서는 숫자가 두 가지 시스템이 있음을 가르친다. 분침이 '1'에 가 있으면 우리는 이를 5분이 지났다고 한다는 사실을 가르친다. 그리고 차례로 나오는 각 숫자가 몇 분을 의미하는지 설명해준다. 그런 다음에 두 숫자 사이의 눈금을 설명하기 시작한다. 이 교습에는 특별히 쉬운 방법이 없다. 그러나 실제로 시계를 만지면서 연습하면 가능하다.

8. 게임을 이용하면 도움이 된다. 주사위와 시계 문자판을 사용한다. 12시에 고정된 시계를 학생마다 하나씩 준다. 차례로 주사위 2개를 던져서 나온 두 숫자를 합한 것을 문자판에 반영한다. 시계 바늘이 가장 많이 전진한 사람이 이기는 게임이다.

어떤 사람들은 난독증 학생들에게 디지털시계를 주면 간단하지 않겠는가라고 말한다. 꼭 필요한 기술도 아닌데 왜 많은 시간을 들여가면서 가르쳐야 하는지 이해가 가지 않는 것이다.

우선 학생들이 디지털시계로 '12:35'를 읽었다 하더라도 가르쳐주지 않으면 그 의미를 이해하지 못한다. 그뿐만 아니라 전통적인 시계를 읽을 수 없으면 사회적 상황에서 창피한 일이 생길 수가 있다.

시간의 언어

시계 보기와 마찬가지로 학생이 시간과 관련된 용어를 이해하고 있는지를 확인하는 것이 중요하다. 예를 들면 학생이 '어제'와 '오늘'의 차이를 아는지? '과거', '현재', '미래'라는 용어가 분명한지? '잠시 후'와 '나중에'의 차이는 이해하는지? 이와 같은 추상적인 용어는 대화에서 이해하거나 사용하기는 조금 어색하다. 그러기 때문에 이에 대한 교육이 필요한 것이다.

시간에 맞게 하는 방법(On Time)

전통적인 학습 스타일을 가진 사람들은 시간에 대한 선천적인 감각이 있다. 이러한 사람들은 몇 시간 동안 시계가 없어도 대충 몇 시인지를 안다. 난독증이 있는 사람들은 이러한 능력이 없다. 몇 시간이 지나도 이들은 아무 감각이 없다.

이는 상당한 스트레스가 될 수 있다. 아이들이 집에 올 시간에 나타나지 않는다. 성인일 경우는 약속시간에 너무 늦어 만날 사람들은 기다리다가 지쳐서 모두 가버린다. 난독증이 있는 사람들이 시간을 지키지 못하는 것은 흔히 볼 수 있는 일이다. 이러한 행동 때문에 이들은 무책임한 사람이라는 비판을 받곤 한다.

이 부분에서는 대처 기술이 필요하다는 사실에 모두가 동의한다. 예를 들면 아이들이 어디에 가야 할 때에는 어른들이 상기시켜 주기를 부탁하는 것이다. 혹은 알람 클록을 사용하는 방법도 좋다.

경우마다 다른 방법을 요할 수 있다. 방법은 학생과 직접 상의하여 정하는 것이 좋다.

시간을 낭비하지 않는 방법

난독증 학생들은 시간의 흐름에 대한 감각이 다를 수 있다. 예를 들면 이들은 몇 분과 몇 시간의 차이가 엄청나다는 사실을 감각하지 못한다. 이는 난독증 사람들은 강한 집중력 때문에 내적 시간 감각이 꺼지기 때문이라고 주장하는 사람들이 있다. 난독증 사람들은 신발 끈을 매거나 테이블을 준비하거나 공부할 때 일에만 집중하기 때문에 시간이 지나가는 것에 대한 감각이 없다.

이에 대한 전략은 제11장에 나오는 'Organizing My Time' 및 다른 전략을 참조한다.

:: 돈

난독증 학생들은 거의 모두가 시간에 관한 문제가 있는 반면, 일부의 학생들은 돈에 관련된 부분에 어려움이 있다. 두 가지 분야가 특히 중요하다. 돈을 세는 문제와 은행 거래 문제이다.

돈 세기

오천 원권 1장을 주고 천 원권 5장을 받았으면 상당히 수지맞는 거래가 아닌가? 왜냐하면 5장이 1장보다 많으니까. 누가 생각해도 5가 1보다 큰 숫자다.

돈에 대한 교습은 아래와 같이 한다.

1. 학생이 숫자에 대한 개념이 확실한지 확인하고, 그렇지 않으면 돈 학습은 다음으로 미루는 것이 좋다.
2. 다양한 돈의 종류를 이해하는지 확인한다. 지폐와 동전으로 직접 거래하는 연습을 시킨다. 처음에는 아무도 없는 곳에서 한다. 여러 사람들 앞에서 하면 실수하거나 기초적인 팩트도 전혀 모르는 상황이 발생할 때 창피하게 느낄 염려가 있기 때문이다.
3. 학생이 부족한 부분을 알아낸 다음에는 돈을 사용하면서 돈에 대한 것을 가르친다. 어떤 교사들은 진짜 돈을 사용하지만 놀이용 돈을 선호하는 교사들도 있다.

4. 가능하면 도구를 많이 사용한다. 다중 감각적 방법은 자극을 강화한다. 예를 들면 차트를 이용하며 천 원권 5장이 오천 원권 1장과 같고, 천 원권 10장이 만 원권 1장과 같고, 오천 원권 2장이 만 원권 1장과 같다는 내용의 그림을 보여준다. 동전도 마찬가지의 그림으로 가르친다.

5. 학생에게 돈을 다루는 기회를 많이 갖게 한다.

- 학생 앞에 동전을 두 더미 쌓아 놓고 어느 쪽 금액이 더 많은지 말하게 한다.

- 학생에게 동전 몇 개를 주고 얼마인지 맞히게 한다.

- 돈을 교환하는 연습을 한다. 예를 들면 100원짜리 동전 5개로 주고 다른 동전으로 같은 금액을 돌려달라고 한다.

- 작은 상점을 꾸민다. 물건 그림이나 실제 물건을 진열해놓는다. 물건에는 가격이 붙어있다. 가격에는 10원짜리에서 100원짜리가 있다. 학생 한 사람은 가게 주인이 되고 다른 학생들은 고객이 되어 물건을 사고파는 놀이를 한다. 학생들에게 모두 같은 양의 돈을 준다. 그리고 역할을 차례대로 바꾼다. 거스름돈이 필요하면 가게 주인은 금전 등록기에서 잔돈을 거슬러준다. 나이가 많은 학생도 이 놀이를 즐긴다. 이 놀이는 학생들로 하여금 돈에 친숙하게 하고 거스름돈을 내주는 것도 익숙하게 한다.

은행 이용하기

조금만 노력하면 학생들이 은행거래에 친숙해지게 할 수 있다.

우선 간소화한 거래 양식을 만든다.

찾으실 때

계좌번호		수표발행을 원하시는 경우			
금		10만 원권	매	100만원권 매	₩
(₩)					
		저희 은행 또는 다른 은행 계좌로 이체하실 경우			
기록 상황		은행명		수수료차감 여부	차감함 차감 안함
· 지정일자: 년 월 일					
· 위 계좌의 금액(신탁, 이자)을 지급하여 주십시오.		계좌번호			
· cowl시에는 아래의 전산인지금액과 계산서를 수령하였습니다.		입금액	₩		
		예금주			
성명 인 (서명)		차감 후 현금 지급액 ₩			

입금하실 때 (무통장. 타행환. 수표발행)

계좌번호												CM 번호		
금액	천억	백억	십억	억	천만	백만	십만	만	천	백	시	원	보내시는 분	성명 전화
예금주													주민등록 번호	
타행 입금시			은행				지점						대리인	성명 전화
													본인과의 관계	기록 상황
수수료 차감 여부													수표발행 을 원하시는 경우	10만 원권	매 ₩
현금														100만 원권	매 ₩
자기앞															
기타														합계	₩

:: 세부 사항 기억하기

난독증 학생들은 학습할 때에 다음 두 가지 부분에서 약점을 보인다. (1) 기계적인 청각 기억력, 특히 고유의 의미가 없는 언어의 경우 그리고 (2) 순차를 정하는 기술.

이 두 가지 약점 때문에 요일이나 전화번호 등을 기억하는 것이 어렵다. 그런데 이는 중요한 부분이다. 왜냐하면 이것이 학교 공부나 직장에서 성공하는 데에 필수적으로 필요한 것은 아니지만 우리 문화권에서는 이러한 부분에서 유창하기를 기대하기 때문이다. 다른 사람들은 다 아는 것을 모르면 열등한 사람으로 취급 받는 것이 문제이다.

다행히도 개별적으로 직접 가르치면 도움이 된다. 예를 들면 요일은 아래와 같은 방법을 이용할 수 있다.

1. 각 요일을 당일의 활동과 연계한다. 예를 들면 월요일은 매주 학교를 시작하는 날이다. 화요일은 오후에 미술시간이 있는 날이다. 학생마다 연계 방법이 다를 수 있다.

2. 어원의 역사를 이용하는 방법이다. 요일은 태양계와 관계가 있다. 일요일은 '해', 월요일은 '달', 화요일은 '화성', 수요일은 '수성', 목요일은 '목성', 금요일은 '금성' 그리고 토요일은 '토성'과 연계하여 기억한다.

3. 요일 이름에 익숙해지면, 다음에는 순차를 공부한다. "목요일 다음에는 무슨 요일이지? 일요일 전에는 무슨 요일이지?"와 같은 질문을 하게 한다.

4. 요일을 첫 자만 모아서 외운다. 예를 들면 '일월화수목금토'를 달달 외우는 것이다.

5. 요일 공부가 이 정도로 진전되면 쓰는 활동을 통해 요일 공부를 한다. 예를 들면 토요일에 하고 싶은 일의 목록을 작성하여 포스터를 만드는 것이다.

당신의 학생이 철자에 아주 능숙해지기 전에는 학생이 소도구의 도움 없이 요일의 철자를 맞게 쓸 수 있기를 기대하면 안 된다. 우선적인 목표는 요일을 암기하여 학교나 사회적인 상황에서 요일에 관한 대화에 쉽게 참여하는 것이다.

전화번호를 암기하는 것도 중요한 항목이다. 우선 대처 방법을 창안해야 한다. 아무런 의미가 없는 일련의 숫자를 외우는 것이 흔히 보는 어려움이다. 학생에게 전화 번호 몇 개나 외울 수 있는지 물어본다. 혹은 자신의 번호를 얼마나 쉽게 외울 수 있는지 확인한다. 잘 못 외운다면 어떻게 갖고 다니면 좋을지 생각하게 한다. 중요한 정보를 적은 수첩을 갖고 다니면 어떨지? 교육용 소형 컴퓨터는 어떨까? 학생 자신만의 시스템을 고안하도록 도와준다. 또 하나의 요령은 전화번호를 주는 사람에게 되풀이해 달라고 부탁하는 것인데, 이는 크게 잘못된 것이 아님을 상기시켜준다.

:: 주변에서 흔히 볼 수 있는 활자화된 정보들

우리가 사는 문화권에서는 단어와 숫자가 써있는 곳이 수도 없이 많다. 좋은 예로는 다음과 같다.

- 달력
- 카탈로그
- 메뉴
- 버스나 기차시간표
- 입사 지원서
- 신문
- TV 가이드

상기 항목과 친숙해지는 방법은 다음과 같다.

- 우선 각 항목에 대한 샘플을 구한다. 부모와 동기들로부터 구할 수 있는 품목도 있다. 메뉴와 같은 물건은 주변에 있는 식당에 가서 구한다. 왜 메뉴가 필요한지를 설명하면 대체로 협조할 것이다.
- 당신의 학생들과 함께 제품의 구조를 모두 검사한다. 예를 들면 신문의 모든 섹션을 점검한다. 특정 정보는 어떻게 구할 것인지에 대해 논의한다.
- 제품을 사용한다. 예를 들면, 메뉴로 연습할 경우에 학생들에게 점심 사먹을 돈이 얼마 있다고 말해준다. 그리고 학생들로 하여금 무엇을 사먹을지 곰곰이 생각하게 한다. 여기에 부가세와 팁까지 계산하면 상당한 수학문제가 된다. 혹은 입사 지원서를 작성하는 연습을 한다. 다음에 제공하는 양식은 약식이지만 중요한 점을 모두 포함하고 있기 때문에 좋은 연습이 될 것이다.
- 샘플 제품을 만든다. 학생들로 하여금 학급을 위한 월간 행사표를 만들게 하거나 학교 카페테리아용 메뉴를 작성하게 한다.

이러한 모든 것들이 학생들로 하여금 학교 밖에서 활동할 때 편안하게 해준다. 사회적 상황에서 요구되는 것들에 대해 준비된 상태가 되기 때문이다.

:: 물건들이 있는 곳을 찾는 요령

난독증 학생들의 공통적인 특성은 물건을 잘 잃어버린다는 점이다. 교실을 옮길 때마다 노트북을 챙겨야 하는 것을 잊거나 연필을 어디에 두었는지 생각이 안 난다. 여자들의 경우 핸드백을 잃어버릴까 두려워 아예 가지고 다니지 않기도 한다.

시간을 내어 학생과 이러한 문제에 대하여 진지하게 검토한다. 당신이 관찰한 바를 말해주고 학생으로 하여금 이러한 어려움에 대한 자신의 느낌을 말하게 한다. 짜증이 나는지? 이런 문제에 대비하는 전략을 개발하기를 원하는지?

입사 지원서

일자 _____

성명 _____

주민등록번호 _____

주소 _____

전화번호 _____

당신은 법적으로 일할 수 있습니까? 예 _____ 아니오 _____

학교 이름 _____

학교 주소 _____

학년 _____

경력:

회사이름 _____

회사주소 _____

직위 및 직책 _____

_____

이직 사유 _____

_____

신원 조회처

성명 _____ 전화 _____

성명 _____ 전화 _____

어떤 일을 구하십니까? _____

풀파임 혹은 파트타임 _____

학생의 느낌을 알아내는 것이 우선적으로 해야 할 일이다. 왜냐하면 학생이 물건을 잃어버리는 것에 대해 아무렇지도 않게 생각하면 변화를 위해 상당한 시간을 투자할 의미가 없기 때문이다. 그러나 대부분의 학생들은 불편함을 말할 것이다. 그렇지 않은 경우에는 당신이 관찰한 바를 비판적이 아닌 자세로 설명한다. 예를 들면 "어제 보니까 너는 연필을 가지고 올 것을 잊었더라. 그리고 휴식시간에는 스웨터도 잃어버리고." 학생이 이러한 점을 개선하기를 원한다면 당신은 기꺼이 학생을 도울 수 있음을 알려준다.

학생이 대체 전략을 세우기를 원하면 아래 같은 사항을 권한다.

• 일정한 곳을 정하고 그곳에 물건을 둔다.
• 좋은 습관을 만든다.

개선할 항목 하나를 정하고 작업을 개시한다. 숙제 노트를 자꾸 잃어버리는 것 때문에 힘들어 하는가? 이것은 매일 아침 학교에 가져오고 하교 시에는 반드시 집으로 갖고 가야 하는 물건이다. 학생으로 하여금 눈을 감고 학생이 집 현관문을 들어설 때에 노트북을 어떻게 하는지 상상하게 한다. 자기 방에 들어간 다음 바닥에 던져 놓는지? 그런 다음 눈을 감은 채 나중에 노트북을 놓을 장소를 정하게 한다. 마찬가지 방법으로 다음날 아침 다시 숙제 노트를 학교로 가져올 때에도 같은 요령을 이용한다.

이 한가지에 대해 학생의 발전 상황을 기록한다. 잘 해낼 때에는 간단한 축하 이벤트를 갖는다. 실패할 경우에는 "쉽지 않지? 한 번에 바로 달라지기는 힘들어. 그래도 지난주에 3번은 놓치지 않고 갖고 왔잖아. 그게 어디야. 계속 노력하면 못할 것도 없지."

한 가지 항목을 성공적으로 마치고 나면 다음 항목을 선택한다. 다음 항목을 바

로 시작하는 것을 힘들어 하면 휴식 기간을 어느 정도 가진 후에 다시 시작하는 것
도 좋다.

:: 구체적인 문제 분야 몇 가지

난독증 학생들은 다음과 같은 것으로 당황해 할 수 있다.

- **파티.** 생일 파티에서는 많은 일이 일어난다. 축하 받는 입장에 있는 사람이 난독증 문제
  가 있는 경우에 다음과 같은 상황이 벌어질 수 있다. 선물 포장을 뜯을 때 선물한 사람이
  "잠깐만! 뜯기 전에 카드를 읽어봐! 정말 웃겨." 큰소리 내어 읽는 것에 어려움이 있는데
  많은 사람 앞에서 어떻게 변명하거나 설명해야 할지 당황하게 된다.
- **게임.** 게임에는 내용이 아주 많다. 특히 Scrabble TM 같은 게임은 철자와 어휘력을 요
  한다. 그리고 읽기와 수학 실력을 요하는 게임도 많다.
- **미술이나 공예 프로젝트 혹은 퍼즐.** 시각 운동 문제가 있는 학생들은 이러한 분야에서 다
  른 사람들 앞에서 무엇인가를 실행해야 할 때에 상당히 긴장한다. 예를 들면, 교회 모금
  운동을 위해 공예품을 만드는 일이 좋은 예가 된다. 이는 상당히 스트레스를 주는 상
  황이다.
- **사람 소개하는 일.** 사람의 이름을 기억하는 것이 어려운 사람들은 흔히 보지만 난독증 사
  람들처럼 심하지는 않다. 어떤 때에는 이름을 발음하는 것까지도 힘들어 한다.

일상생활에서 당면하는 어려움을 아래와 같이 대처하기를 권고한다.

- 이름 외우기는 연상코드(mnemonic) 방법을 사용한다. 새로 소개 받은 사람의 이름을
  기억할 때에는 같은 이름을 가진 친구나 유명인사와 연계하여 외운다. 요령은 친숙치 않

은 이름에 의미를 부여하는 것이다.

- 당신의 학생으로 하여금 그가 솔직해질 수 있는 사람을 선택하여 그에게 자신이 미술 프로젝트나 게임에 어려움이 있음을 말하게 한다. 걸스카우트와 같은 사회적 그룹의 리더가 있는 경우에 그로 하여금 학생이 당황해 할 수 있는 상황을 피할 수 있도록 도움을 청한다.

- 학생이 다른 사람들에게 자신의 난독증에 대해 말하여도 불편하지 않는 경우를 생각해 내게 한다. 먼 친척이나 사회에서 알게 된 사람이나 모르는 사람에게 말하여도 괜찮을 것 같으면 시도해보기를 권고한다. 이는 뜻밖의 도전에 대처해 나가는 능력을 키워 줄 것이다.

- 학생으로 하여금 자신이 잘할 수 있는 게임을 미리 연습하였다가 파티나 게임 활동을 할 때 이러한 게임을 제안하게 한다. 다른 사람들은 이것이 당신의 학생이 할 수 있는 유일한 게임이라는 사실을 눈치채지 못한 채 즐거운 시간을 보낼 수 있을 것이다.

Naomi와의 인터뷰

제2장에서 처음 인터뷰했던 나오미가 그의 아들 말콤이 어떻게 일상생활에 필요한 스킬들을 배운 것에 대해서 이야기한다.

▶▶▶ 말콤이 시계를 보는 것을 어려워했나요?

네. 그래서 실제로 그… 특별한 시계를 샀어요. 그거 알죠? 특별한 시계인데 시부터 보고 그 다음에 30분 단위 그리고 15분 단위로 보는 거요.

▶▶▶ 특별한 시계를 샀군요.

네. 집에서는 그 시계로 게임처럼 놀았어요. 하지만 학교에는 전자시계들만 있었어요. 음, 도움이 안 되었던 것 같아요.

▶▶▶ 돈이나 거스름돈 계산하는 것은 어땠나요? 말콤에게 그런 건 자연스러웠나요?

네. 그 부분은 더 자연스러웠어요.

▶▶▶ 그럼 역시 시간을 읽는 것이 이슈였군요.

네. 말콤은 사업가적인 정신을 가지고 있어요. 그것이 돈 세는 것을 배우는 데 큰 동기가 되었어요. 가끔 집 앞에 중고 장터를 펼치기도 했어요. 지겨워진 장난감이 있으면 집 앞에 장터를 열어서 팔곤 했어요. 말콤은 돈 버는 방법에 대해서는 매우 창의적이에요. 언젠가는 할로윈 사탕을 학교에 가져가서 친구들에게 팔았어요. 사탕을 별로 좋아하지 않거든요. 그래서 이러한 사업가적인 정신 덕분에 거스름돈 계산 등은 좀 더 빨리 배울 수 있었던 것 같아요.

▶▶▶ 그럼 시간 보는 것도 어떠한 큰 동기 부여가 있었다면…

네. 그럼 훨씬 쉬웠겠죠.

▶▶▶ 그리고 말콤은 정리에 대해서 이슈가 있다고요?

네.

▶▶▶ 시간 계획에 대해서는 어때요?

매우 큰 문제였어요. 지금은 훨씬 잘하고 있어요. 이제는 주어진 시간에 숙제를 한다든지 등의 무엇을 해야 할지 어느 정도 판단할 수 있어요. 정말 많이 나아졌어요. 그리고 자신의 책상도 정리하기 시작했고, 컴퓨터 등도 정리를 하고 있어요.

하지만 이제는 추가적인 도전이 필요해졌어요. 왜냐하면 이제 사는 곳이 두 군데가 되었으니까요. 대부분의 것들은 기억을 하긴 합니다. 치아 교정기를 챙기는 것도 숙제하는 것도 해야 하지만, 제일 어려운 것은 운동 기구들을 챙기는 것 같아요. 일과가 끝날 때, 또는 다음 날에 챙겨야 하거든요. 하지만 그래도 정리 정돈에 대해서 많은 발전이 있었다고 생각해요.

▶▶▶ 노력해서 된 것 같아요?

네. 그런 것 같아요. 학교에서 했던 것들도 도움이 많이 된 것 같아요. 하지만 전의 학교에서는 좀 힘들었던 것이 하나 있었습니다. 자율 수업 쪽을 방향성을 가져가고 있었거든요. 말콤에게는 너무 많은 자극이 되었고, 너무 많은 선택이 되었으며, 너무 많은 움직임이 있었어요. 이런 것들이 도움이 되지 않았어요. 물론 다른 아이들에게는 큰 도움이 될 수도 있었겠죠. 하지만 말콤에게는 아니였던 것 같습니다.

난독증에
관련된
이슈들

난독증에 관련된 이슈들

이 장에서는 난독증을 가진 사람들이 어려워하는 다음의 3가지 분야에 대해 간략히 논의하고자 한다.

- 스피치와 언어 기술
- 대근 운동 기술
- 소근 운동 기술

상기 항목별로 문제의 특성을 고찰하도록 한다. 그런 다음 전문가들이 이를 어떻게 치료하는지 알아보도록 한다. 마지막으로 당신이 이러한 이슈로 난독증 학생을 도울 수 있는 방법을 논의할 것이다.

:: 스피치와 언어 기술

난독증은 특성상 언어적인 문제인데 왜 이 분야로 별도의 논의를 하는 것일까? 이에 대한 답은 난독증 학생들은 별도의 교육이 필요할 정도로 문제가 심각하기 때문이다. 문제의 분야는 다음과 같다.

발음법(Articulation)

아이들이 말하기를 배울 때 소리를 잘못 발음하거나 다른 소리와 대체하는 것은 정상적인 현상이다. 그러나 가르쳐 주어도 이에 반응하지 못할 때에는 발음 능력에 문제가 있을 가능성이 있다. 그리고 음조와 어조와 같은 음성학적 문제도 있을 수 있다.

학생들 중에는 다중음절 단어의 발음에 문제가 있는 경우가 있다. 음절 2개나 3개는 맞게 발음하는데 그 이상의 음절은 발음하지 못하거나 음절의 순서를 바꾸어 발음한다.

말더듬이는 소리를 계속 반복하여 발음하는 증상인데 이는 난독증과 연계된 문제가 아니다.

표현 언어(Expressive Language)

학생들 중에는 단어를 개별적으로 발음하는 데에는 문제가 없는데 특정 단어를 기억하는 것이 어려운 경우가 있다. 이러한 단어를 문장에서 사용하려고 할 때 더듬거리는 것이다. 무슨 말을 하려고 하는지는 알지만 유창하게 나오지 않는다. 스피치 자체가 느리고 힘들다. 이러한 증상을 표현 언어 실어증(expressive aphasia)이라고 부른다.

회화를 유창하게 하려면 문법도 맞게 해야 한다. 심각한 표현 언어 장애가 있으면 자연스러운 대화 자체가 어렵다. 당신의 학생이 공부와 관계가 없는 내용으로 또래들과 대화하는 것이 자연스러운지 관찰한다.

수용 언어(Receptive Language)

수용 언어는 정보를 이해하고 흡수하는 능력에 영향을 준다. 이러한 부분에 약한 증상을 수용 언어 실어증(receptive aphasia)이라고 부르는데, 이런 학생들은 경청하는 것이 어렵다. 이들은 일반적인 대화나 구두 지침에 어려움이 있다.

특히 다중 단계 지침을 이해하는 것이 어렵다. 다시 말하면, "책을 덮어서 책상에 넣으세요."라는 지침을 들으면 두 번째 부분인 "책상에 넣으세요."에 반응하지 못하는데 교사가 이를 반항의 표시로 오해할 수 있다.

원인(Causes)

이러한 문제는 왜 발생하는 것일까? 발음 문제는 구강 구조의 왜곡이나 청각적 분별능력(소리의 미세한 차이를 들을 수 있는 능력)의 부족이나 습관상의 문제로 발생한다. 수용 및 표현 실어증의 원인은 신경학적인 원인으로 발생하는 유기적인 문제가 원인이라고들 많이 생각하지만 좀 더 많은 연구가 필요한 부분이다.

스피치와 언어문제가 있는 대부분 학생들의 청각은 정상이다. 물론 예외도 있지만 아무튼 청각 검사는 모두 받아야 한다. 그리고 어렸을 때 중이염을 많이 앓았는지도 알아야 한다. 이는 간헐적 청각 상실을 일으켜 청각 타이밍을 놓치게 하기 때문이다. 나이가 든 사람들도 중이염을 앓고 나면 일시적인 청각 상실을 경험할 수 있다. 따라서 검사를 받는 것이 중요하다. 치료를 받으면 언어 발달에 도움이 될 수 있기 때문이다.

스피치 및 언어 치료사

스피치 및 언어 임상의는 주요 이슈에 관하여 학생에게 직접 도움을 제공한다. 당신의 학생 때문에 걱정된다면 스피치 치료사(speech therapist)와 상담하도록 한다. 경우에 따라서는 예비 심사를 하여 학생이 정식 평가가 필요한지 확인한다. 스피치 및 언어 임상의는 특수교육 및 일반 교육 모두에서 도움을 줄 수 있다.

힌트

스피치 및 언어 문제로 도움이 필요한 학생을 위해 아래의 권고 사항을 활용한다.

- 학생의 가정에서 외국어나 방언을 사용하면 치료사에게 이를 알린다.

- 학생이 구두 지침을 몇 단계까지 이해하고 이를 따를 수 있는지 확인하고 그 이상의 단계가 있는 지침은 피하도록 한다.

- 구두 지침을 줄 때에는 주위에서 산만하게 하는 것을 모두 제거한다.

- 교실 내에서 학생이 구두 지침에 잘 반응하는 위치를 찾아낸다. 학생이 동의하면 구두 지침을 내릴 때에는 이 자리에 앉도록 한다.

- 구두 지침을 내린 후에 학생이 이를 이해하였는지 확인한다. 학생이 혼동될 때에는 미리 약속한 신호를 당신에게 보내도록 한다.

- 가능한 한 학생에게 말할 때에는 완성된 문장을 사용한다. 회화체로는 너무 딱딱하게 들리더라도 이러한 방법으로 학생이 맞는 문법을 들을 수 있는 기회를 가질 수 있게 한다.

- 학생이 자주 틀리게 발음하는 단어를 기억하였다가 당신이 이 단어를 사용할 때에는 맞는 발음을 함으로써 학생으로 하여금 맞는 발음을 들을 수 있는 기회를 갖게 한다.

- 학생이 말하고 있을 때 학생으로 하여금 서두르게 하면 안 된다. 이는 다른 학생들이 참지 못하여 문장을 대신 말해줄 때 일어나는 상황이다. 누구든지 말할 때 확실하게 충분한 시간과 기회를 갖게 하기 위해서는 학생 모두가 협조하고 조심해야 한다.

- 학생이 말한 내용에 관해 질문한다. 예를 들어 학생이 "우리 개가 새끼 다섯 마리를 낳았어요."라고 하면, "모두가 잘 노니? 아니면 맨날 잠만 자니?"라고 묻는다. 표현 언어 문제가 있는 학생들은 다른 사람들이 자기 말을 경청하지 않는 것에 익숙해져 있다. 당신의 질문은 그로 하여금 자신이 한 말을 당신이 듣고 있음을 알리는 동시에 그로 하여금 말하는 연습을 할 수 있는 기회를 주는 것이다.

- 당신의 학생이 다른 사람들에게 큰 소리로 말할 때 어느 정도로 편하게 느끼는지 알아

낸다. 전혀 편하게 느끼지 못하는지 혹은 친구 한 사람이나 두 사람하고 말할 때에는 편하게 느끼는지? 작은 규모의 그룹 토론에 참여할 수 있는지? 학생이 편하게 느낄 수 있는 사회적 분위기에서 의사소통하는 기회를 제공한다. 그리고 그에게 말할 기회를 준다.

- 당신은 큰 소리로 읽는다. 서두르지 않으면서 표현에 신경을 쓰면서 읽는다. 그런 다음 방금 읽은 내용에 관해 질문을 한다. 그러나 다른 경우와 마찬가지로 학생이 스피치 연습을 해야 하는 사회적 상황에서 편하게 느끼고 있는지를 우선적으로 확인한다.

:: 대근 운동(Gross-Motor) 및 소근 운동(Fine-Motor) 기술

대근 운동

어떤 학교의 수학여행에서 일어난 일인데 난독증 학생들이 절벽을 올라갔다. 그중 한 학생이 바위에 붙었는데 겁에 질려 움직이지 못하고 있었다. 친구들에게 도와달라고 외쳤다.

"나 꼼짝 못하겠어!" 그는 외쳤다.

"오른쪽에 손잡을 데가 있어!" 친구들이 소리쳤다. "오른쪽으로 가!"

"어느 쪽이 오른쪽이야?"

이는 실화인데 대근 운동 기술이 어려운 경우에 일어날 수 있는 좋은 사례이다.

대근 운동. 이는 우리의 몸에 있는 큰 근육의 운동을 의미한다. 이 부분에 문제가 있는 사람들은 감각 통합이 어렵다. 원인은 신경학적 상태에 문제가 있을 때 발생한다고 한다. 즉, 근육 동작으로 자극을 너무 많이 받거나 너무 조금 받는 경우이다.

난독증 학생들 중에는 대근 운동 기술이 훌륭하여 선천적으로 뛰어난 운동선수들도 있다. 그러나 이 부분에 문제가 있는 학생들에게 조직화된 스포츠는 공포와 망신의 시간일 뿐이다. 심지어는 자전거 타기나 친구들과 공받기 놀이도 어렵다. 감각 통합의 어려움은 아래와 같은 부분에서 문제를 일으킬 수 있다.

- 운동근육의 협응 – 여러 근육을 팀으로 사용하는 것이 어렵다.
- 균형 – 중력을 다루는 것이 어렵기 때문에 똑바로 서는 것이 잘 안 된다.
- 방향성 – 앞의 사례에서처럼 왼쪽과 오른쪽을 구분하는 것이 안 된다.
- 순차적 과제 수행 – 여러 단계가 있는 복잡한 운동 과제에 당면하면 무엇을 먼저 해야 할지를 모르며, 간단한 운동 과제도 순서대로 하는 것이 잘 안 된다.
- 신체의 공간적 위치에 대한 감각 – 자신의 신체 주변에 있는 물건이나 사람과의 관계를 인식하는 것이 어렵다. 이러한 문제가 있는 학생은 둔해 보인다.
- 빈약한 근육의 탄력과 힘 – 이러한 문제가 있는 사람이 운동 과제를 즐기지 못하는 경우에는 그 약점이 더 악화될 수 있으며, 이런 경우 운동 과제를 기피하는 경향이 있다.
- 신체의 중앙선을 건너기가 어렵다 – 우리 몸에 중앙선이 그어져 있지는 않지만 몸의 양쪽을 사용하려면 중앙에 선이 있는 것으로 상상해야 한다. 동작 중에는 이러한 가상의 선을 중심으로 양쪽으로 움직여야 하는 동작들이 있다.
- 촉각 방어(Tactile Defensiveness) – 이는 터치에 대한 과민성이나 특정 질감을 터치하는 것에 대한 과민성을 의미한다. 사회생활에서 이는 상당한 어려움을 느끼게 된다. 왜냐하면 이러한 증상이 없는 사람들은 이러한 증상이 있는 사람을 이해하기가 매우 어렵기 때문이다. 그로 인해 이러한 학생은 자신의 과민성에 대해 부끄러워하며 이를 공개하는 것을 꺼린다.

  난독증 학생들 중에는 특정 음식에 대한 강한 거부감을 갖는 경우도 있다. 일반적으로 이것이 정신적인 장애가 원인이라고 생각하지 않으며, 촉각 방어라고 생각하는 것이 맞는 것 같다. 음식을 입 안에서 씹을 때 받는 촉각이 강한 거부감을 주는 경우인 것 같다.

소근 운동

이는 신체에서 작은 근육의 사용을 의미한다. 이것이 중요한 이유는 읽기, 필기하기, 컴퓨터 사용하기, 도구 사용하기 등에 소근 운동이 필요하기 때문이다. 이 부분에 문제가 있으면 학업에 막대한 지장을 줄 것이다. 특히 아래와 같은 상황에서 어려움이 있다.

- 눈-손 협응. 칠판에 적힌 글이나 다른 종이에 있는 베껴쓰기와 같이 눈으로 본 것을 손으로 옮겨 적는 것이 어려울 수 있다.
- 편측성(laterality). 왼쪽과 오른쪽을 분간하여 자동적으로 운동 근육 과제를 완성하는 기술을 의미한다. 이 부분에 문제가 있는 학생들은 'b'와 'd'를 혼동하거나, 'p'와 'q'를 혼동한다.
- 눈-손 협응 속도. 몇몇 학생들은 원하는대로 소근을 사용하는 데에 문제가 없으나 속도가 매우 느리다. 이들에게 많은 양의 텍스트를 손으로 쓰는 것은 극도로 힘든 일이다.
- 공간 구상(planning space). 용지에서 글의 내용이나 그림의 위치를 정하는 능력을 의미한다. 이 부분에 문제가 있으면 수학에서 계산하는 것이 혼란스럽게 된다.
- 운동 근육 동작의 기억. 운동 근육 동작 기억력이 좋은 사람은 운동 과제를 몇 번만 하면 비교적 자동적으로 해낼 수 있다. 그러나 이 부분에 문제가 있는 사람은 글자를 형성하여야 하는 필기 동작이 어렵다. 이러한 문제가 있는 학생들을 위한 필기 프로그램에서는 큰 근육을 사용함으로써 작은 근육에 정보를 전달하며 운동 근육 기억을 자극하기 위해 반복적인 언어를 사용한다.
- 신체 중앙선 건너기. 대근 운동 기술에서처럼 우리 신체의 가상적인 중앙선을 건너는 것이 중요하다. 크레용으로 색칠할 때에 도화지 왼쪽에 있는 부분에 색칠하면서 오른쪽으로 이동하면서도 색칠할 수 있어야 한다.

추천 시점

작업 요법사(occupational therapist)들은 대근 운동 및 소근 운동 문제가 있는 학생들을 개인적으로나 교실 상황에서 도움이 될 수도 있다.

당신의 학생이 위에서 언급한 부분에 문제가 있어 보이면 작업 요법사에게 보내는 것이 좋겠다. 염려는 되지만 문제를 구체적으로 정의할 수 없는 경우에는 당신이 염려하는 부분을 짬짬이 적어 두면 나중에 도움이 된다. 계속 적다 보면 문제의 패턴이 나타나기 시작한다.

작업 요법사들은 개별적인 치료법이나 학급 상황에서의 지원도 제공한다. 이들은 학생이 물건을 어떻게 잡는지, 다시 말하자면 촉각 인식력이 있는지, 다양한 질감의 차이를 인식하는지 등을 알아낸다. 학생이 진흙이나 동전을 손으로 조작할 수 있는지? 두 손을 함께 사용할 수 있는지? 가위나 연필 같은 도구를 사용할 수 있는지? 학생들 중에는 이러한 종류의 도움이 필요한 학생들이 있다.

힌트

대근 운동 문제가 있는 학생들에게 아래와 같은 제안을 시도하기를 권한다.

- 학생의 특정 운동에 대한 약점을 모두 알아내어 이러한 부분을 요하는 활동을 피한다.
- 학생이 잘하는 스포츠나 게임을 알아내어 학생이 이를 즐길 수 있는 기회를 많이 준다.
- 촉각 방어(tactile defensiveness)가 있는 학생의 경우 학생을 살짝 건드리는 것을 조심해야 한다. 특히 이에 민감한 학생의 경우 각별한 주의를 요한다. 학생을 터치해야 할 경우에는 미리 양해를 구한 다음 팔을 천천히 누른다. 이러한 터치는 감내하기가 조금 쉽다.

소근 운동 문제가 있는 학생들에게 다음과 같은 제안을 시도하기를 권한다.

- 대문자 차트를 교실에서 잘 보이는 장소에 붙여 놓거나 학생의 노트에 끼워준다. 소문자를 아는 학생들도 대문자를 잊을 수 있다.
- 소근 운동 기술은 필기뿐만 아니라 컴퓨터를 사용할 때에도 필요하다. 작업 요법사가 있으면 학생이 도움을 받을 수 있도록 한다. 키보드 자세에 대한 조언도 부탁한다.
- 베끼는 동작을 많이 하지 않도록 한다. 특히 칠판에 있는 내용을 베끼는 것이 어렵다.
- 학생으로 하여금 자신이 한 과제를 깨끗하게 쓰기 위해 다시 베끼게 하지 않도록 한다. 소근 운동 문제가 있는 학생에게는 공간 문제도 많기 때문에 두 번째 쓸 때에도 실수가 줄지 않는다. 베끼는 일은 모두가 싫어하는 부분이다.
- 쓰기 과제를 할 때에는 줄을 하나 건너뛰게 한다.
- 대학노트 대신 줄이 넓은 공책을 사용하게 한다.
- 쓰기 과제를 할 때에는 구체적인 지침을 제공한다. 예를 들면 줄을 시작하는 지점에 ×표를 해준다. 계산문제를 할 때에는 그래프용지를 사용하게 한다.
- 기술(記述) 과제는 길지 않게 내주어 학생이 잘해낼 수 있게 한다. 쓰는 동작이 엄청난 노력을 요하는 부분이기 때문에 과제를 길게 내어 학생을 지치게 만드는 것보다 짧게 내어 이를 즐길 수 있도록 배려한다.
- 가끔 대안적인 과제를 제공한다. 쓰는 과제 대신 프로젝트를 하게 한다.
- 평가 과정에서는 테스트의 일부분이나 전체를 구두로 진행한다.
- 고등학교 학생의 경우에는 강의 내용을 녹음하는 것을 허용하거나 노트를 잘하는 학생과 같이 공부하게 하여 도움을 받도록 한다.

Mike와의 인터뷰

응급 치료사이면서 건설 회사를 운영하고 있는 Mike가 발표에 대한 그의 경험에 대해서 이야기한다.

▶▶▶ 초등학교 때 당신의 발표에 대해서 누구와 이야기 한 적 있습니까?

거의 백만 번의 듣기 검사를 한 것 같습니다. 그들은 언제나 제 듣기가 문제라고 생각했었어요. 매주 듣기 검사를 했었어요. 이 검사를 진행해주신 분과 매우 친해졌어요. 왜냐하면 매주 시험 감독을 해주셔서요.

▶▶▶ 학교 다니실 때 발표 관련되어서 기억나는 경험이 있으신가요?

Bodin 선생님께서 게티스버그 연설을 외우게 했었어요. 저는 너무 힘들었어요. 크리스마스까지 해야 했어요. 그 수업을 듣는다면 모두 외웠어야 했어요. 저는 꼬박 1년이 걸렸지만 했습니다. 너무 힘든 과제였어요. 외우는 것이 어려운 게 아니라 단어들을 발음하는 것이었어요. 선생님은 저를 멈추게 해서 처음부터 다시 해야 했어요. 정확해야 했고 웅얼거릴 수 없었습니다.

학교 다니면서 제 가장 큰 도전 중 하나였어요. 물론 좋은 연설이었지만, 제가 왜 외웠어야 하는지는 아직 이해가 안 돼요. 제 인생에서 어떠한 도움을 줄 수 있는지 말이죠. 매우 많은 시간과 에너지를 들여서 왜 했는지 아직도 불만이 큽니다. 저는 상식적인 사람이라고 생각하는데, 선생님은 말씀해 주실 수 없었어요.

ADD 및 ADHD

제14장

ADD 및 ADHD

난독증 학생들은 주의력 결핍 장애(Attention Deficit Disorder)나 주의력 결핍 과잉행동 장애(Attention Deficit Hyperactivity Disorder)도 갖고 있는 경우가 많다. ADD는 외부의 자극에 지속적으로 주의를 기울이는 것이 어려운 증상이다. ADHD는 여기에 신체적으로 가만히 있지 못하는 증상이 더해진 상태를 의미한다.

집중하지 못하는 것과는 다르다. 예를 들면 ADD나 ADHD가 있는 학생이 컴퓨터 게임을 할 때에는 몇 시간이고 집중할 수 있다는 사실을 생각해보자. 집중 강도도 높고 기간도 길다. 혼자만의 세계에 빠져있는 듯이 보인다. 그러나 선생님이 칠판에 수학문제를 푸는 것과 같은 자신의 바깥세상에서 일어나는 일에 집중하는 것은 어렵다.

학습의욕이 영향을 주는 요소인 것 같다. 또한 복도에 사람이 지나가는 소리나 히터가 꺼지고 켜지는 소리와 같은 것들이 학생의 주의를 산만하게 한다.

ADD나 ADHD 모두가 신경학적 증상이라고 믿고 있다. 원인에 대해서는 더 많은 연구가 요구된다.

:: 특징

ADD의 증상은 사람에 따라 다르게 나타난다. 가장 흔히 볼 수 있는 특성은 아래와 같다.

- 선천적으로 흥미가 없는 것에 주의를 기울이는 것이 어렵다. 구두 지침, 책임 맡은 심부름 등
- 재미있는 것에 장시간 동안 주의를 기울이는 것이 어렵다.
- 외적 자극을 걸러내는 것이 어렵다. 배경 잡음 등으로 결국은 산만해진다.
- 충동적인 행위: 생각하기 전에 행동하거나 말한다.
- 지침을 경청하거나 이를 따르는 것이 어렵다. 특히 복잡한 지침.
- 시간의 체계화가 어렵다. 작업 시간표, 공부 시간표 등
- 공간의 체계화가 어렵다. 소유물을 정리하는 것.
- 소유물을 잃어버리는 경향이 있다.
- 실행능력이 일관성이 없어 어떤 날에는 잘 하다가 다음에는 잘 못한다.
- 자아 존중감이 떨어진다. 특히 학교 공부에 관련하여.

ADHD의 경우에는 아래와 같은 증상도 동반될 수 있다.

- 신체적으로 불안정하고 과잉행동을 한다. 책상 밑으로 기어들어간다. 발을 계속 움직인다. 손을 꼼지락 거린다. 말을 많이 한다. 가만히 앉아 있는 자체가 무척 어렵다.
- 사회적 미성숙: 사회적 환경에서 적절하게 행동하는 것을 잘 못한다. 게임이나 활동이나 대화에서 차례를 기다리는 것이 상당히 어렵다.
- 자제력 문제가 있다. 공세적인 감정폭발을 보이거나 피곤할 때에는 부적절한 행동을 한다.
- 과도기에 어려움이 있다. 한 수업에서 다른 수업으로 이동하는 시간.

• 사회적 환경에 자신감이 없다. 따라서 짜증난다.

:: 교사가 도울 수 있는 방법은?

ADD와 ADHD와 관련되는 특성의 종류는 상당히 많다. 그러나 사람마다 그 특성은 다르게 나타난다. 또한 심각성의 정도도 다양하다. 난독증 학생들은 도움을 주면 이러한 어려움을 극복할 수 있다.

다음 장 '행동과 사회적 기술'에서는 행동 이슈와 관련하여 구체적인 제안을 논의하게 될 것이다. 여기에서는 학생이 이러한 문제에서 어떤 도움이 필요한지 살펴볼 것이다.

케어와 연민: 이것이 핵심이다. 이는 당신이 학생의 친구이기 때문이 아니라 학생의 교사로서 분명한 경계선을 유지하는 데에 결정적으로 중요하기 때문이다. 그러나 학생은 당신이 한 인간으로서 학생을 케어한다는 사실과 학생의 어려움이 신경학적인 원인 때문에 발생한다는 사실을 알 필요가 있다. 학생이 나쁜 사람이어서가 아니라 단지 어려운 증상으로 시련을 받고 있다는 사실을 말이다. 학생은 당신이 학생의 편이며, 학생이 이러한 문제를 극복할 수 있도록 도울 수 있는 것이라면 무엇이든지 할 준비가 되어 있음을 알려줄 필요가 있다.

행동과 공부에 대한 기대치를 분명히 한다. ADD 혹은 ADHD가 있는 학생들은 추측하는 것을 잘하지 못한다. 당신은 학생이 무엇을 하기 원하는지 분명히 말해주어야 한다.

일관성: 행동과 공부에 대한 기대치는 학생의 능력이 닿는 수준에서 시작해야 한

다. 학생은 많은 규칙을 따라하는 데에 이미 지쳐있다. 그런데 규칙을 바꾸면 학생은 완전히 혼란에 빠질 것이다.

수업구조: 결정적으로 중요한 것은 긍정적이고 보살펴주는 일이다. 수업을 시작할 때에 어떤 유형의 활동을 할 것인지를 학생에게 말해준다. 그리고 말한 대로 진행한다. 예를 들어 쓰기 공부를 할 때에는 학생에게 "오늘은 목록을 우선 작성한 뒤에 패러그래프 공부를 할 것입니다. 그런 다음, 10시 15분경에 학생이 아주 좋아하는 명사 게임을 할 것입니다. 10시 30분에는 10분 동안 교사가 읽어주는 시간이 되겠습니다." 학업 분야에서는 대체로 일관성이 있는 구조를 유지하는 것이 좋다. 이는 학생에게 안정감을 준다. 왜냐하면 학생은 경험적으로 자신이 무엇을 해야 하는지 알 수 있기 때문이다.

인터랙티브하고 재미있는 교과과정: 학습의욕 유발이 요체이기 때문에 당신의 학생으로 하여금 자신의 공부에 열중할 수 있도록 적극적으로 도와야 한다. 학생은 패턴과 팩트에 관해 설명해주는 것보다 이를 스스로 알아내는 것을 좋아한다.

수업의 다양성: 예를 들면 수업 내용을 계획할 때 앉아서 하거나 서서 하거나 움직이거나 토론, 쓰기, 물건을 조작하기 등과 같은 것을 다양하게 포함시킨다. 요령은 이러한 다양한 활동을 각각 짧게 실행하고 다음 활동으로 이동하는 것이다.

학생의 참여: 학생을 계획 단계에 참여시키면 성공할 확률을 높일 수 있다. 가능하면 학생으로 하여금 리포트나 프로젝트 내용이나 수업 중 또는 집에서 하는 과제의 내용을 결정할 때 의견을 내도록 한다.

재미있는 과제를 중단해야 할 때를 대비하여: 학생은 자기가 좋아하는 과제에 깊이 빠지는 경향이 있기 때문에 이를 중단해야 할 때를 대비해야 한다. 이 점에 관해 학생과 미리 의논한다. 활동을 중단해야 할 때를 알리는 짧은 내용의 지침이나 몸짓 등도 미리 정한다. 우선 구두로 큐를 주는 방법이 효과적이다. 예를 들어 "캐런, 5분 내로 이 활동을 중단해야 한다. 알았지?"

과도기를 대비하여: 여기서도 마찬가지로 특정 과도기에 대한 준비를 미리 한다. 이러한 준비는 학생과 함께 한다. 그리고 간단하게 해야 한다.

공간의 체계화를 돕기: 시간을 충분히 갖고 학생의 작업 환경을 조성한다. 연필은 어디에 둘까? 책은? 그리고 학생이 하고 있는 레슨이나 숙제 등의 진행 상황을 알 수 있게 하는 시스템을 구상한다. 바인더와 분류 탭과 같은 것들이 도움이 될 것이다.

시간의 체계화를 돕기: 학교에서 하는 과제나 집에서 해야 하는 숙제와 장기 프로젝트 등을 진행할 때 필요한 시간표나 일정표를 만든다.

주변 상황에 대한 인식: 학생은 대체로 조용한 공부 장소가 필요하다. 교사 가까이에 앉아 교사와 쉽게 의사소통을 할 수 있게 한다. 그리고 주변에 학생을 산만하게 할 상황이 일어날 것을 미리 알 수 있는 경우에 이를 대비한다. 예를 들어 창문 밖으로 보이는 학교 운동장을 다시 포장하는 공사가 예정되어 있다면 그날 수업은 쉬운 내용으로 진행하여 산만하게 하는 요소가 큰 문제가 되지 않도록 배려한다. 그리고 산만한 행동이 많아질 것을 미리 예상하고 있어야 한다.

교사의 탄력성: 학생은 어떤 날은 문제가 없다가 다음 날에는 어려움이 많은 경향

이 있다. 그러한 날에는 이를 미리 예측하여 학생에 대한 기대치를 낮춘다. 그리고 다른 내용의 학습으로 전환하기를 계속한다. 첫 번째 계획이 실패로 돌아가면 다음 계획을 실행한다. 당신의 학생으로 하여금 당신이 학생을 절대로 포기하지 않을 것임을 알게 한다. 교사와 학생 모두 성공할 때까지 노력하게 될 것이다.

융통성: 이는 상당 수준의 수업 구조와 학생이 대체로 필요로 하는 일관성에 배치되는 개념으로 보인다. 여기서는 '대체로'라는 구절이 요체이다. 95%는 일관성이 있어야 하지만 때로는 학생이 전혀 기능이 불가능한 날이 있다. 실패하도록 방치하지 말고 계획을 신속하게 바꿔야 한다. 예를 들면 갑자기 "오늘 날씨도 좋은데 학교 운동장을 재는 작업을 하자!"라고 제안한다.

편안하고 능력 있는 교사: 주의력 문제가 있는 학생을 가르친다는 것은 참으로 어려운 일이다. 당신도 도움을 받아 당신 자신이 하는 일에 자신감을 가져야 한다. 그리고 학생의 구체적인 이슈와 요구사항에 대해 가능한 한 많은 정보를 알아내야 한다. 이러한 정보는 학교 심리상담사, 특수교육 교사, 행정담당자 등으로부터 얻을 수 있다. 외부 상담사가 팀의 일부일 경우에는 그로부터 프로그램이나 제반 방법에 대한 정보를 얻는다. 이러한 정보를 사용할 때에는 반드시 학생의 프라이버시를 유념하도록 한다.

:: 약물 치료

ADD 및 ADHD 학생들에게 약물치료를 제공하기도 한다. 그러나 약물치료에만 의존하면 안 된다. 위에 언급한 수업을 통한 방법과 병행되어야 하며, 때로는 카운슬링도 해야 한다.

두 가지 부류의 약을 주로 사용한다. 지난 50년 동안 가장 자주 처방해 온 약은 다음과 같은 각성제이다.

- **상표**: Ritalin® (methylphenidate). 일반적으로 하루에 두세 번 복용하는 약으로 하루에 한 번 복용하는 것도 있다. 약효는 30~90분간 지속한다. 주의력에 도움을 주며, 과잉행동이나 충동적인 행동을 제어한다.
- **상표**: Dexedrine® (dextroamphetamine). 이 약은 하루에 세 번 복용하고 약효가 30~90분 지속한다는 점에서 Ritalin®과 유사하다. 이 약도 주의력, 충동성 및 과잉행동에 도움이 된다.
- **상표**: Cyclert® (pemoline). 이 약은 Ritalin®이나 Dexedrine®이 효과가 없을 때에 처방한다. 하루에 한 번 복용하며 2~3주 복용해야 효과가 나타나 집중력, 충동성 혹은 과잉행동에 도움이 된다. 이 약을 복용하는 동안에는 간 기능을 면밀하게 모니터해야 한다.

두 번째 그룹은 항우울제들이다. 이러한 약은 각성제를 사용할 수 없을 때나 효과가 없을 때 사용하며 혹은 우울증이 동반될 때에 사용한다. 항우울제는 과잉행동이나 공세적 행위를 감소시키며 우울증에도 도움을 준다. 흔히 사용하는 항우울제는 아래와 같다.

- **상표**: Norpramin® (desipramine)
- **상표**: Tofranil® (imipramine)
- **상표**: Elavil (amytriptyline)

대부분의 항우울제들은 2~3주 지나야 효과가 난다.

대부분의 경우 부작용이 있는데 특히 처음 사용했을 때에 그렇다. 각성제의 경우에는 두통, 과민성 및 식욕부진을 동반한다. 항우울제의 부작용으로는 구강건조증과 혼란 증상을 흔히 볼 수 있다. 이러한 증상을 발견할 경우에는 반드시 학교 간호사나 담당 전문가에게 보고해야 한다. 그리고 그 학생의 학부모에게 이 사실을 전달하고, 학부모는 처방한 의사에게 보고하도록 한다. 때로는 다른 약으로 바꾸거나 복용량을 줄여야 할 수도 있다.

때로는 학교에서 약을 복용해야 할 경우가 있다. 이런 경우에는 학교 간호사나 담당 전문가가 관리하며 당신은 학생에게 복용시간을 상기시켜 주어야 한다. 이 부분의 심각성을 고려할 때에 학생이 혼자의 능력으로 기억하기를 기대하면 안 된다.

:: 비약물치료

학부모나 학생들 중에는 부작용이나 약을 동반하는 불편 때문에 복약을 거부하는 경우도 있다. 이런 경우에는 비약물치료를 고려할 필요가 있다. 불행하게도 비약물치료는 과학적인 근거가 빈약한 경우가 많다. 그뿐만 아니라 한 학생에게 도움이 되는 대안이 다른 학생에게는 도움이 되지 않는 경우도 있다. 자주 사용하는 비약물치료법을 본 섹션에서 소개하도록 한다.

음악

수업 중에 혹은 과도기에 특정 음악이 학생들을 안정시키고 집중에 도움을 준다고 보고하는 교사들이 있다. 클래식이나 기타 음악을 배경에 깔아주면 도움이 된다고 한다.

당분 섭취량의 감소

당의 양을 줄이면 학생의 과잉행동이 감소한다고 주장하는 보고가 많이 있다. 그러나 여기에는 다른 요소도 포함된다. 단백질의 소모 양과 그 시점이다. 최적의 효과를 위해 더 많은 연구가 필요하다.

파인골드 다이어트(The Feingold Diet)

이 다이어트는 식품착색제와 첨가제 및 방부제를 거부한다. 너무 엄격하여 실행하기가 어려우며 특히 아이들에게 그렇다. 이 다이어트는 1975년 이래에 ADD와 ADHD 학생들을 치료하기 위해 소개된 다이어트이다. 그러나 많은 사람이 이 방법을 선호하지 않는다. 효과에 대한 결정적인 증거가 없기 때문이다.

카이로프랙틱

이 치료법을 주장하는 사람들은 두개골과 척추골의 비정렬이 신체 기능의 최적 상태를 훼손한다고 믿는다. 그러므로 이러한 비정렬 상태를 교정함으로써 주의력과 행동에 도움을 준다고 믿는다.

감각통합 치료법(Sensory Integration Therapy)

이 치료법은 작업 요법사인 Dr. Jean Ayers가 개발하였다. 많은 ADD 및 ADHD 학생들이 대근운동 문제나 일종의 촉각방어 증상(터치에 대한 거부감이 심하여 어떤 경우에는 특정 옷감으로 만든 옷을 입지 못한다)이 있기 때문에 Dr. Ayers는 감각 정보 입력의 균형을 위하여 특정 운동을 권고하고 있다.

바이오피드백

뉴로피드백은 일종의 바이오피드백으로 사람들의 특정 뇌파를 조절하는 방법을 가르침으로써 이들의 집중력을 개선하는 기법이다. 최근의 연구에 의하면 이러한 훈련은 실질적인 효과를 주지만 많은 사람은 이에 의문을 제기한다.

:: 참고자료

ADD와 ADHD에 대해서는 수많은 자료가 있다. 이 주제에 대한 좋은 자료들을 다음에서 찾을 수 있다.

A.D.D WAREHOUSE

300 Northwest 70th Avenue, Suite 102

Plantation, Florida 33317

1-800-233-9273

Fax: 1-954-792-8545

이 주제에 대한 많은 자료를 가진 다른 회사는 다음과 같다.

HAWTHORNE EDUCATIONAL SERVICE, INC.

800 Gray Oak Drive

Columbia, MO 65201

1-800-542-1673

Fax: 1-800-442-9509

다음은 특별히 추천되는 6개의 도서들이다.

Beyond Ritalin, Facts About Medication and Other Strategies for Helping Children, Adolescents, and adults with Attention Deficit Disorders by

Stephen W. Garber, PH.D., Marianne Daniels Garber, PH.D., and Robyn Freedman Spizman(Harper Perennial, copyright 1996 by Marianne Garber, Ph.D., Stephen W. Garber, Ph.D., and Robyn Freedman Spizman).

The LD child and the ADHD Child: Ways Parents and Professionals Can Help by Suznne H. Stevens (John F. Blair, Publisher, Winston-Salem, NC, 1996).

How to Reach and Teach ADD/ADHD Children: Practical Techniques, Strategies, and Interventions for Helping Children with Attention Problems and Hyperactivity By Sandra F. Rief (The Center for Applied Research in Education, 1993).

The ADD/ADHD checklist: An Easy Reference for Parents and Teachers by Sandra Rief, M.A. (Prentice Hall, 1998).

Power Parenting for Children with ADD/ADHD: A Practical Parents's Guide for Managing Difficult Behaviors by Grad L. Flick, Oh.D., foreword by Harvey C. Parker, Ph.D. (The Center for Applied Research in Education, 1996).

ADD/ADHD behavior-Change Resource Kit: Ready-to-Use Strategies and activities for Helping Children with Attention Deficit Disorder by Grad L. Flick, Ph.D.(The Center for Applied Research in Education, 1998).

Jeremiah와의 인터뷰

　미술과 수학에 재능을 보이는 15세 Jeremiah가 ADD에 대해서 어떻게 생각하는지 이야기한다.

▶▶▶ 언제 처음 난독증과 ADD에 대해서 들어보셨나요?

　저는 아빠가 난독증이어서 1학년 즈음에 들어본 것 같아요. 엄마가 언급했었어요. 저도 제가 잘 읽지 못하는 것을 알고 있었어요. 저에게는 어려운 것이었고, 읽는 것도 싫어했으며, 왜 그랬는지도 잘 몰랐어요. 하지만 아마 4학년쯤 돼서 엄마가 저한테 난독증이라고 이야기해 주고, 그래서 독서를 싫어하고, 왜 그게 저한테 어려웠는지 이야기해 주셨어요. 그리고 ADD에 관해서는 아마 2년 또는 3년 전에 들은 것 같아요. 엄마가 설명해 주셨고, 그때 저도 제가 왜 제대로 집중 못 하고 언제나 동시에 세 가지 이상의 생각을 하는지 이해가 되었어요.

▶▶▶ 언제나 동시에 세 가지 이상의 생각에 빠진다고요?

　네, 저는 언제나 심심해하지 않고, 그냥 뭔가 해야 해요. 아무 생각도 들지 않을 정도로 심심해진 적이 없어요. 전 언제나 어떠한 생각이든 꼬리를 물어요. 그냥 언제나 뭔든 생각해야 하고, 그림을 그리거나 손으로 뭔가를 만지작거려야 하는 것 같아요. 저는 언제나 꼼지락거리는 것 같아요. 그래서 그림을 그리는 것에 집중을 잘 할 수 있는 것이, 수업 중에 노트 구석에 그릴 수 있으니까요. 그래서 심심해지면 주로 그림을 그려요.

▶▶▶ 그렇다면 당신은 가벼운 난독증인 것 같아요? 아니면 심각한 난독증인 것 같아요?

　저는 전체적으로 해당되는 것 같아요. 저는 아마 경증 또는 중증의 난독증이라고 생각해요. 저는 그래도 제가 꽤 큰 문제를 안고 있다고 생각해요. 저는 줄을 뛰어넘곤 해요. 그래서 다시 돌아가서 어디까지 읽었는지 확인해야 해요. 저는 제 손가락으로 줄을 그으면서 읽어요. 많은 도움이 돼요. 제 맞춤법은 꽤 엉망이에요.

컴퓨터는 저에게 크게 도움이 돼요. 왜냐하면 앉아서 타이핑을 하면 맞춤법 검사가 바로 나와서 확인 할 수 있잖아요. 하지만 만약에 수업에 써야 할 일이 생긴다면 저는 앉아서 제가 약간 난독증이 있다고 선생님께 설명해 드려요. 그럼 선생님들은 주로 "아, 괜찮아."라고 해주세요. 게다가 저를 더 이해할 수 있고 제 문제가 무엇인지 인지할 수 있기 때문에 더 알려고 하세요.

ADD는 꽤 가볍다고 생각해요. 저에게는 H는 없네요. 저는 ADHD는 아니어서 다행이에요. 아니면 막 아무 데나 돌아다니고 있겠죠. 그냥 언제나 무엇인가 하고 있어야 해요. 눈을 감으면 뭔가 보여요. 꿈을 꾸지 않은 날이 없어요. 꿈을 꾸지 못하는 것 같은데, 무엇이든 생각하게 해주니 좋긴 해요. 저는 ADD와 난독증, 난필증 그리고 운동 제어 문제들을 장점으로 생각해요. 왜냐하면 제 우뇌가 발달하면서 그림을 잘 그리게 된 것 같거든요.

▶▶▶ ADD 때문에 힘든 점은 어떤 건가요?

학교는 수업 듣고 앉아있는 거잖아요. 제 한쪽 뇌는 장애가 있지만 다른 쪽은 재능이 있다고 했었죠? 그 발달된 쪽에 포함되는 것이 미술과 수학이죠. 제가 수학 수업을 들어가면, 굳이 생각하려고 노력을 안 해도 그냥 뿅 하고 나옵니다. 계속 그럴 수 있어요.

만약 수학 수업을 듣고 있고 도전이 되지 않는다면… 저는 수학 수업을 좋아해요. 도전적이고 새로운 정보들도 많아서 정말 즐기지만, 가끔은 누나가 저한테 알려준 것이나 제가 이미 본 것이거나 아니면 다른 학생들이 이해를 못 할 때가 있잖아요.

이렇게 느려지는 순간이 올 때는 절벽에서 떨어지는 느낌을 받게 돼요. 혹은 저는 계속 움직이지만, 절벽이 느려지면서 넘어가는 것 같아서 어느 순간 모든 것을 내려놓고 그림을 그리거나 낙서를 하게 됩니다. 하지만 그건 제가 하고 싶은 것은 아니에요. 수학 수업 때는 수학을 하고 싶은 거잖아요. 수학 시간이 아니고 미술 시간이라고 스스로 설득할 수는 없잖아요. 그럴 때는 진짜 일어나서 선생님께 이야기하고 싶어요.

다행스러운 게, 요 몇 년간 제 수학 수업에 진짜 똑똑한 애가 있어요. 진짜 착하고, 그 애는 저에게 도전 의식을 갖게 해요.

수학은 저로서는 무엇인가를 많이 얻어낼 수 있는 분야예요. 어떠한 해방구가 없다면 저는 부딪히게 될 거예요.

▶▶▶ 그 해방구라는 것은 자극인가요?

도전에 대한 자극이 저를 해방시켜요. 제 ADD 때문에 제 뇌는 무엇인가 계속해야 하는데, 만약 수업을 듣는데 2% 정도밖에 뇌가 안 쓰인다면 저는 기분이 좋지 않아요. 제 뇌를 온전히 무엇인가에 쓸 수 있는 것이 좋습니다. 그런 상태가 제 마음을 사로잡습니다. 제 뇌는 정보를 갈망하는 것 같아요. 마치 (수학에 대한) 잔칫상이 차려진 것 같고, 잔치가 끝나도 저는 계속 배고픈 것 같아요. 그래서 제 뇌에게 스스로 강제적으로 무엇인가를 만들어 주는 상태가 아니었으면 해요. 다른 것들로 채우고 싶어요.

▶▶▶ 그럼 대부분의 시간 동안 뇌를 자극하는군요?

네, 대부분은 가상의 이야기를 생각하고 있든가 나중에 풀 수학 문제에 대해서 생각하고 있든가 해요. 다른 사람이 자극해 주는 것이 더 좋죠.

▶▶▶ 친구들은 당신의 ADD에 대해서 알아요?

저의 가장 친한 친구는 다 알고 있고, 이렇게 이야기해 줘요. "너에게는 완벽해. 만약 내가 난독증이라면, 내가 좋아하는 공부들을 지금만큼 잘하지는 못하겠지." 그는 저의 상황을 기뻐해 줘요. 물론 그는 자신이 난독증인 것을 원하지는 않기 때문에 질투하진 않지만 저에게는 가장 좋은 일이래요. 자신에게는 부족한 저의 그림 실력이나 제 수학 실력을 보면서요.

그는 제가 교수님들과 수학에 대해서 논쟁을 벌일 수 있지만, 자신은 못 한다는 것을 알고 있죠. 그는 수업을 잘 따라오지 못하기 때문에 저의 이런 부분들이 엄청난 장점이라고 생각해요.

행동과
사회적 기술

제15장

행동과 사회적 기술

:: 일반적인 원인과 증상

난독증 학생들 중에는 긍정적이고 생산적이며 사회적인, 또한 학업에 적합한 행동을 보이는 학생들이 있다. 그런 반면에 그렇지 않은 학생들도 있다. 아래에 나오는 항목 중에 하나 혹은 몇 개가 복합적으로 행동의 문제를 일으킬 수 있다.

- 장기(臟器)적 또는 신경학적인 요소가 학생으로 하여금 충동적이거나 공세적이거나 과잉 행동을 조절하기 어렵게 만든다.
- 실패, 수치 혹은 좌절과 같은 정신적인 요소가 지속적인 노력을 어렵게 한다.
- 적절한 행동을 하는 방법을 모르는 경우.
- 신체적 언어와 같은 사회적 신호(눈치)를 잘 못 읽는 경향.

학생의 학업이나 개인적인 성장을 저해하는 가장 흔하게 보는 행동은 다음과 같다.

- 충동적이거나 공세적인 행동
- 소극적이거나 수동적으로 반항적인 행동

• 반응의 결핍이나 사회적 신호(눈치)에 대한 무감각함과 같은 과녁을 벗어난 행동

아래에서는 앞서 기술한 학생의 행동을 픽션으로 묘사한 내용을 소개하고 있다. 그런 다음에는 교사가 할 수 있는 방법을 소개한다.

충동적이고 행동으로 실연하는(acting-out) 학생의 경우

미겔의 사례를 보자. 나이는 8세이고 초등학교 2학년으로 아버지는 목수 일을 한다.

미겔은 아버지를 무척 좋아한다. 그리고 아버지의 말에 의하면 미겔은 일을 잘 한다고 한다. 미겔은 건축 자재를 건설 현장으로 나르는 일을 도우며, 못질도 하고 무엇이든지 잘 해낸다고 한다. "이 아이는 아침부터 저녁까지 일하며 내가 일하는 것을 보고 바로 배워요. 내가 가르치지 않아도 돼요."

학교에서 미겔은 작은 그룹일 경우에는 교사들이나 또래들과 잘 어울린다. 그러나 수업 중에는 자기 책상을 떠나거나 책상 밑으로 들어간다. 그는 퉁명스럽게 대답하며 지침을 전달하는 도중에 다른 친구들을 방해한다. 그는 또래들을 찌르거나 그들의 물건을 갖고 노는 등 이들을 귀찮게 하는 경향이 있다. 쉬는 시간에 선생님은 "미겔이 공을 가져갔어요. 게임을 제대로 안 해요.", "미겔이 나를 때렸어요." 등과 같은 대화를 자주 듣는다. 교사가 미겔을 불러내면 미겔은 화가 잔뜩 나있다.

교사의 말에 의하면 "미겔은 나하고만 있을 때에는 아주 착한 아이예요. 얘가 왜 또래들과 어울리지 못하는지 알 수 없어요."

수줍어하고 고립적이고 수동적으로 반항적 행동을 하는 학생의 경우

폴라는 6학년이다. 가족으로는 양친과 여동생 둘이 있다. 부모는 조경사업을 하고 있다. 폴라의 아버지에 의하면 폴라를 학교로 직접 데려가서 학교에 들어가는 것

을 확인하고 출근길에 나선다고 한다.

폴라는 조용한 학생으로 교실 뒷자리에 앉으려고 한다. 교사가 다른 일을 하거나 학생과 상호작용하지 않으면 책상에 엎드려 잠들어버린다. 쉬는 시간을 빼고는 늘 피곤해 있다. 쉬는 시간에는 친한 친구들과 공놀이를 즐기는 아주 건강하고 행복한 아이이다.

적절치 못한 행위를 하는 학생의 경우

토니는 8학년이며 어머니와 아파트에 산다. 그는 컴퓨터 귀재이며 게임을 매일 몇 시간씩 한다. 최근에 그는 소프트웨어 개발에 몰입하고 있다. 토니는 친구가 필요 없다고 한다. 왜냐하면 또래 아이들은 대부분 재미가 없다는 것이다.

미술시간에 토니를 관찰하였다. 그는 4명의 학생들과 커다란 테이블에 앉아 흙으로 항아리를 만들고 있었다. 그 중 한 학생이 물병을 건네 달라고 부탁하였다. 토니는 물병을 건네 주었는데 말도 없이 그리고 눈길도 주지 않았다. 옆에 있는 학생이 무엇을 만들고 있냐고 물었더니 "항아리."라고만 말했다.

여학생 아이가 "예쁘게 만들었다!"라고 말하였더니, 그는 "이건 정말 바보 같은 프로젝트야. 이런 건 왜 하는지 모르겠어."라고 퉁명스럽게 말했다.

토니는 다른 아이들이 서로 이상한 표정을 주고받는 것을 의식하지 못하는 것 같았다. 토니는 항아리를 다 만든 후에 아무 말도 없이 일어나 가버렸다. 남은 흙을 치우는 것은 다른 아이들의 몫이었다.

:: 교사가 도울 수 있는 방법은?

긍정적이고 생산적인 학업 습관이나 사회적 행위를 개선하기 위해 이러한 학생들은 무엇을 어떻게 해야 하는가? 다음에 이에 관한 방법을 제시하고 있다. 우선 중요한 요소를 설명한 다음 일부 학생들에게 도움이 될 수 있는 개입방법을 제공하려고 한다.

학생들이 늘 필요로 하는 것들

적절한 지침. 이 항목이 목록에서 제일 먼저 나오는 이유는, 이는 난독증 학생들을 위한 긍정적 행동 관리의 초석이 되기 때문이다. 학생이 공부에서 안정감과 잘하고 있다는 느낌이 들 때에 그의 비생산적인 행위가 그 강도나 빈도 면에서 감소하는 현상이 나타나기 시작한다.

적절한 행위에 대한 긍정적인 강화. 이는 두 번째 초석이다. 칭찬하고, 칭찬하고, 칭찬하라. 진정한 노력과 실질적인 성취에 대해 칭찬을 한다. 간략하게 칭찬하지만 자주 칭찬하는 것이 효과적이다. 당신이 관찰한 바에 대해 칭찬한다. 예를 들면 "Karen, 네가 연필을 Mary와 함께 사용하는 모습이 정말 훌륭하다."라고 말하는 것이 효과적이다. "너는 정말 대단한 아이야."라고만 하면 칭찬하는 효과가 많이 떨어진다. 학생이 잘하고 있는 것에 대해 공개적으로 칭찬하면 학생이 그러한 행동을 되풀이 할 가능성이 높다.

때로는 당신이 정말로 칭찬할 수 있는 행위를 포착하는 것이 쉽지만은 않다. 그러나 아무리 간단하고 간헐적인 것이라도 긍정적인 것을 발견해내는 것이 중요하다. 칭찬에는 가식이 있어서는 안 되기 때문이다. 그리고 즉시 해야 한다.

부정적인 행위가 아닌 긍정적인 행위에 대한 강화. 교사가 말하기를, "그러나 나는 부적절한 행위를 절대로 강화하지 않습니다. 나는 학생을 보고 손가락을 꼬물거리는 것을 중단하고 가만히 앉아있으라고 말합니다." 부정적인 행위를 제한하는 것도 중요하지만 그렇게만 하는 것도 문제가 있다. 학생으로 하여금 행동 자체에 신경을 쓰게 만들기 때문이다. 앞에서 언급한 것과 같이 손가락을 꼼지락거려도 일단 무시하고 잘하는 부분을 칭찬하도록 하는 것이 더 효과적이다. "Harry야, 너 지금 잘 듣고 있구나! 좋다!"

기대치를 분명히 한다. 간단한 규칙을 몇 가지 정하는 것이 도움 된다. 이러한 규칙을 정할 때에는 학생이 참여할 수 있으면 더욱 좋다. 학생에 따라 이러한 규칙을 공책에 적게 하거나 큰 종이에 적어서 교실에 걸어 놓으면 도움이 될 것이다.

일관성을 유지한다. 일관성은 안정감을 준다. 일관성이 없으면 혼란을 가져오며, 충동적이거나 기타 부정적인 행동을 낳게 한다.

교실을 잘 정리하고 구조화한다. 이는 물리적인 공간, 시간과 관련된다.

부정적인 행위에 대한 결과를 예측할 수 있게 한다. 몸짓이나 말을 이용한 경고 시스템을 정한다. 이는 학생이 부정적인 행동을 할 때 사용하면 효과적이다. 그래도 중단하지 않으면 당신은 엄한 자세로 이에 대한 결과를 말해준다.

케어를 받고 있다는 느낌을 준다. 대부분의 학생은 자신이 케어를 받고 있다는 사실을 알면 편안해진다. 특히 부정적인 행동을 할 때에 케어하는 모습을 보이면 학생은 감동을 받는다. 이는 난독증 학생이 긍정적인 행동 패턴을 개발하는 데에 절대적인 도움을 준다.

학생과 대화를 할 때 학생이 말할 수 있는 기회를 충분히 준다. 학생이 자신의 생각을 표현하기를 거부하면 이 사실을 그대로 받아들이고 나중에 말할 수 있는 기회를 또 제공한다. 그리고 당신의 느낌에 대해 말해준다. 당신이 관찰하고 있는 바를 말해준다. 특히 학생의 긍정적인 행동과 학업성적이 나아지는 부분에 대해 말해준다.

당신이 염려하는 부분이 있으면 학생에게 말해준다. 예를 들어 학생이 쉬는 시간에 운동장 한쪽에 혼자 앉아있으면 "내가 보니까 노는 시간에 너는 주로 혼자 있더라. 다른 아이들과 노는 것이 불편한가봐." 그냥 당신의 생각을 말해준다. 그리고 학생이 원하면 이에 반응할 수 있는 기회를 준다.

학생들이 이따금 필요로 하는 것들

학교와 가정과의 연결. 전화나 학생이 매일 집으로 가져오는 학교 통신을 통해 학생과 학부모는 학교와 자주 커뮤니케이션을 할 필요가 있다. 당신은 이를 통해 학생의 긍정적인 부분을 자주 적어 보낸다. 이는 아주 중요한 부분이다. 학생의 문제가 심각하면 관계자들과 숙의하거나 교사-학부모 회의에서 이에 관해 논의하도록 한다.

사회적 기술을 직접 가르친다. 사회적으로 받아들여지는 것과 받아들여지지 않는 것을 안다는 것은 아주 중요한 부분이다. Tony의 경우에서와 같이 난독증 학생은 '사회적 신호'를 읽는 것이 잘 안 된다. Tony는 극단적인 사례이기는 하지만 난독증 학생들은 대부분 이러한 문제가 다소 있다.

이들은 얼굴 표정과 같은 신체적 언어를 이해하는 것이 힘들다. 이들은 표현하고자 하는 바를 자신의 신체적 언어로 표현하는 것이 안 된다. 이들은 다른 사람들의 개인적 공간이나 경계선을 인식하고 존중하는 것이 어렵다. 다른 사람들과 있을 때 눈접촉하는 것이 문제가 된다.

당신은 어떻게 도울 수 있을까? 우선 학교 심리상담사나 생활지도 교사에게 도움을 청한다. 학생을 위한 상담 팀에 전문가를 반드시 포함시킨다. 그리고 학생의 프로그램에 대해 정보를 충분히 교환한다.

이러한 지원을 받으면서 학생이 특히 힘들어 하는 사회적 기술이 어떤 것인지를 확인한다. 하나를 선택해 작업을 시작한다. 가장 쉬운 것을 선택하여 좋은 결과를 쉽게 낼 수 있게 함으로써 학생에게 자신감을 심어준다. 혹은 가장 파괴적이고 시급하게 개입을 요하는 행위를 선택한다.

우선 당신이 가르치고 싶은 특정 사회적 행위에 대해 학생과 대화를 나눈다. 이에 대한 학생의 생각을 듣는다. 그리고 적절한 행위의 모델을 보여준다. 예를 들어 학생이 늘 다른 사람의 공간을 침범하면 당신은 적절한 거리를 시범으로 보여준다. 이런 가운데 사람들이 자신의 신체를 중심으로 프라이버시와 통제 공간을 확보하고 싶어 한다는 사실을 설명한다.

주로 아래와 같은 내용을 설명한다.

- 신체 언어 읽기
- 신체적 언어에 관한 느낌과 견해를 표현하기
- 사람들의 물리적 경계선을 읽기
- 눈맞춤 하기
- 대화를 시작하기
- 대화를 유지하기
- 적극적으로 경청하기
- 사회적 상황에서 실망이나 욕구불만을 다루기

생산적 행위를 연습할 수 있는 기회. 다른 학습과 마찬가지로 난독증 학생들은 긍정적인 행위를 연습과 복습을 통해 배우게 된다.

직접적인 개입 플랜. 우선 팀 회의를 소집하여 학생의 사회적 행위나 학습 태도에서 발전을 위해 계획을 논의한다. 이 팀에는 생활지도 교사, 학교 심리상담사, 학교 사회복지사, 학교 행정 요원, 미술 교사와 같은 관련 교사들, 학생 그리고 학부모나 보호자가 포함된다.

이들과 함께 행동에 우선순위를 정한다. 학생의 문제가 다중적 이슈라면 모든 면을 한꺼번에 다루는 것은 당신과 학생에게 큰 부담을 줄 것이다. 그러므로 이 팀은 하나나 두 가지 행위에 집중하는 것이 좋다. 이러한 행동을 다루는 방법에 대하여 팀 멤버가 모두 일관성 있게 수행할 수 있는 계획을 세운다.

계획을 개발할 때 고려할 사항을 아래에 소개한다.

계약 시스템. 당신이 학생과 함께 작업할 행동에 대한 윤곽을 분명하게 정한다. 당신이 관찰하고 있는 것과 긍정적인 행위가 어떤 모습인지에 대해 구체적으로 설명한다. 예를 들면 목표 행위가 책상에 앉아서 도움 없이 지필 과제를 수행하는 것이라면 당신은 다음과 같이 진행한다. "지금 내가 보기에 너는 과제를 할 때에는 자주 일어나서 물을 마시러 간다. 그런 후에는 몇 분 동안 교실 안에서 이리저리 돌아다닌다. 우리가 작업하려고 하는 것은 네가 책상에 바로 앉아 연필을 잡고 쓰기 시작하는 것이다. 그렇게 할 생각이 있니?" 그렇다고 대답하면 학생으로 하여금 어떤 것이 긍정적인 행동인지에 관해 글을 짓게 한다. 예를 들면, "앉아서 작업해야 할 때에는 나는 바로 자리에 앉아서 작업을 시작할 것이다."

다음에는 새롭게 습득한 이러한 행동이 가져다주는 긍정적인 결과에 대해 논의한다. 이러한 긍정적인 보상은 무형의 것이어야 한다. 예를 들면,

- 자유 시간
- 컴퓨터 시간
- 특별한 게임이나 활동을 할 수 있는 시간
- 특수 미술 자료를 이용할 수 있는 기회
- 교사가 정해준 과제 대신에 학생이 원하는 과제를 선택할 수 있다.

학생이 특정 기간 동안 새로운 행위를 잘 수행해내면 당신이 무엇을 해줄 것인지에 대해 구체적으로 약속한다. 위에 기술한 목록을 이용하여 "나는 아무개(학생 이름)가 도움 없이 5회를 바로 앉아 공부를 시작하면 자유 선택 시간 30분을 허용할 것이다."와 같은 약속을 한다. 이러한 계약 시스템이 성공적으로 진행되려면 보상은 학생이 정말 원했던 것이어야 한다. 이를 계약서로 작성하여 학생과 교사가 서명하

고 일자를 명기한다.

계약서에는 다음과 내용을 포함한다.

- 기존 행위를 구체적으로 묘사한다.
- 새로운 행위를 구체적으로 묘사한다.
- 이 두 가지를 의논할 때 개관적이며 비처벌적이어야 한다.
- 학생으로 하여금 원하는 새로운 행위가 어떤 것이 될지 글로 설명하게 한다.
- 긍정적인 보상이 어떤 것인지 묘사한다.
- 학생과 교사 모두가 서명하고 일자를 명기한다.
- 보상이 학생이 원하는 것인지를 항상 점검하며, 그렇지 않은 경우에는 이를 변경한다.

중간 휴식 시간. 교실에서 나는 시끄러운 소리나 활동으로, 혹은 자신의 내적 자극으로 과잉 흥분하는 학생들이 있다. 이는 특히 학생이 피곤할 때 그렇다. 중간 휴식 시간 관리는 예방적이고 비처벌적이어야 한다.

학생이 가끔 조용한 시간이 필요한지에 대해 학생과 미리 의논한다. 학생이 이러한 중간 휴식 시간을 원하거나 당신이 학생으로 하여금 이러한 휴식시간을 가질 것을 제안할 수 있는 신호 시스템을 학생과 함께 구상한다. 일반적으로 학생의 연령이나 필요에 따라 5~15분이면 충분하다. 중간 휴식 지역은 조용하고 프라이버시가 보장되어야 한다.

부정적인 행위를 피하기 위한 큐 시스템. 학생은 자신이 부정적인 행위를 벌이고 있다는 사실을 의식하지 못하는 경우가 종종 있다. 예를 들면 학생이 독서에 집중하고 있는 동안 다리로 책상을 반복적으로 두드리고 있다. 이러한 행위는 또래들의 신경을 자극할 수 있기 때문에 그가 이러한 사실을 인식할 수 있도록 도와야 한다.

학생과 사적으로 이야기 하면서 자신이 교정하기를 원하는 행동 두어 가지를 선정한다. 예를 들어 말을 많이 하는 것이나 다른 사람들의 말을 자르고 들어가는 것, 물건을 만지작거리는 것, 다리나 팔을 자꾸 움직이거나 물건을 잡았다 놓기를 되풀이하는 것 등이다. 학생과 함께 학생이 자신을 제어하지 못할 때에 보내는 신호를 정한다. 신호는 몸짓이나 수신호나 단어 하나 등이 적절하다.

이러한 신호를 어떤 방법으로 전할 것인지 사전에 정하는 것이 중요하다. 왜냐하면 학생은 또래들이 이러한 신호를 알아채는 것을 부끄럽게 생각할 수 있기 때문이다. 예를 들면 학생에게 수신호를 줄 때에는 학생의 이름을 먼저 불러 학생이 당신을 보게 하는 것이 중요하다. 구두 큐는 거리가 가까울 때 사용하는 것이 좋겠다. 이런 경우에는 학생의 손등을 가볍게 터치하여 그의 주의를 끈다.

행동을 시범으로 보이기. 적절한 행동이 어떤 것인지를 실제로 보여주어야 하는 학생들이 있다. 예를 들면 집중이 어려운 학생을 집중을 잘하는 학생 두어 명과 함께 앉도록 하는 것이다. 대화 중에 학생이 다른 사람이 말하는 것을 방해하는 경향이 있는 경우에는 학생 몇 명으로 구성된 작은 그룹과 같이 앉게 하고 그들 모두가 다른 사람이 말하는 동안 경청하는 연습을 하게 한다. 그리고 모두가 하고 싶은 말을 할 수 있는 시간을 충분히 줄 것을 당신은 약속한다. 학생이 다른 사람들이 이러한 연습을 하는 것을 지켜보고, 그들과 함께 경청하는 것을 배우는 방법은 그 효과가 상당하다.

강한 감정을 제어하는 안전한 계획을 제공한다. 난독증 학생들은 종종 분노, 욕구불만, 실망감 등과 같은 감정에 사로잡힌다. 이를 피하는 것이 가장 중요한 목표 중에 하나이다. 그러나 사회적 상황이나 예측할 수 없는 학업상의 문제가 일어날 수 있다. 후자는 특별 강사나 교사가 교실에 들어와 상황을 인식하지 못한 채 당신의 학생에게 기대감을 보이는 경우이다. 당신은 되도록 이러한 상황을 피하도록 준비하지만 바쁘게 돌아가는 학교 환경에서 이러한 일이 발생할 수 있다.

그러므로 다양한 상황에 대비하여 다양한 옵션을 학생과 함께 미리 준비하도록 한다. 학생이 좋은 아이디어를 낼 수도 있다.

:: 수동적 반항적 행동에 대한 소고

교사들은 공세적이고 충동적인 행위에 집중하는 경향이 있다. 왜냐하면 그러한 행동이 눈에 띄기 때문이다. 그러나 수동적 반항적인 학생은 일반적으로 조용하기 때문에 학급 활동에 지장을 주지 않는다.

그러나 수동적 행동 패턴은 분노, 두려움, 실망 등과 같은 감정을 숨기고 있다. "난 상관 없어. 할 수 있어도 난 안 할 거야."와 같은 태도를 유지하는 것은 쉬운 일이 아니다. 대부분의 학생은 성공하고 협력하기를 원한다. 그렇지 않은 척 하는 것은 상당한 노력이 필요하다.

노골적으로 행동하는 학생들의 경우에는 당신이 보는 것에 대해 학생에게 솔직하게 말해준다. 그리고 가능하면 학습 환경을 안전하고 성공적으로 유지하도록 한다. 학생은 자신도 할 수 있다는 사실을 체험하고 나면 좀 더 기꺼이 노력할 것이다.

:: 학생들이 필요로 하지 않는 것들

생산적인 행동을 학습하고 연습하는 것을 도울 수 있는 요소에 대해 많이 논의하였다. 아래 내용은 당신이 하면 안 되는 사항들이다. 이는 학생의 발전을 심각하게 훼손할 수 있기 때문이다.

- 규칙을 바꾸면 안 된다.
- 보상에 대해 양보하면 안 된다. '이번만 예외로 하지'라고 하는 안일한 생각은 금물이다. 훈육에 일관성을 유지하는 것이 아주 중요하다.

- 논쟁하거나 토론하면 안 된다. 학생이 논쟁을 시작하려고 하면 조용히, 그리고 간단하게 "과제를 마치고 날 때에만 컴퓨터를 할 수 있다.", '~하면 ~을 할 수 있다'는 논리를 유지한다. 그래야 학생이 수업 운영 방법을 진정으로 이해하게 된다.

- "안 된다."라는 말을 많이 하면 안 된다. 예를 들면, "수업 시간에 물을 마시면 안 된다. 꼭 필요할 때가 아니면 연필을 깎으면 안 된다. 너무 말을 많이 하면 안 된다." 대신에 학생은 "하여라."라는 말은 많이 들어야 한다. 학생이 해야 할 필요가 있는 것에 초점을 둔다.

- 전날에 일어났던 부정적인 일을 학생에게 상기시키면 안 된다. 심지어는 "넌 어제보다 더 밝아 보인다."라는 말조차 하면 안 된다. 이러한 말은 파괴적이다. 하루하루가 새로운 시작이다. 학생에게는 하루하루가 성공할 수 있는 새로운 기회이다.

- 화를 내면 안 된다. 도움을 받아라. 행동 이슈를 다루는 일은 정말 피곤하다. 교육 팀으로부터 전문적인 도움을 받아야 한다. 그래야 당신은 매일 일관성을 유지할 수 있고, 마음의 평정과 즐거운 마음을 유지할 수 있다.

- 당신은 자신이 완벽해야 한다고 생각하면 안 된다. 우리 모두 실수는 한다. 당신은 소리를 지르거나 도움을 요청하는 학생의 신호를 놓치기도 한다. 이러한 일이 발생하면 학생에게 이를 인정하고 사과한다. 이는 학생과의 관계를 긍정적으로 만들어 간다. 학생은 자신이 완벽하지 않다는 것을 알고 있다. 이제 그는 당신도 완벽하지 않음을 알게 되었다. 이로 인해 학생은 당신에 대하여 안전하고 편안한 느낌을 갖게 된다.

Thomas와의 인터뷰

Thomas는 글을 읽고 쓰기 위해서 어른들을 위한 식자 수업을 듣고 있다. 그는 제20장에서 그의 경험을 더 이야기한다.

▶▶▶ 어렸을 때 다른 사람들과 어울리는 것은 어땠나요?

저는 어렸을 때 많이 싸웠습니다. 그들은 저를 바보 멍청이라고 놀리고 비웃으며 괴롭혔어요. 제가 5학년쯤 되니까 그들이 저를 비웃고 놀리는 것이 사라졌어요. 왜냐하면 저만 그러는 것이 아니라는 것을 알기 시작했거든요. 많은 학생, 약 삼분의 일 정도가 학교 수업을 쫓아가지 못했어요. 그 수가 꽤 되었죠. 몇 명이라면 놀릴 수 있겠으나 전체를 다 괴롭힐 수는 없죠.

▶▶▶ 친구들은 있었나요?

저는 언제나 친구들이 있었어요. 같이 성장했던 친구들인데 그들도 저랑 비슷했어요. 그들도 글을 잘 읽거나 쓰지 못했어요.

저는 학교 댄스 모임이나 이런 걸 간 적이 없어요. 왜냐하면 그들이 받아줘도, 제가 스스로 괴짜라고 생각했거든요. 그리고 스포츠는 제 관심사가 아니었어요. 자동차에 대해서는 뭐든 이야기 할 수 있지만 스포츠는 제 취미가 아니었습니다.

자아
존중감과
기타 정서적
요구

자아 존중감과 기타 정서적 요구

난독증이 긍정적인 자아 존중감 개발에 걸림돌이 되는 중요한 이유 중에 하나는 은폐적인 특성이다. 가상적인 예로 Anna를 들자. Anna는 영리하고 궁금한 것이 많은 소녀이다. 그녀는 아는 것이 많다. 잠재력에 제한적인 요소가 없어 보인다.

Anna는 초등학교 저학년이었을 때 말없이 책을 응시하곤 하였다. 교사의 지시를 따라 조용히 책을 읽는 모습을 보인 것이다. 그러다가 차츰 침울하고 내성적인 성격으로 바뀌었다. 교사의 생각으로는 그녀가 게으르거나 정서적인 문제가 있는 것 같았다. 결국 그녀는 무례하거나 성질을 부리는 모습을 보이기 시작했다.

Anna는 자신이 또래들처럼 읽기와 쓰기를 못한다는 것을 알게 되었다. 친구들에게는 그 많은 글자나 숫자를 읽는 것이 아무 것도 아닌 것처럼 보였다. 그녀에게는 글자나 숫자들이 변화무쌍한 모양의 덩어리로 보일 뿐이다.

:: 문제의 분석

학업 생활에 주는 영향

난독증인들이 긍정적인 자아 존중감을 개발하지 못하는 가장 뚜렷한 이유는 학업의 실패이다. 난독증 아이들은 학교에 다니기 전에는 행복하고 하는 일에 자신감이 있다. 언어나 스피치, 신체적 혹은 사회적인 부분에서 발육상의 문제가 있는 어린이들도 물론 있다. 그러나 대체로 성공의 가능성과 잠재력을 보인다. Anna처럼 이들은 영리하고 많은 것에 관심을 갖는 아이들이다. 이들은 세상과 다른 사람들과 관계를 갖고 싶어한다. 다시 말하자면 이들은 정상이다.

그러다가 이들은 취학연령이 되어 학교에 다니게 된다. 이들은 학습 스타일이 이들의 것과 전혀 다른 방법으로 교육을 받게 된다. 이들은 실패를 경험하게 된다. 이들은 노력해 본다. 그러나 실패를 거듭함에 따라 포기하기 시작한다. 결국 이들은 자신이 바보라고 생각하게 된다.

운이 좋아 초기에 적절한 개입을 받게 되는 아이들도 처음에는 실패에 시달려야 한다. 대부분 학교의 특성상, 처음에는 모든 학생을 같은 방법으로 교육시킨다. 성적이 좋지 않은 학생들만 평가를 받고 개입 교육도 제공 받는다.

난독증 아이들이 긍정적인 자아 존중감을 개발하는 데에 방해가 되는 요소는 몇 가지 더 있다. 그 중에 하나는 앞에서 언급한 바와 같이 높은 기대치이다. 난독증 아이들은 머리는 좋아 보인다. 그런데 이들은 왜 또래들처럼 학습이 되지 않는가? 노력도 하고 게으르지도 않은데 말이다. 이들은 뭔가가 아주 잘못된 부분이 있는 것일까?

난독증이 있는 사람들은 주변에서 일어나고 있는 일에 대해 잘 알고 있다. 자신의 학업성적이 또래들에 비해 얼마나 부족하지도 잘 알고 있다. 또래들은 매주 철자 단어를 20개 외운다. 칠판에 있는 과제를 읽고 이해할 수도 있으며, 소리내어 읽을 차례를 갖기 위해 열심히 손을 든다. 난독증 학생은 문제를 피해가는 데에 하루 종일 시간을 보낸다. 그리고 그 많은 철자 테스트들!

난독증이 있는 한 학생은 일련의 글자 묶음을 외우기 위해 집에서 수많은 시간을 보내곤 했다고 고백한다. 그런데 여기에도 문제가 있다. 예를 들면 cat, table, cup을 외우는데 모두 붙여서 외운다. 즉, c, a, t, t, a, b, l, e, c, u, p 등으로 외우기 때문에 다음 테스트에서 선생님이 이 순서를 바꾸면 모두 틀리게 된다. 이러한 문제를 다른 사람들이 이해할 수가 없다. 일련의 글자는 외우는데 단어별로 외우는 것이 안 되는 것이다. 그리고 이와 같은 일련의 글자를 외우는 것도 다음 주가 되면 모두 기억에서 사라진다. 이러한 현상을 교사가 학부모나 또래들이 이해할 수가 없다. 더 기가 막히는 것은 난독증 학생 자신들도 이러한 사실을 모르고 있다는 점이다. 그저 자신에게 뭔가 아주 잘못된 것이 있다고 자책하게 된다.

난독증이 어려운 또 하나의 요소는 예측 불가능한 부분이다. 이러한 현상이 왜 일어나는지 아직도 밝혀지지 않았지만 어떤 날에는 실행능력이 보통 때보다 훨씬 좋다는 점이다. 신경학적인 원인으로 추측되기도 하며 정서적인 요소가 내포된 것 같기도 하다. 어쨌든 현실은 어떤 날에는 어떤 개념을 잘 이해하고 기억하지만 다른 날이 되면 이것이 불가능해진다. 왜 이러한 일이 발생하는지를 모르기 때문에 학생뿐만 아니라 교사도 짜증나기 시작한다.

난독증의 또 다른 혼란스러운 면은 하급 개념보다 고급 개념을 더 빨리 이해한다는 점이다. 다시 말하자면, 다른 사람들한테는 비교적 쉬운 개념이 이들에게는 아주 어렵게 보인다는 것이다. 어려운 철학적인 개념을 잘 이해하는데 전화번호는 외우지 못한다. 복잡한 디자인이나 그림의 세부적인 부분은 잘 기억하는데 철자 단어의 시각적 기억은 제한적이다.

이러한 놀라운 강점은 기대치를 높이고, 놀라운 약점은 기대치를 낮출 수 있다. 면밀한 점검이 없으면 둘 다 해로울 수 있다.

사회생활에 주는 영향

난독증은 개인적인 인간관계에 큰 영향을 줄 수 있다. 이는 여러 가지 요소에 의해 발생할 수 있다. 첫째 요소는, 이러한 증상이 있는 사람들은 발육상 미성숙할 수 있다. 이러한 미성숙은 대개 2년에 해당한다. 즉, 학생이 3학년이고 8세라면, 사회적으로 6세 정도 아이처럼 행동할 것이다. 그러므로 이 학생은 교실에서 친구를 사귀는 것이 어려울 것이다.

둘째 요소는, 사회적 큐를 잘 못 읽는 부분이다. 15장에서도 언급되었지만 이러한 무능력은 신체적 경계를 인식하는 것을 어렵게 하고, 신체적 언어로 전달되는 많은 사회적 정보를 이해하지 못하게 한다. 얼굴 표정이 좋은 예가 된다. 화난 표정인지, 놀란 표정인지 구분하지 못한다. 이렇게 표현을 오해한다면 효과적인 커뮤니케이션은 거의 불가능하다고 봐야 한다.

난독증에 따르는 몇 가지 부정적인 상관관계는 사회적 기능에 악영향을 주는 부분이다. 약속을 기억하고 제 시간에 나타나는 것, 빌려온 물건을 돌려줄 것을 기억하는 것 등은 모두 문제가 될 수 있다. 난독증인들은 다중단계 지침을 기억하는 것이 어렵다. 이는 학생으로 하여금 게으르거나 관심이 없는 것처럼 보이게 한다. 예를 들면 친구들이 몇 가지를 부탁할 때에 그렇다. 약도를 보고 특정 장소로 가는 것은 거의 불가능하다.

사회적 상호관계를 훼손시키는 또 하나의 주요 요소는 구두 커뮤니케이션 유창성의 부족이다. 난독증인들 중에는 자신의 생각을 쉽게 그리고 근사하게 표현하는 사람들도 있다. 그러나 그런 반면에 단어 검색 등과 같은 다른 이슈 때문에 말하는 것이 머뭇거리거나 힘들게 표현하는 경우도 흔히 본다. 고로 말하는 것이 대체로 느리거나 때로는 틀린 단어를 사용한다. 문법이 적절하지 않거나 흔히 사용하는 진부한 표현도 잘 사용하지 못한다. 이들은 말할 때 손을 비비거나 움켜쥐는 습관도 있다.

불행히도 사람들은 언어의 유창성으로 상대방을 평가하는 경향이 있다. 그러므로 언어 문제는 인간관계에 실질적인 걸림돌이 될 수 있다.

위에 언급한 모든 요소는 인간관계를 형성하거나 유지하는 것을 어렵게 만든다. 그러므로 이러한 요소들은 자신에 대한 느낌에 직접적이고 심각한 영향을 주게 마련이다.

:: 돕는 방법

긍정적인 피드백

해야 할 가장 중요한 것은 희망적이고 긍정적인 부분에 집중하는 것이다. 전 섹션에서 어려운 부분을 설명한 것은 이러한 이슈를 우선 이해해야 하기 때문이었다. 그러나 이러한 어려움을 설명해놓고 보면 이 모든 것이 힘들고 감당하기 어려운 것처럼 보인다. 그러나 알고 보면 그렇지만도 않다. 난독증인 사람들은 대체로 불굴의 의지와 창의력과 같은 많은 장점이 있는 사람들이다. 어떠한 문제도 이를 해결하거나 피해가는 방법이 있게 마련이다. 당신은 난독증 학생이 이러한 방법을 찾을 수 있도록 도울 수 있다.

아래에 구체적인 방법을 소개하고 있다.

가장 중요한 것은 적절한 지침을 제공하는 것이다. 학생으로 하여금 긍정적인 자아존중감을 개발하는 것을 돕는 가장 효과적인 방법은 학생으로 하여금 실질적인 성공을 달성하는 경험을 제공하는 것이다. 아무리 작은 성공이라도 이는 특별한 경험이 된다. 학습할 수 있다는 것, 과제를 마칠 수 있다는 것 등은 모두 축하할 만한 일들이다.

사회적 큐를 읽는 방법을 직접적으로 가르친다. 제15장을 참조할 것.

경청한다. 학생으로 하여금 자신의 감정이나 걱정되는 것들에 대해 자유롭게 말할 수 있는 기회를 만들어 준다.

수업마다 학생이 자신의 장점을 이용할 수 있는 기회를 만들어준다. 교사로서 우리는 학생이 할 수 없는 것에 열중하는 경향이 있다. 약점을 도와주는 것도 중요하지만 학생이 잘 하는 것을 스스로 경험할 수 있는 기회를 주는 것도 중요하다. 전통적인 학습 방법을 잘 따라하는 학생들보다 훨씬 더 잘하는 분야일 수도 있다. 그리고 이런 경험을 통해 학생의 자아 존중감이 개발될 것은 말할 필요도 없다.

학생이 잘하는 것이 있으면 반드시 이에 대해 언급해준다. 노력한 것도 성취한 것도 모두 칭찬해준다.

현실적인 목표를 세우도록 돕는다. 그리고 성공하면 칭찬해준다. 한 주 동안에 실천할 목표를 "나는 이번 주에, 수학 시간이 시작할 때에는 미리 연필을 깎아놓고 책상에 앉을 것이다." 등과 같이 세운다.

학생이 학교 밖에서 잘할 수 있는 분야를 찾아낸다. 그리고 학생에게 그 결과에 관해 설명할 기회를 준다.

학생이 자신의 학습 스타일에 대해 알고 있는지 확인한다. 우선 학생이 난독증에 대해 아는 바를 묻고, 학생이 이를 설명하는 것을 경청한다. 학생이 아는 바가 독특할 때가 많다. 그러면 팩트에 대해 논의한다. 정보를 제공할 때에는 간략하고 짧게 설명한다. 아래에 나오는 개념에 관해 논의할 수 있도록 세션을 계획한다. 학생은 난독증이 있는 사람으로 삶을 살고 있다. 아래와 같은 진술은 학생에게 특별한 정서적 의미가 있을 수 있다. 그러므로 학생은 이러한 정보를 소화할 수 있는 시간이 필요하다.

학업에서와 마찬가지로 항상 먼저 말한 것을 복습한다. 학생에게 특정 이슈에 대한 학생의 견해를 묻는다. 그리고 나서 새로운 개념을 제시한다.

난독증에 관한 주요점에 역점 두기

학생이 알아야 할 주요점

- 난독증은 사람들이 타고난 학습 스타일이다. 그들이 이를 발생하게 한 것이 아니다.
- 난독증이 있다고 해서 두뇌가 잘못된 것은 아니다. 다른 사람들의 두뇌와 차이점이 있다면 읽기나 철자에서 다른 학습 스타일을 요하는 것뿐이다.

- 윈스턴 처칠이나 아인슈타인과 같은 유명한 사람들도 난독증이 있었다.

- 난독증은 전염성이 아니다. 유전적인 원인으로 생기는 것으로 생각한다.

- 난독증은 전환(reversals)에만 관련된 것이 아니다. 이는 일반적으로 음소인식, 정보처리 등에 관련된 언어적인 이슈이다.

- 난독증이 있는 사람들은 다른 수준의 학습 스타일을 갖고 있다. 난독증의 수준도 다양하다.

- 난독증은 사람에 따라 다르게 나타난다. 읽기에 문제가 있는 사람이 있는가 하면, 그렇지 않은 사람도 있다.

- 공통적인 약점은 철자가 힘들다는 부분이다. 그러나 배우기만 하면 잘해낼 수가 있다. 특히 컴퓨터의 철자 점검기는 큰 도움이 된다.

- 난독증과 연계된 강점도 많다. 이들은 창의적이 사고력이 강하고 많은 정보에 들어있는 패턴을 알아내는 능력이 있으며, 힘들고 흥미 있는 과제에 집중을 잘하며, 예술적이거나 음악적인 재능이 있다. 당신의 학생은 자신의 강점을 알고 있는가? 모르고 있다면 당신은 학생이 자신의 강점을 찾는 것을 도와주어야 한다.

- 난독증은 성장하면서 사라지는 것이 아니다. 난독증 학생은 수학이나 쓰기, 읽기, 철자 등을 비롯하여 모든 과목을 학습할 수 있다. 어떤 기술을 배우기 힘들면 대안적인 방법을 찾을 수 있다.

- 나이가 많은 학생의 경우 외국어가 힘들 수 있다. 지도 상담사나 기타 지원팀 요원들과 학생의 난독증에 관해 상담하여 이러한 어려움을 해결하도록 한다. 난독증 학생들에게는 외국어 필수를 면제해주는 대학들도 있다.

- 나이가 많은 학생의 경우 정해진 시간으로 테스트 받는 것이 어려운 경우가 있다. 학생은 지도 상담사 등과 같은 지원팀 요원들에게 알려서 시간을 더 받을 수가 있다. 혹은 구두시험으로 대체할 수 있다.

- 나이가 많은 학생의 경우 대학으로 진학할 수 있다. 특별한 도움을 받아야 하겠지만 고

등교육을 받을 수 있는 길이 열려있다. 실은 난독증 학생들 중에는 일단 대학에 입학하고 나면 공부를 아주 잘하는 경우가 많다. 왜냐하면 이들은 자신의 강점 분야를 중점적으로 공부할 수 있기 때문이다.

• 모든 연령의 모든 학생에게 가장 중요한 사실: 자신이 바보가 아니라는 사실. 그동안 실패한 것은 교습 방법이 잘못되었기 때문이라는 사실.

이러한 사실은 학생 자신은 물론 학부모와 관련 교육자들 모두가 알아야 한다. 때로는 난독증 학생의 또래들과도 이러한 학습의 차이점에 관해 말할 필요가 있다. 그러나 학생의 프라이버시 문제를 의식하면서 알려야 한다. 학생이 원하는 사람들에게만 알려야 할 수도 있기 때문이다.

난독증에 관한 다양한 저서들

또 다른 효과적인 방법은 나이 많은 학생들이나 성인들의 경우에는 난독증에 관한 책을 권고하는 것이다. 아래 서적을 참고하길 바란다.

• In the Mind's Eye: Visual Thinkers, Gifted People with Dyslexia and Other Learning Difficulties, Computer Images and the Ironies of Creativity by Thomas G. West(Promethus Books, 1997). 이 논픽션에서는 난독증이 있었던 유명한 인물들의 프로파일을 제공하고 있으며, 이에 관련된 이슈와 학습 스타일 및 이와 연계된 강점을 심도있게 다루고 있다.

• Reversals: A Personal Account of Victory Over Dyslexia by Eileen Simpson(Houghton Mifflin company, 1979). 자서전 형식으로 Ms. Simpson의 투쟁과 승리를 다루고 있다.

아래 서적은 어린 학생들을 위한 픽션이다.

• My Name is Brian by Jeanne Betancourt(Scholastic, Inc., 1993). 이 책은 Brian
에 관한 이야기로, 그는 학교 첫날에 칠판에 자기 이름을 틀리게 쓴다. 다행히도 그의 선
생님은 이를 인식하고 Brian의 증상을 평가하기로 결정한다. 6학년이 되어서 그는 난독
증은 말할 것도 없고 친구들에 관해 많은 것을 알게 된다.

:: 어려운 시기

학교생활에서 두 개의 특정 문제 부분이 학생의 자아존중감을 훼손할 수 있다.
하나는 평가시점이다. "왜 내가 테스트를 받아야 하죠?", "내가 뭐가 잘못됐단 말이
죠?"라고 물으면 학생에게 잘못된 것이 있어서 그러는 것이 아니라 교습 방법이 학
생에게 맞지 않을 가능성이 있어서 이를 확인하고 학생에게 가정 효과적인 교습 방
법을 찾는 작업임을 확신시켜야 한다.

"그런데 다른 애들은 한 명도 테스트 받지 않는데, 이건 내가 뭔가가 다르기 때문
일 거야." 난독증 학생이 말한다.

"맞아. 넌 달라. 세상에 있는 모든 사람들이 각기 다르고 특징이 있어. 다른 아이
들은 다른 것이 필요해. 예를 들면 어떤 학생들은 안경을 써야 돼. 그리고 어떤 아이
들은 앞자리에 앉아야 돼. 우리는 네가 학습에 취미를 붙이려면 무엇이 필요한지를
찾아내야 돼."라고 당신은 답변할 수 있다.

"그러나 왜 나는 테스트를 또 받아야 되나요?"라고 그녀는 3년차 평가에서 항의
한다.

"이제까지 잘 해왔는데 얼마만큼 나아졌는지 확인하는 거야. 그리고 우리가 교습
방법을 조정해야 할 부분이 있는지도 확인해야 해. 너는 지난 3년 동안 많이 성장했

어. 이제는 그때와는 다른 것이 필요할 수도 있어."라고 당신은 대답한다.

긍정적이고 솔직하게 접근하면 평가 시기가 선생님들이 학생을 도와주려 한다는 사실을 깨닫게 해줄 수 있는 좋은 기회가 된다. 테스트 결과를 알고 싶어 하는 학생들도 있고 그렇지 않은 학생들도 있다. 당신의 학생이 결과를 알고 싶어 하면 평가를 마칠 때 평가에 참여한 교사들이 학생과 함께 앉아 결과를 점검할 것이라고 말해준다. 이러한 설명을 가능한 한 간략하게 한다. 어린 학생들과 대화할 때에 늘 그렇듯이 학생이 정말 원하는 것이 무엇인지 찾아내야 한다. 점수에 대한 자세한 설명을 원하는 것이 아니고 학생은 자기가 잘하고 있다는 안심시키는 말을 듣고 싶을 뿐일 수도 있다.

두 번째 문제 시점은 다른 학생들에게는 표준 테스트를 줄 때이다. 난독증 학생의 개인 교육 계획(Individual Educational Plan=IEP)에서 표준 테스트를 면제 받을 때인 것이다. 혹은 테스트 시간을 연장 받는 경우도 있다. 변경 사항이 무엇이 되었든지 이는 당신의 학생이 다른 아이들과 다르다는 것을 말해주고 있다.

평가 이슈에서처럼 학생은 독특하기 때문에 독특한 테스트가 필요하다고 말하면서 학생을 안심시킨다. 다른 아이들과 함께 테스트를 받지 않는다고 해서 학생에게 잘못된 것이 있는 것은 아님을 설명해준다. 학생의 난독증 때문에 표준 테스트를 받는 것이 공평하지 않은 것임을 설명한다. 그래서 학교 당국이 학생의 학습 결과를 공정하게 평가하기 위해 조절하는 것임 이해시킨다.

세 번째 이슈도 언급해야겠다. 이는 꼬리표 문제이다. 학부모들 중에는 학생이 테스트 받는 것을 거부하는 사람들도 있다. 아이가 난독증인 것이 밝혀지면 영원히 꼬리표가 따라다닌다고 생각하기 때문이다. 이러한 꼬리표는 아이를 다르게 보이게 할 것이고, 교사도 아이에 대한 기대치를 낮출 것이며, 사람들은 아이가 크게 성공하지 못하리라고 생각할 것이라는 우려 때문이다.

불행히도 이들의 우려가 완전히 틀린 것도 아니다. 난독증을 이해하지 못하는 사람들도 있다. 그리고 이는 학생에게 영향을 끼칠 수 있다. 그러나 이러한 딜레마에 대한 답은 근거 없는 믿음과 이해의 부족을 정면으로 다루는 것이다. 답은 평가와 적절한 지침을 부인하는 것이 아니다. 난독증 학생이 필요한 도움을 받지 못하면 그는 매일 실패를 경험하게 될 것이다. 그는 성공의 가능성이 거의 없을 것이다. 이렇게 지속되는 욕구불만은 가끔 경험하는 덜 긍정적인 인터랙션보다 훨씬 더 피해를 줄 것이다.

타인들과의 부정적인 인터랙션은 피해를 주기 때문에 이를 정면으로 다루어야 한다. 한 가지 방법은 이해가 부족한 사람과 직접 대화하는 것이다. 침착하고 객관적인 자세로 난독증이 어떤 것인지를 설명한다. 정확한 정보를 받고 나면 그 사람은 자신의 행동을 바꿀 것이다. 바꾸지 않으면 학교 행정관을 찾아가 이 문제에 대해 도움을 청해야 한다.

:: 학생에게 설명하는 방법

이러한 이슈에 관해 학생들에게 효과적으로 설명하는 방법이 있다. 조용한 장소를 물색한다. 그리고 학생에게 당신이 말하고자 하는 내용을 설명한다. 한 번에 한 가지 이슈만을 다룬다.

학생이 이러한 이슈에 대해 할 말이 있는지 묻는다. 없다고 하면 당신이 관찰해온 바를 침착하게 설명한다. 관찰 가능한 행동에 대해 구체적으로 설명한다. 다시 말하자면, "내가 보니까 너는 점심을 구석에서 혼자 먹더라."라고 말하는 것이 효과적이다. "넌 친구가 없는 것 같아."라고 말하는 것은 별로 효과가 없다. 후자에 대해서 학생은 간단히 "친구 있어요."라고 말해 버리면 당신의 도우려는 시도는 끝난다.

학생과 대화할 때에는 프라이버시를 존중하는 것이 매우 중요하다. 학생이 어떤 주제에 대해 말하기를 원치 않으면 그 주제를 버리는 것이 상책이다. 당신은 당신의 견해를 말할 수 있다. 예를 들면 "네가 걱정이 된다. 왜냐하면 너는 오후가 되면 책상에 머리를 올려놓고 있는 시간이 많아. 피곤해 하는 것 같아. 오후에는 공부하는 것이 힘들지."라고 말한다.

학생에게 당신이 방금 한 말을 어떻게 생각하는지를 묻는다. 혹은 다른 주도하는 질문을 한다. 학생이 대화를 이어가지 않으면 그것으로 대화가 끝난다. 그러나 학생은 당신이 학생의 문제를 걱정하고 있는지를 감지하고 있다. 그리고 후일에 당신과 대화를 더 쉽게 할 것이다. 특히 어린 학생들의 경우에는 버스 타러 가는 동안이나 미술 프로젝트를 할 때에 자유롭게 이야기하는 경우가 많다.

:: 다른 도움이 필요한 상황

때로는 학생은 카운슬러, 사회 복지사, 학교 심리상담사, 다른 심리상담사 혹은 정신과의사 등과 같은 사람과 상담할 필요가 있다. 당신의 학생은 대부분의 난독증 학생들이 갖는 일반적인 문제가 아닌 치료 개입이 필요한 상황일 수가 있다. 학생은 자신의 학습 스타일 때문에 불안증, 분노, 혹은 우울증 등을 경험하고 있을지 모른다. 난독증 이외에도 가정불화와 같은 문제가 있을 수 있다.

당신의 학생이 자아 존중감 문제가 있거나 감정의 변화가 심하거나, 슬픔, 분노 혹은 불안감이 자주 발생하는 것 같으면 학생 지원팀 멤버들과 상의하도록 한다. 이러한 전문가가 개입되어 있지 않으면 학교 행정관에게 문제를 알려야 한다.

기록부를 이용하는 방법도 고려해 볼만 하다. 걱정이 되는 행동을 보이면 바로 기록을 시작한다. 일반적으로 한두 주일이 지나고 나면 패턴이 보이기 시작한다. 이러한 기록을 바탕으로 당신이 염려하는 이유에 대해 말할 때에 많은 자신감이 생긴다.

Helen과의 인터뷰

제1장에서 인터뷰했던 Helen이 난독증에 대해서 어떤 생각을 하고 있는지 이어서 이야기한다.

▶▶▶ 당신의 삶에 난독증이 어떤 영향이 있었던 것 같아요?

음, 제가 해를 거듭하면서도 스스로 똑똑하지 않다고 생각하게끔 만들었어요. 그리고 아직도 이겨내려고 하고 있고요. 제 아이들이 저보다 똑똑하다고 생각해요. 제 남편들이 전부 저보다 똑똑하다고 생각해요. 이제 저는 "그래, 똑똑함에도 여러 종류가 있는 것이야."라고 계속 스스로 타이르고 있고, 실제로 판단하는 데 있어서 저 자신을 의심하지 않았어요. 어떨 때는 좀 의심해야 하긴 하지만, 그래도 의심 안 했어요. 저는 어느 정도의 똑똑함을 가지고 있다고 생각하지만, 제가 똑똑한 사람이라고 느껴지지는 않아요.

저는 꽤 이상적인 삶을 살고 있어서 이런 모난 점들이 부각되지는 않는 것 같지만 그래도 가끔 떠오르긴 해요.

저를 제일 괴롭히는 것이 무엇이냐면 제가 노력을 하지 않고 포기했다는 점이에요. 제 손자들이 공룡에 대해서 배울 때 보면, 저도 만약 노력했었다면 공룡 이름들을 배웠을지도 모르겠지만 실제로 노력해 본 적이 없네요. 그래서 매우 부끄럽다고 여기는 부분이 '노력해 봤으면 됐을 텐데, 할 수 있었을 텐데'입니다.

▶▶▶ 왜 어렸을 때는 달리 생각했을까요?

어린 시절 제가 잘못된 단어를 쓰면 다른 사람들은 웃기다고 생각하겠지만 저에게는 상처로 남았어요. 한번은 베트남 전쟁 당시 Newport로 가는 길을 설명하고 있었어요. 그때 경찰 저지선(cordon)이 있었는데, 저는 가마솥(cauldron)이라고 이야기를 했어요. 저를 항상 지적하던 제 친구가 있었는데 그때는 뭐라고 하지는 않더라고요. 하지만 스스로 엄청 바보 같다고 생각했어요.

그래서 말하는 것을 좀 피했어요. 지금도 이 이야기를 하는 것을 별로 좋아하지 않았어요. 왜냐하면 또 그런 실수를 할까 봐요. 이런 것들이 저를 괴롭힙니다.

그 친구와 함께 있으면서 저는 난독증에 대해서 점차 인지하고, 그로 인해 불이익이 존재한다는 것을 깨달았어요. 하지만 그때 매우 바보 같은 판단을 한 것이 그걸 숨긴 것이죠. 그리고 여러 방법으로 숨겼어요. 말하지 않고. 노력도 하지 않고. 지금이야 엄청 스스로 채찍질하면서 노력하지만, 꽤 오랜 시간 동안은 시도도 안 했어요.

▶▶▶ **만약 난독증을 갖거나 갖지 않을 선택권을 가지고 있다면 무슨 선택을 하시겠어요?**

다시 삶을 처음부터 살고 싶지는 않지만 만약 난독증을 없앨 수 있다면 없앨 것 같아요. 지금부터라도 난독증 없이 살고 싶지만 과거를 바꾸고 싶진 않아요. 과거를 바꿀 수도 없지만 지금이라도 맞춤법을 배울 수 있다면 저는 하고 싶네요.

▶▶▶ **중요하다고 생각이 드는 말씀이 있나요?**

제 생각에는 난독증을 가진 사람들, 특히 심하지 않은 — 저는 그리 심하지 않았거든요. — 난독증을 가진 사람들은 아마 스스로 "내가 이걸 이겨내는 데 노력을 쏟아붓고 싶진 않아."라고 생각해봤을 것 같아요.

제 아들이 그랬어요. 글을 읽을 수는 있지만 쓰지를 못해요. 그리고 "만약 내가 더 어렸을 때 알았거나 그러면 더 쉬웠을 텐데."라고 이야기해요. 고등학교 때 다른 사람들은 다 하는데 혼자 교습을 받는 것은 힘들죠. 특히 제 아들은 나이에 비해서 덩치도 작아서 더 힘들었어요. 하지만 이해는 돼요. 제 아들은 "이 이상 이겨낼 수 있지만 그러기 위해서는 엄청난 노력을 해야 할 것이기 때문에 그럭저럭 살아가자."라고 이야기해요. 저는 이 역시 합리적인 생각이라고 생각합니다. 한편으로 제 아들은 자신의 아이들에게 항상 "연습해라. 연습이 매우 중요하다. 무엇을 하든 연습해야 한다."라고 이야기합니다. 제가 느끼기에 제 아들은 그러지 못했기에 아이들에게만큼은 지속적인 노력의 가치를 알게끔 하고 싶은 것 같아요.

제17장

전환기

전환기

전환기란 누구에게든지 어려운 시기이지만 난독증 학생들에게는 더욱 그렇다. 전환기에는 내적 및 외적 요소가 있다. 전자의 경우 난독증 학생은 학업 수행능력에 대한 걱정이 앞선다. 새로 들어온 교사가 자신의 학습 스타일에 대해 알고 있을까? 교사의 교습 방법이 나에게 효과가 있을까? 후자의 경우 챙겨야 할 새로운 일들이 생기는 부분이다. 자신의 소지품을 관리해야 하고, 시간 관리도 대체로 도움 없이 해야 한다. 다시 말하면 전처럼 도움을 많이 받지 못할 것이다.

이 장에서는 우선 치료교육과 조절이라는 이슈를 다룰 것이다. 이러한 이슈는 모든 전환기에서 반드시 다루어져야 한다. 왜냐하면 이 시기에는 학생의 프로그램이 재검토되기 때문이다. 제공할 서비스의 수준과 유형을 결정해야 한다. 그런 다음 전환기의 중요한 시점을 검토할 것이다.

:: 치료교육으로 갈 것인가? 조절로 갈 것인가?
아니면 모두를 택할 것인가?

치료교육에서는 읽기와 쓰기와 같은 기초적인 기술을 가르친다. 학생의 학습 스타일에 맞게 고안한 프로그램으로 학생의 약점을 중점적으로 가르친다. 조절에서는 전통적인 학습 스타일로 고안한 교과과정으로 학생을 그룹으로 가르친다. 변경하는 부분도 있다. 예를 들면 더 많은 도움을 주거나 기대치도 유연성 있게 적용한다.

치료와 조절 중에서 하나를 택할 때에 가장 중요한 고려 사항은 학생의 요구사항의 수준이다. 예를 들면, 학생이 자신의 속한 학년 수준의 읽기 능력과 독해력이 있는지? 있지만 속도가 아직도 느린지? 글자 형성은 가능한지? 가능하지만 조리에 맞고 문법에도 맞는 문장을 쓸 수 있는지?

전환기에는 학생의 기초적인 기술능력 수준에 대한 정확한 정보를 확보하는 것이 매우 중요하다. 학생의 3년 평가 결과가 전환기에 보인 능력과 일치하지 않으면 추가적인 교육 테스트가 필요할 수 있다. 또한 현재 학생을 가르치고 있는 교사들과 상의하여 학생이 그룹 상황에서 학업상으로나 사회적으로 어떻게 하고 있는지 확인한다.

학생이 새로운 도전에 잘 대처할 것이라는 긍정적인 생각을 갖되, 학생의 학업에 필요한 사항들과 사회생활에 필요한 사항들도 확인하여 이에 대한 계획을 미리 세워야 한다. 상급 학년에서의 치료교육에 관하여 중요하면서도 아주 실질적인 질문을 아래에 소개한다.

- 수업 시간표가 꽉 차있을 경우에 치료교육을 위한 개인 교습은 언제 제공하는가? 방과 후에?
- 개인 교습이 스포츠나 동아리 활동 같은 과외 활동과 상충하면 어떻게 할 것인가?
- 정규 수업과 치료교육 세션을 모두 소화하다 보면 학생이 너무 지치지 않을까?
- 정규 수업 대신에 치료교육을 받으면 학점은 받을 수 있는 것인가?
- 치료교육을 받는 장소는? 학교에서 제공받을 수 있는가?
- 치료교육 비용은 누가 책임지나?

조절에 관해서도 질문이 있다.

- 조절 과정이 모두에게 알려져서 또래들과의 사회적 관계에 지장을 주는 것은 아닐까?
- 조절에 대해 학급 전체에 알려야 하는지 혹은 프라이버시를 지켜주어야 하는지?
- 조절의 유형과 수준에 관해 학생이 얼마나 알고 있어야 하는가? 난독증의 정도가 심하지 않은 학생의 경우에는 대체로 조절 과정 없이 전통적인 과정에 적응하는 것을 선호한다.
- 시간제한이 없는 혹은 시간을 한 배 반을 주는 테스트와 같은 조절을 실행할 경우에는 누가 테스트를 주관할 것인가? 그리고 어디서, 언제 시행할 것인가?

아래는 조절에 대한 보기이다.

- 학생들이 구두 강의나 프레젠테이션을 녹음할 수 있도록 허용한다.
- 신뢰할 수 있는 또래와 강의나 수업 중 프레젠테이션 노트를 공유한다.
- 녹음 교재를 사용할 수 있게 한다. 구체적인 정보를 다음 섹션에 제공하고 있다.
- 숙제 기대치를 학생의 읽기 및 쓰기 수준에 맞게 조절한다.
- 학생에게 프로젝트나 구두 프레젠테이션과 같이 다른 양식의 숙제를 준다.
- 기술(記述)을 요하는 과제에서 철자나 문법에 대한 요구 수준을 조절한다.
- 수업 중 기술 과제를 하는데 컴퓨터 사용을 허용한다.
- 테스트를 구두로 시행해도 된다.
- 테스트 시간은 무제한으로 혹은 한 배 반으로 한다.

많은 난독증 학생은 전 학교 과정에서 조절과 치료교육 모두를 필요로 한다. 이 두 가지 방법은 서로 보완적이기 때문이다. 특수교육 교사와 정규 교사가 함께 계획을 세우면 가장 효과적이 될 것이다.

전환기에서 이 프로그램의 정도와 유형은 필요에 따라 다양해질 것이다. 조심스럽게 계획해야 하며, 새로운 치료교육의 효과를 정기적으로 점검해야 한다.

:: 맹인과 난독증 학생을 위한 녹음 자료(RFB+D)

조절 방법 중에 특별히 주목할 부분이 있다. 이는 학생이 상급 학년이나 대학으로 진학할 때 학생에게 큰 도움이 되기 때문이다.

RFB+D는 교과서 녹음 자료를 제공하는 기관이다. 이는 대학 진학을 원하는 제2차 대전에서 시력을 잃은 제대 군인들을 위해 1948년에 발족된 기관이다. 3년 전에 이 기관은 '맹인을 위한 녹음 자료'라는 이름을 '맹인과 난독증인들을 위한 녹음 자료'로 바꾸어 활용 영역을 학습 방법이 다른 학생들을 위한 활동으로 확장되었다.

이 기관은 난독증 학생들에게 기술 자료를 읽으면서 이 테이프를 읽기를 권고하고 있다. 왜냐하면 독해력이 좋아진다고 믿기 때문이다. 이는 또한 읽기 속도를 상당히 증가시켜 주기 때문에 읽는 것이 즐겁다. 치료교육과 조절 과정에서 녹음된 교과서는 학생들에게 상당한 도움을 준다.

초등학교 4학년용의 녹음 자료도 있다. 상급 학년으로 올라가면서 자료는 더 많이 있으며 대학교 교과서도 상당수가 있다. 요청에 따라 어떠한 교과서도 녹음해줄 수 있다. 이런 경우에는 약 3개월이라는 시간이 필요하다.

개인이나 학교도 녹음한 자료를 신청할 수 있다. 비용이 들지만 재정적인 지원이 필요한 사람들에게는 도움을 줄 수도 있다.

자세한 내용은: 전화 1-800-221-4792. www.rfbd.org.

:: 초등학교에서 중학교로 가는 전환기

이 전환기에서 가장 큰 변화는 한 교실에서 한 선생님의 지도만을 받는 온실과 같은 환경이 아니라는 점이다. 수학 교사 1명이 모든 학년을 가르치고 읽기를 가르치는 교사 1명이 전 학년을 가르치는 초등학교도 있지만, 이 시스템에서도 교실은 하나이다.

그러나 대부분의 중학교는 교실에서 교실로 이동하면서 수업하며 과목마다 교사가 다르다. 그러므로 학생 스스로도 움직여야 하고 숙제해온 것이나 준비물을 가지고 다녀야 한다. 목적지에 특정 시간 내에 도착해야 하고 주의를 산만하게 하는 많은 것과 함께 여러 교사를 대해야 한다.

이와 같은 전환기는 청소년이전기(preadolescence)와 일치한다. 난독증 학생들 중에는 이러한 시점에 도달하는 것이 늦는 경우가 있기 때문에 개별적으로 세심한 관찰을 요한다. 그러나 학생이 청소년이전기에 들어온 것이 확실한 경우에는 상황이 좀 더 어려워진다. 가장 큰 문제는 청소년이전기 아이들은 독립성이 강해진다는 것이다. 성인들로부터 많은 도움이 필요한 난독증 학생들은 이점을 꺼리는 경향이 있다.

이 시기에 돕는 방법

- 학생과 대화를 갖는다. 새로운 환경에서 걱정되는 부분에 관해 묻고, 당신이 염려하는 부분을 말한다.
- 가능하면 학생이 다니게 될 학교를 방문하여 학생이 당면하게 될 새로운 도전에 어떤 것이 있는지 확인한다. 이것이 여의치 않으면 새 학교 교사와의 대화를 통해 그곳 환경에 대해 알아본다.
- 당신의 학생이 새로운 학급에 아는 친구가 있는지 알아본다. 없으면 새 학교의 전문가

들과 이 점에 대해 의논한다.

- 매일 해야 할 과제를 위한 시스템을 만든다. 해야 할 과제를 기록한 수첩도 좋은 아이디어다.

- 학생에게 학교 내부를 하나씩 구경시켜줄 수 있는지 알아본다. 여름 방학과 같이 조용한 때를 선택하여 학교건물을 돌아볼 수 있는 기회를 갖도록 한다. 사물함을 사용하는 방법도 가르쳐주거나 카페테리어나 체육관의 위치도 확인한다. 가능하면 방화훈련 벨 소리가 어떤 것인지 들어볼 수 있게 해준다.

- 새 환경에서 도움을 줄 전문가들이 학생의 학습 스타일에 대해 알고 있는지 확인한다. 학교 행정관에게 관련 서류를 전달해주기를 부탁한다.

- 학생이 도움이 필요할 때 갈 수 있는 담당자가 있는지 확인한다. 이는 특수 교사나 지도 상담사일 수 있다. 이러한 관계를 확인해두면 많은 문제를 예방할 수 있다.

:: 고등학교로 가는 전환기

학생이 고등학교에 진학할 때는 어른들이 걱정하는 시기이다. 점수도 중요하고 전반적인 학업 성적도 중요하다. 결국 그는 4년 후에는 직업의 세계로 나가든지 대학으로 진학할 것이다. 그런데 읽기 수준이 초등학교 5학년에 머물고 있다면 어떻게 앞길을 감당해 나갈 것인가?

난독증 학생들은 고등학교시기에 공부 수준이 많이 발전한다는 사실을 기억하기 바란다. 그 이유는 치료교육의 효과가 이때부터 빠른 속도로 나타나기 때문이다. 그래서 치료교육이 필요한 것으로 판단되면 이를 계속하는 것이 아주 중요하다.

사춘기의 시작 또한 학생의 고등학교 생활에서 중요한 부분이 된다. 이는 난독증 학생에게는 특히 어려운 시기이다. 왜냐하면 그에게는 모든 것을 도움 없이 시도하려는 경향이 생기기 때문이다. 도움을 청하지도 않고, 방과 후에 개인교사에게 가려고 하지도 않는다. 그의 친구들은 그러한 도움이 필요 없기 때문에 방과 후에 육상 운동, 학교 밴드, 수학 클럽 등을 참여한다. 혹은 친구 집에 가서 그냥 놀기도 한다.

고등학교 중에는 외국어가 필수인 곳도 있다. 이는 난독증 학생에게는 아주 곤란한 문제가 된다. 특히 학습 속도가 빠르고 체계적이 아닐 때에는 문제가 크다. 더구나 청각이나 시각적 기억력이 약하면 외국어를 배우는 것이 상당히 어렵다. 어떤 학생이 말했듯이 "나는 영어 공부만도 힘든데 외국어를 배운다는 것은 상상하기 힘들어."

이 시기에 돕는 방법

- 어린 학생들에게 하는 것처럼 이러한 학생들과는 대화를 많이 한다. 그로 하여금 자신이 걱정하는 바에 대해 말할 기회를 주고, 당신도 당신의 의견을 말한다.
- 가능하면 고등학교를 방문하여 새로운 도전과 지원을 직접 확인한다.
- 치료교육을 계속해야 한다고 판단하면 이를 주장하라. 팀 회의는 당신 생각에 학생이 필요로 하는 것이 무엇인지를 알리는 좋은 기회이다.
- 학생의 IEP와 계획을 위한 회의에 학생을 초대한다. 14세 이상의 학생은 법에 의해 참석하게 되어있다.
- 학습 스타일과 같은 학생에 관한 정보를 고등학교로 보내는 부분은 학생과 상의하여 그 수준을 정한다. 영어교사와 같은 경우는 이러한 정보가 필요하다. 그러나 학생은 학과목에 관련된 교사들에게만 정보를 공개하기를 원하는지 확인한다.
- 학생의 학습 스타일에 관한 정보를 자동적으로 지도 상담사나 특수교육 교사에게 보내는 대신 담임선생님에게 학생이 직접 전달하기를 원하는지 학생의 의견을 묻는다. 아니면 특별 회의에서 담임선생님과 공동으로 전달할지 확인한다.
- 여름 방학과 같은 한가한 시기에 학생에게 단독 투어를 마련해준다. 방화 훈련과 수업 시간표와 같은 가장 중요한 시스템에 관해 설명해준다.

- 학생이 도움이 필요할 때 찾아갈 수 있는 담당자기 있는지 확인한다. 이는 지도 상담사나 특수교육 교사일 수 있다. 이러한 담당자를 미리 만나두는 것이 좋다.
- 시간표가 순환식(요일에 따라 다른 수업)일 경우에는 처음 며칠 동안에 해당하는 시간표를 일일이 써준다.
- 외국어가 필수일 경우에는 교사와 학생에게 맞는 스타일을 찾아낸다. 예를 들면 학생이 시각적 기억력이 비교적 좋은 경우에는 도표 등과 같은 도구를 사용하면서 천천히 가르치는 라틴어 교사가 서로 맞을 것 같다. 경우에 따라 IEP 계획에서 외국어 필수가 면제될 수 있다.
- 학생이 선호하거나 강점을 갖고 있는 과목이 시간표에 들어있는지 확인한다. 예를 들어 학생이 배우 소질이 있는데 드라마 활동이 매주 수요일에 있다면 개인교사에 가는 것을 수요일에는 빠질 수 있는지 알아본다.

:: 전문학교나 대학교 혹은 고등 학술 연구로 가는 전환기

난독증 학생들 중에는 직업 분야 혹은 학술 분야에서 고등 연구로 가는 경우가 있다. 여기서 이들의 재능이 발휘되는 경우가 많다. 왜냐하면 이들은 자신들이 원하는 분야를 선택했기 때문이다. 그러나 고등학교에서 떠나는 전환기에 조심해야 할 함정이 있다. 고등 프로그램에서는 조직이나 학업 기술에 대한 기대치가 높을 수 있다. 그리고 매일 받던 도움도 훨씬 줄어들 것이다. 이러한 이유로 법이 개입한다. 제3장에서 언급한 Amendments to the Individuals with Disabilities Education (장애자 교육 수정안)에 의거하여 특수교육을 받는 학생들에게는 적절한 전환기 계획과 서비스를 통해 인생의 목표를 달성할 수 있도록 돕게 되어있다. 1997년 개정안에 의하면 이러한 전환기 서비스가 학생이 14세가 되는 시점에서부터 IEP에 포함되어야 한다. 여기에는 직업 적성 테스트(vocational assessment), 특수 지침, 지역사회 경험 등이 포함된다. 이러한 전환기 계획은 직업학교, 기술학교, 대학 혹은 직업의 세계로 가는 학생들을 위해 작성된다.

중요한 법이 두 가지가 더 있다. Section 504 of the Rehabilitation Act of 1973(재활에 관한 법)와 the Americans with Disabilities Act of 1990(장애에 관한 법)은 civil rights laws(인권에 관한 법)로서 여기에서는 장애가 있다고 해서 차별하는 것이 금지되어 있다. 난독증도 장애로 인정된다. 그러므로 이러한 법률들은 나이가 많은 학생에게는 아주 중요하다. 왜냐하면 이들은 고등 교육 기관에 프로그램을 조정해줄 것을 요청할 수 있기 때문이다. 아래에 조정을 요청할 수 있는 부분을 보기로 기술하였다.

- 학생에게 모든 강의를 녹음할 수 있도록 허락한다.
- 녹음한 교과서를 사용한다.
- 리포트와 숙제를 정리하고 쓰는 것을 돕는다.
- 철자와 문법과 같은 기술(記述) 과제에 필요한 기법을 돕는다.
- 컴퓨터 워드 기술을 돕는다.
- 구두 테스트, 한 배 반의 테스트 시간, 시간제한이 없는 테스트 등과 같은 다양한 테스트 방법을 제공한다.

대학교 진학을 원하지만 표준 테스트에 조정이 필요한 학생들은 시험 일자에서 최소한 6개월 전에 시험 관리기관에 알려야 한다.

어떤 대학에서는 자체적으로 난독증 학생들에게 외국어 필수를 면제해주는 경우도 있다. 어떤 대학에서는 대체 과목을 택할 수 있게 하는 경우도 있다. 그런 반면에 어떤 대학에서는 난독증 학생들을 위한 특별 프로그램이 있는 경우도 있다. 이러한 프로그램은 전문가들이 관리하면 큰 도움이 된다. 대학이나 상급 연구 기관에 관한 자세한 정보는 제20장. '난독증이 있는 성인들'에서 제공하고 있다.

:: 직업 세계로 들어가는 전환기

난독증 학생이 직업 세계에 들어갈 무렵에는 자신의 강점과 취향을 발견한 상태이기를 바라는 바이다. 이러한 것들이 그가 비교적 쉽고 편하게 성공할 수 있는 직업으로 연결시켜 줄 것이다. 그러나 어떤 분야는 문제가 많을 수 있다. 예를 들면 난독증인들 중에는 공간과 시간을 정리하는 데에 어려움이 있는 경우가 있다. 이들은 약속시간에 늦는 경향이 있다. 그리고 철자에 약점이 있을 수 있는데 이는 상당한 도전을 요하는 부분이다. 나이가 있는 학생들을 직업을 위한 준비를 시킬 때 당신이 할 수 있는 최선의 일은 이러한 이슈에 관련하여 학생과 직접 논의하는 것이다. 문제 가능성 분야에 관해 이야기하고 이에 대한 보상 전략을 구상한다. 그렇게 함으로써 학생이 이러한 도전에 직면할 때 스스로 해결책을 찾아낼 수 있게 될 것이다.

상급 교육 기관에서 난독증 학생들을 보호하는 두 가지 인권법(Section 504 of the Rehabilitation Act of 1973와 the Americans with Disabilities Act of 1990)은 직업의 세계에서도 이들을 보호하도록 되어있다. 다시 말하지만 난독증은 학습지도의 차이를 의미하기 때문에 이러한 법의 목적으로 보면 법적으로 장애로 정의되어 있다.

이러한 법들은 중요하다. 왜냐하면 이는 사용자들로 하여금 고용인들을 위해 온당한 조절을 제공하게 하기 때문이다. '온당한 조절'은 사용자들은 이러한 조절을 하는 과정에서 과도한 곤란을 받으면 안 된다는 것을 의미한다. 그럼에도 불구하고 사용자들은 다음 사항들을 준수해야 한다.

• 업무를 재구성한다.

- 업무 시간을 조절한다.

- 교육 매뉴얼과 교육 절차를 조절한다.

- 테스트 절차를 조절한다. 예를 들면 인증서나 진급을 위해 필수적으로 시험을 쳐야 할 경우에 사용자는 구두시험, 시간제한이 없는 시험 혹은 허용 시간이 한 배 반인 테스트를 제공해야 한다.

이 분야에서 구체적인 정보를 제공하는 서적: Learning Disabilities and the Law by Peter S. Latham, J.D., and Patricia H. Latham, J.D.,(JKL Communications, Washington, D.C., 1993)

Mya와의 인터뷰

Mya는 고등학교를 갓 졸업한 난독증을 가진 젊은 여성이다. 그녀는 가을부터 지역 전문대학교에 다닐 예정이다.

▶▶▶ **대학을 가겠다는 결정을 언제 하셨나요?**

어렸을 때부터 저는 대학을 가겠다고 생각했었어요.

▶▶▶ **대학을 왜 가고 싶나요?**

저의 교육 수준을 높이고 좋은 직업을 갖기 위해서요. 저는 해양 생물학자(관리직 같은)가 되거나 특수한 교육이 필요한 학습 장애가 있는 아이들을 돕고 싶어요.

▶▶▶ **자신의 경험이 이런 결정에 영향을 주었나요?**

네. 왜냐하면 저는 공부하는 것이 얼마나 어려운지를 알고 있거든요. 특히 사람들이 도와줄 의지나 방향성을 찾아줄 의지가 없을 때요. 그들은 이야기하기를 "만약 배울 방법이 없다면 (마야가 어깨 으쓱거리며) 어쩔 수 없지."라고 합니다.

▶▶▶ **당신의 장점은 무엇인가요?**

저는 이해력이 많은 사람이에요. 저는 제 시간을 써서 도움이 필요한 사람들을 찾아갑니다.

예를 들어 졸업 학년 때 저는 특수교육 스터디에 있었어요. 그 스터디에는 수학이나 읽기를 이해하지 못하는 학생들이 있었어요. 만약 제가 다른 할 것이 없었다면 저는 그들과 함께 앉아서 나이에 상관없이 도와주었을 거예요.

▶▶▶ 고등학교 시절, 어떠한 학업적인 지원을 받았나요?

저는 IEP를 통해 지원받았어요. 시험을 치르거나 리포트를 제출하는데 필요한 많은 시간을 지원받을 수 있었습니다.

예를 들어 수학 시간에, 저는 선생님 때문에 반 이상을 이해하지를 못했어요. 만약 시험을 보게 될 때 저는 학업 지원을 받으러 가면 누군가가 정답을 알려주지 않는 선에서 최대한 저를 도와줘요.

▶▶▶ 대학에 가서도 학업 지원을 요청하실 계획이신가요?

네. 리포트를 작성할 때 편집에 도움을 받았으면 좋겠습니다. 또한 리포트 구성을 잡을 때도 도움이 필요한 것이, 제가 스스로 리포트를 작성할 수는 있지만 요구되는 내용을 제대로 작성했는지 확인해 주는 도움이 필요해요. 저는 가끔 질문을 확신하지 못하거든요.

연말에 고등학교에서 미팅이 있었어요. 저는 그들이 지역 대학과 제가 가는 곳에 편지를 써주었을 것이라 믿고 있어요. 거기에는 제 IEP와 제 기록을 열람할 수 있는 동의서가 포함되어 있어요.

▶▶▶ 대학 이후에는 어디로 갈지 알고 있나요?

차차 생각해볼 예정이에요. 제가 어떤 전공을 할지에 따라서 결정될 것 같아요. 제가 만약 계속 해양 생물학자가 되고 싶다면 보스턴 쪽으로 갈 생각이에요.

▶▶▶ 대학 입학을 앞두고 어떤 느낌이에요?

긴장되죠. 제가 필요로 하는 도움들을 받지 못할까 봐 긴장돼요. 도움을 못 받으면 성공하지 못할 것 같고, 포기하거나 낙심해서 더 이상 하지 못할 것 같은 느낌을 받을 것 같아요. 그렇게 되지는 않을 것 같지만 사람 일은 모르는 거잖아요.

제 친구 중에서도 같이 대학을 갈 친구들이 있어서 좋은 것 같아요. 최소한 그 중한 명은 저와 함께 고등학교에서 학업 지원을 받던 친구였어요.

저는 제시간에 필요한 것들을 완료할 수 있는지 걱정돼요. 그리고 시험도 잘 볼 수 있을까 걱정되는 게, 시험은 제가 아는 모든 것들을 직관적으로 보여주는 것이 아니다 보니 질문을 명확하게 이해하는 게 너무 중요하거든요. 고등학교 때 특히 힘들었어요. 왜냐하면 우리가 배웠던 것을 다 말할 수 있지만, 시험만 봤다 하면 C 또는 D를 받았거든요. 제 친구는 "C는 괜찮은 성적이야. 평균이거든."이라고 이야기했고, 이에 대해서 저는 "내 눈에는 만족스럽지 않아."라고 이야기했죠.

▶▶▶ 희망 사항이 뭐예요?

제가 좋아하면서 저 스스로 잘 해결할 수 있는 직업을 갖는 것이요.

▶▶▶ 초등학교에서 중학교로 넘어갈 때 어땠어요?

저는 학습 장애로 인해서 무서웠고, 언제나 부끄러움이 많아서 친구들을 사귀기가 힘들었어요.

▶▶▶ 중학교는 어땠어요?

저의 중학교 시절이 너무 싫었어요. 몇몇 친구들이 있긴 했지만 학업이 너무 싫었고 커다란 사건도 있었죠. 제 부모님이 이혼했고, 그게 저의 학업에 대한 집중력을 방해해버렸습니다.

▶▶▶ 고등학교는요?

고등학교는 좋아했던 것 같아요. 제 기억으로는 중학교 때 특수교육반으로 누가 가는 걸 보면 다른 아이들이 그 친구를 막 놀렸어요. 하지만 고등학교 때는 누가 뭐라고 할 수는 있지만, 그걸 조용히 시켜주는 다른 친구들도 있었어요.

저는 부끄러움도 많고 불신이 많아서 고등학교 때 인기가 있지는 않았어요. 하지만 제가 아는 사람이 복도에서 지나가면 적어도 웃으면서 "안녕."이라고 말해주더라고요.

▶▶▶ 선생님들은 어땠어요?

이해해주시는 분들도 계셨지만 모두 그렇진 않았어요. 어떤 선생님께서는 제가 난독증을 가지고 있다고 이야기해도 그게 무엇인지 몰랐어요.

▶▶▶ 선생님들께 난독증에 대해서 무슨 이야기를 하고 싶으신가요?

난독증을 가지고 있다는 것이 바보라는 뜻은 아닙니다. 선생님들은 수용하고 도움받을 길을 찾아주어야 합니다. 그리고 어려움이 있다고 해서 게으른 것이 아니에요. 어떤 선생님들은 제가 게으르다고 생각하셨거든요. 또는 시험 시간이 더 필요하다고 하면 제가 집중을 못 한다고 생각하시기도 했어요.

부모가
할 수 있는
일에는
어떤 것이
있나?

제18장

부모가 할 수 있는 일에는
어떤 것이 있나?

부모와 보호자들은 난독증 학생의 정서적, 사회적 그리고 학업상의 발전에서 중요한 역할을 한다. 교사로서 그와 같은 이들의 중요한 역할을 돕는 일이 중요하다. 우리가 부모와 보호자를 도울 수 있는 방법은 4가지로 요약할 수 있다.

1. 아이를 관찰할 수 있는 방법을 제공한다.

2. 아이의 학습 스타일에 대해 알 수 있는 자원의 이름을 제공한다.

3. 학업상의 발전을 도울 수 있는 방법에 대한 구체적이고 실질적인 제안을 한다.

4. 숙제 및 사회적 그리고 정서적 이슈와 같은 기타 문제 부분에서 그들이 도울 수 있는 방법에 대한 제안을 제공한다.

:: 관찰하는 방법 배우기

부모는 다양한 환경과 시간대에 아이를 관찰하거나 학생의 초기 발육에 대한 귀중한 정보를 제공할 수 있는 특별한 위치에 있다. 현재 일어나고 있는 일에 대한 정보를 교사와 공유할 때 이는 효과적인 교육 프로그램을 개발하는 데에 큰 도움이 된다.

많은 사람은 일반적으로 부모는 아이를 관찰하는 방법을 본능적으로 안다고 생각한다. 그러나 도움이 되는 정보를 수집하고 보고하는 데에는 요령이 필요하다.

학부모에게 도움을 청할 때에는 관찰 기간 동안에 집중적으로 관찰할 부분을 정한다. 몇 가지 부분에 정보가 필요하더라도 한 번에 한 가지씩만 다룬다. 우선 가장 문제가 되는 부분을 택하거나 부모가 다루기 쉬운 것부터 시작한다.

일단 분야를 선택하고 나면 당신이 알고 싶어 하는 일련의 문제를 적어본다. 이 부분은 학부모와 브레인스토밍을 하면서 정한다. 이때에 기록할 사람을 한 사람 정한다. 모든 질문을 적고 나면 관찰자가 주목할 질문을 한 개나 두 개를 택한다.

아래 내용은 관찰할 부분에 대한 보기와 샘플 질문들이다.

집중과 초점

- 학생은 재미있고 즐거운 활동에 얼마나 오래 집중할 수 있는가?
- 학생은 재미없는 활동에 얼마나 오래 집중할 수 있는가?

학생이 적극적으로 참여하는 활동들

- 학생은 컴퓨터 사용하는 것을 즐기는가?
- 학생은 조용하고 제한이 없는 시간대에 그림그리기를 좋아하는가?
- 학생은 만화나 잡지 읽기를 좋아하는가?

학생이 집중하지 못하는 활동들

- 학생은 차를 타고 갈 때 당신이 말을 걸어도 듣지 못하는 경향이 있는가?
- 학생은 가족 게임을 하다가 생각이 다른 데로 흐르는 경향이 있는가?

피로 요소

• 낮에 학생은 조는 경향이 있는가?

• 학생이 피곤할 때 누워서 쉬어야 하는가, 아니면 그냥 잠깐만 조용히 앉아 있으면 피로
가 회복되는가?

사회적 요소

• 학생은 혼자 있는 것을 선호하는가, 아니면 자유 시간이 생기면 친구들과 시간을 보내
는 것을 선호하는가?

• 학생은 또래와 분쟁을 어떻게 다루는가?

• 학생은 또래보다 어른들과 지내는 것을 선호하는가?

표현적 언어

• 학생의 조음(調音) 능력은 어떠한가?

• 학생은 영어 문법, 일상적인 표현 및 기타 언어적 관습을 적절히 따르면서 말하는가?

• 학생은 쉽게 말하는가, 아니면 말을 아끼는 편인가?

수용 언어

• 학생은 구두 지침에 빠르게 반응하는가, 아니면 말한 것에 대한 주의를 끌기 위해 신체
적 제스처를 필요로 하는가?

• 학생은 순차적 구두 명령 혹은 단계를 몇 개나 기억하고 반응할 수 있는가? ("쓰레기를
들고 나가서 차고에 갖다 놓아라."에는 두 단계가 있다.)

효과적인 강화(reinforcement)

• 학생은 어떤 유형의 강화에 반응하는가?

- 학생은 칭찬을 하면 과제를 잘하는가? 아니면 자유 시간을 주면 혹은 특별한 사람과 함께 있게 하면 과제를 잘하는가?

강점과 재능

- 학생은 자유 시간에 어떤 것을 하기를 선호하는가?
- 학생은 어떤 활동을 하는 동안에 편하고 행복해 하는가?
- 학생은 또래에 비해 어떤 기술을 더 잘 사용하는가?
- 학생에게는 어떤 것이 쉬운가?

:: 학부모와 대화하기

관찰할 분야와 구체적인 질문을 한 개나 두 개를 정하고 나면, 학부모와 의논하여 학부모가 언제 시간을 내어 관찰할 것인지를 결정한다. 이 부분은 구체적이어야 한다. 사람들이 바쁘게 살다보면 관찰을 제대로 하지 못하고 시간이 지나버리기 때문이다.

관찰 기간은 5~10분 정도로 짧은 것이 가장 효과적이다. 이렇게 함으로써 부모는 학생을 여러 번 그리고 다양한 상황에서 학생을 관찰할 수 있기 때문이다.

가능하면 학부모로 하여금 그들이 관찰하고 있는 활동에 참여하지 않는 상태에서 관찰하게 한다. 예를 들면 아이가 자기 친구와 같이 놀다가 무엇을 서로 갖겠다고 다툴 때에 학부모는 여기에 개입하면 안 된다. 이렇게 함으로써 부모는 이러한 인터랙션에서 관련 요소를 분명하게 볼 수 있기 때문이다.

부모에게 사실적인 자세로 기록하도록 한다. 다시 말하자면, 일어난 사실에 대한 판단을 기록하는 것이 아니라 일어난 사실을 기록하는 것이다. 예를 들면 "Sally는 컴퓨터 게임을 계속 하고 있다가 동생이 질문하는 것을 듣지 못했다."라고 적어야지, "Sally는 동생이 하는 말을 무시했다."라고 쓰면 안 된다.

관찰이 끝나면 부모와 만나서 수집한 정보에 대해 의논한다. 그들의 관찰 기록을 갖고 부모와 함께 분명한 패턴을 찾아내도록 한다.

:: 학부모에게 자원을 제공하기

부모와 보호자가 학생의 학습 스타일을 알아야 하는 데에는 많은 이유가 있다. 가장 중요한 것은 이들이 아이가 투쟁하고 있는 바를 이해하여야 긍정적인 방법으로 아이를 도울 수 있기 때문이다.

부모와 보호자는 아이가 학교를 다니는 동안 아이와 함께 사는 사람들이다. 프리스쿨에서 직업의 세계로 들어갈 때까지 부모는 관련된 정보를 제공해야 한다. 이들은 아이에게 어떤 일이 있었는지를 본 사람들이며 아이가 성인으로서 성공적인 삶을 살기 위해 무엇이 필요한지를 아는 사람들이다. 이러한 이유로 이들은 교육기관을 이용하는 방법에 대한 정보가 필요한 것이다.

이 책을 통해 정보 자원을 제공하고 있다. 아래 책은 부모에게 특히 권하고 싶다.

난독증 학습 스타일을 이해하기

• The LD Child and the ADHD Child: Ways Parents and Professionals Can Help by Suzanne H. Stevens(John F. Blain, Publisher, Winston-Salem, NC, 1998)

교육 기관과 의사소통하기

• Finding Help When Your Child Is Struggling in School, From Kindergarten Through Junior High School, by Lawrence J. Greene(Golden Books, 1998)
• Negotiating the Special Educatiion Maze, A Guide for Parents and

Teachers, 3d edition, by Winifred Anderson, Stephen Chitwood, and Deidre Hayden(Woodbine House, 1997)

- The Parents' Public School Handbook: How to Make the Most of Your Child's Education, From Kindergarten Through Middle School, by Dr. Kenneth Shore(Fireside Books, 1994)

ADD와 ADHD에 관한 정보

- The ADD/ADHD Checklist: An Easy Reference for Parents and Teachers by Sandra Rief, M.A. (Prentice Hall, Paramus, NJ, 1998)

- Power Parenting for Children with ADD/ADHD, A Practical Parents's Guide for Managing Difficult Behaviors by Grad L. Flich, Ph.D. Foreword by Harvey C. Parker, Ph.D.(The Center for Applied Research in Education, West Nyack, NY, 1994)

읽기에 관하여

- Straight Talk About Reading, How Parents Can Make a Difference During the Early Years by Susan L. Hall and Louisa C. Moats, ED.D. Foreword by G. Reid Lyon, Ph.D., Chief, Child Development and Behavior Branch, National Institutes of Health, (Contemporary Books, 1999)

수학에 관하여

- Family Math by Jean Kerr Stenmark, Virginia Thompson, and Ruth Cossey, illustrated by Marilyn Hill(The Lawrence Hall of Science, 1986 by the Regents, University of California)

:: 학업 성장을 촉진하는 데에 필요한 실질적인 아이디어

학교에서 제공하는 훌륭한 교육 프로그램을 보완하는 점에서 학부모와 보호자들이 집에서 할 수 있는 일들은 틀림없이 존재한다. 이러한 활동이 부담이 되어서는 안 된다. 이들은 짧고 간단하고 재미있어야 한다. 여기서 제안하는 것은 종합적인 것이 아니며 단순히 부모에게 권하는 활동의 보기들이다.

읽기 기술을 지원하기

아이에게 큰 소리로 읽어준다. 누구든지 글을 읽어주면 좋아한다. 이를 통해 아이들은 기술(記述)된 단어에 접근하게 된다. 큰 소리로 읽는 것이 학생이 읽기 기술을 배우는 데에 상당한 효과가 있다는 것은 이미 많이 증명되어 왔다. The Read-Aloud Handbook: Revised and Updated, Including a Giant Treasury of Great Read-Aloud Books, 4th ed.m by Jom Trelease(Penguin Books, 1995). 큰 소리로 읽는 것은 연령에 관계없이 유익한 것이기 때문에 아이가 나이가 들어도 멈추면 안 된다. 아이가 좋아하는 스토리를 알아내어 책을 선택한다.

전 가족이 읽는 시간을 만든다. 모두가 같이 앉아서 각자의 책을 읽으면 좋다. 한 주에 2~3번 정도가 좋으며 모두가 참여할 수 있는 시간을 선택한다. 아이가 소설을 읽을 필요는 없다. 그림책이나 잡지도 좋다. 각자가 즐기는 것을 읽어야 한다.

음소에 대한 인식을 개발하기 위해 운을 맞추는 게임을 한다. 예를 들어 아이에게 음절 하나인 단어를 말해주면 아이는 이와 운이 맞는 단어를 생각해낸다. 그리고 당신과 역할을 바꾼다.

글자 이름을 배우기 위해 쿠키 반죽으로 글자를 형성한다. 글자 쿠키를 먹을 때 글자의 이름을 말하게 한다.

주변에 있는 활자를 읽게 한다. 예를 들어 당신이 운전하고 있을 때 간판이 보이면 아이에게 이를 가리키면서 간판에 나온 글자를 읽게 한다. 깡통에 인쇄된 글이 어떤 정보를 제공하고 있으면 이를 읽고 그 메시지를 설명하게 한다.

쓰기 기술을 지원하기

냉장고에 쇼핑 목록을 붙여 놓는다. 아이에게 가족이 필요로 하는 품목을 이 목록에 올리게 한다.

다른 유형의 목록을 작성한다. 이는 단어쓰기 기술을 개발하는 데에 도움이 된다. 이는 고등 작문 연습에도 도움이 된다. 이는 정리 기술과 분류 기술을 가르치며, 또한 생각을 자유롭게 글로 표현하는 기술을 가르치기 때문이다. 다양한 주제로 목록을 작성한다. 예를 들면 다음과 같다.

- 거실에 있는 물건들
- 동전보다 작은 물건들
- 색깔의 종류
- 샌드위치에 들어가는 내용물들
- 지각에 대한 변명들

이러한 목록들은 나이와 기술 수준에 관계없이 작성할 수 있다. 차를 타고 여행할 때 하면 재미있다. 구두로 하더라도 분류하는 연습이 된다.

연속적인 이야기를 쓴다. 첫 번째 사람이 문장 하나를 써서 이야기를 시작한다. 다음 사람은 두 번째 문장을 쓴다. 이 게임은 참가자 수에 제한이 없다. 학생들이 이를 좋아한다. 이들은 자기 차례가 왔을 때 줄거리 라인을 바꾸기도 한다.

수학 기술을 지원하기

수학을 일상생활의 일부로 만든다. 수학은 일상생활에서 항상 사용한다. 그렇기 때문에 학생들은 이 분야에 관심을 많이 갖게 되는 것 같다. 실질적인 수학문제가 주변에서 얼마든지 발생한다.

"우유 1리터와 계란 한 꾸러미를 사야 하는데 3,000원이면 충분할까?"

이 문제를 아이와 함께 푼다. 수학적인 계산은 당신이 하고 아이는 보기만 한다. 수학이 일상생활에 얼마나 중요한지를 가능한 한 많이 강조하면서 진행한다.

숫자 개념을 배우는 아이들을 위해 유형의 물체와 숫자를 연계시킨다. 이를 자연스러운 분위기에 진행한다. "테이블에 있는 조개껍질을 2개만 가져와." 아이가 이 물체를 직접 만지는 것이 중요하다.

다양한 게임을 하면서 점수를 매긴다. 아이가 계산은 할 수 없더라도 당신이 숫자를 사용하는 것을 즐기는 모습을 아이에게 보인다.

:: 기타 실용적인 제안들

숙제 돕기

숙제를 위한 정기적인 시간을 정한다. 이를 일관성 있게 지키면 진행하기가 수월해진다. 정기적인 시간을 정하려면 우선 아이가 숙제할 수 있는 에너지와 집중력이 좋을 때를 알아낸다. 방과 후 집에 오는 즉시가 좋은 경우가 있고, 집에 온 다음에 나가서 저녁 식사시간까지 놀다 식사 후에 공부하는 것이 좋은 경우가 있다. 여러 가지 옵션을 몇 번 시도한 후에 아이와 같이 공부 시간대를 정한다.

숙제할 일정한 장소를 정한다. 아이가 어디서 공부가 제일 잘 되는지 찾아낸다. 조용한 방에서 잘 되는지? 식탁에서 잘 되는지? 이런 경우에는 거실에 있는 TV를 꺼야 하는지? 공부 장소를 한 번 정하면 바꾸지 않도록 한다.

과제를 구조화하는 것을 돕는다. 필요하다면 아이의 숙제 폴더를 잠깐 훑어보고 우선순위를 정한다.

숙제에 관하여 학교와 정기적으로 연락을 한다. 아이가 숙제를 모두 갖고 왔는지? 완성한 숙제를 다음 날에 제출해야 하는지? 매주 한 번씩만 전화하면 문제를 예방할 수 있다.

긍정적인 사회적 및 정서적 발육을 돕기

매주 한 번씩 아이와 조용한 시간을 함께 보낸다. 게임을 같이 하거나 산책하거나 아이스크림 사러 같이 간다. 시간이 길 필요는 없다. 그러나 아이가 이 시간을 고대하는 것이면 좋겠다. 왜냐하면 아이는 자신이 원하면 무엇이든지 당신과 조용히 얘기할 시간이 있다는 것을 알기 때문이다.

자식이 여러 명이 있으면 이들도 같은 양의 특별한 시간을 당신과 함께 갖도록 해야 한다.

형제가 있는 경우 아이가 자신의 학습 스타일에 대해 이들이 아는 것을 원치 않는지 물어본다. 이들이 많이 알기를 원하는지, 아니면 자기는 형제들과 학습 스타일이 다르다는 정도만 알기를 원하는지?

난독증이 있는 당신의 아이가 보고 있는 가운데에 다른 자식들과 얘기한다. 일반적으로 이러한 공개적인 대화가 모두를 편하게 만든다. 그렇게 함으로써 모두가 학교와 집에서 무슨 일이 일어나고 있는지 알게 된다.

친척이나 가족 친지나 사회적으로 잘 아는 사람들에게 아이의 학습 스타일에 관해 말하는 것이 불편한지 여부를 아이에게 묻는다. 사람들은 다음과 같은 다양한 질문을 한다.

• Sarah는 왜 아직 읽지 못하지?

- 아이의 스피치가 조금 이상하지?

- 아이가 방과 후에 개인교사한테 왜 가지?

- 무슨 사연인가? 난독증이 뭘 하는 거지?

- 난독증은 자라면서 없어지는 건가?

아이와 이러한 질문에 관해 얘기 나눈다. 아이가 이미 이러한 종류의 질문을 받은 적이 있는지 혹은 후일에 이러한 질문을 받을까봐 두려운지를 알아내는 것이 중요하다. 이에 대한 가능한 답을 구상해내어 이를 역할 연기를 통해 연습한다.

당신의 아이와 창피한 상황에 대해 얘기를 나눈다. 예를 들어 아이에게 삼촌이 있는데 삼촌은 아이를 위해 가끔 책을 사갖고 와서 아이로 하여금 한두 쪽 읽게 한다면 아이는 불편해질까? 아이는 당신으로 하여금 삼촌과 따로 만나서 얘기를 나누기를 원할까, 아니면 당신으로 하여금 대화에 참여하게 할 것인가? 이런 경우라면 가끔 역할 연기를 하는 것이 도움이 될 것이다. 그래서 아이가 자신이 하고 싶은 말을 연습할 수 있게 된다.

Naomi와의 인터뷰

아내이면서도 고등 학습을 추구하는 Naomi는 난독증을 가진 청소년의 엄마로서의 경험을 이야기한다.

▶▶▶ **말콤이 난독증을 가지고 있다고 생각하시나요? 그것이 말콤의 학습 방식이라고 정의하시나요?**

음, 그 용어를 사용하는 데 있어서 문제는, 사람들이 난독증이란 개념을 거꾸로 읽기를 의미한다고 생각해요. 그래서 만약 저랑 지속적인 대화를 할 사람이 아니라면 난독증이라는 용어를 사용합니다. 물론 오해할 수도 있지만 그래도 아이가 다른 방식으로 배운다는 것을 이해하긴 하거든요.

▶▶▶ **『난독증의 이해와 교육방법』이라는 책을 위해서 저희와 이야기하는 것이 편하게 느껴지시나요?**

네, 왜냐하면 제가 이해하는 난독증의 진정한 정의는 난독증을 가진 사람들은 다른 학습 방식이 있기 때문에 그의 능력 및 지능과 실제로 할 수 있는 것의 간격이 있다는 것입니다.

▶▶▶ **말콤이 다른 사람들과 다른 학습 방식을 가지고 있다는 것을 언제 아셨나요?**

아마 4학년쯤 일 거예요.

▶▶▶ **어떻게 알게 되셨어요? 무슨 일이 있었나요?**

음, 다양한 검사로 인해서 말콤이 청각 처리에 이슈가 있다는 결론이 나왔기 때문에 실제로 인지한 것은 아마 초등학교 저학년 때라고도 볼 수 있겠네요.

▶▶▶ 부모로서 가장 어려웠던 점은 무엇인가요?

저는 말콤과도 정말 다른 학습 방식을 가지고 있어서… 어쩌면 제가 ADD일 수도 있어요. 검사로 나온 결과는 아닙니다. 저는 대수롭지 않다고 생각하고 정상적으로 행동할 수 있었지만, 실제로 제가 지겨워지지 않게끔 하기 위해서 빨리빨리 처리가 돼야 했었어요. 어렸을 때 무언가 너무 늦게 진행되면 저는 사라져버렸어요. 이런 것들이 저에게 아직도 문제일 수 있습니다. 그리고 말콤의 학습 방식은 더 체계적인 방식이고, 저는 그런 것들에 대한 참을성이 부족해요.

그래서 말콤이 마사랑 같이 일한 것은 운이 좋았다고 생각해요. 왜냐하면 그녀가 읽고 말콤과 함께 하는 방식은 상당히 체계적이었고, 말콤과 항상 함께했거든요. 하지만 부모 자식 관계에서 저는 느슨하게 가는 것이 어려웠어요.

▶▶▶ 그래서 좀 더 말콤을 도와주었으면 싶었겠네요?

네. 말콤의 숙제를 도와주는 것은 확실히 어려운 일이었어요. 그리고 말콤이 따라야 할 다양한 지시사항들을 기억해야 하는 것 또한 쉽지 않은 일이죠. 가끔은 반항적으로 보이는 그의 행동들을 통역해 주어야 하는 것도 그렇고요.

아시다시피 그가 아침에 일어나서 그에게 서너 가지를 요청하면 말콤은 그것을 모두 기억하기 힘듭니다. 내가 무언가 하고 다시 돌아오면 몇 가지는 까먹고 있죠. 그래서 가끔 그가 나에게 다시 상기시켜 주기도 하지만, 시간에 쫓겨 압박감을 느끼거나 효율성 또는 인내심과 관련된 문제가 발생하면 힘든 상황이 되는 거죠.

▶▶▶ 다른 어려운 점들이 있나요?

미래에 어떤 가능성이 있는지 점칠 수 없다는 것이 참 불만이에요. 미래에 대한 두려움일까요. 독서는 저에게는 매우 흥미로운 것이고, 많은 즐거움을 받죠. 말콤도 그랬으면 좋겠어요.

제 생각에는 이해해주고 다른 부모들과 이야기하는 것이 큰 도움이 되었어요. 말콤은 지난 봄, 6주간 특수교육을 받으러 갔었고, 그에게는 매우 큰 노력이었죠. 다른 부모들과 거기서 이야기하면서 그들이 걸어온 길을 듣는 것은 도움이 되었어요. 그리고 저에게 있어서는 말콤이 진전을 보였다는 사실이 기분이 좋습니다.

추가적으로 저는 지난봄 회계 수업을 들었어요. 안개 속에 있는 것 같은 느낌, 좀 알 것 같다가 사라지는 그 좌절감을 느끼면서, 제가 별로 중요시 여기지 않는 것에 대해서 자부심에 영향을 받는 것을 보았어요. 회계는 그냥 요구사항이었지 제 일에 있어서 필수적인 것은 아니었어요. 이러한 경험들이 말콤에 대해서 더 큰 공감과 연민을 주었습니다. 그래서 제 개인 경험 역시 많은 도움이 되었네요.

▶▶▶ **말콤이 책 앞에 앉아있을 때와 같은 느낌의 개인 경험이었겠네요.**

네. 큰 도움이 되었어요. 그리고 그때가 말콤이 특수교육을 받으러 가던 시기였고, 말콤이 어떻게 하고 있는지 보았죠. 그는 정말 열심히 했어요. 저는 그의 인내심을 존중해요.

제19장

재능

제19장

재능

난독증에 관련된 약점에 대해 얘기하는 것이 중요한 것처럼 재능에 대해 얘기하는 것도 중요하다. 교사로서 우리는 학업상 부족한 점을 걱정하다 보니 이에 집중하는 경향이 있다. 강점을 발견하고 이를 이용하기를 잊는 때가 많다.

- 이러한 강점을 단련하는 것은 학생의 학업 및 지적 능력개발에 중요하다. 왜냐하면 기술 하나를 습득하면 다른 기술을 습득하는 것이 쉬워지기 때문이다.
- 이러한 강점들은 난독증 학생의 자아 존중감에도 중요하다.
- 우리 사회는 이러한 강점을 필요로 하고 있다.

:: 강점의 다중성

난독증인들은 일반적으로 중요하고 강력한 재능을 소유하고 있다. 우리는 다중 지능의 Howard Gardner 모델을 통해 이러한 지능에 대한 식견을 얻을 수 있다. Frame of Mind: The Theory of Multiple Intelligences(Basic Books, 1983)에서 Howard Gardner는 다음과 같은 다양한 유형의 지능에 대하여 말하고 있다.

- 언어적: 언어를 사용하는 능력

- 논리적-수학적: 패턴과 숫자에 대한 능력

- 공간적: 공간적 관계에 대한 지식

- 신체적-운동적: 움직임과 터치에 대한 향유와 기술

- 음악적: 음악에 대한 사랑과 기술

- 인간관계에 관련된(interpersonal): 훌륭한 사회적 능력

- 개인 내적(intrapersonal): 자아에 대한 통찰력 있는 지식

난독증인들은 이러한 분야에서 많은 강점을 갖고 있다. 개인 간에 특별한 패턴이 있는 것도 아니다. 서로가 완전히 다르다. 난독증 학생 한 사람이 공간적 지능에서 강할 수 있다. 그의 신체적-운동적 능력과 음악적 지능은 아주 잘 발달되어 있을 수 있다. 이는 그의 언어적 약점에 대한 보상행위가 아니다. 오히려 이들은 그의 자신의 고유한 형태의 지능의 반영이다.

그러나 이러한 강점들은 학교 상황에서는 잘 보이지 않는다. 왜냐하면 전통적인 교과과정은 대체로 언어적 지능에 기초를 두고 있기 때문이다. 논리적-수학적 지능과 같은 다른 유형의 지능도 사용하지만 언어적인 지능에 너무 치우쳐 있다. 즉, 교사는 말하고 학생은 듣는다. 읽기와 쓰기와 같은 언어적 과제는 빨리 진행된다. 그리고 강화는 거의 없다. 다른 유형의 지능은 들어설 자리도 없다.

그러므로 학생의 강점은 발견할 기회가 없는 것이다. 이러한 발견 과정이 다음에 다룰 주제이다.

지능 테스트를 이용하여 강점들을 찾기

지능 테스트가 처음 개발되었을 때 주로 구두 언어적 기술에 중점을 두었다. 대상의 사실적 지식에 대한 질문이 많았으며, 이는 학생의 언어적 표시를 검색하고 표현

하는 질문들이었다. 예를 들면 "7월 4일은 무엇을 축하하는 날인가?"와 같은 질문에 대해 테스트 받는 학생은 '독립 기념일'을 기억하고 진술할 수 있어야 한다. 학생은 이 공휴일에 대한 역사와 개념 등과 같은 내용을 다 알고 있지만 언어적 문제 때문에 '독립 기념일'이라고 하는 단어를 정확하게 진술하지 못할 수 있다.

테스트 분야가 발달함에 따라 Wechsler 테스트와 같은 경우는 언어적인 것보다 기술을 테스트하려는 경향이 생겼다. 그래서 Wechsler 테스트는 언어 관련 및 실행능력 관련 섹션으로 구분되어 있다. 실행능력 부분에서는 시각적 대상에 대한 주의력과 눈-손 협응 능력과 같은 기술을 측정한다. 그러나 새로운 세대에서도 대체로 언어적인 테스트이다.

난독증 학생이 테스트 받을 때에는 특별한 강점이 있는 사람으로 보이지 않는다. 이들의 언어적 이슈가 이들의 기능성에 영향을 주기 때문이다. 이들의 주의력, 소근 운동 기능 등과 같은 이슈도 이들의 점수에 영향을 줄 수 있다.

그러나 학습 스타일에 대한 지식이 있는 유능한 심사관은 특히 Wechslers와 같은 개별적으로 관리하는 지능 테스트를 통해 재능과 강점에 대한 귀중한 정보를 찾아낸다. 예를 들면 3차원 블록으로 2차원적인 기하학 디자인을 재현하는 Block Design 하위검사에서 그는 학생이 그림을 힐끗 보고 상당한 속도로 그대로 베끼는 것을 인지한다. 이는 추상적 사고에 능함을 의미하지만 조각 분야에도 능력이 있음을 의미하기도 한다.

난독증 학생은 모두 서로가 다르다. 각기 광범위한 능력을 소유하며 강점과 약점의 폭도 넓다. 이러한 다양성은 학습 스타일의 특성을 놓고 혼란을 야기시키며 진단을 어렵게 한다. 이는 또한 재능을 식별하는 일을 어렵게 만든다. 노련한 심사관에 의한 지능 테스트가 좋은 시발점이 된다.

:: 학생들이 자신의 재능을 발견하도록 교사가 도울 수 있는 방법은?

재능을 발견하고 그 종류를 알려고 하면 우선 이에 대한 가능성에 대해 생각해 볼 필요가 있다. 난독증 사람들에게서 특징적으로 발견되는 능력이 있는 것은 확실하다. 아래 목록에는 이러한 특징 중에 가장 흔히 볼 수 있는 것들이 포함되어 있다.

- 지능은 최소한 평균이며 대체로는 평균 이상임.
- 강한 집중력이 있으며 흥미 있어 하는 것에는 장시간 집중할 수 있다.
- 호기심을 자극하는 문제를 풀 때에는 상당한 추진력과 에너지를 보인다.
- 관계가 없어 보이는 산더미 같은 데이터에서 패턴을 인식하는 능력.
- 새로운 개념을 찾아내거나 어떤 상황이나 문제를 새로운 각도에 보는 능력.
- 추상적인 사고 능력.
- 높은 수준의 호기심.
- 자진해서 질문하기.
- 자진해서 열심히 일하기.
- 자진해서 위기를 감수하기.
- 자신해서 도움 없이 일하기.
- 강한 유머 감각.
- 뛰어난 관찰 기술.
- 뛰어난 공간적 기술: 3차원적 공간을 인식하고 이와 인터랙트하는 능력.
- 뛰어난 기계 조작 능력.
- 뛰어난 예술적 능력.
- 뛰어난 음악적 능력.
- 뛰어난 운동 능력.

• 뛰어난 방향감각.

난독증의 특징은 다양성에 있기 때문에 어떤 학생의 강점이 다른 학생의 경우에는 그렇지 않은 경우가 있다. 예를 들면 어떤 학생들은 뛰어난 예술가이다. 그런 반면에 다른 학생들은 기계 수리나 발명하는 것을 좋아할 수 있다. 컴퓨터 게임 기술이 뛰어난 학생들도 있다. 그리고 어떤 학생들은 문제 해결에 창의적인 아이디어를 내는 능력이 있다.

위 목록에 나오는 재능은 쉽게 인식할 수 있다. 예를 들어 어떤 학생이 그림을 잘 그리면 그 학생은 실물과 똑같은 그림을 쉽게 그릴 수 있다. 그러나 다른 경우에는 재능이 숨겨져 있다. 예를 들면 3차원 분야에 재능이 있거나 콜라주를 잘 만드는 재능은 발휘할 기회가 많지 않다.

교사들은 다양한 상황에서 상당 시간 학생과 인터랙트하기 때문에 학생의 눈에 띄는 혹은 보이지 않는 재능을 발견하는 데에 유리한 입장에 있다. 이는 중요한 첫 단계이다. 재능을 양육하고 이용하기 전에 먼저 이를 식별해야 한다. 이러한 과정을 위해 다음과 같은 권고 사항이 도움이 될 것이다.

강점을 찾아낸다. 그리고 이에 집중하고 관찰한다. 이는 격식을 갖춘 장기적인 과정일 필요는 없다. 예를 들면 방문 강사가 와서 슬라이드 환등기를 사용하기를 원한다고 하자. 당신의 난독증 학생이 방안이 너무 밝은 것을 해결하겠다고 나선 첫 번째 학생인가? 이 학생이 환등기 렌즈의 초점을 맞추려고 조작하고 있는가? 강점을 주목하기 시작하면 이를 볼 수 있을 것이다. 때로는 '재능 기록부'를 사용하면 도움이 된다. 관찰한 재능을 바로 기록하면 나중에 도움이 많이 될 것이다. 그리고 흥미 있는 패턴이 나타날 것이다.

흥미 분야를 주목한다. 당신의 학생이 철새에 관한 토론 시간에 반듯하게 앉은 것을 주목하게 되는가? 재능은 흥미와 같이 보인다.

다양한 활동을 제공한다. 바쁜 교실 환경에서나 개인 교습 시간에서도 다른 유형의 경험을 가끔 제공하는 것이 좋다. 예를 들면 수선화 구근을 심고 잎이 나오는 과정을 기록한다. 학생들로 하여금 현재 공부하고 있는 내용에 관련하여 인형극을 만들게 한다. 당신의 학생이 이러한 활동에 어떻게 그리고 어떤 기술 수준으로 참여하는지 주목한다.

학생이 하고 싶은 것에 관해 학생과 의논한다. 때로는 학생들이 집에서는 그렇게 즐기는 활동도 학교에 와서는 이에 관해 전혀 언급하지 않는다. 예를 들면 새로 온 학생이 창작 글을 쓸 기회를 갖게 되었다. 그는 참신하고 아주 재미있는 서스펜스 소설을 썼다. 그의 선생님이 칭찬을 해주었다. 그러다가 혹시 하는 생각에 "너 이런 글을 써 본적이 있니?"라고 물었다.

"네, 저는 집에서 글을 써요."라고 학생은 대답하였다.

"누구한테든지 보여준 적이 있니?"

"아니요. 제 방 책상 서랍에 넣어두어요."

학부모에게 아이의 재능과 흥미 분야에 대해 묻는다. 때로는 당신이 묻는 것이 읽기나 공부에 관한 것만을 묻는 것이 아니라고 말하는 것이 중요하다. 예를 들면 다음과 같다.

- 레고를 갖고 노는 것을 아주 좋아한다.
- 컴퓨터로 스토리나 모험 게임을 장시간 한다.
- 이웃이나 지인들이 휴가를 간 동안 그들의 애완동물을 보살펴주거나 이웃에서 집 없는 동물을 보면 키울 사람을 찾아주는 행동 등은 아이가 갖고 있는 동물에 대한 사랑을 알 수 있다.
- 뒷마당에서 채소를 기르는 것을 보면 정원 가꾸기에 흥미가 있는 것을 알 수 있다.

• 기하학적인 모양을 다양한 각도에서 그리면서 시간을 보낸다.

• 요리에 관심을 갖는다.

이러한 기술은 모두 기초적인 능력을 반영한다. 이는 또한 미래의 직업과 연계될 수 있다.

다른 교사들이 관찰한 강점을 수소문한다. 예를 들면 미술 교사가 당신의 학생이 수채화에 상당한 흥미가 있는 것을 발견한 경우, 체육 교사가 당신의 학생이 지도력이 있는 것을 발견한 경우, 음악 교사가 당신의 학생이 리듬 악기 특히 심벌즈를 잘 다루는 것을 발견한 경우이다.

:: 교실에서 재능을 양성하는 방법

우선적이고 가장 중요한 것: 재능을 인식하는 것. 학생과 대화를 나누면서 학생의 능력을 인정해야 한다. 학생에게 질문을 하고 학생의 흥미 분야와 관련하여 대화한다. 한 학생은 농구를 잘하는데 좋아하는 팀도 있었다. 하루 시작할 때 약 2~3분 정도 농구 이야기를 하고 나면 하루 종일 마음의 평안을 유지할 수 있게 된다. 교사도 이 학생의 흥미 분야를 알고 있었기 때문에 농구에 관한 질문도 하는 것이며, 농구를 가치 있는 취미로 인정하기 때문에 이 학생과의 개인적인 관계가 이루어지는 것이다.

학생이 교실에서 자신의 재능을 발휘할 기회를 제공한다. 예를 들어 한 학생이 새집 만들기를 좋아하며 여름이 되면 벼룩시장에 나가 새집을 파는 것을 당신이 알았다고 하면, 학생에게 소그룹 앞이나 교실에서 이에 관한 이야기를 해줄 것을 부탁할 수 있다.

당신의 학생이 기획에 능하고 문제 해결하는 데에 일가견이 있는 경우 교실에서 나오는 사용 한 종이를 재활용하는 방법에 대해 그의 의견을 묻는다. 그는 기꺼이 재활용 기획을 작성해 주지 않을까?

당신의 학생이 종이비행기 만들기에 능하고 리더십이 있는 경우 그에게 수업시간에 디자인 모델을 한두 개 보여줄 것을 부탁하고, 나아가서는 쉬는 시간에 시합을 주관하게 한다. 가장 멀리 날아가는 비행기가 이기는 것이다.

이러한 기회를 만드는 것이 규모가 크고 복잡해야 하는 것이 아니다. 학생의 재능을 흔들어 주어 학생이 이를 시범으로 보여줄 수 있는 정도면 충분하다.

재능을 읽기, 쓰기, 수학 등과 같은 학업 학습에 이용하라. 새집을 만들어 파는 학생의 경우 학생이 새에 관한 정보를 얻기 위해 책 읽는 것을 좋아하는지 알아본다. 그가 만든 새집이 어떤 종류의 새가 좋아하는 모델인지? 이러한 새는 어떤 특징이 있는지? 집의 구조가 새의 요구사항과 어떤 관계가 있는지?

쓰기 공부에 관해서, 그는 특정 새집을 만드는 데 필요한 재료 목록을 작성할 수 있는지? 새집 만드는 지침서를 작성할 수 있는지? 아니면 학생이 좋아하는 새에 관한 리포트를 쓰는 것은 어떨까?

수학에 관해서는, 새집 하나 만드는 데에 드는 경비는 얼마나 되는지? 얼마에 파는지? 그러면 얼마나 이익이 남는지?

이와 같은 방법으로 재능을 이용하면 학생은 학습하는 것을 즐기게 될 것이다. 이는 또한 학생 자신이 이미 갖고 있는 취미와 능력을 더욱 향상시킬 것이다.

재능을 이용하여 약점에 대한 치료교육을 시행한다. 재능을 이러한 목적으로 사용할 때 지나치지 않도록 조심스럽게 진행해야 한다. 학생의 마음속에서 재능이 학생의 약점이나 힘든 공부와 연계되게 하면 안 되기 때문이다.

예를 들면 섬유 예술을 좋아하는 학생이 있다고 하자. 누비이불을 특히 좋아한다고 하자. 이 학생이 음소 인식을 공부하고 있는 경우 알파벳 누비이불을 만들기를 좋아할까? 음악을 좋아하는 학생이 철자를 공부하는 과정에서 어려운 동음이의어로 노래 만드는 것을 좋아할까? 시를 잘 쓰는 학생이 어려운 수학 개념에 관해 시를 쓰는 것을 즐길까?

재능을 이러한 방법으로 이용하는 것이 재미있고 학습의욕을 유발할 수도 있다. 절제하여 사용하면 치료교육에 도움이 될 수 있다.

새로운 취미와 재능을 발견하고 창조할 수 있는 기회를 제공한다. 수족관에 현장 실습을 간다. 혹은 역사적 인물처럼 분장한 역사학자인 할머니를 수업시간에 초대한다. 주말에 국립공원에서 발견한 흥미 있게 생긴 돌을 수업시간에 가져온다. 발명 코너로 재활용품을 한 박스 가져와서 자유 선택한 시간에 무엇이든 만들게 한다.

전통적인 학습 스타일로 공부하는 학생들도 이러한 자극과 활동에서 얻는 바가 많다. 그러나 난독증 학생들에게는 이러한 활동이 특히 중요하다. 이들은 새로운 분야에 흥미를 가져야 하고 새로운 재능을 발견해야 한다. 이는 다른 어려운 일을 지속적으로 하는 데에 도움을 주기 때문이다.

:: 학생들은 자신의 재능이 필요하다.
사회는 이들의 재능을 필요로 하는가?

난독증인들은 우리 사회에서 가장 재능이 많은 사람 중에 속한다. 불행하게도 우리 사회는 청각 분별력과 기억력을 요하는 언어 기술을 너무 강조하다보니 이들의 훌륭한 재능을 인식하기가 어려운 경우가 많다.

우리 문화가 농사와 사냥에 관련되었을 때에는 학습 스타일 강점은 간단하였다. 관찰을 잘하고 잘 발견하면 되었다.

그러나 컴퓨터 시대인 현대에는 상황이 바뀌고 있다. 난독증 학습 스타일의 공통적인 강점인 기술이 더 중요해지고 있다. 예를 들면 상관관계가 없어 보이는 대량의 정보를 다루는 능력이 많은 분야에서 점점 더 필요해지고 있는 것이다. 이러한 상황에서 패턴을 볼 수 있는 능력을 갖춘 난독증인들은 상당히 환영을 받게 될 것이다. 난독증이 있는 많은 유명인이 우리 문화에 기여한 바가 지대하다. In the Mind's Eye, Visual Thinkers, Gifted People with Dyslexia and Other Learning Difficulties, Computer Images and the Ironies of Creativity by Thoma G. West(Prometheus Books, 1997)라는 책에서는 Winston Churchill, Albert Einstein, Thomas Edison, Leonardo da Vinci 등과 같은 유명인들의 일대기를 묘사하고 있다. 이들은 언어적인 부분에서 어려움을 겪는다. 다행히도 이들이 갖고 있었던 다른 재능과 기술이 우수하였기 때문에 세계에 크게 공헌하게 된 것이다.

이 책의 일부 섹션을 수업 중 큰소리로 읽는 시간에 학생들에게 읽어주기를 권고하는 바이다.

학생들이 자신의 재능으로 할 수 있는 일들은?

난독증인들 중에 많은 사람이 그래픽 아티스트, 건축사, 외과의사, 기업가 등이 된다. 다음 페이지에 나오는 직업의 종류를 학생들에게 소개함으로써 학생들이 자신의 재능을 귀중하게 생각할 수 있는 기회를 갖게 되는 것이다.

전통적인 학습 스타일을 가진 사람들도 이러한 직업에 참여한다. 그러나 이 목록은 난독증 학생들에게 다양한 직업적 옵션을 보여주기 때문에 중요하다. 더구나 이들의 학습 스타일은 이들로 하여금 이러한 분야에서 크게 성공할 수 있음을 보여주는 것이다.

이 목록을 수업시간에 학생들에게 읽어주기를 바란다. 그들에게 생각할 수 있는 기회가 될 것이다.

:: 직업 목록

- 배우
- 골동품 딜러
- 건축가
- 제빵 업자
- 식물학자
- 캐비닛 제조자/가구 제조자
- 자동자 정비공
- 목수
- 만화가
- 치즈제조업자
- 셰프
- 굴뚝 청소부
- 카이로프랙터(지압요법사)
- 어릿광대
- 컴퓨터 하드웨어 개발자
- 컴퓨터 프로그래머
- 컴퓨터 소프트웨어 개발자
- 새집 건설업자
- 리모델링 건설업자
- 미용사
- 의상디자이너
- 낙농가

- 변호사
- 벌목꾼
- 기계공
- 메이크업 아티스트
- 해양 생물학자
- 마사지 치료사
- 수학자
- 음악가
- 간호사
- 검안사
- 화가
- 그림 복원 기술자
- 의료 보조자
- 사진사
- 물리치료사
- 물리학자
- 극작가
- 배관공
- 정치 로비스트
- 도공
- 직업 운동선수
- 인형극 연기자

— 댄서

— 사설 탐정

— 전공

— 기업인/식당 경영자

— 기업인/소매업 경영자

— 기업인/서비스 배달

— 기업인/도매업 경영자

— 소방관

— 어부

— 산림 감시원

— 그래픽 아티스트

— 중장비 기사

— 호텔 매니저

— 일러스트레이터

— 발명가

— 보석공

— 조경 건축가

— 조경사

— 부동산 중개사

— 영업사원

— 조각가

— 세트 디자이너

— 사회복지사

— 작곡가

— 상점 지배인

— 외과의사

— 재단사

— 타투이스트

— 교사

— 농부

— 수의사

— 직조공

— 용접공

— 목공

— 작가

Rafael과의 인터뷰

Rafael은 난독증을 가지고 있다. 그는 여러 사람을 고용하고 있는 가구점을 운영 중이다. 그는 자신의 가게에서 일하고 있는 사람들에게 도움이 될 수 있다는 것에 매우 자랑스러워한다.

▶▶▶ 어렸을 때의 학교생활에 대해서 좀 말씀해 주세요.

학교는 제가 끝날 때까지 이겨내지 못한 불치병이었습니다. 학교는 끔찍했죠. 저는 1학년부터 8학년까지 제 아버지가 창립하고 운영하시던 학교에 다녔습니다. 어머니는 도서관 사서셨고, 사촌은 비서 그리고 이모는 미술 선생님이셨습니다. 저는 사촌들 그리고 두 동생과 함께 학교에 다녔습니다. 가족들이 많이 있는 환경이었죠.

저는 1학년부터 8학년까지 독서 교정을 받았습니다. 선생님께서는 정말 좋은 분이셨고 저는 교정 받으러 가는 게 행복했습니다. 왜냐하면 젤리빈과 초콜릿을 주셨거든요.

▶▶▶ 그녀가 많은 도움이 되었나요?

아뇨. 어렸을 때는 그녀가 도움이 되고 있다는 것을 알지 못했어요. 저는 어려움이 있다는 것만 느끼고 있었어요.

▶▶▶ 당신의 강점이 무엇이라고 생각하나요?

저의 장점은 손재주와 예술적 감각입니다. 부모님은 여름마다 여름 캠프에 보내셨고, 떠나있었던 5년의 여름들이 제가 겨울들을 버틸 수 있게 해주었죠. 그리고 아버지가 지하에 취미점을 운영하셔서, 저는 그곳을 어슬렁거리면서 도구들을 가지고 놀았죠.

사람들이 어떻게 목공이 되었냐고 물어보면 저는 4가지를 이야기합니다. 신이 주신 능력, 집에 TV가 없었던 것, 아버지가 취미점을 운영하신 것 그리고 제가 일곱 살 때 아버지가 제 첫 도구들을 사주신 것입니다. 저는 그 도구들을 아직도 가지고 있어요.

▶▶▶ **당신의 예술적 감각에 대해서 좀 더 말씀해 주세요.**

저는 사물들을 쉽게 인지해냅니다. 저는 이차원적인 그림들을 머릿속에서 3차원으로 변환시킬 수 있습니다. 설계도를 보고 꽤 빨리 이해합니다.

저는 93세이자 뛰어난 예술가인 친한 친구가 있습니다. 그는 매우 난독증이 심해서 엽서를 보내면 꼭 네다섯 개의 오타가 있곤 해요. 하지만 그는 항상 감사해하면서 이야기하죠. "나는 난독증이 있어서 감사하다. 왜냐하면 다른 분야에 선물을 받았기 때문이다." 그는 뛰어난 조각가이고, 그의 작품 중 75%를 팔았어요. 전례가 없는 일이죠.

제가 크면서 아버지는 지하에 작은 작업대를 주었어요. 지하실에는 우리 다섯 꼬마을 위한 각자의 작업대들이 있었어요. 그리고 아버지는 저에게 접착제 한 통을 줬어요. 저는 이 접착제를 이용해서 톱으로 잘린 나무 조각들을 전부 붙여서 커다란 조각을 만들었어요. 나중에 버리기 위해서 큰 해머를 들고 부셔서 버렸죠. (라파엘이 웃으면서)

▶▶▶ **좋은 것 같은데요?**

아버지는 전동 도구들을 쓰기 전에 수동 도구들부터 익숙해지라고 하셨어요. 하지만 열 살이 되면서 저는 전동 도구(테이블톱)를 사용하고 있었죠.

▶▶▶ **이러한 장점들을 어릴 때부터 가지고 있었다는 것이 어떤 의미가 있었나요?**

저를 구원했죠. 저는 학교에서는 낙제생이었어요. 제대로 읽지도 못하고 쓰지도 못했으니까요. 저는 학교를 싫어했고, 그래서 아버지의 취미점, 지하 작업대에서 주

말을 전부 보내면서 불치병인 학교를 버려냈죠.

▶▶▶ 이제는 어떠한 의미가 있죠?

이제는 저의 가족을 부양할 수 있다는 거죠. 가족들이 하고 싶은 것들과 제가 하고 싶은 것들을 지원할 수 있죠. 저는 제 직업과 일을 너무 사랑해요. 사람들과 만나는 것 그리고 육체적인 노동도 좋아요. 제 가게는 평판이 좋죠. 26년 동안 이 일을 하고 있어요.

▶▶▶ 당신의 재능이 학교에서도 보였었나요?

가끔 미술 시간에요. 이모가 미술 선생님이셔서 언제나 즐겁게 봐주셨죠.

▶▶▶ 중학교와 고등학교 때에 당신의 재능을 보인 것은 무엇이었나요?

저는 가죽 세공인이었어요.

▶▶▶ 어렸을 때부터 목공을 한 줄 알았었는데요.

그냥 놀던 거죠, 뭐. 저는 톱을 쓰는 법을 배웠고 막 만들어냈죠. 그런데 고등학교 들어가기 전 여름에 여름 캠프에서 어떤 사람을 만났어요. 그 사람은 가죽 세공인이었고 시범을 보여주었습니다. 저는 하루 종일 딱 달라붙어서 봤죠. 그리고 집에 와서 "엄마, 저 가죽 한 조각을 사고 싶어요."라고 이야기했죠.

그러고 나서 가죽을 이용해 여러 가지 것들을 만들기 시작했고, 벨트나 지갑 같은 것들을 만들 수 있다는 것을 알게 되었어요. 고등학교 생활 중에서는 돈을 벌 수 있는 기술을 배운 좋은 경험이었죠.

고등학교 이후 저는 토니(가구공)를 위해서 일하기 시작했어요. 왜냐하면 그는 저의 재능과 잠재력을 알아줬거든요. 저는 가죽보다 나무로 더 많은 것을 만들 수 있다는 것을 깨닫고 목공의 길을 걸었어요.

비슷한 기술들을 이용해요. 가죽과 나무 사이에서 왔다 갔다 해요. 측정하고 자르고 그러는 것들이요. 도구들은 다르지만 기술은 비슷해요.

▶▶▶ **당신의 삶을 되돌아보면 누구 또는 무엇이 당신의 재능을 제일 격려해 주던가요?**

아마도 할 수 있는 공간이 있었기에 가능한 것이겠죠. 작업대와 도구들을 가지고 어슬렁거리면서 작업할 수 있어서요.

저는 토니를 위해서 겨우 9개월만 일했어요. 개인적인 사정으로 문을 닫았고, 저는 백수가 되었죠. 그래서 저는 주문 제작을 하던 거래처에 가서 "저기, 토니가 문 닫았는데, 이 테이블 베이스를 제가 만들어서 납품해도 될까요?"라고 물었습니다. 사장님이 저를 보시고 (저는 그때 19세이었죠.) "그래."라고 말씀하시면서 발주서를 써주셨어요.

▶▶▶ **그럼 19세에 당신의 사업을 시작했네요.**

저는 농담으로 19세였고 너무 어려서 제가 뭘 하는지 잘 몰랐다고 이야기하고 다녔지만, 그냥 해버렸습니다. 그래서 저는 아버지의 지하실을 1년 동안 빌렸고, 1년 뒤 아버지는 "그래. 아들아, 이제는 나갈 때가 되었다. 너의 작업실을 갖추고 너의 도구들을 가져라. 둥지에서 떠나는 거다."라고 이야기하셨어요. 저는 아직 부모님 집에서 살고 있기 때문에 돌아다니면서 제 작업실을 구하고 도구들을 구해서 사업을 이어갔어요.

제 아내가 없었으면 할 수 없었을 거예요. 특수교육 선생님이었던 아내의 지원과 사랑이 너무나도 중요했습니다. 그녀는 저의 장애를 이해했어요. 저는 시작할 때 자신에 대해서 좋은 생각을 하지 않았어요. 사람들과 만날 때 고개를 숙이고 힘 없는 악수를 했죠.

이제 저는 꼿꼿이 섭니다. 그리고 사람들의 눈을 바라봅니다. 저의 악수는 굳건해졌고, 제가 하는 일에 매우 자부심을 가집니다.

난독증이
있는
성인들

난독증이 있는 성인들

Thomas와의 인터뷰

Thomas는 식자(識字) 프로젝트에서 수업에 참석하고 개인 교습을 받은 지 1년이 조금 넘는다. 현재 그는 읽기와 쓰기를 배우고 있다.

▶▶▶ **학교를 다니기 시작했을 때 어떤 느낌이었습니까?**

그들은 최선을 다해 나를 가르쳤지만 아무리 노력해도 나는 열등생을 벗어나지 못했어요. 칠판에 나가서도 최선을 다했어요. 수학, 읽기, 쓰기, 과학, 역사 등 무엇이든지 전 개의치 않았어요. 내가 무엇을 하든 내가 틀렸다는 거예요. 첫 번째 주인지, 두 번째 주인지 모르겠지만 저를 선생님 책상에 앉히더군요. 나는 학급의 일부가 아니라 나라는 사람이 전혀 다른 학급이 된 셈이죠.

▶▶▶ **교사들은 좋았나요?**

두 분은 좋았지만 시간이 없어 저와 같이 복습하지는 않았어요.

다른 사람들은 어떻게 하는지 모르겠지만 저는 낙제하고 말았어요. 저를 2학년으로 보내더군요. 그런데 한 두 달이 되어 다시 1학년으로 보내더군요. 이때 저는 포기하고 말았지요.

이들은 저를 계속 밀어주었지요. 결국 7학년이 되었을 때 저를 다시 아래 학년으로 돌려 보낸다고 하더군요. 그런데 그렇게 하지 않았어요. 그때 저는 직업학교를 가고 싶었어요. 입학을 허락했는데 지역 학군에서 저보고 8학년을 마쳐야 가능하다는 거예요. 그때 저는 학교를 그만두기로 했죠.

▶▶▶ **학교를 그만두고 뭘 했어요?**

그때 저는 폐품 수집소에서 아르바이트로 일하고 있었어요. 거기서 계속 2, 3년 더 일했죠. 그런데 폐품 수집소가 팔리면서 어떤 사람이 저더러 카센터에서 일할 생각이 있냐고 물었어요. 그래서 거기서 일하다가 20세가 되었을 때부터 대학에서 일하게 되었지요.

▶▶▶ **대학에서는 무슨 일을 했나요?**

청소부로 일했어요.

▶▶▶ **대학에서 몇 년이나 일했나요?**

27년 6개월.

▶▶▶ **최근에 유권자로 등록했다고 말했는데.**

네. Carol(Thomas의 선생님)의 도움으로 양식에 필요 사항을 적었지요. 주소도 써넣고. 느리지만 잘 써넣었어요.

▶▶▶ **투표할 거예요?**

네. 저한테 자료를 더 보낸다고 하더군요.

▶▶▶ **운전면허는 어떻게 받았나요?**

22세에 받았어요. 고생 좀 했죠. 구두 테스트를 요구했는데 안 된다고 하더니 결국 허락했어요.

▶▶▶ 이제까지 용케 살아왔네요.

(웃으면서) 맞아요. 용케 살아 온 거죠. 제가 처음 여기(식자 프로젝트)에 왔을 때 아주 조용했어요. 첫 번째 주는 아주 미칠 것 같더군요. 그래서 농담을 많이 하고 지냈죠. 사람들이 모여 있으면 저는 농담을 했죠. 다른 사람들도 웃고 농담을 주고받기 시작했죠. 예의를 갖추면서 말입니다. Carol은 수업을 코미디 쇼처럼 진행했어요. 그렇지만 우리들은 더 빨리, 더 쉽게 배웠어요.

우리 반에서 같이 공부하는 여자가 있었는데 거스름돈을 계산하지 못요. 그래서 제가 이렇게 말했죠. "이봐요. 이렇게 하나씩 세는 거예요. 지필시험문제보다 쉬워요." 그렇게 해서 그녀도 배웠죠.

▶▶▶ 읽기는 어떻게 했어요?

전 늘 거꾸로 읽었어요. 글을 보고는 반대 방향으로 읽는 거예요. 발음을 뒤에서 앞으로 내는 거예요. 제대로 안 되는 거예요. 텅 빈 시멘트벽이 앞에 있는 것처럼 말입니다. 눈은 제대로 보는데 두뇌는 반대로 가는 거예요.

▶▶▶ 어른으로 살면서 난독증을 숨겨왔나요?

아니오. 말했죠. 사람들은 이렇게 말하더군요. "말하는 것처럼 읽으면 돼." 그러면 저는 "난 뉴스, 라디오, TV 등을 그대로 듣는 것은 문제가 없어."라고 말하죠.

▶▶▶ 당신은 어떤 강점이 있나요?

자동차 수리하는 거요. 그리고 저는 절대로 포기하지 않아요. 뜻이 있는 곳에 길이 있습니다.

▶▶▶ 당신이 어렸을 때 교사들이 어떻게 했으면 좋았을 것이라고 생각합니까?

저를 좀 더 신중하게 가르쳤으면 좋았을 것이라고 생각해요. 그러나 교사들도 다른 방법을 몰랐던 거죠. 저를 그냥 바보라고 낙인을 찍은 거죠.

:: 난독증 성인들과 인터랙트 하기

이 책의 다른 장에서는 인터뷰를 마지막 부분에 실었다. 그러나 이 장에서는 난독증 성인의 개인적인 이야기의 중요성을 강조하기 위해 양식을 바꿔 앞에 실었다. 우리는 이러한 학습 스타일의 속성과 많은 성인이 어렸을 때 적절한 치료교육을 받지 못했다는 사실을 알기 시작했다. 더 나아가서 이들이 어렸을 때에 일반적인 생각은 보기에는 영리한 아이가 학습을 못하면 게으르거나 아이들의 기능을 저해하는 정서적 문제가 있는 것으로 간주하는 것이었다.

Dr. Dorton과 기타 연구자들은 이러한 학습 스타일을 이미 연구하고 있었으나 이들의 정보와 이론은 광범위하게 수용되지 않고 있던 상황이었다. 그래서 난독증 학생의 교사들은 학생의 증상을 이해하고 도울 수 있는 입장이 전혀 아니었다. 혼자 노력하도록 방치된 상태였다.

교사로서 당신의 역할은 두 가지 환경에서 난독증을 가진 성인과 상호작용하는 것이다. 첫째는 당신이 난독증 학생을 가르치고 있다면 학생의 부모나 친척 중에 이러한 학습 스타일을 가진 성인이 있을 수 있다. 난독증은 가족력이 중요하기 때문이다. 문제는 이들의 정서적인 면이 아이에게 주는 영향이 크다는 점이다. 성인들의 감정이 부정적으로 아이에게 영향을 끼치기 때문에 전문적인 개입이 필요하다고 생각하면 학교 사회복지사나 학교 심리상담사에게 도움을 청하도록 한다.

둘째는 난독증 성인들에 대한 교육이다. Thomas와 같은 성인들이 도움을 청하는 경우가 점점 증가하고 있다. 이 중에는 기초 교육 프로그램으로 가는 사람들도 있다. 어떤 사람들은 개인 교습에 대한 지식이 있는 선생님을 찾아간다. 난독증의 정도에 관계없이 적절한 개입은 모든 연령에 도움이 된다. 읽기 초급자나 대학을 졸업하였으나 읽기가 느리고 힘들기 때문에 고생하는 성인들도 가르칠 수 있다.

개입 프로그램은 성인들에게 아주 효과적이다. 이들이 도움을 갈망하는 것이 그 이유 중에 일부다. 동기부여나 행위 관련 개입 프로그램은 그렇게 시간이 많이 필요하지 않다. 학교 다닐 때에 발생한 발육상의 문제도 완전히 해결될 수 있다.

아래에서는 난독증 성인들을 가르칠 때에 유념할 일반적인 원칙을 설명할 것이다. 읽기, 쓰기, 철자 및 수학 부분도 간략하게 언급될 것이다.

:: 난독증 성인들을 가르치는 일반 원칙

제19장에서 설명한 것과 같은 기초적인 기법을 각 주제 영역에서 사용하도록 한다. 성인을 위한 적절한 지침에 대한 기본 원칙에는 차이가 없다. 그러나 특별히 고려해야 할 사항과 수정할 부분은 있다.

처음으로 작업을 시작할 때에는 성인 학생의 기초적인 기술에 대한 철저한 진단이 있어야 한다. 성인 학생이 모든 것을 안다고 추정하면 안 된다. 확인해야 한다. 이상하게 생각할지 모르지만, 이는 당신의 학생이 직업상 크게 성공한 사람이고 유창한 언어를 구사하는 사람일 수 있기 때문이다. 그러나 알파벳을 모를 수도 있다. 오랫동안 보상행위를 하면서 살아왔는지도 모른다. 따라서 당신의 진단 과정이 그를 당황하게 할지 모르기 때문에 취지를 잘 설명해야 한다.

난독증에 관한 정보를 제공한다. 당신의 학생이 난독증에 대한 주요점(제16장 참조)을 이해하고 있는지 확인한다. 이러한 지식이 결정적으로 중요할 수 있다.

개인 교습을 시작할 때 시간을 잠깐 내어 학생이 원하는 것을 말할 수 있는 기회를 준다. 지난주에 학생에게 일어났던 일들에 관해 말하고 싶거나 혹은 학생이 자신의 학습 스타일에 관해 질문이 있을 수 있다. 이와 같이 구조화 되어있지 않고 편안한 몇 분이라는 시간이 개인 교습 시간에 집중이 더 잘 되게 할 수 있다.

당신은 이따금 학생이 이제까지 학교 다닌 이야기를 스스럼없이 털어놓을 수 있도록 말문을 열어준다. 학생은 공부에 대한 부정적인 경험을 많이 갖고 있을 수 있다. 학생은 이에 대해 말하고 싶을 수 있다. 혹은 숨기고 싶을 수 있다. 학생이 가는 방향으로 대화를 유지한다. 자신이 겪은 학교 교육에 대해 얘기하기를 원하면 경청하면서 학생의 느낌에 대해 감정이입을 보인다. 이렇게 보낸 시간이 학생에게 치료교육에서 효과를 보게 한다.

당신이 사용하고 있는 치료 기법의 이론적인 기초에 대해 논의한다. 간략하게 얘기해 주어도 학생이 자신이 하는 일의 중심을 이해하는 데에 도움이 될 것이다.

가능한 한 가르치는 내용을 당사자의 관심 분야와 연계한다. 난독증 성인들에게는 상세한 환상의 세계가 있는 경우가 많다. 이를 이용한다. 이러한 주제를 다룬 책을 읽는다. 이에 관해 글을 쓴다. 흥미 분야에 관련된 은유(隱喩)를 사용하면서 교육적 개념을 토론한다.

때로는 당신의 학생들은 자신만의 은유를 생각해낼 것이다. 앞에 나온 Thomas는 자동차 정비공 일에 매혹되어 있다. 음소 인식과 난독증인들이 이 분야에서 치료교육을 어떻게 받을 것인가를 논의할 때 그는 이를 자신의 관심 분야와 연계하였다. "내 두뇌는 이제까지 'park(주차)'에 있었어요. 'reverse(후진)'에 있는 것도 아니에요. 'drive(전진)'에 있는 것도 아니에요. 'drive(전진)'에 있었더라면 이런 것들은 이미 옛날에 다 알았을 거예요."

학생에게 자신의 치료교육에 대한 피드백을 요청한다. 성인들은 그들에게 무엇이 도움이 되고 무엇이 도움이 안 되는지 분명히 안다. 개인 교습을 마칠 때마다 레슨이 도움이 되었는지 묻는다. 어떤 부분이 가장 도움이 되었는지? 어떤 부분이 가장 도움이 안 되었는지? 다른 아이디어를 내는 것도 허용한다. 성인들은 최적한 프로그램을 위해 귀중한 아이디어를 많이 제공한다.

첫 번째 개인 교습 시간에 학생이 새로운 것을 배웠는지 확인한다. 그리고 그 이후의 세션에서도 구체적인 것을 배웠는지를 확인한다. 개인 교습을 받기 위해 성인들은 바쁜 일정에서 힘든 시간을 내야 한다. 그것도 과거의 아픔을 끌어내는 일이기에 매우 힘들고 상당한 결심을 요한다. 그리고 치료교육이 효과를 보려면 시간이 걸린다. 그러므로 매 세션에서 재미있는 것을 배워가야 보람을 느끼고 계속 오게 되는 것이다.

읽기 교습에 관련된 이슈들

성인들에게 초보 읽기를 가르치는 데에 가장 힘든 부분은 적절한 읽기 자료가 많지 않다는 점이다. 초보자들에게는 원문이 많지 않고 그림이 있는 책이 좋다. 그리고 책의 크기는 보통보다 크면 더욱 좋다. 그림은 내용에 대한 실마리를 제공한다. 원문이 많지 않으면 질리지 않고 쉽게 접근하게 된다.

어린이용으로 만든 그림책은 성인들을 가르치는 데에는 적절하지 않다는 것이 교사들의 일반적인 견해이다. 사진이나 삽화가 있는 책이 성인 학생들을 가르치기에 더 적절하며, 이러한 책은 도서관에 가면 구하기가 쉽다. 다시 말하자면 귀엽게 생긴 그림이나 유치한 내용이 아닌 것이 적절하다.

문제는 이러한 책이 많지 않다는 점이다. 그렇기에 학생과 의논하는 것이 바람직하다. 어떤 학생들은 어린용 책도 괜찮다고 생각한다. 어렸을 때에는 이런 책을 읽을 수가 없었기 때문이다. 그런가 하면 어떤 성인 학생들은 이러한 책을 고려 대상에서 제외한다.

또 하나의 기법은 이들 자신의 생애를 그린 책을 만드는 것이다. 이들이 구술하면 이를 받아 적어 책을 만든다. 폰트 크기는 어린이용 정도로 하고 행간 공간은 더블 스페이스로 한다(제6장 참조). 다음에 나오는 이야기는 Thomas의 딸이 태어났을 때의 이야기이다.

기적 같은 꼬마 녀석

우리 딸아이는 의사들이 말하는 소위 청색아(blue baby: 선천성 심장질환으로 푸른 색을 띄는 아기)였다. 의사들은 다른 아기들에게 한 것은 아무것도 시도할 수 없었다. 수술을 시작해보니 심장의 크기는 정상의 절반 정도였고, 그래서 그들은 재건해야만 했다. 당시 아기의 나이는 생후 18시간이었다. 그 후 두 살 반이 될 때까지 아기는 기침이나 재채기를 해도 입원해야 했다.

아기가 처음으로 집에 왔을 때 4대가 모였다. 아기의 엄마, 할머니, 증조할머니, 고조할머니 모두가 모였다. 그래서 우리는 5대가 함께 사진 한 장을 찍었다.

그 후 아기가 두 살 반이 되었을 때 누출이 발생하여 아동 병원으로 가서 다시 수술을 받았다. 그뿐만 아니라 몸 왼쪽이 마비되어 병원에 더 오래 머물러야 했다. 총 31일간 병원에 있었다.

지난달 6월 세 번째 주에 우리 딸은 결혼했다. 할머니도 계셨다. 증조할머니도 계셨다. 연세는 98세였다. 우리는 4대가 모여 사진을 찍었다.

2월 15일에 그녀는 21살이 될 것이다. 푸른 아기가 이렇게 오래 살다니 이는 신의 축복이다.

활자 공부를 처음 시작할 때에는 구조화된 다중 감각 파닉스 교습법을 제공하는 것이 필수이며, 이러한 작업은 학생이 치료교육을 받는 동안 지속되어야 한다. 또한 가지 중요한 것은 자신의 흥미 혹은 취미 분야의 자료를 읽게 하는 것이 중요하다. 이런 자료를 읽다 보면 그 분야의 어휘에 친숙해지고 내용에도 친숙해진다. 그러다 보면 많이 읽게 된다. 그리고 읽고 있는 내용에 대해 많이 생각하게 된다. 이러한 모든 요소가 읽기 유창성을 발전시키는 것이다. 이러한 유창성은 흥미가 덜 한 내용을 읽을 때에도 사용하게 되는 것이다.

철자 교습에 관련된 이슈들

기초적인 기술을 점검하는 것이 아주 중요하다. 난독증 성인들 중에 많은 사람이 짧은 모음 소리를 내는 것을 어려워한다. 어린 학생들의 경우처럼 이러한 소리를 연습시키는 것이 중요하지만 통달할 때까지 이것만을 연습시킬 필요는 없다. 학생이 이들을 충분히 인식할 때까지 연습시키고 다른 음소 연습으로 간다. 모음을 일관성 있게 연습시키고 복습하도록 한다.

컴퓨터 철자 점검 프로그램은 성인학생들에게 아주 유용하다. 그러나 자신의 철자 실력을 향상시킬 필요가 있다. 그래야 점검 프로그램을 잘 사용할 수 있기 때문이다.

철자를 효과적으로 점검할 수 있는 능력이 생기면 동음이의어 공부에 시간을 투자한다. 철자 점검 프로그램은 동음이의어를 구분하지 못하기 때문에 이러한 단어들에 대한 기초적인 지식은 있어야 한다. 때로는 학생으로 하여금 점검 프로그램을 사용하면서 자유 작문을 시킨 다음, 이를 출력해서 동음이의어를 점검해보면 좋다. 학생이 도움이 필요한 동음이의어를 골라낼 수 있을 것이다.

쓰기 교습에 관련된 이슈들

성인들은 누구를 막론하고 단어 쓰기와 문장 쓰기 기술을 점검할 필요가 있다. 편지나 리포트와 같은 긴 내용을 쓸 수 있는 사람들도 예외가 아니다. 이와 같은 기초적인 수준의 글을 연습하면 지면에서 생각을 표현하고 정리하는 것이 쉬워져 쓰기 유창성이 많이 개선될 것이다. 쓰기 유창성은 어른들에게는 큰 이슈가 된다. 왜냐하면 이들 중 상당수는 보상행위를 충분이 습득해왔기 때문에 자신의 생각을 지면에 옮겨놓기는 하지만 힘들고 불안하게 한다. 이들은 느리고 힘들게 쓰며, 쓰기 과제에 대한 이들의 느낌은 공포의 대상이다.

그러나 이들의 능력 이하의 수준에서 글을 쓰면 이러한 불안감은 감소하기 시작한다. 쓰기가 편안해지기 시작하는 것이다.

특히 아래와 같은 구조화된 패러그래프 쓰기에 충분한 시간을 투자하는 것이 중요하다.

- 주세 문장
- 이를 지원하는 세 개의 상세 문장들
- 마무리하는 문장

당신의 성인 학생과 패러그래프를 많이 쓰게 하여 학생이 아주 중요한 영어 양식을 암기하도록 한다. 많이 쓸수록 패러그래프 쓰는 것이 실제로 쉬워진다. 일단 패러그래프 쓰는 것이 쉬워지면 다음 수준으로 간다.

당신의 학생들이 이 단계를 일단 지나면 이들에게 아주 도움이 되는 기법이 하나 있다. 브레인스토밍을 통하여 주제 목록을 만든다. 그리고 인덱스카드 하나에 주제를 하나씩 옮겨 적는다. 그런 후 개인 교습 세션 때마다 주제를 하나씩을 선택하여 두 사람 모두가 이에 관한 글을 쓴다. 약 10분 정도 쓴 다음 함께 내용을 읽는다. 주제가 엉뚱할수록 재미있다. 예를 들면 '펭귄의 생애' 혹은 '고사리: 해로운 나물' 등과 같은 주제를 택한다. 이러한 주제에 관해 당신이나 학생도 별로 아는 것이 많지는 않지만 가벼운 마음으로 쓸 수 있게 한다.

수학 교습에 관련된 이슈들

영어 학습 초기에 가르치는 개념을 공부한다. 당신의 학생들이 이러한 것에 익숙치 않으면 어린 학생들을 가르칠 때 사용하는 조작물과 원칙을 이용하면서 가르친다. 어른들의 경우 이와 같은 기초적인 것을 배우는 것을 어떻게 생각하는지 그들의 느낌을 확인할 필요가 있다. 이런 점을 솔직하게 의논하고 프라이버시를 보장하는 장소에서 공부할 것을 약속하면 이들은 선뜻 동의할 것이다. 그리고 이들 대부분은 오랫동안 아는 것처럼 가장해온 것을 드디어 배운다는 생각에 안도의 한숨을 쉴 것이다.

사용하게 될 조작물 선택이 민감한 부분이 될 수가 있다. 때로는 물건이 너무 유치하게 보이면 모두를 같은 색깔로 페인트칠한다. 어른들에게 좀 더 어울려 보이기 때문이다.

:: 대학

난독증 학생들 중에는 대학에서 잘하는 경우가 많다. 그래서 대학원까지도 간다. 대학에서는 난독증 학생은 드디어 자신이 좋아하는 분야를 선택할 수 있다. 시간표와 과목 선택에 유연성이 많다. 이러한 환경에서 학생의 강점이 나타나기 시작하여 사고의 독창성과 다른 중요한 강점을 발휘하게 된다.

난독증 학생들을 위한 프로그램을 제공하는 대학도 많이 있다. 이러한 프로그램에는 특정 학과목에 대한 개인 교습에서 시작하여 치료적인 도움을 제공하는 임상적 환경까지 있다. 그리고 난독증 학생들 위해 특별히 고안된 대학들도 있다. 학생이 학업에 필요한 환경을 선택할 수 있는 것이다. 또한 원하는 과목과 교습이 제공되는 장소에 대한 옵션도 가능하다.

아래의 제안 사항은 난독증 학생이 대학 공부를 성공적으로 수행하며 또한 이를 즐길 수 있도록 준비한 것이다.

매 학기 택할 수 있는 12 혹은 15학점 대신에 학점수를 줄일 것을 고려한다. 이는 읽기 속도나 쓰기 속도가 느린 학생들의 경우에 특히 도움이 된다. 또한 난독증 학습 스타일에는 흥미있는 주제에 대해 강한 호기심을 보이는 부분이 있기 때문에 과목 수를 줄이고 깊이 파고들어가는 것이 더 적성에 맞을 수 있다.

과목 선택에서 서로 관계가 있는 것들이면 더욱 좋다. 난독증인들은 전체적으로 생각하는 경향이 있고 개념 속에 깔려있는 패턴을 찾는 것을 즐기기 때문에 특정 지적(知的) 부분, 다시 말하자면 '중세 미술' 및 '중세기의 문학'과 같은 분야에 집중하는 것이 너 좋을 수 있다. 여기서 공통성은 중세기이다. 난독증 학생은 한 시대에 삶의 여러 가지 면을 배우기를 즐길 것이다.

다음과 같은 편의를 제공 받을 수 있는지 문의한다.

- 강의를 녹음할 수 있는 녹음기
- 강의 노트를 공유할 수 있는 또래의 지원
- 보고서를 작성할 때 문법과 철자에 대한 지원
- 논문과 프로젝트 정리에 대한 지원
- 시간표 작성에 대한 지원
- 컴퓨터 기술 지원
- 시간제한이 없는 테스트나 한 배 반의 시간을 주는 테스트
- 구두시험
- 외국어 요건의 면제 혹은 대체 과목 허용

녹음 교과서 사용을 고려한다. 방법은 녹음된 것을 틀어놓은 상태에서 읽는다. 이렇게 함으로써 시각적 및 청각적 기술이 상호작용하여 읽기 속도가 증진된다. 이 기법은 독해력에도 도움을 준다.

외국어 요건이 면제되지 않으면 외국어 선택에 세심한 주의를 기울인다. 일반적으로 라틴어나 서반아어를 권고한다. 라틴어를 권고하는 이유는 구조적인 수준이 높기 때문이다. 이는 또한 학생에게 영어에 대한 중요한 정보를 제공한다. 서반아어를 권

고하는 이유는 이 언어는 음운학적으로 규칙적이기 때문이다.

수화 과목을 제공하는 대학도 생겼다. 이는 신체 운동적 지능이 뛰어난 학생들에게 훌륭한 옵션이다. 불어는 음운학적으로 너무 불규칙적이기 때문에 이를 택하지 않도록 권고한다. 언어 선택도 중요하지만 교습 방법에 대한 문의도 중요하다. 다른 과목과 마찬가지로 난독증 학생들은 수업이 구조화되었을 때, 교육 자료를 작고 순차적인 단위로 제공했을 때, 복습과 연습의 기회가 충분히 있을 때 그리고 다양한 양식이 사용되었을 때에 언어 공부를 가장 쉽게 하는 경향이 있다.

출판된 자료를 점검한다. College: How Students with Dyslexia Can Maximize the Experience by Joan Stoner, Mary L. Farrell, and Barbara Priddy Guyer(The Orton Dyslexia Society, 1996). 이 특수 연구서는 위에 언급한 내용을 더 상세하게 다루고 있으며 대학에 관련되는 많은 이슈를 다루고 있다. 대학에 진학하려고 하는 학생들에게 강력히 권고하고 싶은 책이다.

:: 결론

난독증 성인들을 가르치는 일은 아주 흥미 있고 성취감을 주는 체험이다. 또한 당신의 어린 학생들의 성인 가족들의 학습 스타일을 통찰할 수 있는 좋은 기회가 되기도 한다. 이들과 작업할 수 있는 당신의 능력은 이들의 자녀들과 효과적으로 작업하는 데에도 도움을 준다.

이러한 흥미 있는 학습 스타일을 더 잘 이해함에 따라 우리는 과거보다 인위적인 제한 요소가 훨씬 적은 시대에 우리가 살고 있음을 인지하게 된다. 영아에서 성인에 이르는 모든 연령층의 난독증 학생들은 학습할 수 있다. 적절한 개입방법만 제공하면 이들은 공부를 잘할 수 있다. 그리고 이들은 자신의 재능을 이용하여 세상에 크게 공헌할 수 있게 될 것을 확신하는 바이다.

ADD/ADHD Behavior-Change Resource Kit: Ready-to-Use Strategies and Activities for Helping Children with Attention Deficit Disorder by Grad L. Flick, Ph.D. (The Center for Applied Research in Education, 1998)

The ADD/ADHD Checklist: An Easy Reference for Parents and Teachers by Sandra Rief, M.A. (Prentice Hall, 1998)

Attack Math: Arithmetic Tasks to Advance Computational Knowledge by Carole Greenes, George Immerzeel, Linda Schulman, Rika Spungin (Educators Publishing Service, Inc., 1985)

Basic Montessori, Learning Activities for Under-Fives by David Gettraan (St. Martin's Press, 1987)

Beginning Connected: Cursive Handwriting, (The Johnson Handwriting Program), by Warren T. Johnson and Mary R. Johnson, Educators Publishing Service, Inc., 1961, 1963, 1971, 1972, 1976)

Beyond Ritalin: Facts About Medication and Other Strategies for Helping Children, Adolescents and Adults with Attention Deficit Disorders by Stephen W. Garber, PH.D., Marianne Daniels Garber, PH.D., and Robyn Freedman Spizman (Harper Perennial, copy-right 1996 by Marianne Garber, Ph.D, Stephen W. Garber, Ph.D. and Robyn Freedman Spizman).

Cursive Writing Skills by Diana Hanbury King (Educators Publishing Service,

Inc., 1987)

Developing Independent Readers: Strategy-Oriented Reading Activities for Learners with Special Needs by Cynthia Conway Waring (The Center for Applied Research in Education, 1995)

Developing Letter-Sound Connections:A Strategy-Oriented Alphabet Activities Program for Beginning Readers and Writers by Cynthia Conway Waring (Center for Applied Research in Education, 1998)

Dyslexia: Research and Resource Guide by Carol Sullivan Spafford and George S. Grosser (Allyn and Bacon, 1996)

Dyslexia: Theory and Practice of Remedial Instruction, Second Edition, by Diana Brewster Clark and Joanna Kellogg Uhry (York Press, 1995)

Family Math by Jean Kerr Stenmark, Virginia Thompson and Ruth Cossey, illustrated by Marilyn Hill (The Lawrence Hall of Science, 1986 by the Regents, University of California)

Finding Help When Your Child is Struggling in School, From Kindergarten Through Junior High School, by Lawrence J. Greene (Golden Books, 1998)

Frames of Mind: The Theory of Multiple Intelligences by Howard Gardner (Basic Books, 1983)

How to Reach and Teach ADD/ADHD Children: Practical Techniques, Strategies, and Interventions for Helping Children with Attention Problems and Hyperactivity by Sandra F. Rief (The Center for Applied Research in Education, 1993)

In The Mind's Eye: Visual Thinkers, Gifted People With Dyslexia And Other Learning Difficulties, Computer Images And The Ironies of Creativity by

Thomas G. West (Prometheus Books, 1997)

Keyboarding Skills by Diana Hanbury King (Educators Publishing Service, Inc., 1988)

The Kim Marshall Series in Reading by Kim Marshall (Educators Publishing Service, Inc., 1984, 1982)

The Kim Marshall Series: Math, Parts A and B by Kim Marshall (Educators Publishing Service, Inc., Part A: 1982, 1984, 1997, Part B: 1983)

The LD Child and the ADHD Child: Ways Parents and Professionals Can Help by Suzanne H. Stevens (John F. Blair, Publisher, Winston-Salem, NC, 1996)

Learning Disabilities and the Law by Peter S. Latham, J.D. and Patricia H. Latham, J.D. (JKL Communications, Washington, D.C., 1993)

Let's Write! A Ready-to-Use Activities Program for Learners with Special Needs by Cynthia M. Stowe (The Center For Applied Research in Education, 1997)

Lindamood Phoneme Sequencing Program (formerly known as the A.D.D. Program, Auditory Discrimination in Depth) by Charles H. Lindamood and Patricia C. Lindamood (DLM Teaching Resources, 1969, 1975)

Mathematics Their Way by Mary Baretta-Lorton (Addison-Wesley, 1976)

Mathematics: A Way of Thinking by Robert Baretta-Lorton (Addison Wesley Publishing, 1977)

A Montessori Handbook: "Dr Montessori's Own Handbook" Witb Additional New Material on Current Montessori Theory and Practice, Edited by R.C. Orem (G.P. Putnam's Sons, 1965)

Multisensory Teaching Approach (MTA) Handwriting Program by Margaret Taylor Smith (Educators Publishing Service, Inc., 1987, 1988)

Negotiating the Special Education Maze: A Guide for Parents and Teachers, Third Edition by Winifred Anderson, Stephen Chitwood and Deidre Hayden (Woodbine House, 1997)

On Cloud Nine, Visualizing and Verbalizing for Math by Kimberly Tuley and Nanci Bell (Gander Publishing, 1997)

The PAF Handwriting Program by Phyllis Bertln and Eileen Perlman (Educators Publishing Service, Inc., 1997, 1995)

Power Parenting for Children with ADD/ADHD: A Practical Parents Guide for Managing Difficult Behaviors by Grad L. Flick, Ph.D., (The Center for Applied Research in Education, West Nyack, New York, 1996)

Reading Stories for Comprehension Success: 45 High-interest Lessons with Reproducible Selections and Questions That Make Kids Think, Vol. 1: Primary Level, Grades 1-3, Vol. 2: Intermediate Level, Grades 4-6, Junior High Level, Grades 7-9 by Katherine L. Hall (The Center for Applied Research in Education, 1996, 1999)

Reading for Understanding by Thelma Gwinn Thurstone (Science Research Associates, Inc., 1978)

Reading Comprehension in Varied Subject Matter by Jane Ervin (Educators Publishing Service, Inc., 1970-1993)

Reversals: A Personal Account of Victory Over Dyslexia by Eileen Simpson (Houghton Mifflin Company, 1979)

Seeing Stars: Symbol Imagery for Phonemic Awareness, Sight Words and Spelling by Nanci Bell (Gander Publishing. 1997)

Spelling Smart! A Ready-to-Use Activities Program for Students with Spelling

Difficulties by Cynthia M. Stowe (The Center for Applied Research in Education, 1996)

Structures and Techniques: Multisensory Teaching Of Basic Language Skills by Aylet R. Cox (Educators Publishing Service, Inc., 1984, 1980, 1977, 1975, 1974, 1969, 1967)

Visualizing and Verbalizing for Language Comprehension and Thinking by Nanci Bell (Academy of Reading Publications, 1986, 1991)

OTHER:

(article) *"Literacy Development in Successful Men and Women with Dyslexia"* by Rosalie P. Fink, Lesley College, in the *Annals of Dyslexia, An Interdisciplinary Journal of The International Dyslexia Association, Founded in memory of Samuel T. Orton, Volume XLVIII*, pp. 311-346 (The International Dyslexia Association, 1998)

(booklet) *College: How Students with Dyslexia Can Maximize the Experience* by Joan Stoner, Mary L. Farrell and Barbara Priddy Guyer (The Orton Dyslexia Society, 1996)

난독증 아동 청소년을 위한

난독증의 이해와 교육방법

© 글로벌콘텐츠, 2020

1판 1쇄 발행 _ 2020년 07월 20일
1판 3쇄 발행 _ 2023년 11월 20일

지은이 _ Cynthia M. Stowe
옮긴이 _ 박재혁·이종윤·홍정표
감　수 _ 조미아
펴낸이 _ 홍정표

펴낸곳 _ 글로벌콘텐츠
　　　　등록 _ 제25100-2008-24호

공급처 _ (주)글로벌콘텐츠출판그룹
　　　　대표 _ 홍정표 이사 _ 김미미 편집 _ 임세원 강민욱 백승민 권군오 기획·마케팅 _ 이종훈 홍민지
　　　　주소 _ 서울특별시 강동구 풍성로 87-6 전화 _ 02-488-3280 팩스 _ 02-488-3281
　　　　홈페이지 _ www.gcbook.co.kr 메일 _ edit@gcbook.co.kr

값 22,000원
ISBN 979-11-5852-290-2 93370